慕云集

李恕豪学术文集

李恕豪 著

巴蜀书社

图书在版编目(CIP)数据

慕云集：李恕豪学术文集 / 李恕豪著. — 成都：巴蜀书社，2022.12

ISBN 978-7-5531-1875-8

Ⅰ.①慕… Ⅱ.①李… Ⅲ.①古汉语—文集 Ⅳ.①H109.2-53

中国版本图书馆 CIP 数据核字(2023)第 004160 号

慕云集：李恕豪学术文集

MUYUNJI LISHUHAO XUESHU WENJI

李恕豪 著

出 品 人	林 建 侯安国
策划编辑	施 维
责任编辑	沈泽如 王 楠
封面设计	南京有品堂文化传媒有限公司
出 版	巴蜀书社 成都市锦江区三色路 238 号新华之星 A 座 36 层 邮编:610023 总编室电话:(028)86361843
网 址	www.bsbook.com
发 行	巴蜀书社 发行科电话:(028)86361852
排 版	成都推十文化传播有限公司
印 刷	四川省南方印务有限公司
版 次	2023 年 3 月第 1 版
印 次	2023 年 3 月第 1 次印刷
成品尺寸	170mm×240mm
印 张	24.5
字 数	500 千
书 号	ISBN 978-7-5531-1875-8
定 价	98.00

本书若出现印装质量问题,请与本社发行科联系

前　言

我于1978年考入复旦大学中文系古代汉语专业攻读硕士学位，跟随吴文祺、濮之珍两位先生学习和研究中国语言学史。吴、濮二位先生学识渊博，视野开阔，除了学习专业知识之外，还要求我们重视语言学理论，注意学科之间的联系，鼓励我们博览群书，善于思考。毕业以后，我被分配到四川师范学院（现四川师范大学）中文系（现文学院）任教，先后给本科生开设古代汉语、语言学概论、中国语言学史（选修课）等课程，后来又给研究生开设中国语言学史、现代语言学、语音学等课。作为教师，多年来的主要精力都是用在教学上面，教学之余，根据自己的兴趣爱好做了一些研究工作，撰写了一些论文。这些论文大都散见于不同的刊物，现在将它们集中起来，由巴蜀书社出版，其目的是便于有兴趣的同行翻阅，为他们的学术研究提供参考，另外也是给自己的多年的工作做一个总结。

本文集主要包括四个方面的内容：（1）古代语言学家及作品研究，如《试论江永的语言学思想》《论段玉裁的古音研究》。（2）扬雄《方言》及其后的方言研究，如《〈方言〉中的齐鲁方言》《论郭璞的方言研究》。（3）语言与文化研究，如《从语言学等证据论治水神话的起源》。（4）词汇研究及古书标点质疑，如《论语言信息和汉语词汇系统双音节化的关系》《〈戴震集〉标点质疑》等。

在复旦学习期间，濮之珍先生曾经多次鼓励我今后要多学习和研究扬雄《方言》。于是，我参加了吴文祺、张世禄先生主编的《中国历代语言学论文选注》（上海教育出版社 1986 年版）的注释工作，在我所承担的三篇文章的注释中，就包括扬雄的《答刘歆书》。在四川师范大学任教期间，又有幸参加了刘君惠先生的研究课题，撰写了《扬雄方言研究》（巴蜀书社 1992 年版）的部分内容。此部文集以《慕云集》为名，是出于对我的同乡学者扬雄（子云）的仰慕，同时也是为了感谢濮之珍、刘君惠二位教授对我的教导和帮助。

这部文集能够付梓面世，得到了四川师范大学文学院的资助。感谢袁耀林书记、院长刘敏教授、副院长袁雪梅教授。同时也要感谢巴蜀书社施维先生，以及责任编辑沈泽如女士、王楠女士。没有他们的支持和帮助，此书不可能顺利出版。

李恕豪

2022 年 11 月 1 日于成都

目　录

古代语言学家及作品研究

扬雄《方言》及其后的方言研究

语言与文化研究

词汇研究及古书标点质疑

古代语言学家及作品研究

试论江永的语言学思想*

江永（1681—1762），字慎修，安徽婺源江湾（今属江西省）人，读书好深思，终生居乡授徒，未仕。其古音学著作有《古韵标准》四卷，此外还有《音学辨微》一卷和《四声切韵表》四卷，都是阐述等韵学原理以及分析《广韵》的声韵部类的著作。江永著述极富，除上述著作外，还著有《周礼疑义举要》六卷、《礼记训义择言》六卷、《深衣考误》一卷、《礼经纲目》八十八卷、《律吕阐微》十一卷、《春秋地理考实》四卷、《乡党图考》十一卷、《读书随笔》十二卷、《推步法解》五卷、《七政衍》《金水二星发微》《冬至权度恒气注》《历辨》《岁实消长辨》、《历学补论》一卷、《中西合法拟草》一卷、《近思录集注》十四卷①。

江永的古音学著作《古韵标准》，是在顾炎武《音学五书》的基础上修订加密而成的，在成书的过程中，江永的弟子戴震始终参加了商定。江永指出："顾炎武《音学五书》亦多渗漏……《古音表》分十部，离合处尚有未精，其分配入声多未当。"② 他所以撰写《古韵标准》，正是为了"弥缝顾氏之书"③。对于《音学五书》的"渗漏"，江永认为主要是由于顾炎武"考古之功多，审音之功浅"④，也就是说，顾炎武只使用考古的方法来研究古韵，不精通等韵之学，不熟悉音理。江永精通字母等韵之学，他把审音的方法应用到古音的研究之中，因此能够在顾炎武的基础上，使古音的研究向前

* 原载《语文论丛》第二辑，上海教育出版社 1983 年版，收入本书有部分修改。

① 戴震：《江慎修先生事略状》，《戴震集》，上海古籍出版社 1980 年版，第 229 页。

② 《古韵标准·例言》。

③ 《古韵标准·例言》。

④ 《古韵标准·例言》。

迈进一大步。

江永所划分的古韵，平、上、去三声都是十三部，即把顾炎武的第四部，分为第四（真文）、第五（元寒）两部，把顾炎武的第五部分为第六（萧肴）、第十一（尤侯）两部，把顾氏的第十部分为第十二（侵）、第十三（谈）两部。对于这几部分立的理由，江永在各部的总论下面，都作了详细说明。他是利用等韵学所提供的审音知识，以弇、侈为标准来进行划分。其中，第四部（真文）、第十一部（尤侯）、第十二部（侵）开口度小，属于弇，而第五部（元寒）、第六部（萧肴）、第十三部（谈）开口度大，属于侈。江永的这种划分，除第四部、第十一部还需要进一步离析加密外，其余都得到了后来学者的承认。

顾炎武《音学五书》的第三部包括鱼、虞、侯诸韵，江永利用谐声材料，把属于虞韵的字分为两类，一类归于他的第三部（鱼模），另一类同侯韵字一道，归于他的第十一部（尤幽）①。由于侯韵只是转入他的第十一部，未曾独立，因此，总体来看江永的分部只比顾炎武多三部。

至于入声，江永在《古韵标准》中将其分为八部。顾炎武的入声没有独立出来，但实际上入声是四部。与顾炎武相比，江永的入声分得更为细密。在入声的分配上，江永对顾炎武既有继承，也有修正和发展。江永认为顾炎武的入声仅仅同阴声相配并不全面，他称顾炎武的“旧无者有，旧有者无”是“固滞之说”，批评顾炎武《古音表》中侵覃以下九韵仍配入声为“亦犹吕嬴黄芈”②。因而他同时也接受《广韵》的分配系统，主张“数韵共一入”，在《四声切韵表》中，以入声兼配阴阳。江永的“数韵共一入”，对研究和阐明上古汉语语音的系统性，具有相当大的价值。同时，入声兼配阴阳，对后世以入声为枢纽、阴阳对转理论的形成，也具有极大的启发。正如章炳麟所说：“初明音理，自江氏始也……同入相配，已肇阴阳对转之端，其后东原为《声类表》，传及海岱孔抝约，化其鴂音，始采集为《诗声类》，然后繁音异读各有友纪。此江氏造微之功，所以度前修者欤!”③不过，《四声切韵表》一书，虽然兼及上古汉语的语音，但却是以《广韵》为

① 《古韵标准·平声第三部·总论》。
② 《四声切韵表·凡例》。
③ 《重刊古韵标准序》，《太炎文录初编》卷二。

主要分析对象，因此，用它来说明上古汉语的语音系统，是不完全适合的。

在上古声调的研究方面，江永明确地肯定上古四声的存在。他说：

> 四声虽起于江左，按之实有其声，不容增减，此后人补前人未备之一端。平自韵平，上去入自韵上去入者，恒也。亦有一章两声或三四声者，随其声讽诵咏歌，亦自谐适，不必皆出一声。如后人诗余歌曲，正以杂用四声为节奏，《诗》韵何独不然？（《古韵标准·例言》）

可见，江永和陈第一样，承认古有四声，也承认有些字所属的调类与后世不同，同时也指出《诗经》中有异调相押的情况。这与后来江有诰的主张大体一致，只是江有诰在《唐韵四声正》一书中，系统地研究了古今声调不同的那些字的古声调。因此，《古韵标准》中的字仍然按照传统的平上去入四声编排，其声调与今音不同者，称别收某声某韵。

除了在古音研究方面的重大贡献外，江永在语言学理论的探索方面也达到了相当的高度，这在我国古代是非常难得的，因为对语言学理论的探讨，正是中国传统语言学的弱点。江永是我国古代少数几个比较重视语言学理论的学者之一，他的语言学著作中有一系列关于语言学理论的论述，研究和发掘他的语言学思想，可以加深对我国古代的语言学理论的理解，从而丰富我国语言学史。本文打算在这方面做一点尝试。

一、语音发展的规律性

语音的发展变化虽然错综复杂，却有规律可寻，不同时代的语音之间，可以找到始终一致的对应条例。江永首次阐明了语音发展变化的规律性，他说：

> 凡一韵之音变，则同类之音皆随之变。虽变而古音未尝不存，各处方音往往有古音存焉。如吾徽郡六邑有三四邑之人呼麻韵中麻、沙、差、嘉等字皆如古音，他方可知矣。大抵古音今音之异，由唇吻有侈弇，声音有转纽……人能通古今之音，则亦可以辨方音，入其地听其一两字之不同，则其它字可类推也。（《古韵标准·平声第八部·总论》）

可见，江永不但讲清了语音的类变规律，而且阐明了音变在不同地域的不平衡性，使得某些方言残留的古音形式较多。可见，江永懂得方言间语音的差异是历史音变的结果，因此方言之间也存在着始终一致的语音对应规律。

其实，方言间的语音对应关系，宋人已经有所察觉。陆游说：

> 四方之音有讹者，则一韵尽讹。如闽人讹“高”字，则谓“高”为“歌”，谓“劳”为“罗”。秦人讹“青”字，则谓“青”为“萋”，谓“经”为“稽”。蜀人讹“登”字，则一韵皆合口。吴人讹“鱼”字，则一韵皆开口。他放此。中原惟洛阳得天地之中，语音最正，然谓“弦”为“玄”，谓“玄”为“弦”；谓“犬”为“遣”，谓“遣”为“犬”之类，亦自不少。(《老学庵笔记》卷六)

陆游这里是以韵书为准，合于韵书为“正”，不合于韵书为“讹”。陆游讲方言语音之“讹”，说明他不懂得语音发展变化的道理；江永懂得语音的历史演变，因而讲“音变”。他们虽然都发现了方言语音间的对应关系，但在本质上是不同的。

直到顾炎武才从语音的体系出发，认识到语言历史音变的规律性。他考证古音，以《广韵》206韵为出发点，创造了“借今音离合以求古音”① 这样一个重要方法，把古韵分为十部。将他的十部与《广韵》206韵相对照，便可以看出从上古到中古韵部发展的大致轮廓，从而找出汉语韵部从上古到中古发展的内部规律。这是顾炎武的巨大贡献。由于顾炎武懂得语音的类变规律，对于某些证据很少，甚至没有证据的字，他使用演绎的方法，推导出这些字的归部。他在《唐韵证》卷二“枝”字下说：“《广韵》所收紴、汥以下字，于古书无证者，即可类求之，不备列。”顾炎武还认识到语音在不同地域发展的不平衡，所以他在《唐韵证》中使用大量的方言材料来考证古音。他还进一步提出不同地域的方音往往可以反映出语音发展的不同阶段，在同书卷四“家”字下说：

> 家，古音姑……陈第曰：“家本音姑，汉曹大家读作姑，后转而音

① 《古韵标准·例言》。

歌。《雉朝飞操》：‘我独何命兮未有家，时将暮兮可奈何？’程晓《嘲热客诗》亦以家与过、何为韵。陆机《前缓声歌》以家与歌、波为韵。今乃音加，声之递变也。”……今山东青州以东犹存此音，如张家庄、李家庄之类皆呼为姑，至幽蓟之间则又转而为各矣。

可惜，虽然顾炎武对语音演变的规律性有一定的认识，但缺乏明确的阐述和深入的发掘，到江永才从语言学理论的角度讲清楚了这个问题。

董同龢认为："清儒的古韵分部工作，用现在的眼光去看，就可以说是上古元音系统大类别的划定。"① 这种看法是正确的，一个韵部实际上包括几个不同的韵母。例如东、钟、江在上古虽然可以归纳为一部②，但江韵和东韵并不完全相同，只是相近，否则，根据音变无例外的规律，便不能解释后来江韵和东、钟分离的条件。江永在这个问题上是很清醒的，他说：

江韵古皆通东、冬、钟甚明也③，然使合而为一，并江于公，并腔于空、并龙于蒙，并降于红，则又不可。盖此韵之字偏旁虽多从东、冬、钟得声，而音微转。以等韵言之，通韵皆二等，音又合开口、合口呼为一韵，牙音、重唇、喉音为开口，舌上、正齿、半舌为合口，与东、冬、钟三韵皆为合口者不同，又与他韵开口、合口可划开者不同，是以东、冬、钟之后别出此韵，其音呼特异。粗读之，古音公江、空腔、蒙龙、红降似一也，细审之，彼为合口，此为开口，彼为一等，此为二等，此非等韵不能辨也。呜呼，微矣！古人口敛呼之近东、冬、钟，后人口张呼之似阳、唐，然必不可通阳、唐，故编韵书者不置此部于下平从阳、唐，而必从东、冬、钟，其审音精矣，位置当矣。（《古韵标准·平声第一部总论》）

原来东韵和江韵并不相同，只是相近。公和江，空和腔，蒙和龙，红和降音虽近而不相同。这样就讲清楚了为什么江韵后来和东、钟分离而逐渐接近阳、唐，最终在《中原音韵》中合并于阳、唐的道理。他又说：

---

① 董同龢：《上古音韵表稿》，《历史语言研究所集刊》第十八本，1948 年，第 67 页。
② 不包括东韵三等字。
③ 冬部是孔广森划分出来的，在此以前的学者都将东、冬、钟、江合为一部。

以上五韵①，本与仙通，口呼微有侈弇，相去非远。陆德明谓古人韵缓不烦改字者此类是也。旧叶音反切下一字多取仙韵，欲合叶音之似，恐失古音之真。(《古韵标准·平声第五部》)

可见，江永对语音演变的类变规律的理解，是相当深入的。江永精通等韵学，懂得区分等呼侈弇，在审音方面有很高的造诣，所以对语音及其演变规律有深入的认识。

二、音变是有条件的

相同的语音在同一时间和地域出现不同的变化，往往是由于所处的语音条件有所不同，江永注意到了这一点。他在《古韵标准·平声第一部·总论》中说：

因此部方音似侵，侵又似凡，故风、枫、芃诸字后世音转而入东；方音又似蒸，蒸通登，故弓、雄、熊、瞢、冯诸字后世音转亦入东。转之中又有辨焉：弓，牙音转也；雄、熊，喉音转也；瞢、冯、风、芃，唇音转也。唯舌音不转。

意思是，上古侵部和蒸部中的一些字，由于受方音的影响，到中古时转入东韵，转化的条件是牙音、喉音和唇音的字，而舌音的字不变。这些字音变的条件是否完全如他所说的那样，是另一个问题，但他毕竟是第一个注意到语音历史音变条件的学者。王力先生也认为上古韵部到中古分化的条件之一在于声母的关系②。

江永在《古韵标准·上声第十一部》“舅”字和“咎”字下说：

凡上声最浊、次浊之字，音有转纽，读之似去非去。舅、咎皆群母最浊声，读之似究，实则群母之上声，非见母之去声也。《诗》用舅、

① 指元、寒、桓、删、山。
② 王力：《汉语史稿》上册，中华书局1980年版，第107页。

咎皆本音，无须它证。陈氏①不达似去非去之理，二字皆累累引证，彼意以为今人读去声，古人读上声耳，又不达最浊声转纽似最清之理，谓舅音九，咎音纠。夫舅、咎皆音臼耳，岂可以最清字音之乎？此理前人多未究。

意思是，上声字在声纽为最浊、次浊之时②，声调变成似去非去③，同时声纽由最浊变为最清。江永在《音学辨微·五辨清浊》中又说：

凡群、定、澄、并、奉、从、床，本最浊，其上、去、入字官音呼之，有若见、端、知、邦、非、精、照之仄声者，是最重变为最轻……又群、定、澄、并、奉、从、邪、床、禅、匣共十母之上声，官音呼之或似去，其实非去也。

同书《十辨无字之音》也说："中原人呼最浊之字至仄声变之为最清。"他指出了部分上声字向去声转化的条件，以及北方话声母中最浊变为最清的条件。所以他批评陈第说：

陈氏但长于古音，若今韵之所以分，喉、牙、齿、舌、唇之所以异，字母清、浊之所以辨，概乎未究心焉……以此知音学须览其全，一处有阙，则全体有病。（《古韵标准·例言》）

可见，江永认为上述字在韵部归属流变上的差异，主要是受声母条件不同的制约。因此他强调"音学须览其全"，应当注意语音的各个方面，尤其是要把握语音变化的条件，否则一旦"一处有阙"，就会"全体有病"。注意语音变化的条件，是江永语言学思想的又一个重要方面。

三、音变的扩展和方音的借用

江永还注意到语音变化在地理上的扩展以及方音之间的借用情况。他认

① 指明代古音学家陈第。

② 不应包括次浊。

③ 似去非去，应该看成是全浊上声和去声合流过程中的一个中间阶段。

为，语音的变化在于人们发音习惯的改变，用他的话说，就是“唇吻稍转，则音随而变”①。他指出，这种改变最初只是个别人的偶然行为，影响了周围的人群后，遂成为方音，方音再向周围扩散，逐渐取得优势。这种新的语音形式一旦进入韵书，成为人们作文和审音的标准，就作为文学语言得到了全社会的承认。他在论述风、枫、芃、弓、雄、熊、瞢、冯诸字转入东韵时说：

> 今东韵弓、风诸字，其始也，一二处之方音，后则呼之者多；其始也，一二人之偶用，后则用之者众。于是周颙、沈约、陆法言诸人，欲定四声韵书，为当世词人之用，不得不收诸字入一东，冯与瞢、梦犹两收之，亦可谓斟酌矣。（《古韵标准·平声第一部·总论》）

可见，江永已经感觉到语言中的变化首先在个别人的言语中出现，同时也意识到语音的变化像波浪一样向四周扩散。这个观点，得到后来一些学者的赞同，例如钱大昕就说：“声音之变由于方言，始于一方而遍于天下，久之遂失其最初之音。如今人读胖为普旺切，读闳为户工切。即间有一方尚存古音，终不能胜海内之口。”②

按照语音变化规律，某些语音形式是不规则的。这不是由于历史音变，而是由于方音的借用。江永注意到了这点，他在《古韵标准·上声第二部》“牝”字下说：

> 牝从匕得声，而今音为毗忍切，此后世方音之转③，犹敏为眉陨切，准为之尹切，隼为息允切，卺为居隐切也。④

这些字的语音变化有些在古书中能够找到证据。例如“敏”字，无论从上古韵文，还是谐声偏旁上看，古音都应当在之部，但《释名·释言语》：“敏，闵也，进叙无否滞之言也。故汝、颖言敏曰闵也。”可见，“敏”读为

---

① 《古韵标准·平声第一部总论》。

② 钱大昕：《潜研堂文集》卷三十三《与段若膺书》。

③ 顾炎武认为“牝”字今音读“毗忍切”，是因为避俗而改读，与江永的看法不同。见《唐韵正》卷八“牝”字下。

④ 在《古韵标准》里，这些字的古音是：牝，毗履切；敏，母鄙切；准，之水切；隼，息止切；卺，居里切。关于方音的借用，顾炎武也有发现，他认为在《广韵》中，“能”字读成“奴登反”也是方音的借用，见《唐韵正》卷六“能”字下。

"闵"，在东汉仅仅流行于汝南、颍川一带，由于方音的借用和扩散，到隋代则在广大地区取得优势，而为韵书所采用。

音变的扩展和方音的借用，使语言呈现出错综复杂的局面，正如江永所说："声音之理，异中有同，同中有异，不变中有变，变中有不变。"①

四、同化和类推

同化指某种语言形式受到邻近的语言形式的影响，变得与之相同或相近；而类推（又叫类比），按照瑞士语言学家索绪尔的说法，则是"以一个或几个其他形式为模型，按照一定规则构成的形式"②。这里所说的语言形式，除词汇和语法形式外，也包括语音形式。对于语音变化中的同化和类推的情况，江永也给予了充分的注意。他说：

> 艰字何以变为古闲之音也？《诗》云："遇人之艰难矣！"艰难为双声③，故后来艰字遂从难而转。正犹倭迟为双声，倭亦从迟转；支离为双声，离亦从支转也……音之变每有其端。（《古韵标准·平声第四部·总论》）
>
> 以双声字推之，如倭字於禾切，而《诗》已言"周道倭迟"，则倭从迟变为於非切矣；离字音罗，而《左传》："哀公为支离之卒。"《庄子》有"支离疏"，又云："支离其形""支离其德"，则离从支变为吕支切矣。（《古韵标准·平声第二部·总论》）
>
> 弓，古弘切。按弓字本在登韵，古音流变转入东韵，亦有因如穹字从弓得声，且与窿字为双声，穹在东韵，则弓亦从之矣。弓、肱似同音，而肱终得守其本部，犹宏、鞃之在本部，其辨又有微焉者也。（《古韵标准·平声第十部》）

---

① 《古韵标准·平声第三部·总论》。

② ［瑞士］费尔迪南·德·索绪尔著，高名凯译：《普通语言学教程》，商务印书馆 1999 年版，第 226 页。

③ 江永所谓"双声"，包括今天所说的双声和叠韵两类。《古韵标准·平声第四部》"贲"字下："凡双声有二类：一为同韵异母，如窈窕、委蛇；一为同母异韵，如蹢躅、踟蹰。"

艰字在《广韵》中属于山韵，难字属于寒韵。山为二等，寒为一等，发音相近，都归山摄。但艰字无论从谐声偏旁和《诗经》的押韵来看，在上古都应当归文部（江永的第四部）。江永说："艰字《说文》本从艮声，不犹银、垠、根、痕之从艮得声乎？宜古音为居银切，不为古闲切也……后来音转始为二十八山，古音实从真文①，故……《北门》《何人斯》《凫鹥》三用艰字韵门、殷等字，皆是本部自韵，未尝溢出。"② 江永认为艰字的音变是由于处在"艰难"一词中而受难字的同化。

倭字从委得声，上古应归歌部（江永的第七部），离字上古也应归歌部，江永认为它们在倭迟和支离中分别读成於非切和吕支切，是因为受迟字和支字的同化。

穹字从弓得声，上古应归蒸部（江永的第十部），穹因受窿的同化，后来读为去宫切，与窿同属东韵。弓字和穹字音近，因类推变化，弓也读成东韵字了。这就是江永对这五个字音变的解释。

类推变化是一个逐步完成的缓慢过程，所以当有些字的变化已经完成，而另一些字却仍守着原来的读音，所以江永说肱、宏、鞃三字仍在本部③。这三个字今天已经分别读成了 gōng，hóng，hóng 了。

江永研究古音，熟悉今音，尤其精通等韵字母之学。他注意到了方言之间的语音差异，通过比较，找出了其间的对应规律。这种对语音的古今纵横研究，使他得出了科学的结论，从而在语言学理论上有杰出的建树。

从横向来看，江永在语言学理论上的这些见解，与十九世纪欧洲某些语言学家的看法接近。1818 年，丹麦语言学家拉斯克（Rasmus Kristian Rask）在《古代北方语或冰岛语起源的研究》中指出，日耳曼诸语言的词在语音方面和其他印欧语的词存在着规律的形式关系。1822 年，格里木（Jakob Grimm）在《德语语法》第一卷第二版出版时，进一步全面研究和阐述了日耳曼语和其他印欧语之间的辅音对应关系，使拉斯克提出的观点更加系统化，这就是有名的格里木定律（Grimm's law），从而证明了语音发展具有规律性。江永的语音发展有规律的思想，与拉斯克、格里木接近。1876 年，维

① 江永真文为一部，真、文分离自段玉裁始。
② 《古韵标准·平声第四部·总论》。
③ 宏，《广韵》户萌切，在耕韵。

尔纳（Karl Verner）修改了格里木定律，指出日耳曼语中出现不合常规的［d］，而不是［θ］，这是因为在［d］前面的元音或复合元音是非重读的，指出了统一语音而音变的不同，是因为受到不同的语音条件限制的原因。这就是维尔纳定律（Verner's law）。江永也注意到了语音条件，指出不同的语音条件能够引起语音的不同变化。此外，江永的音变扩展说与 1872 年史密特（Johannes Schmidt）提出的波浪理论（Wave theory）相似。史密特认为，不同的语音变化像波浪似地散播在同一言语地区，每个变化可以在这个地区的一部分彻底完成，同先前被另一变化所渗透的部分并不平行一致。江永的这些思想，集中体现在《古韵标准》一书中。此书不志成书年月，但江永的《音学辨微·引言》注明写于乾隆己卯，即 1759 年。《引言》说："余有《四声切韵表》四卷……有《古韵标准》四卷。"可见，《古韵标准》的完成不迟于 1759 年。与欧洲学者提出上述理论的时间相比，至少分别要早 59 年、117 年、113 年。可惜，江永关于语言学理论的论述都是只言片语，且散见于他的语言著作之中，缺乏严密完整的论证，这就使他杰出的语言学思想长期以来未曾引起人们的注意和重视。发掘和研究包括江永在内的中国古代语言学家的语言学思想，是一件颇有意义的工作。

论庄子的语言观*

庄子（约前 369—前 286），名周，战国时期宋国蒙（今河南、安徽之间）人，曾作过漆园吏。他的思想“要旨本归于老子之言”①。《庄子》这部书，《汉书·艺文志》著录为五十二篇，现存三十三篇。一般认为，其中的《内篇》七篇在命题、思想、文风上都比较统一，是庄子亲手所写，代表了庄子本人的思想，而《外篇》十五篇和《杂篇》十一篇则可能出自庄子的弟子及后来的道家学者之手。不过，我们在这里探索庄子的语言观时，是就《庄子》全书进行论述的，并不限于《内篇》，这样就能够比较全面地反映出整个庄子学派关于语言文字的见解。所以，文中提到庄子时，不一定全是庄子本人的言论。

在哲学思想方面，《庄子》继承和发展了老子关于“道”的学说。《大宗师》②，集中表现了庄子对于“道”的理解：

> 夫道，有情有信，无为无形；可传而不可受，可得而不可见；自本自根，未有天地，自古以固存；神鬼神帝，生天生地；在太极之先而不为高，在六极之下而不为深，先天地生而不为久。长于上古而不为老……莫知其始，莫知其终。

庄子对“道”进行了详细的解释，强调“道”是一种形而上的、固有的东西（“无为无形”“自本自根”），它能够超越时间和空间，是一切事物的根本和出发点。

庄子认为，世界上的一切事物，如果就其表面的局部差异来看，是能够

---

* 原载《天府新论》1988 年第 4 期，收入本书有部分修改。

① 《史记·老子韩非列传》。

② 以下所引用《庄子》一书中的各篇，只注明篇名，省去书名。

区别的。但是，如果从其相同的一面来看，则万物皆一。“自其异者视之，肝胆楚越也；自其同者视之，万物皆一也”①，这个“同”就是“道”。“道”本是没有界限，不可切分的。他认为，哪怕是完全不同的事物，从“道”的角度来看，都是一样的。“故为是举莛与楹，厉与西施，恢、恑、憰、怪，道通为一。”② 因此，从“道”的观点看，言语③也应该没有差异，没有区分，不可切分。

但是，如果站在形而下的现象界的角度来看（庄子称为“自有适有”，“有”指现象界的事物），语言是可以对各种事物进行区分的，因为在语言中，词语的意义必须对不同的事物进行切分，对同类事物进行概括，这样，在言语中便产生了诸如“八德”之类的种种界限与差别：“夫道未始有封，言未始有常，为是而有畛也：请言其畛：有左有右，有伦有义，有分有辩，有竞有争，此之谓八德。”④ 庄子接着说：“故分也者，有不分也。辩也者，有不辩也。”“辩”通“辨”，是“别”的意思。“分”“辩”指人们对世界上的事物进行区分，“不分”“不辩”则是指这些事物的根本即“道”是不可区分的。“道”是一个浑然的整体，没有界限，不可切分，是语言文字所不能表达的，而人们却硬要对它进行区分，于是便衍生出种种事物、概念，以及代表这些概念的词语来了。为什么会这样呢？庄子回答说：“圣人怀之，众人辩之以相示也。故曰：辩也者，有不见也。”⑤ 圣人懂得“道”是不可切分的道理，将这道理怀之于心而已，而一般人却硬要去分别彼此，以争相显示。其实，分别彼此的众人是不见大道的啊！因此，“大道不称，大辩不言……孰知不言之辩，不道之道？若有能知，此之谓天府”⑥。就是说，要懂得关于“道”的道理，是不需要言语的，这才是自然的府藏（“天府”）。这样，在关于语言的总的看法上，庄子同老子一样，主张“无名

① 《德充符》。

② 《齐物论》。

③ 这里及其下所说的“言语”一词，包括索绪尔所说的“语言”（langue）和“言语”（parole）两类，相当于索绪尔所说的“言语活动”（langage），参阅索绪尔著，高名凯译：《普通语言学教程》，商务印书馆1980年版，第30页。

④ 《齐物论》。

⑤ 《齐物论》。

⑥ 《齐物论》。

论”。他说“泰初有无，无有无名”①，尽力贬低甚至否认语言的作用。

庄子认为，事物的差别并不是由事物自身的性质决定的，而是由认识者的态度和看法的不同产生的。事物没有客观的性质差异，即使有，也是认识者强行加上去的，因此，事物的本质是无法认识的。他说：“今且有言于此，不知其与是类乎？其与是不类乎？类与不类，相与为类，则与彼无以异矣。”② 在庄子看来，甚至连“彼”与“是”（此）、“是”与“非”的区别都不存在：“是亦彼也，彼亦是也。彼亦一是非，此亦一是非，果且有彼是乎哉？果且无彼是乎哉？彼是莫得其偶，谓之道枢。”③ 既然事物之间没有对立关系（“彼是莫得其偶”），当然就不能够、也不需要对事物进行区分，那么代表事物的词语还有什么用呢？

庄子认为，除了事物之间缺乏一定的对立关系外，事物之所以不可认识，还在于一切事物都处在不断的流变过程之中。人们用一个固定的概念来表示事物，实际上并没有把握住事物的真相。庄子说：“其分也成也，其成也毁也。凡物无成与毁，复通为一。”④ 分散就是合成，合成就是毁灭，事物只不过是循环往复的一个运动过程，并没有始终，“枢始得其环中，以应无穷”⑤。“万物皆种也，以不同形相禅，始卒若环，莫得其伦。”⑥ 事物既然处于不断的流变过程之中，没有稳定性，自然也就没有质的规定性了，便不能准确地把握它。这就是庄子认为人们不可能正确认识事物的另一个重要原因。

既然事物不可认识，不可进行分类，自然也就不可能用一定的词语来对其进行抽象、概括和表示。事物之间的差别，在庄子看来，仅仅在于人们各自的主观见解的不同。“有自也而可，有自也而不可；有自也而然，有自也而不然。”⑦ “自”，按成玄英的解释，就是“自见”，即个人的主观看法。这样，庄子得出了词语并不能真实地代表事物的结论。

至于词语和它所代表的事物之间的关系，庄子主张事物是由词语决定的。

---

① 引自《天地》篇。“名”可以表示事物，也可以理解为表示事物的概念。在先秦时代，“名”一般指表示概念的词语。邢公畹：《谈荀子的“语言论”》，《语言论集》，商务印书馆 1983 年版，第 114—115 页。

② 《齐物论》。

③ 《齐物论》。

④ 《齐物论》。

⑤ 《齐物论》。

⑥ 《寓言》。

⑦ 《寓言》。

他说："道行之而成，物谓之而然。"① 道路是因为人们行走的缘故才形成的，事物是因为人们的称呼而确定的。这完全颠倒了名实关系。墨辩学者认为："有之实也，而后谓之；无之实也，则无谓也。"② 有这样的事物然后再称呼它，没有这种事物，就不能称呼。又说："名，实名；实不必名。"③ 名称是事物的名称，但事物并不是非有名称不可。公孙龙也说："夫名，实谓也。"④ 名称只是事物的称呼。他们都坚持事物第一性，词语第二性的观点。可见，庄子在这里不仅完全颠倒了名实之间的关系，而且也与他自己提出的"名者，实之宾也"⑤ 的见解相矛盾。在庄子看来，事物的区分没有一个客观的标准。"恶乎然？然于然；恶乎不然？不然于不然。恶乎可？可于可；恶乎不可？不可于不可。物固有所然，物固有所可。无物不然，无物不可。"⑥ 大意是：事物是在什么地方形成的呢？形成于人们用这样去称呼它。事物没在什么地方形成呢？人们便不这样叫它，它也就没有形成。任何事物都有可以用来称呼它的名称，没有不能称呼和命名的事物。这种"实由名定"的观点是违背一般人的常识的。

既然事物是由词语决定的，那么词语本身也就没有任何确定的意义，因为它不能反映事物的真相，所以干脆连词语也一并取消，不表示便是最好的表示。《齐物论》说："以指喻指之非指，不若以非指喻指之非指也；以马喻马之非马，不若以非马喻马之非马也。天地一指也，万物一马也。""指"本来是一个动词，有"指示""标指"的意思。《荀子·正名》："制名以指实""名足以指实"。"指"也可以作名词讲，在这个意义上，后来一般写成"恉"，或假借为"旨"，有"意义"或"概念"的意思，用一定的语音形式来表示就是"名"，即语言中的"词"。谭戒甫说："盖指义有二，即'名''谓'之别。其指目牛马之指，谓也；因而所指目牛马之形色性亦曰指，名也。"⑦ "指"与"马"是先秦思想界争论"名""实"关系的中心问题。公

① 《寓言》。

② 《墨子·经说下》。

③ 《墨子·大取》。

④ 《公孙龙子·名实论》。

⑤ 《逍遥游》。

⑥ 《寓言》。这段文字与《齐物论》中的文字相似，《齐物论》中仅缺"恶乎可？可于可；恶乎不可？不可于不可"。

⑦ 谭戒甫：《公孙龙子形名发微》，中华书局 1963 年版，第 18 页。

孙龙曾提出“指非指”和“白马非马”的命题①。前一个“指”是“物指”，即“物”和“指”（概念）的结合，亦即具体的事物，或具体事物的属性，如“白马”之“马”或“白马”之“白”。后一个“指”是“指”（概念）本身，也就是“名”（词语），如单说“马”或单说“白”。庄子的这番议论正是针对公孙龙而发的，意思是：如果用概念（或词语）来说明事物本身不是概念（或词语），不如用取消概念（或词语）的办法来说明事物本身不是概念（或词语）；如果用“马”这个概念（或词语）来说明马本身（例如“白马”之“马”）不是“马”这个概念（或词语），还不如用取消“马”这个概念（或词语）的方法来说明马本身不是“马”这个概念（或词语）。因为“天地”只不过是一个概念（或词语），天地并非实际存在着的事物，而是因为人们有“天地”这样的概念或这样的称呼才得以存在。“万物”同“马”一样，也仅仅是一个概念（或词语）。因此从根本上讲，最好什么也不要说。在《知北游》中，庄子说：“夫知者不言，言者不知，故圣人行不言之教。”可见，庄子从根本上否定了语言的价值与功能，这是彻底的“无名论”。

庄子认为，言语即使有一定的表意功能，也是非常有限的。他说：“有名有实，是物之居；无名无实，在物之虚。”② 一般有形的事物是可以用名称（词语）来表示的，而虚无的大道则既没有名称，也没有实体。庄子接着说：“可言可意，言而愈疏。”成玄英疏：“夫可以言诠，可以意察者，去道弥疏远也。”可见，“道”既不可以言说，也不可以意会。《则阳》又说：“言而足，则终日言而尽道；言而不足，则终日言而尽物。道，物之极，言默不足以载。非言非默，议有所极。”假若言语能够表达，则可以把“道”的道理说尽；如果言语在表达上有所不足，则只能够谈论一般的事物。“道”是一切事物的根本，无论用言语还是用沉默的方法都不能表达。因此，言语是有局限的。

庄子进一步把事物分为两个大类。第一类是“有形”的，这是指一般的事物。这类事物又可以分为“精”“粗”两个部分。庄子说：“夫精、粗者，期于有形者也。”③ 庄子认为，“物之粗”是可以用言语来表达的，而

① 见《公孙龙子》中的《指物论》和《白马论》。

② 《则阳》。

③ 《秋水》。

“物之精”却只能意会不能言传：“可以言论者，物之粗也；可以意致者，物之精也。”① “物之精”是指极细小的东西，“夫精，小之微也”②，它是眼睛所不能见到的。“自大视细者不明”③，这个“细”就是“精”。“物之粗”自然就是眼睛所能观察到的东西。总之，“言之所尽，知之所至，极物而已”④。另一类则是无形的，这就是“道”。“道”是“精”“粗”所不能衡量的，它是一切认识所达不到的，因此，“道”既不可言传，也不可意会。“言之所不论，意之所不能察致者，不期精、粗焉。”⑤ 可见，言语的作用，在庄子看来是极为有限的，它仅仅及于有形的事物中“粗”的那个部分。

庄子区别了言语与一般的自然的声音。他说：“夫言，非吹也，言者有言。”⑥ 成玄英疏：“夫名言之与风吹，皆是声法，而言者必有诠辩，故曰有言。”就是说，言语与一般的自然的声音不同，是因为它包含了一定的意义。这无疑是正确的。但庄子接着又说：“其所言者特未定也。”但是，言语所说的意义还不能确定。这是什么原因呢？郭象解释道：“我以为是而彼以为非，彼之所是，我又非之，故未定也。未定也者，由彼我之情偏。”就是说，言语之所以不能表达确切的意义，是因为人们对事物的认识缺乏一个共同的客观标准。因此，“果有言邪？其未尝有言邪？”⑦ 说了也等于没有说。在庄子看来，人们的言语只是一些意义含糊的声音。因此，“言”和“道”一样，因为受了蒙蔽而产生了真伪是非，“道恶乎隐而有真伪？言恶乎隐而有是非？道恶乎往而不存？言恶乎存而不可？”⑧ 蒙蔽了“道”的是那些一管之见（“小成”），蒙蔽了“言”的是浮华之辞（“荣华”）。“道隐于小成，言隐于荣华。”⑨ 这里，庄子发挥了老子“信言不美，美言不信”的观点，反对一切辩说。

庄子语言观中最有价值的是关于语言和文字部分，尤其是语言和它所表示的意义之间的关系的论述。关于“言”“意”之间的关系，庄子主要是从

① 《秋水》。
② 《秋水》。
③ 《秋水》。
④ 《则阳》。
⑤ 《秋水》。
⑥ 《齐物论》。
⑦ 《齐物论》。
⑧ 《齐物论》。
⑨ 《齐物论》。

三个方面来进行论述的。

第一是关于“意之所随”的问题。庄子说：“世之所贵道者，书也。书不过语，语有贵也。语之所贵者，意也。”① 成玄英疏：“书者，文字。”“所以致书，贵宣于语。所以宣语，贵表于意也。”大意是，文字是记录语言的符号，语言之所以可贵，在于它能够表达一定的意义。这种看法无疑是正确的。庄子接着说：“意有所随，意之所随者，不可以言传也。”这里的“意”，指语言直接表达的意义；而“意之所随”则指“言外之意”。庄子认为，“意之所随”是语言不能直接表达的。语言是人们表达思想、进行交际的最重要的工具，但语言的表意功能也受到一定的局限。这是因为，语言所直接表达的，一般都是表层的意义，而在较深的层次，许多句子还隐含有特定的逻辑意义，这些隐含的逻辑意义在句子中并没有直接表达出来，但听话者能够根据其固有的语言知识以及当时的环境甚至文化背景而作出正确的理解。“意之所随”，说明语言可以直接表达一定的意义，但这个意义并不是说话者思想中隐含的全部意义。庄子注意到“意之所随”的现象，提出“意之所随者，不可以言传”这一重要论点，这在语言学理论上是有贡献的，因为“言外之意”现象是“言”“意”关系中的一个重要问题。

第二，庄子事实上提出了“言不尽意”的观点。这是他不适当地夸大“意之所随”的结果。他说：

> 意之所随者，不可以言传也，而世因贵言传书。世虽贵之，我犹不足贵也，为其贵非其贵也。故视而可见者，形与色也，听而可闻者，名与声也。悲夫！世人以形、色、名、声为足以得彼之情。夫形、色、名声果不足以得彼之情，则知者不言，言者不知，而世岂识之哉！（《天道》）

庄子认为，语言文字不够珍贵，因为人们的视觉只能见到文字的形体，听觉只能察觉到语言中的词和它的声音，而形体和声音并不能反映事物的真实情况。因此，最好的办法便是不说，即取消语言文字。事实上，语言对事物的反映只是一般的、概括的，只是对事物本质的反映，它抛弃了其中的一些个别的、特殊的特征，而人们所感觉到的则是特殊的、个别的东西。

① 《天道》。

因此，语言反映事物时，必然是不完善的、近似的。另外，如前所述，语言还往往没有直接表达那些“意之所随”的意义。可见，“言不尽意”有其正确的一面。但是，不能因此无限夸大它，从而否定语言的积极作用。语言反映事物，首先是如实的、本质的反映，其次才是不完全的、近似的。在《天运》中，庄子借老子的话说：“夫六经，先王之陈迹也，岂其所以迹哉？今子之所言，犹迹也。夫迹，履之所出，而迹岂履哉?”他把言语比喻成“迹”，把意义比喻成“履”，指出言语出自意义，但言语却不是意义。这种把语言本身同语言所表达的内容区分开来的做法，在认识论上和语言学理论上虽然是有益的，但庄子的目的却是为了证明“言”在达“意”时，要么是无用的，要么是歪曲了的。

庄子还注意到语言和思维并不是一一对应的，它们之间存在着相分离的情况。为了阐明这个观点，他讲了一个故事：

> 桓公读书于堂上，轮扁斫轮于堂下。释椎凿而上，问桓公曰：“敢问公之所读者，何言邪?”公曰：“圣人之言也。”曰：“圣人在乎?”公曰：“已死矣。”曰：“然则君之所读者，古人之糟魄已夫!”桓公曰：“寡人读书，轮人安得议乎？有说则可，无说则死!”轮扁曰：“臣也以臣之事观之。斫轮，徐则甘而不固，疾则苦而不入。不徐不疾，得之于手而应于心，口不能言，有数存于其间。臣不能以喻臣之子，臣之子亦不能受之于臣，是以行年七十而老斫轮。古之人与其不可传也死矣，然则君之所读者，古人之糟魄已夫!”（《天道》）

庄子指出思维有时并不以语言为必要的条件，以此说明语言并不是思维的唯一载体。这在阐明语言和思维关系的问题上是有贡献的。但是片面夸大语言和思维的分离性，必然会否认语言同思维的密切关系以及语言对思维的积极能动作用。其实，我们只能说语言并不是思维的唯一依托，除了语言思维外，还存在着非语言思维，但不能以此而否定语言的作用。

第三，庄子提出了“得意而忘言”的问题。庄子说：“荃者所以在鱼①，得鱼而忘荃；蹄者所以在兔②，得兔而忘蹄；言者所以在意，得意而忘

① 荃为筌的通假字。筌是一种用来捕鱼的长形竹笼。荃者，即使用筌来捕鱼的人。

② 蹄，指绳子做成的活套，用来捕捉兔子之类的走兽。蹄者，指使用蹄来捕捉兔子的猎人。

言。”① 庄子的这段话包含了三层意义。首先，言语是表达意义的工具，但言语本身并不是意义。其次，理解言语的目的在于理解意义，但如果仅仅固守着“言”，就掌握不了意义。最后，人们一旦通过言语掌握了意义，便会从记忆中丢掉言语中的具体词语，只保留其大意。换句话说，人们理解和储存在大脑中的不是言语的形式，而是言语的内容。这在今天已被心理学家和语言学家所证明。可见，庄子的“得意而忘言”说中包含有不少合理的成分。但是，必须看到，庄子“得意而忘言”说的核心是“忘言”。因此，他接着说：“吾安得夫忘言之人而与之言哉?”就是说，“忘言”是“得意”的条件，要“得意”就必须“忘言”，只有“忘言”的人才能够真正“得意”，因此才可以“与之言”。这里有一个悖论：既然找寻的是“忘言之人”，又怎么能够“与之言”呢？对于“言”“意”关系，《吕氏春秋·离谓》提出了比较正确的见解：“言者以谕意也。言意相离，凶也。”“夫辞者，意之表也。鉴其表而弃其意，悖。故古之人得其意则舍其言矣。听言者以言观意也。听言而意不可知，其与桥言无择。”② 这既承认了“言”与“意”之间的一致关系，也指出了它们属于不同的范畴，同时也论述了“得意舍言”的言语理解过程。

庄子关于“言”　“意”关系的论述，对后世产生了很大的影响。对“言”“意”关系的争论，一直是我国古代哲学和文艺理论上的重大问题，王弼、欧阳建、刘勰以及魏晋南北朝的许多人都对这一问题进行了深入细致的探讨。

---

① 《外物》。

② 桥言，乖戾之言，指违背事理的话。择，区别。

从《楞伽经》看佛教的语言文字观*

玄奘法师（约600—664）是中国佛教法相宗的创始人。唐太宗贞观元年（627），法师离开长安，西行求法，历游五印度，艰难求学，探索佛理，游学17年之后，于贞观十九年（645）正月二十五日学成归国，返抵长安。从那以后，玄奘法师定居长安，翻译经典，直到唐高宗麟德元年（664）二月逝世，所译经论有75部1335卷之多。玄奘法师西行求法，以长安为起点，回国后，也是以长安作为他的翻译及创立唯识法相宗的地方，可见，玄奘法师与长安有着非常深的因缘。在玄奘法师所翻译的诸经论中，虽然没有《楞伽经》，但《楞伽经》与玄奘法师所译的《解深密经》同为法相宗所依据的重要经典。《楞伽经》的内容相当丰富，本文仅就其关于语言文字方面的观点进行探索和阐述。

《楞伽经》（Lankavatara-sutra）全名《楞伽阿跋多罗宝经》或《入楞伽经》。Lanka是斯里兰卡的古名，vatara的意思是“入”，sutra音译为“修多罗”，是经的意思。从经名可知，《楞伽经》是佛陀在斯里兰卡所说之经。此经与《解深密经》同为论述唯识思想的重要经典，偏重于理论的研究和哲学的说明。现存《楞迦经》最早的汉译本是南朝宋元嘉二十年（443）求那跋陀罗的译本（即《楞伽阿跋多罗宝经》4卷）。后来还有北魏菩提流支的译本《入楞伽经》10卷，唐实叉难陀的译本《大乘入楞伽经》7卷。在汉译各本中，实叉难陀的译本与梵本比较接近，求那跋陀罗的译本最能表现此经的原始状态，流行最为广泛，此文所据即为求那跋陀罗的四卷本。

在历史上，《楞伽经》对中国佛教产生了很大的影响。据说菩提达摩曾以此经授慧可，说：“我观汉地，唯有此经。仁者依行，自得度世。”慧可以

---

* 原载《首届长安佛教国际学术研讨会论文集》第五卷《长安气象—长安佛教的历史地位与价值》，陕西师范大学出版社2010年版。

此传授门徒。慧可的门徒们游行村落，不入都邑，行头陀行。他们主张“专唯念慧，不在话言”，实行以“忘言、忘念、无得正观”为宗旨的禅法，逐渐形成一个独立的派别，被称为“楞伽师”，成为禅宗的先驱。

在《楞伽经》中，释迦牟尼佛回答了大慧菩萨所提出的 108 个问题，内容十分广泛。这些问题中包含有语言文字方面的内容，本文的目的就在于试图通过《楞伽经》来了知佛教关于语言文字方面的见解。应当指出的是，佛陀所说的经典，其目的都在于帮助众生树立正知正见，从而出离解脱，成就圆满佛果。因此，佛陀在论及语言文字方面的内容时，主要是从语言文字的本质，修行者在学修的过程中应当怎样避开语言文字的陷阱，以及怎样正确地利用语言文字帮助众生出离解脱的角度来讲的，而不是像当今的语言学家那样，以语言作为唯一的研究目的和对象，从语音、语法、词汇、语义、语用等诸方面对语言进行研究。这一点希望读者注意。

一、语言是一种妄想

时下语言学界给语言下的定义是：语言是由声音和意义构成的人类用于交际和思维的符号系统。对于这一定义，我们可以作如下理解。

首先，从语言的内部结构看，语言是人类特有的一种符号系统，是由能指（signifier）声音和所指（signified）意义组成的①。其次，从语言的社会功能来讲，语言是人与人之间相互交流和表达思想的最重要的中介，也是人们认知客观世界进行思维活动的一种工具。当然，语言还有许多其他的功能。例如，当它作用于一个民族的文化时，它还是文化信息的载体。而文字，则是用来记录语言的。文字本身也是一种符号，只不过不是语言那样的听觉符号，而是一种视觉符号。文字符号的能指是形体，所指是语言中的声音（音素或音节）、语素或词。

就语言是一种符号系统来看，语言中的能指声音是由人类的发音器官产生的，而其所指意义则是从人们的感官与心灵所经验到的事物与意象中抽象

---

① ［瑞士］索绪尔著，高名凯译：《普通语言学教程》，商务印书馆 1999 年版，第 100-102 页。不过，在此书中，索绪尔将声音称为“音响形象”，将意义称为“概念”。

出来的。佛教唯识学认为，人们的五识——眼识、耳识、鼻识、舌识、身识，通过眼根、耳根、鼻根、舌根、身根这五个门户，能够觉了分别色、声、香、味、触等境，即眼见色、耳闻声、鼻嗅香、舌尝味、身触尘等感性认识。而包括判断、分析、推理在内的理性认识是由第六识意识来完成的。与前五识不同，意识所依的根，不是物质性的，而主要是精神性的，即依靠恒审思量的第七末那识而生起的，所以第六识被称之为“意识”。人们的语言正是依靠六识——眼识、耳识、鼻识、舌识、身识、意识去取所缘的境而产生并发挥作用的。

六识属于“心法”，语言的产生还要依靠作意、触、受、想、思五种“遍行心所”①，以及人们的发音器官的共同参与才能完成。

识是具有高度主观能动作用的认识能力，随时主动地待缘取境，就叫做“作意”。当根与境相接，识必然会随之而起，根、境、识三者相合相接，生起感觉，就叫做“触”。识既触境，自然会领纳所触之境，对所触之境有所感受，从而形成感性认识，这就叫做“受”。有了感性认识，就会追究和探求所触所受之境到底是什么，从而进行概括，产生概念，并在概念的基础上进行判断、分析、推理，这样，就由感性认识上升到理性认识的阶段，这叫做“想”。从作意到触、受、想，虽然经历了从感性认识到理性认识的过程，认识阶段由低到高，但都是属于知的范畴。知到了极处，就会对境有所造作，这就是“思”。思有四种：对所知的事物详细考虑，叫做“审思”；考虑成熟之后下决心怎么做，这叫“决思”。审、决二思都是通过意识造作的，是为意业。既经决定之后，自然有所作为，驱使身体，运用手脚而作，叫做“能动身思”，所作之业叫做“身业”；如果运用发音器官，从语言上进行造作，叫做“能发语思”，所作之业叫做“语业”。以上四种“思”表现为意、身、语三业，属于行的范畴。《成唯识论》卷一：“能动身思，说名身业；能发语思，说名语业。审、决二思，意相应故，作动意故，说名意业。起身语思，有所造作，说名为业。”②

那么眼、耳、鼻、舌、身、意六识“心法”及作意、触、受、想、思五

① 《百法明门论》。

② 唐仲容：《关于佛教的认识论》，《学佛指南——唐仲容居士佛学论文集》，内部学习资料，1993年版，第222—223页。

种“遍行心所”与语言的关系是怎样的呢？我们这里只是简单地以眼识所接触之境以及意识在其中所起的作用来进行说明。其余如耳、鼻、舌、身诸识与语言的关系以此类推。

这里，以马为例来进行说明。当人们通过眼识有所接触并领受到大小、形状、颜色各异的马的时候，眼识所认识到的只是这些马的大小、形状、颜色，而并没有认识到所见之物为马，但接着意识便会追问所见到是什么东西。意识的作用首先在于概括。对所见到的这些不同的马，人们通过意识的作用，抛弃了它们之间大小、形状、颜色等差别的特殊性，而抽象出马所具有的共同的、普遍的一般特征，经过概括，从而形成了关于“马”的概念。以后，当一匹马出现在人们面前的时候，人们的眼识通过眼根与马相接触，虽然眼识所认识到的只是这匹马的大小、形状、颜色等特征，以及对这些大小、形状、颜色等的感受，但根据早已经形成的概念，便会断定这是一匹马。

概念的形成是语言产生的关键，因为它给语言中的词语提供了意义。在语义学理论中，概念并不等同于词的意义，它们之间的关系相当复杂，大体上说，概念是词义的核心部分①。为简便起见，我们在这里不去探究概念和词义的区别，而将它们看作是大致等同的东西。一旦形成概念，人们就会通过发音器官，用一个声音去表达这个概念，从而产生了语言中的词语。有了语言中的词语以后，人们在看见某个事物时便会在口头上或内心中说出这一事物的名称，或是在听到或想起某一词语时，立即联想到某一具体的事物。如果要进一步进行判断、分析、推理，人们一定要使用语言中的句子。句子是由词语组合而成的，其中除了包括词语外，还应当遵循一定的语法规则。

由此可见，语言是在眼、耳、鼻、舌、身、意六识“心法”及作意、触、受、想、思五种“遍行心所”的作用下产生的，离开了六识及五种“遍行心所”，便无所谓语言。

在佛教看来，通过六识及五种“遍行心所”产生的语言，其本身也不过是一种妄想。妄想是佛教的重要名相，意思是“虚妄分别”。在《楞伽经》卷四中，佛陀对大慧说：“言说者，众生妄想故。”“言说”② 指语言，它其

---

① 张永言：《词汇学简论》，华中工学院出版社 1982 年版，第 43-46 页。

② 《楞伽经》中的“言说”，既指以声音为载体，以词汇和语法规则组成的人们用于交际和思维的符号系统，即语言学界所称的“语言”（langue），也指人们说出来的话，即“言语”（parole）。本文所使用的“语言”一词，实际上包含上述两种意义。

实只是众生的一种妄想。佛陀又说："彼妄想者，施设众名，显示诸相，如此不异，象马车步男女等名，是名妄想。"① "施设众名，显示诸相"的意思是，人们创立各种词语（名），用来表示各种事物之相。这里不直接说"事物"而使用"相"这个词的原因在于，人们通过六识所认识到的，只是事物之相而非事物本身。"彼相者，眼识所照名为色，耳、鼻、舌、身、意识所照名为声、香、味、触、法，是名为相。"② 为什么人们创立各种词语（名）来显示事物的相貌是虚妄不实的呢？慧远《大乘义章》说得十分清楚，卷三云："言妄想者，所谓凡夫迷实之心，起诸法相，辨相施名，依名取相，所取不实，故曰妄想，故经说言：'虚妄分别名字及相，名妄想也。'"佛告诉大慧，所谓名相（即词语）是虚妄的，是不可得的，正智者懂得这个道理，才会成就圆满佛果。"大慧，正智者，彼名相不可得，犹如过客。诸识不生，不断不常，不堕一切外道声闻缘觉之地。复次大慧，菩萨摩诃萨，以此正智，不立名相。非不立名相，舍离二见，建立及诽谤，知名相不生，是名如如。"③ 而一般的凡夫却不能懂得这个道理，他们依名取相，被名相所迷惑支配，故而不得自在。"愚痴凡夫，随名相流。"④ 由于持有这种错误的认识，因此堕落在生死大海中，不得解脱。"佛告大慧：'愚夫计著俗数名相，随心流散。流散已，种种相像貌，堕我我所见，希望计著妙色。计著已，无知覆障，故生染著。染著已，贪恚所生业积集。积集已，妄想自缠，如蚕作茧。堕生死海，诸趣旷野，如汲井轮。'"⑤

前面论及，语言是人们的一种妄想，叫做"言说妄想"。《楞伽经》卷二，列出了言说妄想、所说事妄想、想妄想、利妄想、自性妄想、因妄想、见妄想、成妄想、生妄想、不生妄想、相续妄想、缚不缚妄想等十二种妄想。可见，妄想的范围远比语言更大。《楞伽经》卷二："大慧，云何言说妄想？谓种种妙音歌咏之声美乐计著，是名言说妄想。"同卷又云："尔时大慧菩萨摩诃萨复以此义劝请世尊：'唯愿更说言说妄想所现境界。世尊，何处、何

① 在中国古代的文献中，"名"可以表示事物，也可以理解为表示事物的概念，还可以指表示概念的词，甚至文字。邢公畹：《谈荀子的"语言论"》，《语言论集》商务印书馆 1983 年版，第 114—115 页。在这里，"名"所表示的是语言中的词语。

② 《楞伽经》卷四。

③ 《楞伽经》卷四。

④ 《楞伽经》卷四。

⑤ 《楞伽经》卷四。

故、云何、何因众生妄想言说生？' 佛告大慧：'头胸喉鼻唇舌龂齿和合出音声。' ” 佛陀指出，语言即“言说妄想”是由人们的发音器官产生的，是以声音作为其表现形式的。那么，语言与妄想是什么关系呢？《楞伽经》卷二：

> 大慧白佛言：“世尊，言说妄想为异为不异？”佛告大慧：“言说妄想非异非不异。所以者何？谓彼因生相故。大慧，若言说妄想异者，妄想不应是因；若不异者，语不显义，而有显示。是故非异非不异。”

大慧向佛陀请教说：“世尊，语言与妄想是相同的，还是不相同的呢？”佛陀回答说：“语言与妄想既相同也不相同。为什么呢？因为语言是由妄想产生的。如果说语言与妄想完全不同，毫无关联，那么妄想就不应当是语言产生的原因了；如果说语言与妄想没有差异，就不会发生语言不能够完整地表达意义，只显示部分意义情况。所以说语言与妄想既相同也不相同。”① 这里，佛陀指出了语言出自人们意识中的妄想的道理，同时也将两者的关系解释清楚了。

二、语言不能显示第一义

接着，大慧请教佛陀，语言是否是至高无上的真理第一义，或者它能否显示第一义。对于这个问题，佛陀也作了回答，并解释了什么叫做第一义：

> 大慧复白佛言：“世尊，为言说即是第一义？为所说者是第一义？”佛告大慧：“非言说是第一义，亦非所说是第一义。所以者何？谓第一义圣乐，言说所入是第一义，非言说是第一义。第一义者，圣智自觉所得，非言说妄想觉境界。是故言说妄想，不显示第一义。言说者，生灭动摇展转因缘起。若展转因缘起者，彼不显示第一义。大慧，自他相无性故，言说相不显示第一义。复次大慧，随入自心现量，故种种相外性非性，言说妄想不显示第一义。是故大慧，当离言说诸妄想相。”

---

① 求那跋陀罗的《楞伽经》译本有着相当浓厚的梵文语法的痕迹，意义十分晦涩，读起来相当困难。本文中的解释主要参考南怀瑾的《楞伽大义今释》（北京师范大学出版社 1993 年版）的相关内容，笔者按照自己的理解作了部分调整。因此，很可能与经文原意有出入，希望读者批评指出。

大慧又请教佛陀说："世尊，语言本身即是第一义？或者说，语言所表达的是第一义？"佛陀回答说："语言不是第一义，语言所表达的也不是第一义。为什么呢？所谓第一义的圣乐境界，是语言所希望指示和表达的境界，语言本身并非第一义。所谓第一义，是进入了内圣的大智自觉境界才能了解的，不是语言这种妄想所能了知的境界。所以语言这种妄想，不能够显示第一义。语言本身，是有生灭变化，通过因缘展转而生起的。这种通过因缘展转生起的事物，不能显示至高无上的真理第一义。大慧，一切相状都没有自性，所以语言相也不能显示第一义。另外，大慧啊，一切现象都是由于自心的现量境所生起的，外界种种现象都没有固定的自性。所以语言这种妄想，不能够显示第一义。因此大慧啊，你应当抛弃语言和各种妄想，才能够证得第一义。"

佛教修行的最终目的是掌握至高无上的真理第一义，掌握了第一义就进入到圆满究竟的智慧境地。佛陀指出，人们的语言作为一种妄想分别，是不能够显示最高的真理第一义的。这是因为，语言本是依靠因缘而生，是一种有生灭变化的缘生法。用一种有生灭变化的缘生法来显示只有圆满究竟的智者所亲证的境界，当然是不可能的。因此，语言虽然是世俗生活离不开的交际和思维工具，但要证得第一义，则必须脱离语言这种妄想。

第一义即第一义谛，也可以叫做真谛、胜义谛，是相对于世俗谛而言的。第一义谛还有许多异名，如涅槃、真如、实相、中道、法界等。其中，人们最熟悉的是涅槃。可是，什么叫做涅槃呢？罗睺罗·化普乐教授认为，运用语言文字永远也不可能解释清楚。他说：

> 你要问：可是什么是涅槃呢？为了答覆这个十分简单而自然的问题，已有人写了好几部书了。可惜这些书不但没有把问题解释清楚，反而使它们愈趋复杂。惟一合理的答案是：这问题永远不能以语言文字充分而圆满地答覆。因为人类的语言太贫乏了，不足以表达涅槃这种绝对真理、最终实相。语言是人类所创造以表达他们由感官与心灵所经验到的事物与意象的。超越凡情的经验如绝对真理者，不属于这一范畴之内。因此，没有任何语文足以表达这种经验，就像鱼的字汇里没有形容陆地的字眼一样。乌龟和它的朋友鱼说，它刚到陆地上散步回湖。鱼说：

> “当然你的意思是说游泳啰!”乌龟想对鱼解释陆地是坚实的，不能在上面游泳，只能在上面步行。可是鱼却坚持不可能有这么一样东西。陆地一定也是液体，和它住的湖一样；有波浪，可以在里面跳潜游泳。

语言文字是代表我们所熟知的事物和意念的符号，这些符号甚至不足以表显日常事物的真实性状。在了知真理方面，语言文字是不可靠且易致差错的。所以，《楞伽经》里就说愚人执著语言文字，如大象陷于泥淖①。

在《楞伽经》中，佛陀还举了其他的异名，如如来藏、空、无相、无愿、如实际、法性、法身、涅槃、离自性、不生不灭、本来寂静、自性涅槃等②。

在佛法的教理中，所谓的真实是有层次的。就世俗谛而言，有世间极成真实和道理极成真实；就第一义谛而言，有烦恼障净智所行真实和所知障净智所行真实。世间极成真实，指人们依照约定俗成的名言，取种种相。此即是此，决非是彼；彼即是彼，决非是此。如谓地就是地，而不是火或其他的事物；苦就是苦，而决不是乐等。道理极成真实，指人们依据世间现量，运用正确的比量，并取决于圣教量，由此三量所证成的道理。所谓烦恼障指众生执著于有我，引生贪、嗔、痴、慢、恶见等烦恼，由此而造业感果，流传生死，障蔽涅槃解脱，故名烦恼障。声闻、独觉由于断除了烦恼障而引生无漏智，证见四谛，亲证我空真如，这就叫烦恼障净智所行真实。菩萨和诸佛由于破除了法执，断除了所知障，便有大乘无漏根本智和后得智二种净智现起。这两种智所行的境界，就叫做所知障净智所行真实③。

可见，对于世俗谛的世间极成真实和道理极成真实，语言是有用的，可以用它来表示和说明相对的真实。但要用它来表达或说明属于第一义谛的烦恼障净智所行真实和所知障净智所行真实，则完全无能为力。

不过，佛陀并不完全否定语言在了解第一义谛的作用，他只是告诫人们，在追求至高无上的真理的时候，不要执著于语言，而应当方便善巧地利用它。佛陀指出，语言虽然不能够显示最高的真理第一义，但人们要有所成

---

① ［斯里兰卡］罗睺罗·化普乐著，顾法严译：《佛陀的启示》，福建莆田广化寺 2007 年版，第 45-46 页。

② 《楞伽经》卷二：“佛告大慧：‘我说如来藏，不同外道所说之我。大慧，有时说空、无相、无愿、如实际、法性、法身、涅槃、离自性、不生不灭、本来寂静、自性涅槃，如是等句。’”

③ 《瑜伽师地论》卷三十六。

就，证得无上正觉，并以此普度众生，还是应当从语言文字入手：

> 复次大慧："当说名句形身相。善观名句形身菩萨摩诃萨，随入义句形身，疾得阿耨多罗三藐三菩提。如是觉已，觉一切众生。（《楞伽经》卷二）

佛陀又告诉大慧菩萨："我要告诉你们名身、句身和形身的状况。善于观察和理解名身、句身和形身的菩萨大士，通过钻研名身、句身和形身，可以很快证得无上正等正觉。自觉以后，便可以觉悟一切众生，使之开悟。"那么，什么叫做名身、句身和形身呢？佛陀接着解释说：

> 大慧，名身者，谓若依事立名，是名名身。句身者，谓句有义身，自性决定究竟，是名句身。形身者，谓显示名句，是名形身。又形身者，谓长短高下。又句身者，谓径迹，如象马人兽等所行径迹，得句身名。大慧，名及形者，谓以名说无色四阴，故说名。自相现故说形，是名名句形身。说名句形身相分齐，应当修学。尔时世尊欲重宣此义而说偈言：
>
> 名身与句身　　及形身差别
>
> 凡夫愚计著　　如象溺深泥

所谓"名身"，就是依照事物的特征，给它约定一个名字，这就是语言中的词语（词或短语）。"句身"就是句子，能够表达一个完整的意义（"句有义身，自性决定究竟"）。"形身"就是文字，文字以形为体，故曰形身，其作用在于表示词语和句子（"形身者，谓显示名句，是名形身"）。佛陀进一步指出，形身是通过文字形体的长短高下来区别的（"形身者，谓长短高下"）；而句身则像人或动物所行走的路径一样（"句身者，谓径迹，如象马人兽等所行径迹"），是由若干个名身（词语）组合而成的（"得句身名"），具有线条性的性质。佛陀用人或动物行走的路径来比喻句身，意思是句身只是一种途径，途径本身并不是目的，因此，佛陀主张修行者应当学习名身、句身和形身（"说名句形身相分齐，应当修学"），通过它们达到智慧开悟的目的，但却不应当执著于此。如果执著于语言文字，那就会像大象陷于深深的泥淖中不能自拔一样（"名身与句身，及形身差别，凡夫愚计著，如象溺深泥"）。

三、语言文字和第一义之间的关系

在追求至高无上的真理的过程中，既要防止语言文字的陷阱，也要善于通过和利用语言文字来自觉和觉他。为此，佛陀提出了“当善语义”的问题：

> 尔时大慧菩萨白佛言：“世尊，如世尊所说，菩萨摩诃萨当善语义。云何为菩萨善语义？云何为语？云何为义？”佛告大慧：“谛听，谛听，善思念之！当为汝说。”大慧白佛言：“善哉，世尊！唯然受教。”佛告大慧：“云何为语？谓言字妄想和合，依咽喉唇舌齿龂颊辅，因彼我言说、妄想习气计著生，是名为语。大慧，云何为义？谓离一切妄想相、言说相，是名为义。”（《楞伽经》卷三）

佛陀指出，善于理解“语”和“义”的区别非常重要。他首先向大慧解释什么叫“语”，什么叫“义”。佛陀说，所谓“语”即语言，来自于人们心里的妄想，通过词语的组合，依靠人们的发音器官发出来的，它依据人们分别彼我的妄想习气产生的，这些东西统称之为“语”。而所谓“义”，则是离开妄想和言说，另有所指的“义”。应当指出的是，佛陀此处所讲的“义”，不是语言学中所谓的与能指声音相对的作为所指的意义（meaning），而是学佛者在佛法修行中所希望得到的甚深无上的真理，即第一义谛或涅槃。这个第一义谛是远离一切妄想相、言说相的。

那么，应当怎样达到这一微妙甚深的出世间境界呢？佛陀接着说：

> 大慧，菩萨摩诃萨于如是义，独一静处，闻思修慧，缘自觉了，向涅槃城。习气身转变已，自觉境界，观地地中间，胜进义相。是名菩萨摩诃萨善义。（《楞伽经》卷三）

佛陀告诉大慧，修行者首先应当懂得上述道理，即“语”与“义”的区别，找寻一个清静的地方，通过闻、思、修三慧，自己去体察、内证自觉，达到涅槃的境界。当自身的虚妄执著的习气逐渐转变的时候，在自觉的境界里，观菩萨初地以及上升入诸地的中间胜义相，是名菩萨善解义相。

应当指出的是，佛陀虽然教导人们在修行的时候应当“离一切妄想相、言说相”，但他并不否认语言在修行过程的作用。因为在佛法的闻、思、修三慧中，“闻”和“思”都得借助于语言文字的作用，这就叫“文字般若”。文字（包括语言）虽然不是般若本身，但它却能够诠释般若，从而使人们破迷开悟，生起般若智慧。可见，这里所说的“语”与“义”虽然是不相同的事物，但要得到“义”，却应当通过“语”的途径，因此“语”与“义”的关系是“非异非不异”。为此，佛陀给大慧作了详细的解释：

> 复次大慧，善语义菩萨摩诃萨，观语与义非异非不异，观义与语亦复如是。若语异义者，则不因语辩义。而以语入义，如灯照色。（《楞伽经》卷三）

佛陀告诉大慧，“善语义”的菩萨大士看待“语”与“义”的关系是“非异非不异”，也就是说，“语”与“义”之间即非是同一事物，但它们之间也存在着密切的联系。如果“语”与“义”之间完全没有联系，那么就不能借助于“语”来了解“义”了。借助于“语”了解“义”，就像是用灯来照见事物的色相一样。这里，佛陀打了一个非常恰当的比喻。灯并非所照事物的相貌，灯本身也不能表示、指示或指代事物，这同语言学中所说的语言符号具有能指、所指两极性是不一样的。但由于灯光的照射，使人们能够见到事物的相貌，这就是灯的功用。同样，语言并不是第一义谛，语言也不能表示第一义谛，但借助于语言的帮助，人们最终可以认识到第一义谛。这就是文字般若的作用。在《楞伽经》卷四中，佛陀使用“以指指物”来作譬喻：“大慧，善男子善女人不应摄受随说计著。真实者，离文字故。大慧，如为愚夫以指指物，愚夫观指，不得实义。如是愚夫随言说指，摄受计著至竟不舍，终不能得离言说指第一实义。”这里，佛陀将语言文字比喻成手指，将“第一实义”比喻成所指之物，指出愚夫执著于文字，就像是将手指当成是所指之物一样，是完全错误的。但是，如果人们通过手指去认识和了知所指之物，那就是正确的了。因此，语言文字在人们认识真理方面，确实起到了极大的作用。

因此，对于大乘菩萨来说，一定要把语言文字和第一义谛真理之间的关系弄清楚，这样才会既不执著于语言文字，又能方便善巧地广为众生演说经法。这样，既可以自觉，亦能觉他。为讲清这个道理，佛陀用了较多的话语反复强调这个道理：

> 大慧，彼诸痴人作如是言：义如言说，义说无异。所以者何？谓义无身故，言说之外更无余义，惟止言说。大慧，彼恶烧智，不知言说自性。不知言说生灭，义不生灭。大慧，一切言说堕于文字，义则不堕。离性非性故，无受生，亦无身故。大慧，如来不说堕文字法，文字有无，不可得故，除不堕文字。大慧，若有说言如来说堕文字法者，此则妄说，法离文字故。是故大慧，我等诸佛及诸菩萨，不说一字，不答一字。所以者何？法离文字故。非不饶益义说，言说者，众生妄想故。大慧，若不说一切法者，教法则坏。教法坏者，则无诸佛、菩萨、缘觉、声闻。若无者，谁说为谁？是故大慧，菩萨摩诃萨，莫著言说，随宜方便广说经法。以众生希望烦恼不一故，我及诸佛，为彼种种异解众生，而说诸法，令离心意意识故，不为得自觉圣智处。(《楞伽经》卷四)

佛陀告诉大慧，那些愚痴的人这样说：真义就存在于语言之中①，真义与语言没有两样。为什么呢？因为他们认为真义本身空无所有，因此在语言之外没有别的真义，真义只存在于语言之中。大慧，他们都是因错误的见解烧掉了自己的智慧，因而不知道语言的事实真相②，不知道语言是有生灭的，而真义则没有生灭。大慧，一切言语都囿于文字，真义则不受此限制。因为真义是没有自性的，它既不因其他事物而产生，也没有自己的物质形式。大慧，如来说法不会囿于文字，文字若有若无，是根本不可得的。因此惟有不囿于语言文字，才能知道如来的旨意。大慧，如果有人说如来演说囿于文字之法，那便是妄说，因为佛法是离文字相的。因此，大慧啊，我等诸佛及诸菩萨，不说一字，也不回答一字。为什么呢？因为佛法是离文字相的。诸佛菩萨并非不愿意为利益众生而说真实义，而是担心言说反而增加了众生的妄想。但是，如果诸佛菩萨不为众生说一切法，那么，教法就要遭到破坏了。

---

① 原文中的“义”即第一义或第一义谛，非语言符号的能指声音所表示的意义。这里按照南怀瑾的意见，翻译成“真义”。

② “事实真相”的原文为“自性”。“自性”的意思是诸法各自具有的体性或体相，法相家谓之为自相。一切法皆是有相无体，因此称为“自相”要恰当一些。

而一旦教法被破坏，也就没有诸佛、菩萨、缘觉、声闻了。如果没有诸佛、菩萨、缘觉、声闻，又有谁说法？为谁而说呢？因此大乘菩萨们，切莫执著于言语相，而应当方便随宜，广为众生演说经法。由于众生的希望和烦恼是不一样的，因此我和诸佛，为种种不同见解的众生演说一切法，使他们远离妄心意识，而不是为了使他们通过演说的一切法由内证到圣智的境界。

佛陀指出，佛法真义是超越语言文字的，是语言文字不能解说的，因此，诸佛及诸菩萨不说一字、不答一字。这里所说的“不说一字，不答一字”，应当理解为是针对于佛法的真义第一义谛而言的，因为第一义谛是不能够用语言文字来直接诠释的，而不能理解为诸佛菩萨不使用语言来给众生演说佛法。但是，如果不为众生说法，教法就将遭到破坏，因为诸佛菩萨来到世间就是为了向众生说法，就是为了开、示、悟、入佛之知见，使众生出离解脱。因此应当这样理解：诸佛菩萨所说之法，不能够直接诠释佛法的真义第一义谛，从而达到“自觉圣智处”的境地，而只是为了使众生“离心意意识”而已。为此，罗睺罗·化普乐教授解释说：“如果用正面的文词来表诠涅槃，我们立刻就会产生一项与这语词有关的意念而执著它，结果可能与原意适相违反。因此，说到涅槃，我们大都用反面的文词，如‘断爱’‘无为’‘止贪’‘寂灭’等。因为这样做，似乎比较不易引起误解。”① 如上的言论，在佛典中经常见到。以人们熟悉的佛经来说，《金刚经》：“说法者，无法可说，是名说法。”《维摩诘所说经·入不二法门品》中文殊师利菩萨说：“如我意者，于一切法，无言无说，无示无识，离诸问答，是为入不二法门。”佛陀也常说：“吾说法四十九年，未曾说一字。”历代的禅师们也经常说：“开口便错，动念即乖。”这都是告诉人们，不能执著于语言文字，而应当自己亲自去内证圣智的境界。

基于对语言文字本质的认识，佛陀在《楞伽经》中提出了“依于义不依文字”：

> 诸菩萨摩诃萨依于义，不依文字。若善男子善女人依文字者，自坏第一义，亦不能觉他。堕恶见相续，而为众说。不善了知一切法、一切地、一切相，亦不知章句。若善一切法、一切地、一切相，通达章

① ［斯里兰卡］罗睺罗·化普乐著，顾法严译：《佛陀的启示》，福建莆田广化寺 2007 年版，第 46 页。

句，具足性义，彼则能以正无相乐而自娱乐，平等大乘建立众生。（《楞伽经》卷四）

佛陀指出，觉悟了的大菩萨都是“依于义不依文字”① 的。如果一般人执著于语言文字，便是坏了第一义，既不能自觉，也不能觉他。以这样的错误见解为众生说法，将是十分危险的。反之，“依于义不依文字”，又能通达经文的章句，那么就能够得到开悟解脱的快乐，也能够在平等性的大乘之中普度一切众生。这样，才能够“摄受正法”，令“佛种不断”：

大慧，摄受大乘者，则摄受诸佛菩萨缘觉声闻；摄受诸佛菩萨缘觉声闻者，则摄受一切众生；摄受一切众生者，则摄受正法；摄受正法者，则佛种不断。（《楞伽经》卷四）

在佛教看来，语言文字的问题是一个非常重大的问题。能否正确地理解语言文字，懂得语言文字与真实义之间的关系，是出离解脱，通向涅槃之路，还是堕落在生死轮回中的大事。佛陀说：“真实义者，微妙寂静，是涅槃因。言说者，妄想合；妄想者，集生死。”② 真实义是微妙寂静的，是涅槃之因。语言文字，是妄想的组合；而妄想，则是集积生死的根本。因此，佛陀告诫大慧，实际上也是告诫人们，应当懂得这个道理，并方便善巧地去修行：“大慧，如是不生不灭，不方便修则为不善。是故应当善修方便，莫随言说如视指端。是故大慧，于真实义当方便修。”③ 这里所说的“不生不灭”，即是“真实义”“第一义”“涅槃”。怎样去方便善巧地去修行呢？还是要从亲近善知识入手。佛陀说：“大慧，实义者，从多闻者得。大慧，多闻者，谓善于义非善言说。善义者，不随一切外道经论，身自不随，亦不令他随，是则名曰大德多闻。是故欲求义者，当亲近多闻所谓善义者。当亲近多闻所谓善义，与此相违计著言说应当远离。”④ 而亲近善知识讲经说法，还是要从语言文字入手。可见语言文字虽然并不能表示最高的真理，但却是通向真理的必由之路。

① 在《维摩诘所说经·法供养品》中有“依于义，不依语”，与此义同。
② 《楞伽经》卷四。
③ 《楞伽经》卷四。
④ 《楞伽经》卷四。

吴棫评传*

吴棫（约 1100—1154），字才老，建安（今福建省建瓯县）人，宋代著名的学者、音韵训诂学家。其音韵学著作《韵补》对后世古音学的建立和发展有较大的影响。另外，吴棫在《书裨传》中指出，《尚书》原有的三十三篇和后来多出的二十五篇在文体上有很大的差别，进而怀疑这二十五篇的真实性，为后来《尚书》的辨伪工作奠定了良好的基础。

吴棫大约生于宋元符三年，卒于宋绍兴二十四年，宋宣和六年（1124）中进士，绍兴年间官太常寺丞，后因文字之故得罪秦桧，出为泉州通判。其著作有《毛诗叶韵补音》十卷、《韵补》五卷、《书裨传》十三卷、《论语续解》十卷、《论语考异》一卷、《论语说例》一卷。此外还有《字学补韵》《楚辞释音》等著作①。除《韵补》外，其他著作均已失传。

所谓古音，就是上古汉语的语音，即以《诗经》为代表的周秦时代的汉语语音。古音学就是汉语音韵学中研究古音的一门学科。古音学作为一门学科始于明代的陈第，到清代大盛，而其萌芽却始自宋代的吴棫。

由于语音的发展，后人在诵读以《诗经》为代表的先秦韵文时，往往感到有许多不和谐的地方，于是便临时改变这些字原来的读音，以求押韵。这种方法后人通称为“叶音”。据陆德明《经典释文》所载，这种方法始于晋徐邈的《毛诗音》和梁沈重的《毛诗音》。对于改音叶韵的办法，陆德明并不完全赞同，他在《经典释文》中提出了“古人韵缓，不烦改字”的主张，意思是古人的用韵比后世要宽一些，对不合韵的字用不着处处临时改读。吴棫著《毛诗叶韵补音》和《韵补》，一方面是为了发展“叶音”学说，补前人“叶音”所不足，另一方面则接受了陆德明“古人韵缓”的看法，试图

* 原载濮之珍主编：《中国历代语言学家评传》，复旦大学出版社 1992 年版。

① 《福建通志》卷七十六。

给叶音作一定的限制，并对古音作一些较为系统的说明。

《毛诗叶韵补音》一书今已不传。《福建通志》卷七十六《经籍·建安县·宋》下载有吴棫《毛诗叶韵补音·自序》的要略：

《诗》音旧有九家，唐陆德明以已见定为一家之学，《释文》是也。所补之音皆陆氏未叶者，已叶者悉从陆氏。其用韵已见《集韵》诸书皆不载。虽见韵书而训义不同，或读书当作此读而注释未收者载之。凡字有一义即以一条为证，或二义三义即以二三条为证。若谬误未尽，皆俟后之君子正而成之。

徐蒇在《韵补序》中说：

自《补音》之书成，然后三百篇始得为诗。从而考古铭箴诵歌谣谚之类，莫不字顺音叶……《补音》引证初甚博，才老惧其繁重，不能行远，于是稍削去，独于最古者、中古者、近古者各存三二条，其间或略远而举近，非有所不知也。才老以壬申岁出闽，别时谓蒇曰："吾书后复增损，行遽，不暇出，独藏旧书。"又三年，蒇归吴，而才老死久矣。访诸其家，不获，仅得《论语续解》于延陵胡颖士云。

可见，《毛诗叶韵补音》是一部尚未修改完成的著作，专门为《诗经》的"叶音"而作，以补《经典释文》所收"叶音"的不足。所收材料虽然很广，但不大注重区分材料的时代。

至于《韵补》，则一直流传至今。因此我们在论述吴棫音韵研究的时候，就只能依据《韵补》一书了。《韵补》与《毛诗叶韵补音》不同的是，它不是专门为《诗经》的押韵而作。《韵补》一书共五卷，采用《广韵》的卷次和韵目，在韵目下罗列文字，用反切注明这个字的"叶音"，解释字义，并采用一些材料作为证据。例如：

江，沽虹切。水出岷山。《释名》："江，公也，小水流入其中公共也。"《风俗通》："江者，贡也，出珍物可贡献也。"晋童谣："五马浮渡江，一马化为龙。"又曰："阿童复阿童，衔刀浮渡江。"（《韵补》卷第一）

与前人讲“叶音”不同的是，吴棫在《韵补》中不满足于个别字的“叶音”，试图以《广韵》206韵为出发点，用“古通某”“古转声通某”去考察韵部与韵部之间的“叶音”关系。这在古音研究上是一个进步。我们举平声为例，看看吴棫的“古通某”“古转声通某”的情况。

一东

二冬，古通东。

三钟，古通东。

四江，古通阳或转入东。

五支

六脂，古通支。

七之，古通支。

八微，古通支。

九鱼

十虞，古通鱼。

十一模，古通鱼。

十二齐，古通支。

十三佳，古转声通支。

十四皆，古转声通支。

十五灰，古通支。

十六咍，古转声通支。

十七真

十八谆，古通真。

十九臻，古通真。

二十文，古转声通真。

二十一殷，古通真。

二十二元，古转声通真。

二十三魂，古转声通真。

二十四痕，古通真。

二十五寒，古转声通先。

二十六桓，古转声通先。

二十七删，古转声通先。

二十八山，古转声通先。

一先

二仙，古通先。

三萧

四宵，古通萧。

五肴，古通萧。

六豪，古通萧。

七歌

八戈，古通歌。

九麻，古转声通歌。

十阳

十一唐，古通阳。

十二庚，古通真或转入阳。

十三耕，古通真或转入阳。

十四清，古通真或转入阳。

十五青，古通真。

十六蒸，古通真。

十七登，古通真。

十八尤

十九侯，古通尤。

二十幽，古通尤。

二十一侵，古通真。

二十二覃，古通删。

二十三谈，古通覃。

二十四盐，古通先。

二十五沾，古通盐。

二十六咸，古通删。

二十七衔，古通删。

二十八严，古通先。

二十九凡，古通严。

按照顾炎武的解释，“古通某”指“全韵皆通”，而“古转声通某”则指“改此之声以就彼之韵，如才老所注佳为坚真切，来为陵之切之类是也”①。就是说，从今音来看，前者在读音上是相近的，无须改读，而后者在读音上则相差较远，须“叶音”改读才能相通。例如，东、冬、钟三韵读音一样，支、脂、之也一样。因此，“冬，古通东”“钟，古通东”；“脂，古通支”“之，古通支”。而佳、皆和支，麻和歌的读音不同，因此，“佳，古转声通支”“皆，古转声通支”“麻，古转声通歌”，等等。

吴棫《韵补》对古音学的发展主要有以下三个方面的贡献。

首先，吴棫使用《广韵》的韵目，并确定“古通某”和“古转声通某”，是为了找出在古代哪些韵部中的字可以通押，哪些不能通押，从而确定古人“叶音”的范围，找出“古人韵缓”的规律。这说明吴棫对语音有一个整体的观念，而不是把它们当作一盘散沙。这对顾炎武及其他清代学者把《广韵》作为研究古音、归纳上古韵部的出发点是有启发作用的。学术的进步是逐渐的，从研究古音的历史来看，首先必须经过笼统地确定《广韵》的各个韵部在古代的远近关系后，才谈得上顾炎武“借今音离合以求古音”②的研究方法。

其次，《韵补》汇集了大量的材料来研究古音中的叶韵情况，这对后来的学者研究古音，在材料范围的确定和选择上是有贡献的。钱大昕说：“后儒因是知援《诗》《易》《楚辞》求古音之正，其功已不细。”③ 这是就古代韵文中的押韵材料来说的。押韵材料的大量使用，可以说是从吴棫开始的。至于《说文》中的谐声材料，吴棫也相当重视，而且普遍加以使用。例如《韵补》卷第一：“皮，蒲波切，肤也。《说文》波、坡、颇、跛皆从皮得声。”《韵补》全书使用《说文》中的谐声材料有三十余处。徐蒇在《韵补序》中驳斥当时的人对吴棫《毛诗叶韵补音》一书使用材料上的指责时说：

音韵之正，本诸字之谐声，有不可易者。如霾为亡皆切，而当为陵之切者，由其以貍得声；浼为每罪切，而当为美辨切者，由其以免得声；有为云九切，而贿、痏、洧、鲔皆以有得声，则当为羽轨切矣；皮为蒲

① 《韵补正》。

② 江永《古韵标准·例言》。

③ 《潜研堂文集》卷二十七。

靡切，而波、坡、颇、跛皆以皮得声，则当为蒲禾切矣。又如服之为房六切，其见于《诗》者凡十有六，皆当为蒲北切，而无与房六叶者；友之为云九切，其见于《诗》者凡十有一，皆当作羽轨切，而无与云九叶者。以是类推之，虽毋以它书为证可也。

徐蒇与吴棫同乡，又有姻亲关系，他的结论必定是与吴棫长期讨论后得出的。吴棫使用的材料，按其性质大体上可以归纳为八类。除押韵材料和谐声材料外，还有异文、异译、读若、音训、方言、前代传注等材料。后来，陈第《毛诗占音考》增加了韵书的异读类。顾炎武《唐韵正》研究古音所使用的材料大体上没有越出这九类。

最后，后来的古音学家在许多地方引用过《韵补》中的一些具体的材料和结论。例如，顾炎武《唐韵正》在三十七个字条下注明引自《韵补》。另有三十七个字下面虽然未注明引自《韵补》，但其材料与《韵补》所引几乎完全相同。《唐韵正》包含了《韵补》中同一字条的全部材料并有所增补的情况就更多了。从反切来看，两书有四十四字完全相同。例如，《韵补》："风，方愔切"；"沂，鱼斤切"；"明，谟郎切"。《唐韵正》："风，古音方愔反"；"沂，古音鱼斤反"；"明，古音谟郎反"。这类字中除极少数来自前人的传注外，其余都可以看成是顾炎武对吴棫的继承。

由此可见，《韵补》为日后的古音研究奠定了一个良好的基础。《韵补》一书的产生，可以认为是古音学的萌芽。顾炎武说"考古之功寔始于宋吴才老"①，是非常中肯的。可惜，《韵补》一书无论是在语言学思想方面，或者是在研究方法方面都存在着一些根本性的缺点，这就大大降低了《韵补》一书的价值。

吴棫在《韵补》所引《广韵》的韵目下注道："古通某""古转声通某"，似乎他已经有了古音的观念，认识到了古今语音的不同。其实他并没有真正树立起语音发展的历史观念。《韵补》所引用的材料多达五十多种，看来是相当丰富的。但是，这些材料上起《诗经》《周易》，下至宋代欧阳修、苏轼、苏辙等人的文集，显得非常庞杂凌乱。这种在材料上不区分时代的做法是违背语言共时研究的原则的。即使属于古代的可以用来研究古音

① 《韵补正·序》。

的材料，吴棫在使用上也往往是错误的。例如他在《韵补》卷第二“四纸”下说：

> 祸，户贿切，祸福。《释名》：“祸，毁也，言毁灭也。”荀卿《成相篇》：“世之祸，恶贤士，子胥见杀百里徙。”

“祸”古音归歌部，不当音“户贿切”。《释名》中的声训有的是双声关系，不全是叠韵，吴棫却把它们都看成了叠韵关系。在《成相篇》中，这个“祸”字非韵，吴棫却把它当作韵脚，因而得出了错误的结论。

另外，根据《韵补》的“古通某”“古转声通某”，似乎可以归纳出九个上古韵部。例如，谆、臻、文、殷、元、魂、痕通真，庚、耕、清、青、蒸、登也通真，侵通真。这就可以归纳为一部。寒、桓、删、山、仙通先，覃、咸、衔通删，谈通覃，盐、严通先，沾通盐，凡通严。这也可以归纳成一部，等等。事实上，这种“韵部”是不能成立的。从上面的例子来看，这种“韵部”不仅混淆了三种鼻音韵尾的大的界线，而且如果一味地这样系联下去的话，许多“韵部”都可以合并起来，成为一部。例如上述与真相通的庚、耕、清都可以“转入阳”，江也可以“通阳或转入东”，东又通冬、钟等。此外，在《韵补》中，许多字兼有数音，分属各韵，这就完全打破了吴棫自己订的“通”“转”范围。就以与真相通的这一类来说，其中竟杂入了二十多韵的字，因此顾炎武批评道：

> 才老误以庚、耕、清、青、蒸、登、侵七韵皆通真，而其所收遂至杂入二十余韵之字，于是一字可读为数音，而决裂部分，荡弃绳墨，惟其意之所之而无施不可矣。盖其长于采收而短于甄别，则其弊必至于此。（《韵补正》十七）

可见，吴棫的“通”“转”事实上是非常混乱的，究其根本原因，在于他没有放弃“叶音”学说，因此陈第在《屈宋古音义·跋》中说：

> 吴才老……有志复古，庶几卓然其不惑，然察其意，尚依违于叶音可否之间，又未曾会萃秦汉之先，究极上古必然之韵，故其稽援虽博，终未能顿革旧习，而《诗》《易》、辞赋，卒不可读如故也。

因此，从本质上来说，《韵补》只是一部集“叶音”之大成的著作，而不能算作是一部真正的古音学著作。

《韵补》对古音研究的发展具有极大的启发意义，但吴棫却没有走上真正的科学研究的道路，原因在于他没有明确树立起语音发展的历史观，因而不能与“叶音”学彻底决裂。这个缺陷直到明代才由陈第克服了。陈第著《毛诗古音考》《屈宋古音义》《读诗拙言》，标志着古音学的建立，并使之走上了健康的发展道路。

从《六书故》看戴侗的语言研究*

“六书”是我国古代的文字学理论。关于六书的名称，刘歆、郑众和许慎有一些出入。许慎在《说文解字·叙》中确定六书为指事、象形、形声、会意、转注、假借，而且给它们一一下了定义，并用来分析和解说文字，从而建立起了比较完善的六书理论。到了南宋，郑樵撇开《说文》部首的系统，专门用六书理论来研究一切文字。他的学说保存在《通志·六书略》中。元明时期的学者，发展了郑樵对六书理论的研究，出现了一系列用六书理论来解释文字的著作，包括元杨桓的《六书统》《六书泝源》，戴侗的《六书故》，周伯琦的《六书正譌》，元明间赵㧑谦的《六书本义》，明魏收的《六书精蕴》，杨慎的《六书索引》等。从语言学的角度讲，戴侗《六书故》的价值为最高。

戴侗，字仲达，永嘉（今属浙江省）人，宋理宗淳祐年间进士，卒于元初。《六书故》共三十三卷，刊于元延祐七年（1320）。此书改变《说文》体例，不立部首，分为《数》《天文》《地理》《人》《动物》《植物》《工事》《杂》《疑》9部，立479个目，其中188个文，45个疑文，245个字。文是原始字，戴侗认为一切文字都可以归在两百多个指事、象形的文或疑文之下。他的《六书故》纲领清楚、系统完备，超过郑樵、杨桓的同类著作，有较高的价值。在《六书故》中，戴侗不用《说文》中的小篆，而根据金文，虽然一些字出于杜撰，或误以俗字为金文，但是在使用古文字方面作了大胆的尝试。

戴侗对六书理论非常重视，他认为掌握六书是读懂经籍的根本。他说：

> 注疏未兴，经义常明。注疏日繁，经义益晦。非经有明晦，学者不

* 原载《荆门大学学报》1986年第1期。

知六书故也……六书者，群经诸子百氏之通释也。六书苟通，由是而往，天下之书不待注疏皆可读也。六书不通，而以意说，缪为之注疏，是瞽而为乡者也，祇益其迷。（《六书故·六书通释》）

这就是他撰写此书，并命名为《六书故》的原因。这里，我们不对《六书故》全书作全面的评价，只就《六书故》中所反映的戴侗的语言文字观及语言研究的某些成果来进行论述。

戴侗主要在五个方面作出了重大贡献：一是关于语言文字的产生和发展的问题；二是因声求义方法的提出；三是关于假借的问题；四是关于词的引申义的研究；五是关于汉语同源词的研究。

一、语言文字的产生发展及其相互关系

在语言的起源问题上，戴侗认为，原始语言一开始便是有声语言，它是人们为了表达和交流思想而产生的。在人类早期，语言只是人们为了彼此了解而发出的大声喊叫。后来，随着人类的进步，人们逐渐认识到各种事物，并使用一定的声音去代表这些事物，语言便逐渐臻于完善了。他说：

生民之始弗可考也已。以理而逆之，被髮裸形，击剥挽削以为衣食，其气未柔，若禽兽然；其知未辟，若婴儿然。仅能号呼其欲、恶、喜、怒，以相告诏而已矣。稍益有知，然后渐能名命百物而号召之，声稍备矣。（《六书故·六书通释》）

语言的产生和发展，是语言学上的重大问题之一，戴侗探讨了这一问题，并给予了比较正确的解释。接着，戴侗阐述了文字的产生，说：

文字未兴也，其类滋，其治繁，而不可以莫之征也。然后结绳之治兴焉。治益繁，巧益生，故有刻画竹木以为识者。今蛮夷与俚俗不识文字者，犹或用之，所谓契也。契不足以尽变，于是象物之形，指事之状而刻画之，以配事物之名，而简牍刀笔兴焉，所谓书也。（《六书故·六书通释》）

可见，戴侗认识到文字是社会发展到一定阶段时，为了满足人类社会日益复杂的需要而产生的。在文字产生以前，有过结绳记事和刻木记事的阶段，但它们并不是文字，因为它们不代表语言中的词，只是为了帮助记忆，作为“征”和“识”而用的。当结绳和刻木都不能满足社会需要时，文字便产生了。文字一定要“配事物之名”，也就是说，一定要代表语言中的词，只有这种同语言相结合的符号有了读音，才能叫做文字，这与结绳和刻木是根本不同的。戴侗认为最早的汉字是象形字和指事字，并阐述了汉字的发展过程：

> 象形、指事犹不足以尽变，转注、会意以益之。而犹不足也，无所取之，取诸其声而已矣。是故各因其类而谐之以其声……五者犹不足以尽变，故假借以通之，而后文字之用备焉。（《六书故·六书通释》）

就是说，汉字的发展是为了更精确地代表语言，以满足社会的需要。同时还指出汉字由象形、指事向转注、会意，再向形声、假借发展的方向，总结了汉字由象形向表意和表音发展的规律。

戴侗不承认“圣人”创造文字的观点，指出文字是各个地方人民群众的集体创造。“圣人”的功绩只是领导了统一文字的书写形式和读音，使之更加规范而已。他说：

> 六书不必圣人作也。五方之民，言语不同，名称不一，文字不通。圣人者作，命神瞽焉，协其名声；命史氏焉，同其文字，厘其烦慝，总其要归而已。（《六书故·六书通释》）

这样就否定了长期流行的“仓颉作书”的错误认识，也比荀子的“好书者众，而仓颉独传”① 的说法，更接近历史的真实。章炳麟也有类似的看法。他说：“仓颉以前，已先有造书者……夫人具四肢官骸，常动持莛画地，便已纵横成象，用为符号，百姓与能，自不待仓颉也。”又说：“一二三诸文，横之纵之，本无定也；马牛鱼鸟诸形，势则卧起飞伏，皆可则象也；体则鳞羽毛鬣，皆可增减也；字各异形，则不足以合契。仓颉者，盖始整齐画一，下笔不容增损。由是率尔著形之符号，始为约定俗成之书契。”② 章氏的

① 《荀子·解蔽》。
② 《章氏丛书·造字缘起说》。

这两段话，是戴侗这段论述的详细注脚。

在语言与文字关系的问题上，戴侗认识到文字只是记录语言，尤其是记录语言中声音的符号。他说："夫文，生于声者也，有声而后形之以文。"① "夫文，声之象也；声，气之鸣也。有其气则有其声，有其声则有其文。声与文虽出于人，亦各其自然之征也。"② 因此他认为解说文字本应先叙声音，次叙字形。不过，由于声音是一发即逝的，得由文字的形体来记录，所以在方法上应当先形后声：

> 侗尝谓当先叙其声，次叙其文，次叙其名，然后制作之道备矣。声，形而上者也；文，形而下者也。非文则无以著其声，故先文而断以声。（《六书故·六书通释》）

戴侗指出文字在记录语言的声音方面，六书中的任何一书都不例外：

> 凡六书皆以形人声而已矣。有声而有形者，象其形则可以为书；有声而有事者，指其事则可以为书；有声而有意者，会其意则可以为书。形不可胜象也，事不可胜指也，意不可尽会也，则各因其类而谐之以其声，故谐声多而义可知。并以其类而莫之从，则直假借以足之，故假借多而义难求。（《六书故·六书通释》）

这就讲清楚了文字是在语言的基础上产生的记录语言的符号，语言是第一性、文字是第二性的道理。他强调象形字、指事字和会意字都表示语音，说明他的文字代表有声语言的观点是非常彻底的。戴侗这样的认识，在当时是非常杰出的。在我国，由于汉字的表意特征，人们往往认为汉字可以直接表示概念，因而特别重视汉字字形而不太重视声音。这种重形不重音的观点，从许慎以来一直占主导地位，直到戴侗才首次正确阐明了语言与文字之间的关系。可惜的是，戴侗的这一论述，长期以来未曾引起人们的注意。明末清初方以智提出"欲通古义，先通古音"③，开始意识到声音的重要性。稍后顾炎武提出"读九经自考文始，考文自知音始"④。他们的话都比较笼

---

① 《六书故·六书通释》。
② 《六书故·六书通释》。
③ 《通雅》卷首之一《音义杂论·方言说》。
④ 《亭林文集》卷四《答李子德书》。

统，并未把语言和文字、声音和意义之间的关系阐述清楚。直到清代的江永才明确提出语言在文字之先，概念寓于声音之中，以及文字只是有声语言的记录的观点。这与戴侗是接近的。江永说："六书之学，有形有声有义，而声音在文字之先，形以写之，义以寓之。"① 江氏弟子戴震把江永文字记录语言的理论用于训诂和考证中，指出："许叔重之论假借曰：'本无其字，依声托事'。夫六经字多假借，音声失而假借之意何以得？故训、音声相为表里。"② 他的方法是"凡故训之失传者……可因声而知义"③，"疑于义者以声求之，疑于声者以义正之"④。他的弟子段玉裁和王念孙正是用这一理论和方法，在汉语词义研究上取得了前所未有的成就。从这一方面我们也可以看到戴侗理论的重大价值，然而真正在语言文字学上产生重要影响的不是戴侗，而是江永和戴震。

戴侗承认文字是记录语言的符号，同时也看到了文字在记录语言时的局限，正确指出文字有时并不能全面准确地记录语言的现象。他说："声阳也，文阴也；声为经，文为纬。声圆而文方，声备而文不及。"⑤

二、因声求义

戴侗虽然承认语言在文字之先，但在考察字义时，却主张象形字、指事字和会意字可以因形求义，也就是绕过声音而直接求诸字形。他说：

> 有有形而有声者，有有事而有声者，有有意而有声者。有形而有声者，象其形而声从之，求其义于形可也；有事而有声者，指其事而声从之，求其义于事可也；有意而有声者，会其意而声从之，求其义于意可也。是三者虽不求诸声，犹未失其义也。（《六书故·六书通释》）

这是因为这几类字都属于表意文字，其共同特点是通过字形来直接表达所代

① 《音学辨微·引言》。
② 《戴东原集》卷十《六书音均表序》。
③ 《戴东原集》卷三《论韵书中字义答秦尚书蕙田》。
④ 《戴东原集》卷四《转语二十章序》。
⑤ 《六书故·六书通释》。

表的词义，因而这些字的形体便成为考察词义的重要依据。应当指出，戴侗在这里主要是讲因形求义的训释方法，与他的凡文字皆代表语音的观点并不矛盾。

至于形声字，戴侗认为它们一半标形，一半标音。标形的一半用象形的方法笼统概括了词义所属的大的类别，而各个词的具体的、细致的含义却体现在以假借方式标音的那一半之中。这样，形声字便处于从纯形到纯音的过渡阶段，因此既要因形求义，也要因声求义：

> 至于谐声则非声无以辨义矣。虽然，谐声者犹有其宗也。譬若人然，虽不知其名，犹可以知其姓；虽不察其精，抑犹未失其粗也。（《六书故·六书通释》）
>
> 木之形可象也，而其别若松若柏者不悉象，故借公以谐松之声，借白以谐柏之声。水之形可象也，而其别若江若河者不可悉象，故借工以谐江之声，借可以谐河之声。所谓谐声者也。（《六书故·六书通释》）

至于假借，则应完全摆脱文字形体的约束，因声求义：

> 至于假借则不可以形求，不可以事指，不可以意会，不可以类傳，直借彼之声以为此之声而已耳。求诸其声则得，求诸其文则惑，不可不知也。（《六书故·六书通释》）

可见，他既主张因形求义，也主张因声求义。由于形声字多，假借字的变化大，所以他尤其强调因声求义：

> 书学既废，章句之士知因言以求意矣，未知因文以求义也；训故之士知因文以求义矣，未知因声以求义也。夫文字之用莫博于谐声，莫变于假借，因文以求义，而不知因声以求义，吾未见其能尽文字之情也。（《六书故·六书通释》）

戴侗论述了两种假借字，一种是实词，例如：

> 韦本为韦背，借为韦草之韦。豆本为俎豆，借为豆麦之豆。令铎之令（平声，令作铃），特以其声令令然，故借用为令字。豨令、伏令以其状类铃也，故又从而转借焉。若此者，假借之类也。（《六书故·六书

通释》)

莫，莫故切，日将昏也，从日在茻中，昏莫之义也……又借用为草名。《诗》云：“彼汾沮洳，言采其莫。”(《六书故》第二)

革，古覈切，兽皮也……借为更革之革。(《六书故》第十八)

序，徐吕切，东西序，今廊庑之类也……借为次序之序，与叙大同而小异。(《六书故》第二十五)

另一种是虚词①。他认为虚词大都属于假借。他说：“凡虚而不可指象者，多假借。人之辞气，抑扬最虚，而无形与事可以指象，故假借者十八九。”② 他把虚词分为“发语”(句首虚词)、“卒语”(句末虚词)、“顺语”(表肯定的虚词)、“反语”(否定词)、“疑语”(疑问词)、“间语”(句中虚词)、“嗟叹之声”(叹词)七类，说：“凡此皆有其声而无所依以立文，故必借他文以备用，此假借之道也。不知谐声借声之义者，其为说必凿。”③ 可见，戴侗所谓“因声求义”主要是指本无其字的假借，至于本字见存的假借(通假字)，则完全没有提到。这就使他的“因声求义”的训诂方法局限在一个狭小的范围之内。清代学者把“因声求义”的训诂方法运用在本字见存的假借中，取得了一系列重大成果。王念孙《广雅疏证·自序》高度概括了这个方法：“诂训之旨，本于声音。故有声同字异，声近义同；虽或类聚群分，实亦同条共贯……今则就古音以求古义，引申触类，不限形体。”戴侗有这种局限的原因，主要在于系统而科学的古音研究在当时尚未形成，要明了古音通假必须在古音学比较成熟的时候才能实现。段玉裁在《六书音均表三·古异部假借转注说》中指出：“假借取诸同部者多，取诸异部者少，转注取诸同部异部者各半。十七部为假借转注之维纲。”就是说，假借和转注④一般都得以古韵分部为据。不过，戴侗在理论上阐明了文字是记录有声语言的符号，以及由此而提出“因声求义”的训诂方法，为后来清代学者以古音研究的成果来解决古代典籍中的通假字问题奠定了坚实的理论基础。

① 戴侗所谓虚词包括代词。

② 《六书故·六书通释》。

③ 《六书故·六书通释》。

④ 段玉裁以词义训释为转注，见《说文解字注》十五卷上《说文解字叙》“转注者，建类一首，同意相授，考老是也”下。

三、词的本义和引申义

戴侗指出，词的引申义是由本义发展而形成的新的意义。引申义与本义有密切的联系，这与假借是完全不同的。因此他批评许慎对假借的解释，认为“令”“长”二字应为词义的引申，而非假借。他说：

古人谓令、长为假借，盖已不知假借之本义矣。所谓假借者，谓本无而借于他也……令，本为号令，命令之令（去声），令之则为令（平声）。长之本文虽未可晓，本为长短之长（平声）。自稚而浸高则为长（上声）；有长有短，弟之则长者为长（上声）；长者，有余也，则又谓其余为长（去声）。二者皆有本义而生，所谓引而申之，触类而长之，非外借也。（《六书故·六书通释》）

因而他修改了许慎关于假借的定义，说：“所谓假借者，义无所因，特借其声，然后谓之假借。”① 就是说，假借完全是从语音相同或相近出发的，假借字和被借字之间在意义上必须没有任何联系。这样便划清了假借与引申之间的界线。可见，戴侗关于假借的看法是完全正确的。在《六书故》一书的许多字条下，他首先讲本义，然后再讲引申义。现举数例如下：

牧，莫卜切，以攴从牛，牧之义也，攴亦声。凡畜养者皆曰牧，因之为牧民之牧，州牧、牧伯是也。（《六书故》第十七）

裔，余制切，衣馀也，象衣下垂……引之为后裔之裔，封土之四垂亦曰裔。（《六书故》第三十一）

领，良郢切，颈之后曰领。引之则衣当领者亦曰领，山之中伏亦曰领（别作岭）。振衣者提其领而皆随，故因之为要领、统领、领略。（《六书故》第十）

眇，弭沼切，翕目微睇也。故目偏小者亦谓之眇。《易》曰：“眇能视。”引其义为微眇、幼眇、眇小、眇冥。（《六书故》第十）

① 《六书故·六书通释》。

息，相即切，出内气也。息者生而消者耗，故有消息、生息之义，子孙因亦谓之息……人劳则止而息，故为休息，因之谓止息为息灭。（《六书故》第十）

共，矩竦切，叉手也，从两手交叉共手，所以为共。故因之为共敬之共，居容切。又因之为共奉、共给之义，所共之物为共，居用切。又因之为同共之义，具用切。（《六书故》第十四）

他的研究方法是通过字形去辨明本义，从本义出发去说明各个引申义。这是彻底了解词义的一种以简驭繁的科学方法。《说文解字》只讲本义，戴侗却兼讲引申义和假借义。戴侗的这个优点，为后来的段玉裁《说文解字注》、朱骏声《说文通训定声》所发扬，在有些方面，戴侗甚至比段、朱更为详细。

戴侗还认识到某些字在具有多种引申义后，再加上不同的义符，是文字孳乳的一种重要方式。他说：

六书推类而用之，其义最精。昏本为日之昏，心目之昏犹日之昏也，或加心与目焉。嫁取者必以昏时，故因谓之昏，或如女焉。熏本为烟火之熏。日之将入，其色亦然，故谓之熏黄，《楚辞》犹作纁黄，或加日焉。帛色之赤黑者亦然，故谓之熏，或加糸与衣焉。饮酒者，酒气酣而上行，亦谓之熏，或加酉焉。（《六书故·六书通释》）

冓，古侯切。冓乃才木交冓之象，故为冓屋之冓，今加木为構……引之则结冓、交冓，如所谓冓怨、冓闵是也。昏冓之冓，亦取此义，今加女为媾。（《六书故》第二十五）

戴侗以前，北宋王子韶曾经提出过“右文说”。其学说的大意保存在沈括的《梦溪笔谈》卷十四《艺文一》之中：

王圣美治字学，演其义以为右文。古之字书，皆从左文。凡字，其类在左，其义在右。如木类，其左皆从木。所谓右文者，如戋，小也。水之小者为浅，金之小者曰钱，歹而小者曰残，贝之小者曰贱，如此之类，皆以戋为义也。

戴侗的学说较“右文说”有重大发展。第一，他依据字形确定字的本义，再由此出发找出各个引申义，纲举目张，词的各个意义有了明确的系统性。第二，他不仅像“右文说”那样，指出了形声字的意符往往有表义作用，而且讲清了初文和孳生字之间的关系，在文字学方面作出了重大贡献。

四、一声之转

戴侗注意到了一些在声音上和意义上都有关联的字，他称这些字的关系为“一声之转”，或称“声义相通”“声通义近”“声义相近”“义近同声”“声义相迩”“声相近义相同”“声义通”等。为方便故，我们把它们统称为“一声之转”。这样，从《六书故》一书中便可以归纳出以下48组这样的字：

(1) 吾、卬、我、台、予①；(2) 尔、女、而、若、汝②；(3) 尔、然、如、若；(4) 奚、何、胡、曷、遐；(5) 不、弗、匪；(6) 勿、毋；(7) 无、微、靡、蔑、未、罔、莫、非③；(8) 扪、模；(9) 乌、鸦；(10) 更、改、革；(11) 斯、兹、此；(12) 咨、諏；(13) 谁、孰；(14) 贶、赠；(15) 辟、排；(16) 殿、镇；(17) 馀、肆、裔、胤；(18) 赢、馀、剩、羡；(19) 劾、彊；(20) 榦、竿、笴、个、箇、秆、稿；(21) 墁、墁；(22) 茭、菰；(23) 稻、稌；(24) 勤、劬；(25) 蠙、蠯、蚌；(26) 颠、顶；(27) 迎、逆、迓；(28) 特、独；(29) 秉、把、柄；(30) 施、延；(31) 卢(卜)、罗(卜)、来(服)；(32) 荒、怃；(33) 序、谢；(34) 开、启；(35) 那、柰；(36) 肯、可；(37) 讯、谇；(38) 系、结；(39) 效、学；(4) 云、曰、谓；(41) 谋、谟；(42) 迪、达；(42) 呼、唤；(44) 董、督；(45) 尝、曾；(46) 记、志；(47) 堪、任；(48) 讧、閧。

这些词都是由一个共同的语根分化出来的，有着共同的来源。可见，他的研究事实上已经进入到同源词的范围了。扬雄《方言》有“转语”的说

① 吾、卬、我属疑母，台、予属喻母四等，应当分为两组。

② “女”“汝”是同一词的不同写法，不应当分列。

③ 非属非母，古音归帮母，应属“不、弗、匪”组。

法，例如“庸谓之倯，转语也”[1]。“煤，火也，楚转语也，犹齐言焜，火也。”[2] 但这只是扬雄用不同的字形来书写同一个词在不同方言中的语音变化。戴侗不赞成扬雄的办法，说：“凡方言往往以声相禅，虽转为数音，实一字也，不当为之别立文。”[3] 他称这种现象为“一音之转”。可见，他的“一声之转”是指同一语言系统中音义皆有关联的一群词，这同戴震“转语”[4] 的概念相合。这样，戴侗冲破文字形体的局限，从声音和意义两方面去探索词与词之间的亲缘关系，为汉语的词汇研究开辟了一条科学而广阔的道路。方以智、戴震、段玉裁、王念孙，王引之、朱骏声等学者，在这一领域内都作出了贡献。章炳麟《文始》的出现，使汉语的同源词研究进入了系统化的阶段。他的理论是：“语言之始，义相同者，多从一声而变；义相近者，多从一声而变；义相对相反者，亦多从一声而变。”[5] 由此可见，戴侗的这一工作，为后来的学者开辟了一条广阔的道路。

戴侗认为，在“一声之转”的词中，声是关键，韵并不那么重要。他说：

> 声阳也，韵阴也……声之相通也，犹祖宗众姓之相生也，其形不必同，其气类一也。虽有不同焉者，其寡已矣。韵之相迩也，仅猩爰之似人，鳝之似蛇，蜀之似蚕。其形几似，其类实远。虽有同焉者，其寡已矣。(《六书故·六书通释》)

他的例子如下：

> 台、予、吾、我、卬[6]，皆为自谓之名；尔、汝、而、若，皆为谓人之名；谁、孰、若[7]，皆为问人之名。此所谓声之相通者也。春之为言蠢也；夏之为言假也；秋之为言愁也；宫，中也；商，章也；角，触

① 《方言》第三。

② 《方言》第十。

③ 《六书故·六书通释》。

④ 戴震在《转语二十章序》中说：“凡同位则同声，同声则可以通乎其义。位同则声变而同，声变而同则其义亦可以比之而通。”

⑤ 《国故论衡》上卷《转注假借说》。

⑥ 台、予属喻母四等字，吾、我、卬属疑母字，两者声母不同。

⑦ 谁、孰属禅母，若属日母，声不相通。

也。此所谓韵之相拟者也。不能审声而配韵以立义，未有不为凿说者也。（《六书故·六书通释》）

可见他的“一声之转”主要是指双声关系。王国维的“双声说”同他的看法较一致，王国维在《尔雅草木虫鱼鸟兽释例》的序言中说：

近儒皆言古韵明而后诂训明，然古人转注、假借多取诸双声。段、王二君虽各自定古音部目，然其言诂训也，亦往往舍其所谓韵而用双声。其以叠韵说诂训者，往往扞格不得通。然则谓古韵明而后诂训明，毋宁谓古双声明而后诂训明欤？方伯曰：“岂直如君言。古人转注、假借，虽谓之全用双声可也……君不读刘成国《释名》乎？每字必以双声释之，其非双声者，大抵讹字也。”（《观堂别集》卷一）

在《尔雅草木虫鱼鸟兽释例》中，王国维列举了许多声义相关的所谓“一声之转”的词，说这类词“虽其流期于相别，而其源不妨相同。古人正名百物之意，于此亦略可睹矣”①。

其实，韵母相近的词也可能在意义上有联系。章炳麟主张“对转旁转说”②，主要讲的是韵的问题。王力举“阳、光、明、朗、亮、炳、旺、王、皇、章、昌……”等一系列表示光明、昌盛、广大意义的词，它们的韵母古皆属阳部，而声母却相去甚远③。黄侃的“双声叠韵说”比较完善，他在《音略·略例》中说：“古音通转之理，前人多立对旁转之名；今谓对转于音理实有，其余名目皆不可立；以双声叠韵二理，可赅括而无余也。”④ 不过，在同源词中，以双声相转为多，的确是一个事实。

除了以上所论的四个方面而外，戴侗对古音学的建立也有一定的贡献。指出语音因时地而变，承认古有定音，破除“叶音”学说，虽自明代的陈第始，但戴侗已经意识到古有正音，从而使“叶音”学说发生动摇。戴侗在《六书故》第十六“行”字下说：“《书》《传》‘行’皆户郎切。《易》与《诗》虽有合韵者，然‘行’未尝有协庚韵者。‘庆’皆去羊切，未尝有协

---

① 《观堂集林》卷五。
② 《文始·略例》。
③ 王力：《汉语史稿》下册，中华书局1980年版，第545页。
④ 黄侃：《黄侃论学杂著》，上海古籍出版社1980年版，第63页。

映韵者。如‘野’之上与切，‘下’之后五切，皆古正音，与今异，非合韵也。”① 顾炎武在《音论》卷中《古诗无叶音》中引用了这段论述。

由此可见，戴侗对我国语言文字的研究有着巨大的贡献。他的语言学思想，尤其是关于语言起源的假说以及汉字的产生和发展的思想是杰出的。他提出因声求义的研究方法，提醒人们不仅要重视字形，还应当重视声音。他所谓“一声之转”，实际上是从音义两方面出发确定词的同源关系，使人们知道词汇同样具有一定的系统性。他重视词的引申义和假借义，在这个方面多有建树。后来的学者，尤其是清代学者在这些方面的工作，可以看成是对他语言学思想的发展。戴侗在中国语言学史上应当占有一定的地位。

① 此处“合韵”即“叶音”，非后世古音学家所谓邻韵相押的“合韵”。

从《通雅》看方以智的语言研究*

方以智（1611—1671），字密之，号曼公，安徽桐城人，与冒襄、陈贞慧、侯方域并称明末四公子，是明清之际著名的哲学家、科学家、诗人和语言学家。方以智的著作甚多，除《通雅》《物理小识》《药地炮庄》三部著作广为流传外，其余大部分只有孤本或失传。

《通雅》是方氏最重要的著作。钱澄在《通雅序》中说方以智“要其三十年心血，尽在此一书”①。在方以智28岁以前，《通雅》的初稿就已完成，后来不断修改完善，直到乾隆五年（1666）刊印②。《通雅》的正文五十二卷，加上卷首的三卷，实际上是五十五卷，共约70万字。卷首的《音义杂论》《读书类略》《小学大略》专门论述语言、文字，训诂之学。从卷一开始到卷五十二，依次为《疑始》《释诂》《天文》《地舆》《身体》《称谓》《姓名》《官制》《事制》《礼仪》《乐曲》《乐舞》《器用》《衣服》《宫室》《饮食》《算数》《植物》《动物》《金石》《谚原》，最后是《切韵声原》《脉考》和《古方解》。可见，《通雅》虽然以“雅”命名，表面上很像一部与《尔雅》《广雅》同类的专门解释各种词语的“雅”学著作，但实际上是一部博大精深、无所不包的学术著作，很像一部百科全书。本文不可能对《通雅》一书作全面的介绍，只打算研究和评论其中有关语言文字的部分。

---

* 原载《天府新论》1990年2期，人大复印报刊资料《语言文字学》1990年5期全文转载。

① 作者按：本节研究《通雅》及所引用其中的文句，皆出自《方以智全书》，上海古籍出版社1988年版。

② 见姚文燮《通雅序》和《通雅发凡》。

一、语音研究

方以智非常重视语言文字的研究，他说："训诂小学可弁髦乎？理其理，事其事，时其时，开而辩名当物，未有离乎声音文字而可举以正告者也。"① 他认为研究学问应从小学训诂开始，这与清代学者把小学作为研究当时各门学科的起点的方法是一致的。清代学者戴震说："经之至者，道也；所以明道者，其词也；所以成词者，未有能外小学文字者也。由文字以通乎语言，由语言以通乎古圣贤之心志。"② 张之洞在《书目答问》的《国朝著述诸家姓名略》中作了更全面的阐述："由小学入经学者，其经学可信。由经学入史学者，其史学可信。由经学史学入理学者，其理学可信。以经学史学兼词章者，其词章有用。以经举史学兼经济者，其经济成就远大。"③ 这就是清代学者的治学顺序。从这点来看，方以智起到了导夫先路的作用。

一般认为，"就古音以求古义"的训诂方法，始创于清代乾嘉学者王念孙、段玉裁等人④。其实，早在王、段之前，方以智早就提出了类似的观点。方以智指出，在训诂中，具备古音知识是首要的条件，因此他提出"欲通古义，先通古音"⑤ 的原则。在《通雅》中，方以智以较多的精力研究古音，并在理论上提出不少有益的见解：

> 小学源流，忽为细故。上下古今数千年，文字屡变，音亦屡变。学者相沿不考，所称音义，传讹而已。（《通雅·自序》）
>
> 古今之声，大概五变，此事无可明证，惟以经传诸子歌谣韵语徵古音，汉注汉语徵汉音。叔然以后有反切等韵矣。宋之方言与韵异者，时或见之，至德清而一改，终当以《正韵》为主，而合编其下为一书。（《通雅·凡例》）
>
> 音韵之变与籀、楷同，天地推移而人随之。今日之变沈，即沈之变

① 《通雅·自序》。
② 《戴东原集》卷十《古经解钩沉序》。
③ 范希曾编：《书目答问补正》，上海古籍出版社 1983 年版，第 344 页。
④ 王力：《中国语言学史》，山西人民出版社 1980 年版，第 156-159 页。
⑤ 《通雅》卷首之一《音义杂论》。

上古也。上古之音见于古歌三百，汉晋之音见于郑、应、服、许之论注，至宋渐转，元周德清始起而畅之，《洪武正韵》依德清而增入声者也。(《通雅》卷五十《切韵声原》)

声音之道，与天地转。岁差自东而西，地气自南而北，方言之变，犹之草木移节之变也。历代训诂、谶纬、歌谣、小说，即具各时之声称，惟留心者察焉。(《通雅》卷首之一《音义杂论》)

声音同文字形体一样，总是处在不断的流变过程之中。这种变化像"草木移节之变"一样，是以渐变的方式进行的。声音的变化也像岁差自东而西、地气自南而北的变化一样，在地域上也有所体现。因此，声音的变化虽然体现在时间上，但可以通过空间上的差异，把它们反映出来。声音的变化虽然是渐变的，但仍然可以给它们作大致的分期。从汉语语音变化的情况来看，大约可以分为五个时期，即：（一）古音；（二）汉音；（三）晋以后的音；（四）宋元音；（五）明音。这五个时期都有相应的文献材料作证据。可见，方以智不仅继承了陈第在《毛诗古音考》中所提出来的关于语音变化的时地理论，而且有所发展。他根据各个时期的文献材料划分出来的语音分期是可信的。他不像后来某些清代学者那样，仅仅把古音看成是以《诗经》为代表的上古汉语的语音。这说明，他的视野相当开阔，这不仅扩大了古音研究的范围，而且还能够直接与当时的汉语语音相衔接，从而能够较清晰地找出汉语古今语音演变的规律。

在这种认识的基础上，方以智研究了古音中各个韵部之间的关系。他注意到了《广韵》某些韵部中的一些字在古代可以相通，例如模与麻，鱼与支，尤与支模，先与鱼寒山，支与歌麻，皆与支，东与阳庚，真与先寒山，萧与尤，侵与覃等，都存在着相通的关系①。根据这种相通的关系，他归纳出了古韵七部，即中通、天人、亨阳、知来、无多、道咎、寒还②。实际上，他的"古韵"并不是真正的上古韵部，因为他在每一部下面注明了它们与另外一些韵部相通的关系。这样，各部之间的界限就完全混淆了，结果就必然会回到吴棫《韵补》无所不通的老路上去。由于各部之间存在着复杂的相通的关系，因此在古韵的划分上，方以智自己也拿不准，他分古韵为七

① 《通雅》卷首之一《音义杂论》。

② 《通雅》卷五十《切韵声原》。

部，但又说：“或分为九，或十二。”① 方以智划分上古韵部上失败的原因，在于他把《广韵》中的各个韵部都看成是不可分割的整体，而没有像顾炎武那样先对《广韵》中的一些韵部进行离析，然后再重新加以合并。事实上，《广韵》中的某些韵部在古代相通，往往只是局部或个别的现象，而不是整个韵部都相通。因此，关于语音的发展变化，方以智虽然在理论上提出了非常卓越的见解，但囿于“通转”理论，他在上古韵部的研究上没有取得什么成就。直到顾炎武在《音学五书》中创立“借今音离合以求古音”② 这种正确的研究方法，分古韵为十部，才使古韵的研究走上了正确的道路，从而开创了三百年古韵研究的历史。

但是，方以智在上古声母的研究中却有重要贡献，这一点往往为人们所忽视。一般认为，上古声母的研究自清代学者钱大昕始③。事实上，方以智在《通雅》中已经先于钱大昕在这一领域中作了研究，并取得了重大的成绩。

钱大昕说：“古无舌头、舌上之分。知、彻、澄三母，以今音读之，与照、穿、床无别也，求之古音，则与端、透、定无异。”④ 意思是说在三十六字母中，属于舌上音（即舌面前音）的知、彻、澄三母与属于舌头音（即舌尖音）的端、透、定三母，在上古汉语中应该属于一类。钱大昕又说：“古人多舌音，后代多变为齿音，不独知、彻、澄三母为然也。”⑤ 从钱氏所举的例子来看，这是指照系三等字在上古汉语中与端组字的读音相同。钱大昕发现的关于上古声母的这两个重要特征，实际上在方以智《通雅》中已有所论述。方以智在研究中所使用的材料与钱氏大致相同，即异文、前代反切、传注、谐声偏旁、借词等。由于有这样的发现，方以智不承认等韵学中所谓的“类隔”门法，认为“古皆音和”。这里，我们只引用他的两条论述：

切响期同母（切上一字），行韵期叶而已（切下一字）……《指

① 《通雅》卷五十《切韵声原》。

② 江永《古韵标准·例言》。

③ 《十驾斋养心录》卷五《古无轻唇音》《舌音类隔之说不可信》以及《潜研堂文集》卷十五《答问十二》。

④ 《十驾斋养新录》卷五《舌音类隔之说不可信》。

⑤ 《十驾斋养新录》卷五《舌音类隔之说不可信》。

> 南》① 于切母一定者反通其所不必通，于行韵可通者反限定于一格，且自矛盾不画一也。详考经传、《史》《汉》注疏，《说文》，沈、孙以至藏释皆属音和，但于粗细不审，而舌齿常借，唇缝常溷耳。此各填其方言或各代之口吻然也。存旧法，考古今可也。岂守其混与借以立法哉？……且以类隔门言之，谓以端母切知，知母切端，如都江切椿字……都江切椿，非古读都如诸，则讹耳。者，古音渚，故诸、翥等谐声，如休屠音除，盖中国以所习字译之，译时不作休除而作屠，以当时读屠如除也。曹子建有《都蔗诗》。《六帖》云：张协有《都蔗赋》。《林下偶谭》曰："甘蔗亦谓诸蔗。"相如赋"诸柘巴且"，则证知古都有诸音……凡字从詹从单从亶，皆有舌头舌上一种之声。(《通雅》卷五十《切韵声原·论古音皆和说》)

> 鲖从同，自音同。推因古人，口齿同、重相混，如種穜通用，衝衜、鍾鐘，皆是一声。《后汉书》引爞爞为烔烔可证。今人所争而是正者，皆守晋、唐之音释也。(《通雅》卷一《疑始·专论古篆古音》)

虽然方以智所举的字很少，但他毕竟是最早注意到上古声母问题并进行研究的学者，在这一点上，他是钱大昕等人的先驱。

方以智不仅重视对古音的研究，也重视对他所处时代的汉语语音系统的研究。收入《通雅》的《切韵声原》，就是运用等韵学原理来研究当时汉语语音系统的一部重要著作。

在声母方面，《切韵声原》把三十六字母归并为二十，即见溪疑、端透泥、帮滂明、精从心、知穿审、晓、夫微、来、日，然后按初发声、送气声、忍收声三类把声母再分类。初发声指不送气的塞音和塞擦音，送气声指送气的塞音和塞擦音，忍收声指擦音、边音、鼻音和半元音。这说明方以智对声母的发音方法有相当深入的理解，这与清代学者如江永、陈澧的发声、送气、收声以及钱大昕的出声、送气、收声的分类是相似的。因此，方氏的区分可以说是代表了近代音韵学界对声母发音部位和发音方法所作的普遍性的区分。在韵类方面，《切韵声原》分为十六摄，每摄一图，各图按四呼列字。值得注意的是，在第三图噫支中，方以智注明"支为独韵，不合五音""儿为独字，姑以人谁切，附此"。这说明方以智对当时语音中已经出现的舌尖元音

① 指元刘鉴的《经史正音切韵指南》。

和卷舌元音两类，作出了如实的描写。在声调方面，《切韵声原》称阴平为“啌”，称阳平为“嘡”，定声调为五类：开（阴平）、承（阳平），转（上声）、纵（去声）、合（入声）。

二、词汇研究

《通雅》在词汇研究方面有三个重要的特点。

第一，《通雅》搜罗了大量的从唐代到明代各个时期新出现的词语。这对我们阅读这些时代的作品是非常有用的，正如要阅读先秦时代的作品必须熟悉《尔雅》，阅读汉魏的作品要了解《广雅》一样。现举数条如下：

> 首坐谓之客，唐谓之坐头。劝酒者谓之白席。《左氏》：“臧纥为客。”唐李尚书益与宗人尚书益赴饮上坐，笑曰：“今日两副坐头，俱李益。”执事劝酒，谓之白席人，亦谓四司人。（《通雅》卷十九《称谓》）
>
> 三老、太翁，船长之称也；傕碃郎，篙师也。《古今诗话》谓：“川陕以篙手为三老，乃推一船之最尊者。”杜有《长年三老歌》。陶九成曰：“海船中呼司柁曰太翁。”是亦长老、三老之意。《云麓漫抄》曰：“浙江东南溪，篙用竹扣铁钻，有肩篙、另篙。另读如列。傕碃郎，舟师也。”（《通雅》卷十九《称谓》）
>
> 唐谓袪曰袖头小称。宋谓袖口曰袖缴，即出袖缘口也。（《通雅》卷三十六《衣服·彩服》）

第二，《通雅》使用大量当时的方言词语来考察古训古义。这不仅能使人们了解方言词语的源头，而且还能了解它们在音义上的一些变化。方以智说：“古今方言亦变矣……愚历考古今音义，可知乡谈随世变而改矣。不考世变之言，岂能通古今之诂而是正名物乎?”① 《通雅》中的《谚原》就是专门利用当时的方言词语来研究词语的源流。方以智认为俚俗常言，“相沿各

① 《通雅》卷首之一《音义杂论·方言说》。

有其原，考之于古，颇有暗合”①。例如：

> 快谓之愷。《方言》：“逞、苦、了，快也。”郭曰：“今江东人呼快为愷，相缘反。”考今江东语惟以风快为风愷，行路快者谓之愷燥，愷音上声，燥如扫去声。（《通雅》卷四十九《谚原》）
>
> 划船：撑小舟曰划，音华，今俗呼小舟为划子。按汉有戈船将军，音划，合溪主之。渔仲：“划，胡瓜切，舟进篙谓之划。”今《通志》刻作“进竿”。古麻与歌通，当转华者。《汉武记》《南粤传》皆云“置戈”，师古以张晏之说，谓“以戈置船下，以驱蛟鼍”，此则谬矣。（《通雅》卷四十九《谚原》）

这种以当时的实际语言为对象，找出其“俗语有所本者”，早在南北朝时便有人注意。例如当时的蜀方言“呼粒为逼”，颜之推就在《三苍》《说文》《通俗文》中找到了出处②。后来，唐宋的笔记中也有这方面的考证。例如颜师古的《匡谬正俗》、王应麟的《困学纪闻》、陶宗仪的《南村辍耕录》、杨慎的《丹铅总录》、胡应麟的《庄岳委谈》、郎瑛的《七修类稿》中，都有这类方言材料。但它们都是零星的，这方面的集中论述以方以智《通雅》中的《谚原》为最早。后来，钱大昕的《恒言录》、胡文英的《吴下方言考》、翟灏的《通俗篇》都搜集了当时的常言俗语，证以古训，明其源流。到了清末的章炳麟，更以语音为纲，根据声韵转变的规律，以古语证今语，以今语通古语，作《新方言》，对考释方言词语的源流和演变作出了贡献。

第三，方以智在词义研究中大量使用“因声求义”的研究方法。这种研究方法，戴侗在《六书故》中已经提出③，但方以智发展了这种重要的研究方法。

在考察词义时，方以智注意到了两种不同的词。一种是异类而同名的词，这类词的声音相同，在词义上有明显的内在联系。例如：

> 山岐曰岔，水岐曰汊，二音同……又路之歧道亦曰跁，唐诗：“枯木岩前跁路多。”

---

① 《通雅》卷四十九《谚原》。

② 《颜氏家训·勉学》。

③ 李恕豪：《从〈六书故〉看戴侗的语言研究》，《荆门大学学报》1986年第1期。

侏儒，短貌。因以袾襦，短衣；株檽，短木；又㑤獳，兽。（《通雅》卷首之一《音义杂论·音韵通别不紊说》）

另一种是声音相同或相近而意义相同或相关的词。方以智认为它们的关系是“转声”“一声之转”“同声相转”“声义相因”“音相近而转”。例如：“無通为无、亡、勿、毋、莫、末、没、毛、耗、蔑、微、靡、不、曼、瞀，盖一声之转也。”① “尔、你、而、若、乃，一声之转。” “徒、特、独、但、第，同声相转。”② “仆、踣、僨，三声合一，而匍伏，百服因之。”③ “柄、秉、柲。柲，兵媚切，柄也。《考工记》曰：‘戈柲六尺有六寸。’盖柄、柲同声，皆秉之转也。”④ 可见，方以智摆脱了文字形体的束缚，从词的语音和意义两个方面入手探索了词与词之间的关系，对汉语同源词研究作出了贡献。

此外，方以智对“謰语”的研究也是很有成绩的。他给“謰语”下的定义是，“謰语者，双声相转而语謰謱也……如崔嵬，澎湃”⑤。他所说的“双声”，是指“謰语”的上下两字在语音上存在着密切的关系，其中既包括我们今天所说的双声，也包括叠韵。可见，他主要是从语音关系来判断“謰语”的。因此他认为，对于“謰语”，应当舍弃其文字形体，主要从语音上去领略其意义，“凡以声为形容，各随所读亦无不可”⑥。

在方氏以前，宋张有作《复古编》，其中有“联绵字”58 个；元曹本作《续复古篇》，收录联绵字 107 个，明杨慎作《古音骈字》；朱谋㙔作《骈雅》。联绵字就是骈字，也就是双音节词，其中既包括单纯词，也包括合成词。方以智的“謰语”虽然比前人所讲的联绵字、骈字的范围要狭窄一些，但要严密得多，它只包括双音节词中具有双声、叠韵关系的词。方氏关于“謰语”的定义也同我们今天所说的“联绵词”不一样。联绵词指双音节的单纯词，它只有一个构词语素。由于联绵词大都具有双声或叠韵的关系，因此方氏的“謰语”，在范围上与今天所称的联绵词大体相当。在《通雅》的卷六至卷八，方氏搜罗了许多“謰语”，根据语音相转的道理，把它

① 《通雅》卷一《疑始·专论古篆古音》。
② 《通雅》卷一《疑始·专论古篆古音》。
③ 《通雅》卷一《疑始·专论古篆古音》。
④ 《通雅》卷一《疑始·专论古篆古音》。
⑤ 《通雅》卷六《释诂·謰语》。
⑥ 《通雅》卷六《释诂·謰语》。

们一组一组地排列在一起。他的材料非常丰富，例如“逶迤”一词，所罗列的变体竟达32个之多。与以前的同类著作相比，他所收录的词语更为详细，不仅注明出处，引用书证，而且还有驳议。他之所以这样做，其目的在于“以便学者知因声知义，知义而得声也”①。这种看法与清代学者戴震的“疑于义者以声求之，疑于声者以义正之”② 非常接近。由于有这样的认识，自然就可以纠正前人的一些错误。例如《汉书·郊祀志》：“民神杂扰，不可放物。”方以智认为“放物”是“仿佛”的变体，与“恍惚”也有同源关系，因而纠正了把“不可放物”解释成“不可比方其物”③ 的错误。

三、研究方法

现在，我们来谈谈方以智在研究方法上的创建。需要说明的是，我们这里所说的“方法”，是从方法论的角度来讲的，而不是指方以智在语言文字研究中所使用的具体方法。

首先，方以智提出，一切结论都应当建立在材料事实的基础上。因此，他非常重视证据，每立一论，他都旁征博引，凡是能够收集到的材料，都尽可能多地广为收集。钱澄在《通雅序》中说方以智“凡生平父师所诂，目所涉猎，苟有可记者，无不悉载。即一字之疑，一音之讹，一画之舛，亦必详稽博考，以求其至是”。对于所引材料，他不仅注明出处，而且进行了详细的考辨。他说：“此书必引出何书，旧何训，何人辨之，今辨其所辨，或折衷谁是，或存疑俟考，使后者之因此加详也。士生古人之后，贵集众长，必载前人之名，不敢埋没。”④ 对于各种材料，他都能根据不同的时代进行区分，决不把它们混淆起来。例如在考察古音时，“惟以经传诸子歌谣韵语征古音，汉注汉语征汉音”⑤。这说明他能够辨别不同材料的价值。

其次，方以智不仅重视书面材料，而且重视实地调查，《通雅》中的许多材料都是他亲自考察得来的。他说：“草木鸟兽之名，最难考究，盖各方

① 《通雅》卷六《释诂·謰语》。
② 戴震：《转语二十章序》，《戴震集》，上海古籍出版社1980年版，第107页。
③ 《通雅》卷六《释诂·謰语》。
④ 《通雅·凡例》。
⑤ 《通雅·凡例》。

各代，随时变更……须足迹遍天下，通晓方言，方能核之。”① 例如，方以智引用了大量书证，解释了“屠苏，阔叶草也；因为屋名，为冠名，为饮名”。然后根据自己的实地考察，说：“今广西傜人中呼大叶似蒿者为头苏，头、屠音近，正因其有荫而名屋也。紫者曰紫苏，荏曰白苏，水苏曰鸡苏，荆曰假苏，积雪草曰海苏，石香薷曰石苏。苏亦辛草之总名。”②

再次，方以智重视事物的发展过程，对所研究的对象，他都要详细考察其源流。在《小学大略》中，对历代的小学著作，他都按照“训诂之学”“字书之学”“音韵之学”来分门别类地加以论述。这样，使人们对小学的发展过程有一个比较全面的认识。在方法上，他主张“溯其源”。因此，他批评那些抱残守缺，不博考经籍，不能融会贯通的学者。他说：“今字学家但执铉本残书，又未淹贯经籍，何以知其漏与复乎？智决之曰：溯其源，当因古、籀而推之；备小篆，当遍考诸籍以补之；庆同文，当因《正韵笺》而详载其源流焉。通此，则无书不可读，而字学家纷然者，皆土苴矣。”③ 这种把研究对象放到一定的历史发展进程中去考察的方法，无疑是正确的。

最后，方以智认为人类的知识是逐渐积累而成的，因此他反对执古废今，主张今胜昔。通观《通雅》，全书充满了强烈的古为今用、厚今薄古的思想。他说：“古今以智相积，而我生其后，考古所以决今，然不可泥古也……生今之世，承诸圣之表章，经群英之辩难，我得以坐集千古之智，折中其间，岂不幸乎！”④ 他认为，即使是圣人，也会受到时代的局限，因此后人完全可以超过前人。他说：“切叶之道，今日明备。圣人礼乐甚精而叶切用浑，时也。后人详之，时也。详而讹谬，不得不更详定之，时也……何必定以古人掩后人乎？”⑤ 基于这样的认识，他喊出了“安得谓后人不如前人”的口号。方以智的历史主义观点，使他对前人的成就能够给予正确公允的评价。他说：“古音之亡于沈韵，犹古文之亡于秦篆也。然沈韵之功犹秦篆之功。何也？……自秦篆得而古文亡矣。然使无李斯画一，则晋、汉而下各以意造书，其纷乱可胜哉？……自沈韵行而古音亡矣。然使无沈韵画一，则唐

① 《通雅·凡例》。
② 《通雅》卷四十一《植物·草》。
③ 《通雅》卷首之二《小学大略》。
④ 《通雅》卷首之一《音义杂论·考古通说》。
⑤ 《通雅》卷五十《切韵声原》。

至今皆如汉、晋之方言读，其纷乱又可胜道哉？”① 这个观点，受到了清代学者江永的肯定②。

方以智是一个唯物主义哲学家，他在方法论上的贡献，与他的科学思想是分不开的。他重视“质测”③ 之学，反对主观臆想，认为一切结论都必须以“质测”为依据。从学术思想和方法论上来看，方以智显然受到当时徐光启、李之藻等人所翻译的西方科学著作的影响。

总之，《通雅》是一部博大精深的科学著作，其中包含了方以智毕生的语言研究成果，也集中反映出他科学的语言学思想。《四库全书总目》认为《通雅》“考据精核”“穷源溯委，词必有征”，开了清初顾炎武等人的研究风气。这虽然与历史事实不尽相合，但方以智在研究方法上的创见，对整个清代的学术研究起到了良好的推动作用，则无疑是一个事实。

① 《通雅》卷五十《切韵声原》。

② 《古韵标准·例言》。

③ “质测”包含有实际测验的意思，指研究具体事物的特点与规律。

陈第古音研究探索*

陈第（1541—1617），字季立，号一斋，福建连江人，明代杰出的思想家、语言学家，也是当时保卫我国北方领土的著名将领。所著《毛诗古音考》（1606）、《屈宋古音义》（1614）和《读诗拙言》（附于《毛诗古音考》后），是我国古音学奠基性的著作。陈第彻底破除“叶音”说，提出了语音发展的理论，运用了正确的研究方法，使古音研究走上了科学的道路。本文主要从陈第的语言学思想、研究方法和对上古声调的看法三个方面来论述。

一

语言发展引起的古今音的差异，汉代的人们便有所察觉。刘熙说：“车，古者曰车，声如居，所以居人也。今曰车，声如舍。”① 不过，当时的人并没有进行过任何的研究工作。魏晋以后，语音同先秦两汉的差异更大了，当时人在诵读以《诗经》为代表的先秦韵文时往往感到有许多不合谐的地方，于是便临时改变文字的读音，以求押韵。这种方法后人通称为“叶音”（或“协韵”）。据陆德明《经典释文》所载，这种方法始于晋徐邈的《毛诗音》和梁沈重的《毛诗音》。例如，沈重在《诗·邶风·燕燕》三章“远送于南”之下注道：“协句，宜乃林反。”“叶音”说的缺点，正如清人钱大昕指出的那样，“以今韵为宗，而强古人以合之，不知古人自有正音

* 原载《四川师院学报》1985 年第 1 期，人大复印报刊资料《语言文字学》1985 年 4 期全文转载，收入本书时作了个别文字上的修改和调整。

① 《释名·释车》。

也”①。其实，“叶音”说本身并不是古音研究，而只是一种诵读上古韵文使之和谐的权宜办法。陆德明虽然在《经典释文》中提出“古人韵缓，不烦改字”，对“叶音”表示怀疑②，但这仍然不能解决朗读上古韵文中所谓“不押韵”的问题。相反，“叶音”似乎能够解决这个问题。所以“叶音”不但未被触动，在朱熹的《诗集传》和《楚辞集注》中，“叶音”更是被推向了顶峰。由于“叶音”说的种种矛盾和漏洞，从宋到明都有人修正这个学说。吴棫作《韵补》，按照“古通某”“古转声通某”将古韵部归纳为九部。郑庠《古音辨》将古韵部归纳为六部③。但这不是真正的古韵部，它只是表示古代韵文中的通转关系，给“叶音”限制了一定的范围。杨慎另辟一途，认为古人协韵是从转注来的。陈第指出：“吴才老、杨用修有志复古，著《韵补》《古音丛目》诸书，庶几卓然其不惑，然察其意，尚依违于叶音可否之间，又未曾会萃秦汉之先，究极上古必然之韵，故其稽援虽博，终未能顿革旧习，而《诗》《易》、辞赋卒不可读如故也。”④

也是从宋代开始，一些学者便已认识到古音有定。徐蒇说：“音韵之正，本诸字之谐声，有不可易者⑤。如霾为亡皆切，而当为陵之切者，由其以貍得声；浼为每罪切，而当为美辨切者，由其以免得声；有为云九切，而贿、痏、洧、鲔皆以有得声，则当为羽轨切矣；皮为蒲麋切，而波、坡、颇、跛皆以皮得声，则当为蒲禾切矣。又如服之为房六切，其见于《诗》者凡十有六，皆当为蒲北切，而无与房六叶者，友之为云九切，其见于《诗》者凡十有一，皆当作羽轨切，而无与云九叶者⑥，以是类推之，虽毋以它书为证可也。”⑦ 项安世认为：“古人呼字，其声音之高下与今不同。”⑧ 戴侗在《六书故》第十六“行”字下说：“《书》《传》‘行’皆户郎切。《易》与《诗》

① 《潜研堂文集》卷十五《答问十二》。

② 《经典释文》卷第五《毛诗音义上·邶风》“南”字下。

③ 郑书已不传，据元熊朋来《经说》中“论《易》《诗》《书》古韵”条可知，郑庠说的是《广韵》中的一些韵部可以相“协”，从而可以归纳出六部。一般所说的郑氏六部就是这样来的。

④ 《屈宋古音义·跋》。

⑤ 徐氏在这里把语言同文字读音之间的关系搞颠倒了，形声字的读音不是由声符决定的，相反，采用某一声符则是由语言中词语本身的声音决定的。

⑥ “有”“友”古音属之部，“轨”属幽部，因此徐氏把“有”“友”的古音注为“羽轨切”是不恰当的，从当时的学术水平来看，徐氏自然不知道这点。

⑦ 《韵补序》。

⑧ 《项氏家说》卷四《诗音》。

虽有合韵者，然‘行’未尝有协庚韵者。‘庆’皆去羊切，未尝有协映韵者。如‘野’之上与切，‘下’之后五切，皆古正音，与今异，非合韵[1]也。”他们事实上都否认了“叶音”。明代的焦竑明确地反对“叶音”，他说：“如此，则东亦可音西，南亦可音北，上亦可音下，前亦可音后，凡字皆无正呼，凡《诗》亦无正字矣。”[2] 陈第批驳“叶音”，提出语音发展的理论，正是在这种背景下产生的。陈第读过《笔乘》，赞同焦氏的观点，他 1601 年开始撰写《毛诗古音考》，1604 年还到金陵去同焦竑讨论过这个问题。《毛诗古音考》的最后定稿也是在焦竑的帮助下完成的[3]。陈第的父亲陈应奎（字木山）也不相信“叶音”，他希望陈第能在否定“叶音”、研究古音上有所作为[4]。陈第的论述如下：

> 时有古今，地有南北，字有更革，音有转移，亦势所必至。故以今之音读古之作。不免乖剌而不入，于是悉委之叶。夫其果出于叶也，作之非一人，采之非一国，何母必读米，非韵杞韵止，则韵祉韵喜矣；马必读姥，非韵组韵黼，则韵旅韵土矣……厥类实繁，难以殚举，其矩律之严，即唐韵不啻，其此何故耶？又《左》《国》《易》《象》《离骚》《楚辞》、秦碑、汉赋，以至上古歌谣、箴、铭、赞、诵，往往韵与《诗》合，实古音之证也。（《毛诗古音考·自序》）
>
> 一郡之内，声有不同，系乎地者也；百年之中，语有转递，系乎时者也。（《读诗拙言》）

这样，陈第彻底否定了“叶音”说，建立了语音发展的时地理论，为古音学的建立和发展奠定了坚实的基础。《四库全书总目》高度肯定了陈第《毛诗古音考》的巨大成绩和影响，说：“顾炎武作《诗本音》，江永作《古韵标准》，以经证经，始廓清妄论而开除先路，则此书为首功……所列四百四十四字，言必有征，典必探本，视他家执今韵部分，妄以通韵古音者，相去盖万万矣。”我国古音学的正式建立，应自陈第始。陈第不仅承认语音的发展，而且提出语音发展是以渐变的方式进行的。他说：

---

① “合韵”即“叶音”，非后世古音学家所谓邻韵相押的“合韵”。

② 《笔乘》卷三《古诗无叶音》。

③ 《毛诗古音考·跋》。

④ 《屈宋古音义·跋》。

> 汉魏六朝之诗，骚赋之变而近体之椎轮也……其音与古合，如服、它、年、南、嘉、泽、客、发之类，已采如旁证。其与古异者，如车、家、华、邪之类，亦颇附于末，见其所由变者，渐矣。（《读诗拙言》）

在许多字条下，他引用不少材料来确定语音始变的时间和变化过程。例如：

> 轨，音九。《说文》从车九声，后转而为几。班固《幽通赋》："赢取威于伯仪兮，姜本支乎三趾。既仁得其信然兮，仰天路而同轨。"嵇康《酒会诗》："坐中发美赞，异气同音轨。临川献清酤，微歌发皓齿。"张华《游猎篇》以轨与履、美为韵，又转则今之音矣。（《毛诗古音考》卷一）

在《毛诗古音考》中，陈第在十六个字条下面引用大量材料来考订其始变时间和变化过程，包括卷一的"华、家、车、轨、邪、为"，卷二的"瓜、存、茂、葭、瑕"，卷三的"寡、牙、柏、遐"，卷四的"妇"。其后，顾炎武继承了陈第的这一思想，在《唐韵正》中，他旁征博引，考证某些字的始变时间和变化过程。其中许多材料和结论都引自《毛诗古音考》。

语音的历史演变在不同的地域导致了方音的差异。陈第对此有一定认识，因而把"时有古今"和"地有南北"放在一起来谈音的"转移"。顾炎武对陈第的这一思想有重大发展，他在《唐韵正》卷四的"家"字下引用了陈第的话，并用方音来作进一步的说明：

> 家，古音姑……陈第曰："家，本音姑，汉'曹大家'读作'姑'，后转而音'歌'。《雉朝飞操》：'我独何命兮未有家，时将暮兮可奈何？'魏程晓《嘲热客诗》亦以家与过、何为韵。陆机《前缓声歌》以家与歌、波为韵。今乃音加，声之递变也……"今山东青州以东犹存此音，如张家庄、李家庄之类皆呼为姑，至幽、蓟之间则又转而为各矣。

顾炎武在这里暗示了可以把语音在地理上的分歧折合成时间上的差异。由于陈第有这样的认识，所以他在《毛诗古音考》中收罗了一些方音作为考证古音的旁证。例如：

乐，音捞，北方至今有此音。(卷一)

尾，音倚，北方皆倚音，南方皆尾音。(卷一)

罹，音罗。扬雄《方言》："罹谓之罗，罗谓之罹。"(卷二)

觉，音教。北有此音。(卷二)

中，音蒸。刘贡父《诗话》云："关中以中为蒸。"(卷二)

梅，音迷。楚中至今有此音。(卷二)

虽然除了"罹"字而外的五字在材料的选择上和结论上都不恰当，但方言作为考证古音的一种旁证，在原则上是可取的。

陈第还注意到语音的发展与社会发展的密切关系，提出汉语语音的重大变化同历史上的民族大迁移有关。他说："说者谓自'五胡乱华'，驱中原之人入于江左，而河淮南北间杂夷言，声音之变或自此始。"① 这里所说的"声音之变"应该指汉语语音系统的重大变动，而不是个别字音的变化，因为他接着说："自周至后汉音已转移，其未变者实多。"② 又说："魏晋之世古音颇存，至隋唐澌尽矣。"③ 陈第关于上古音和中古音的界限划分，以及语音的变化与社会民族的历史有关的见解是正确的。

对于古音研究的目的，陈第明确指出在于存古，而不在于复古。他说："三百篇，诗之祖，亦韵之祖也。作韵书者宜权舆于此，溯源沿流部提其字曰：古音某，今音某。则今音行而古音庶几不泯矣。"④ 所以他主张"以今音读今，以古音读古"，说"用古于今，人之笑也，则用今于古，古人之笑可知"⑤。这一主张得到了焦竑的赞成⑥。焦氏说："为今诗从今韵，以古韵读古诗，所谓各得其所耳。"⑦ 由于我们对上古音的面貌还未充分了解，仍然得以今读古，但这一原则无疑是正确的。后来的顾炎武要"举今日之音而还之淳古者"⑧。相比之下，陈第的看法要高明得多。

---

① 《读诗拙言》。
② 《读诗拙言》。
③ 《毛诗古音考·自序》。
④ 《读诗拙言》。
⑤ 《屈宋古音义·跋》。
⑥ 《毛诗古音考序》。
⑦ 《毛诗古音考序》。
⑧ 《亭林文集》卷四《答李子德书》。

二

陈第的研究方法在当时是创造性的，其结论是建立在确凿的证据之上的。他使用的是演绎和归纳相结合而以归纳为主的研究方法。例如，为证明古诗无“叶音”，他以《诗经》这种“以声教”的文学形式必须和谐为前提，推导出《诗经》在当时一定押韵，并不需要“叶音”。他说：

> 夫《诗》以声教也，取其可歌可咏，可长言嗟叹，至手足舞蹈而不自知，以感竦其兴、观、群、怨，事父事君之心，且将从容以绸绎夫鸟兽草木之名义，斯其所以为《诗》也。若其意深长而于韵不谐，则文而已矣。故士人篇章，必有音节；田野俚曲，亦各谐声。岂以古人之诗而独无韵乎?”（《毛诗古音考·自序》）

这就是根据已有的知识，对所研究的事物或现象作出初步解释，提出假说。假说是否正确还须用大量的材料来证实。以《毛诗古音考》第一个字“服”为例，为证明它古音读“逼”，陈第就罗列了《诗经》“本证”十四条，从周到曹魏的“旁证”十条。材料很广，证据确凿。由此可得到“服”字在《诗经》中是和谐的，不需要“叶音”的结论。进而用同样的方法，对《诗经》所有“不押韵”的字一一考察，都可以得到相同的结论，最后便可归纳出“古诗无叶音”这一条普遍规则。用排比归纳材料的方法来研究学问，是陈第的重大贡献。

陈第的研究方法，为顾炎武所继承。顾炎武在《音论》中大段引用了陈第的论述，其在《唐韵正》中大量罗列材料得出结论的考证方法与《毛诗古音考》《屈宋古音义》等著作如出一辙，只是顾炎武所用材料的范围和数量较陈第更为广博而已。众所周知，清代学者的古音研究成果是在继承顾炎武研究方法的基础上取得的。从这个意义来说，陈第开创了以后三百年学术繁荣的先河。清人张裕钊指出：“我朝经学度越前古，实陈第有以启之。虽其后顾、江诸贤之书，宏博精密，盖加于前时，然陈氏首创之功，顾不伟哉?"① 容肇祖评价陈第说："用证据来考订古书，便是学术史上一大进步，这便是科学的治学方法，懂得应用这方法便是他在思想史上最大的贡献。"② "他的考证学方法，更是开清儒考证学上一条大路。用他的搜求证据的方法来比较当时空虚想象的理学，我们不能不说他是另开一个新时代的先锋了。"③

如何处理和使用材料也是研究方法的问题。陈第首先区分了不同价值的材料，他认为《诗经》是上古音的代表，因而《诗经》的押韵材料是"本证"，其他押韵材料只能算"旁证"。他说："本证者，《诗》自相证也；旁证者，采之他书也。"④ 这就克服了吴棫《韵补》不区分材料的时代及价值的缺点。这点，也为后来的古音学家普遍接受。

如果"本证"和"旁证""二者皆无"，则应"宛转以审其音，参错以谐其韵"⑤。其中，《说文》的谐声材料最为重要。在此以前，吴棫已经使用过这些材料，如"皮，蒲波切，肤也。《说文》波、坡、颇、跛皆以皮得声"⑥。徐蒇对此作过更为详尽的阐述。到了陈第，则进一步论证了谐声在古音研究中的重大意义，揭示了谐声与《诗经》在语音上的密切关系。他说："许氏去古未远，当有真见。"⑦ "《说文》至明，其可废乎?是废古之音也。"⑧ "江音工。《周礼》六书，三曰谐声，江河是也……《说文》以工得声，后世之音去谐声远矣。今集古音，是固不可废也。"⑨ "《说文》多谐声，虽若近易，而与《诗》叶，后虽巧变，而去《诗》远，《说文》所以不可缺也。"⑩ 其后顾炎武更加广泛地使用谐声材料，并进一步用它离析了《广韵》中的支、麻、铎、锡四韵⑪。李因笃也使用谐声来说明《广韵》中的庚

---

① 《重刊毛诗古音考序》。
② 容肇祖：《明代思想史》，开明书店 1942 年版，第 279 页。
③ 容肇祖：《明代思想史》，开明书店 1942 年版，第 282 页。
④ 《毛诗古音考·自序》。
⑤ 《毛诗古音考·自序》。
⑥ 《韵补》卷二。
⑦ 《毛诗古音考》卷三。
⑧ 《毛诗古音考》卷二。
⑨ 《毛诗古音考》卷四。
⑩ 《毛诗古音考》卷四。
⑪ 顾炎武离析了支、麻、庚、尤、屋、沃、觉、药、铎、麦、昔、锡十二韵，但使用谐声材料只离析了这四韵。

韵应当一分为二①。江永用谐声离析了虞、先、萧、肴、豪五韵②。段玉裁完成了第一个谐声表《古十七部谐声表》。从此，古韵可审形定声。《说文》的谐声材料在研究古音中日益重要，陈第是有贡献的。

古音研究的材料除了先秦韵文和《说文》的谐声外，最重要的是《广韵》。吴棫《韵补》和郑庠《古音辨》都使用了《广韵》的韵目，但他们只是为了说明《广韵》某些韵部中的字在上古可以通押而已。只有顾炎武认识到了《广韵》可以作为考证上古韵部的桥梁，这就是江永所说的“古韵既无书，不得不借今韵离合以求古音”③，这是就整个《广韵》音系来说的。至于《广韵》中的异读，顾氏认为是古今音和方音的差异造成的④，所以大量使用这类材料。其实，陈第已经先于顾炎武使用了这类材料，只是数量很少。《毛诗古音考》有这样两条：

> 逵，音求。《说文》本作馗，九达道也。沈约亦收尤韵。黄公绍、吴才老读作求，并证王粲诗。(《毛诗古音考》卷一)
>
> 蛇，音驼。委蛇，行貌。沈约入歌韵，又入支韵，今亦两读之。(《毛诗古音考》卷一)

这里所说的沈约是代指《广韵》，因为长期以来人们都把《广韵》一系的今音韵书误认为源于沈约的《四声谱》。

三

汉语声调的发现并定为平、上、去、入四声，是从宋、齐开始的。古音学家发现用后世的四声去读先秦韵文，有不少异调相押的情况，便对上古声调作出种种不同的解释。但他们的解释往往不着边际，没有接近事实的真相。相对于前代学者，陈第关于上古声调的认识要正确得多，并做过一些研究，可惜，后人尤其是清代学者往往误解了陈第的意思，因此必须加以澄清。

---

① 《古今韵考》卷一。
② 《古韵标准》。
③ 《古韵标准·例言》。
④ 《音论》卷上《唐宋韵谱异同》及《唐韵正》卷四。

吴棫曾经提出过“四声互用”。从《韵补》中可以看出，今音不同调的两字，如果在上古韵文中能相押，他就把这两字归为某一调，同时也归入另一调。这种情况在去声和入声中最为突出。

程迥提出“三声通用”，大概是指平、上、去三声可以互押，但程书不传，具体情况不得而知。

首次论述上古声调的是陈第。他说：

> 四声之说起于后世，古人之诗取其可歌可咏，岂屑屑毫厘，若经生为耶？且去入二音，亦轻重之间耳。（《毛诗古音考》卷一）
>
> 或问：二平而接以去声可乎？《中原音韵》声多此类，其音节未尝不和畅也。（《毛诗古音考》，卷二）
>
> 四声之辨，古人未有，《中原音韵》，此类实多，旧音必以平叶平、仄叶仄也，无亦以今而泥古乎？（《读诗拙言》）

陈第只是说古人没有“四声之说”和“四声之辨”，并未说上古汉语不存在四声。他的意思是上古诗歌可以异调相押，与后世平必协平、仄必协仄不尽相同。陈第认为异调之所以可以押韵，是因为“古人之诗取其可歌可咏”，即古诗是用来唱的，曲调可以掩盖字音声调上的差异，与《中原音韵》的道理一样。其后顾炎武对古诗入乐，齐梁以后文人诗歌不入乐，因而异调不能相押的道理有详尽的论述：

> 古之为诗，主乎音者也；江左诸公之为诗，主乎文者也。文者一定而难移，音者无方而易转，夫不过喉舌之间，疾徐之顷而已，谐于音顺于耳矣。故或平或仄，时措之宜，而无所窒碍。（《音论》卷中《古人四声一贯》）

如果进一步检查陈第原著，便可以看到他所注的某些古音与今音相比，声、韵完全一样，只是声调不同，如在《毛诗古音考》中有：

> 怒，上声；贻，去声；上，平声；爽，平声；愿，上声；令，平声；姓，平声；猗傩，俱平；寿，上声；圃，去声；故，平声；喜，去声；定，平声；政，平声；尽，上声；让，平声；臭，平声；附，上声；丧，平声；遁，平声；震，平声；动，上声。

《屈宋古音义》有：

怒，上声；予，上声；当，平声；异，平声；上，平声；志，平声；喜，去声；爽，平声。

其中，“怒、上、喜、爽”四字复见，不能重复计算，共二十七字。

有些字陈第虽然以直音注音，实际上也只是声调的不同。《毛诗古音考》有：

振，音真；居，音倨；事，音始；顾，音古；道，音岛；命，音名；反，音贩；父，音甫；馆，音贯；畏，音威；士，音始；素，音苏；正，音征；户，音虎；予，音与；懰，音柳；膏，音告；飘，音漂；飨，音乡；务，音侮；舅，音久；享，音乡；时，音始；仕，音始；沼，音召；用，音庸；威，音畏；树，音暑；视，音始；反，音番；叟，音搜；依，音倚；虞，音豫；昭，音照；往，音汪；茹，音汝。

《屈宋古音义》有：

时，音是；正，音征；巧，音窍；古，音故；道，音岛；顾，音古；如，音茹；镇，音真；失，音试；居，音倨；举，音倨；死，音誓；高，音告；恙，音央；壶，音瓠；众，音宗；柱，音祖；首，音狩。

其中，“时、正、道、顾、居”重复，不能重复计算，共四十九字。另一些字则注明应当读为某字的某声。《毛诗古音考》有：

景，音养上声；好，音休去声；饱，音浮上声；稼，音姑去声；出，音吹去声；负，音恃上声；报，音滮去声；龙，音宠平声。

《屈宋古音义》有：

好，音休去声；乐，音捞去声。

“好”字重见，两书中只能算九字。

在以上各类字中，“予，上声”与“予，音与”同音，而“时”有

“始”“事”两音，“反”有“番”“贩”两音，除去这三字，总共八十二字。这八十二字中，注为平、上、去三声的字都有。至于入声，陈第基本上仍然用入声字注音，如《毛诗古音考》中“服，音逼；角，音录”等。

由此可见，陈第事实上承认上古汉语中仍然有平、上、去、入四声，只是某些字的声调与后世不尽相同而已，同时也承认异调相押。顾炎武批评陈第“全书之中隔阂四声，多为注释，琐碎殊甚”①。江永批评说：“陈氏知四声可不拘矣，他处仍泥一声，何不能固守其说耶?”②《四库提要》说《毛诗古音考》“其中如素音为苏之类，不知古无四声，不必又分平仄”，都是没有充分理解陈第的原意。陈第的“四声之说起于后世”“四声之辨古人未有”很明显是指四声的发现，而不是说上古汉语不存在四声。这点，近代学者仍有误解。罗常培说：“陈第《毛诗古音考》倡古无四声之说。顾炎武《音论》更演其旨曰：‘古人之诗……上或转为平，去或转为平上，入或转为平上去……故四声可以并用。’”③ 周祖谟虽然正确指出：“陈氏之意未尝一定认为古音无声调之分，只谓古人为诗平与仄可以通协无碍耳”，但又说：“古无四声说，创自明陈季立。”④ 还说顾炎武、江永都认为古无四声⑤。其实，陈、顾、江三人都未说过古无四声。顾炎武的“四声一贯”是指古人唱歌时，平声以外的字可以按照去、上、平的顺序临时变调。顾氏立论虽然不正确，但不等于说“古无四声”。至于江永，则明确肯定上古的四声存在，说：“四声虽起于江左，按之实有其声，不容增减。”⑥ 异调相押并不等于古无四声。江有诰认为：“古人实有四声，特古人所读之声与后人不同。”⑦ 这与王念孙的看法一致。可见，陈第、江永、江有诰、王念孙对上古声调的认识大体上是一致的。

综上所述，陈第奠定了古音学的理论基础，提出了科学的研究方法，在古音学的某些领域作出了巨大贡献，其功绩是不可磨灭的。

---

① 《音论》卷中《古人四声一贯》。

② 《古韵标准·例言》。

③ 罗常培：《汉语音韵学导论》，中华书局1956年版，第75页。

④ 周祖谟：《古音有无上去二声辨》，《问学集》上册，中华书局1966年版，第33页。

⑤ 周祖谟：“江慎修著《古韵标准》，固亦用古无四声之说。”“顾氏之论古无四声，疏谬既多。”（《古音有无上去二声辨》，《问学集》上册，中华书局1966年版，第36页。）

⑥ 《古韵标准·例言》。

⑦ 《再寄王石臞先生书》，见《唐韵四声正》。

顾炎武评传*

顾炎武（1613—1682），原名绛，字宁人，江苏昆山亭林镇人，生于明万历四十一年，卒于清康熙二十一年，是明末清初杰出的唯物主义思想家和语言学家。清军入关，明亡，顾炎武嗣母王氏绝食而死，遗命勿事二姓，因更名炎武。南明鲁王起兵抗清，曾官兵部职方郎中。抗清失败后，致力于学术研究，探索国家典制、郡邑掌故、天文仪象、兵农、河漕、经史百家、音韵训诂，为清代朴学的奠基人之一。其《音学五书》是我国古音学史上极重要的著作，他在古音研究的理论、实践和方法上都作出了重大贡献，开创了清代古音研究，对后世影响极大。除《音学五书》外，还有《日知录》《天下郡国利病书》《肇域志》《亭林文集》《亭林诗集》等重要著作。古音学方面的著作还有《韵补正》，是为订正吴棫《韵补》一书而作的。

《音学五书》是《音论》《诗本音》《易音》《唐韵正》和《古音表》的合称。

《音论》分上、中、下三卷。上卷主要谈音韵的定义、历史沿革；中卷谈古诗无叶音、古声调的性质以及入声的分配系统等问题；下卷论述转注、反切及两声各义等问题。《音论》是《五书》的纲领，它阐述了古音学和汉语语音学史上的一系列重大问题，集中体现了顾炎武的语言学思想。

《诗本音》十卷，该书先将《诗经》抄下，再在每一个韵脚下注明该韵脚在《广韵》中属于什么韵，不合时便加以说明。

《易音》三卷，体例大体与《诗本音》相同，主要讲《易经》的用韵。顾炎武认为《易经》的语音与《诗经》基本相同。

《唐韵正》二十卷，是《五书》中最重要的一部，它实际上是《诗本

---

* 原载濮之珍主编：《中国历代语言学家评传》，复旦大学出版社 1992 年版。

音》和《易音》的详细注释。顾炎武以先秦古音为正，以此来“正”《唐韵》的“失”，故名为《唐韵正》。

《古音表》两卷，以平声为部首，其他三声与平声配合，对《广韵》的韵部重新进行分合，并改变了入声的分配系统，将古韵分为十部。这是第一个古音表，是顾炎武的重大贡献。

顾炎武研究古音，始于1643年以前①，《音学五书》的成书前后达三十余年，其间五易其稿，亲手抄过三遍，在1667年付印时还不断地刊改，刊改的地方多达一二百处，直到1680年才最后成书。从完成此书时间之长，态度之认真上，便不难看出他是非常重视这部著作的。

作为一位唯物主义思想家，顾炎武研究古音的目的主要是为了反对唯心主义理学。明朝末年，政治黑暗，理学盛行。由于明王朝的腐败，给清人造成了可乘之机，满洲贵族征服了整个中国，使广大人民在深重的阶级压迫之下，又添加了一重民族压迫。顾炎武是一个有强烈民族意识的学者，他认为明王朝覆灭的原因在于晚明理学所引起的社会风气的败坏，并把宋明理学和晋代的清谈联系在一起而猛加抨击。顾炎武不承认理学的独立地位，主张直接求真理于古经，因此他主张学习和研究儒家经典。顾炎武研究古音正是为了通过古音学的知识来校订古书，从而为通经致用服务。

另一方面，顾炎武所处的时代也为研究古音提供了不少有利条件，使古音的系统研究成为可能。古音学萌芽于宋代，以吴棫的《韵补》为标志。到明清之际，有不少人从事古音研究，从而便形成了一股学术思潮。刘师培说：“杨慎作《古音丛目》《古音猎要》《古音余》《古音略例》，陈第作《毛诗古音考》《屈宋古音义》，程元作《周易韵叶》，张献翼作《读易韵考》，潘恩作《诗韵辑略》，屠峻作《楚骚协音》，虽味于古韵分部之说，然考订多精，则近儒顾、江、戴、孔、段、于考订古韵所由昉也。”② 与顾炎武先后或同时的古音学家还有方日升、毛先舒、柴绍炳、邵长蘅、毛奇龄、李因笃等人。其中李因笃是顾炎武的好友，他们曾长期共同探索古音的问题，毛先舒也与顾炎武一起讨论过古音。可见，从宋到明清之际，古音研究已经形成了一股学术思潮，顾炎武必然受到当时的这股学术思潮的影响。

① 王显：《清代古音学的创始人顾炎武》，《中国语文》1957年第6期，第34页。
② 刘师培：《国学发微》，《国粹学报》二十三期。

陈第《毛诗古音考》列出四百四十四字，并一一注明其古音，“然于古韵分部亦未之知也”①，忽视了语音的系统性。郑庠“作《古音辨》，始分六部，虽分部至少，而仍有出韵，盖专就唐韵求其合，不能析唐韵求其分，宜无当也”②。吴棫《韵补》虽然依照“古通某”“古转声通某”将古韵归纳出九部，但其缺点也同郑庠一样。他们只谈到了古代韵文押韵中的通转关系，这种关系是建立在“叶音”的基础上的，表示“叶音”的一定范围，而不是真正的古韵部。

顾炎武对古音学的最大贡献是首次划分了上古韵部。他主要根据《诗经》的押韵，结合谐声系统，将《广韵》中的支、麻、庚、尤（举平声赅上、去，下同）和入声中的沃、觉、药、铎、麦、昔、锡等韵分为两支，屋韵分为三支，然后再加以合并，得出古韵十部。江永称这种方法为“借今韵离合以求古音”③。顾炎武的古韵十部从今天的研究来看虽然还比较粗糙，但这是第一个上古韵部，从此古韵有了一个完整的系统。钱大昕在《答严久能书》中对此给予了很高的评价：“顾亭林论古音分部最有伦理”“昆山顾氏撰《音学五书》，而古音粲然明白矣”④。顾氏的十部如下：

第一部：东、冬、钟、江；

第二部：支（半）、质、脂术、之栉昔（半）职、微物迄、齐屑、祭薛锡（半）、佳泰月、皆卦没、灰怪曷、咍夬末、队黠、代辖、废麦（半）德、尤（半）屋（半）；

第三部：鱼屋（半）、虞沃（半）、模烛觉（半）、麻（半）药（半）、侯铎（半）陌麦（半）昔（半）

第四部：真、谆、臻、文、殷、元、魂、痕、寒、桓、删、山、先、仙；

第五部：萧屋（半）、宵沃（半）、肴觉（半）、豪药（半）铎（半）锡（半）、尤（半）、幽；

第六部：歌、戈、麻（半）、支（半）；

---

① 江有诰：《古韵廿一部总目·凡例》。

② 江有诰：《古韵廿一部总目·凡例》。

③ 《古韵标准·例言》。

④ 《潜研堂文集》卷三十六。

第七部：阳、唐、庚（半）；

第八部：庚（半）、耕、清、青；

第九部：蒸、登；

第十部：侵缉、覃合、谈盍、盐叶、添怗、咸洽、衔狎、严业、凡乏。

其中的第六部、第七部、第八部和第九部得到了后来学者的一致认可，其他六部初具规模，后来的学者只是在此基础上分得更细而已。

顾炎武对古音学的另一个重大贡献是以入声配阴声。以《广韵》为代表的今音韵书，其入声韵和阳声韵是隐约相配的。顾炎武发现上古韵文的押韵、经传异文、一字两读以及谐声字中，阴声和入声的关系很密切。所以，除了歌、戈、麻三韵和侵以下九韵未变外，他改变了《广韵》入声的分配系统，在《古音表》中以入声同阴声韵相配，从而揭示出了上古入声韵和阴声韵之间的密切关系。他在《音论》卷中《近代入声之误》中论述到：

韵书之序，平声一东二冬，入声一屋二沃，若将以屋承东，以沃承冬者，久仍其误而莫察也。屋之平声为乌，故《小戎》以韵驱、逐，不协于冬、董、送可知也。沃之平声为夭，故《扬之水》以韵凿、襮、乐，不协于冬、肿、宋可知也。术转去而音遂，故《月令》有“审端径术”之文。曷转去而音害，故《孟子》有“时日害丧”之引。质为“传质为臣”之质，觉为“尚寐无觉”之觉。没音妹也，见于子产之书；烛音主也，见于孝武之记。此皆载之经传，章章著明者……兹既本之五经，参之传记，而亦略取《说文》形声之指，不惟通其本音，而又可转之于平、上、去……去之读入：宿宿、出出、恶恶、易易，而人疑之者，宿宥而宿屋，出至而出术，恶暮而恶铎，易寘而易昔。后之为韵者，以屋承东，以术承谆，以铎承唐，以昔承清，若吕之代嬴，黄之易芈，而统系遂不可寻矣……故歌、戈、麻三韵，旧无入声，侵覃以下九韵，旧有入声，今因之，余则反之。

入声配阴声，对后来的阴阳入相配以及阴阳对转理论的提出，起了很大的作用。同时，对进一步划分上古韵部也是一个旁证，例如段玉裁划分之、支、脂三部的根据之一，就是入声和阴声的相配①。

古音学家除非认为入声应该独立，如果以平声同上、去、入为一部的话，就得承认入声与阴声相配。王念孙称赞顾氏的分配，说："入声自一屋至二十五德，其分配平、上、去之某部某部，顾氏一以九经、《楚辞》所用之韵为韵，而不用《切韵》以屋承东，以德承登之例，可称卓称。"② 章炳麟也说："顾君以药、觉等部，悉记阴声，征之《说文》谐声，《诗》《易》比韵，其法契然不远。"③

顾炎武还探讨了上古声调的问题，这个问题最早的研究者是陈第。顾炎武在陈第的启发下提出了"古人四声一贯"的理论。顾炎武没有明确表示上古是否具备四声，不过他对此基本上是持肯定态度的。他说："四声之论虽起于江左，然古人之诗已自有迟疾轻重之分，故平多韵平，仄多韵仄。"④ 同时他又认为部分字在上古韵文中可以转为其他声调。他说："四声之谱诚不可无，然古人之字，有定作一声者，有不定作一声者。"⑤ "定作一声者"指平声字，"不定作一声者"指上、去、入三声的字。他说：

> 上或转为平，去或转为平、上，入或转为平、上、去，则在歌者之抑扬高下而已，故四声可以并用。
>
> 一字而可以三声，则天可读为上、去乎？曰：天不可以去，而地可平……是以四声同用，则歌者以上为平，而不以平为上，以入为去，而不以去为入，何则？歌之为言也，长言之也。平音最长，上、去次之，入则诎然而止，无余音矣。
>
> 凡歌者，贵其有余音也，以无余从有余，乐之伦也。(《音论》卷中《古人四声一贯》)

可见，顾炎武认为上古声调是四声具备的，而且一般说来字有定调，只是在唱歌时上、去、入三声的字由于声音的加长，可以按照去、上、平的顺序临时改变声调。这是因为他认为平声最长，上去次之，入声最短，而古诗是入

① 《六书音均表·今韵古分十七部表》。

② 《经义述闻》卷二十一《古韵廿一部》。

③ 《国故论衡·二十三部音准》。

④ 《音论》卷中《古人四声一贯》。

⑤ 《音论》卷中《古诗无叶音》。

乐的，古人唱歌时每一个字都可以拖长，这样便按去、上、平的方向而临时变调。由此可见，顾氏“古人四声一贯”的理论实际上是“叶音”说在上古声调上的运用。他的“古人四声一贯”的看法妨碍了他进一步去探讨上古和中古所归的调类不同的那些字。不过，值得肯定的是，顾炎武基本上承认古有四声和古诗中异调相押的现象。

此外，顾炎武以古诗入乐、齐梁以后的诗不入乐来解释古诗多异调相押、齐梁后异调不相押的道理。他说：

> 古之为诗，主乎音者也，江左诸公之为诗，主乎文者也。文者一定而难移，音者无方而易转。夫不过喉舌之间，疾徐之顷而已。谐于音顺于耳矣，故或平或仄，时措之宜，而无所窒碍。（《音论》卷中《古人四声一贯》）

他的这个看法，是很有见地的。

顾炎武还确定了上古四声间的远近关系，认为“平、上、去三声固多通贯”①，“去入之别……非有此疆尔界之分”②，并进一步考证了去入二声在诗歌押韵中完全分离是在梁天监以后。他说：

> 今考江左之文，自梁天监以前，多以去入二声同用，以后则若有界限，绝不相通。（《音论》卷中《四声之始》）
>
> 此三韵（指质术栉），自古迄齐梁皆与去声通用，自《四声》之谱作而此三韵遂与去声相隔。然质、率、术、出等字犹两见于去入二声，可以知其通矣。（《唐韵正》卷十六《七栉》）

王力在研究南北朝诗人的用韵时指出，“脂韵去声匮、簪、位、寐等字，与质术栉为韵”③，“去声寘至志未霁祭泰怪队代都有与入声相通的痕迹”④。归纳起来就是，到南北朝时，以-t 收尾的入声字还可以同与之相配的去声字相通。可见，顾炎武的研究大体上是正确的。

读古书时改变字音的音调以表示不同的词义或语法作用，叫“两声各

① 《音论》卷中《古人四声一贯》。
② 《音论》卷下《先儒两声各义之说不尽然》。
③ 王力：《南北朝诗人用韵考》，《汉语史论文集》，科学出版社 1958 年版，第 49 页。
④ 王力：《南北朝诗人用韵考》，《汉语史论文集》，科学出版社 1958 年版，第 53 页。

义”或“四声别义”，也叫“读破”。顾炎武从“古人四声一贯”的观点出发，对此表示怀疑。他认为“两声各义”起源于六朝经师，是人为的区分，在语言实际中并不存在①。顾氏的这一结论虽然还有可议之处，但他首次提出并论证了这一问题。从清代到现在，这个问题引起了许多人的注意和研究，这是他的贡献。

顾炎武还系统地探讨了韵书的源流，比较了《广韵》《礼部韵略》和《古今韵会》的韵目，指出后人对韵部的归并情况。他认为《广韵》中一东二冬三钟是隋唐以前相传之谱，《广韵》中的一字各韵本于前代传注，因此可以借助它们来上推古音。他还研究了反切名称的由来、反切以前的注音法、反切的起源和产生时间。他认为反切是中国固有的，汉代以前的急读合音就是反切之始，因此把反切的产生推得很早。顾炎武还谈到南北朝时的反切，以此说明反切大行于世的社会原因。他还根据史料和六朝诗歌的用韵情况，考证了汉语声调定为平上去入四声的时间。可见，顾炎武所研究的都是汉语史和汉语语言学史上的重大问题。顾炎武的研究方法大致可以归纳为两点。

第一，重视源流。对于所研究的对象，他都要放到一定的历史过程中去观察。他说《音学五书》：“为三百篇而作也。先之以《音论》何也？曰：审音学之源流也。”② 在《音学五书序》中，他详细叙述了音学的变化过程：

> 三百五篇，古人之音书也。魏、晋以下，去古日远，辞赋日繁，而后名之曰韵。至宋周颙、梁沈约而《四声》之谱作。然自秦、汉之文，其音已渐戾于古，至东京益甚。而休文作谱，乃不能上据《雅》《南》，旁摭《骚》、子，以成不刊之典，而仅按班、张以下诸人之赋，曹、刘以下诸人之诗所用之音，撰为定本。于是今音行而古音亡，为音学之一变。下及唐时，以诗赋取士，其书一以陆法言《切韵》为准，虽有独用、同用之注，而其分部未尝改也。至宋景祐之际，微有更定。理宗末年，平水刘渊始并二百六韵为一百七。元黄公绍作《韵会》因之，以迄于今。于是宋韵行而唐韵亡，为音学之再变。

① 《音论》卷下《先儒两声各义之说不尽然》。

② 《音学五书后序》。

基于这样的认识，他从语音发展的历史观点出发，创造了“沿流而溯源”“借今音离合以求古音”[①] 这个重要的研究方法，首次离析唐韵，分古韵为十部。他的结论是分两步来实现的，他说：

> 夫子有言：“齐一变至于鲁，鲁一变至于道。”今之《广韵》，固宋时人所谓兔园之册，家传而户习者也。自刘渊韵行而此书几于不存。今使学者睹是书，而曰自齐梁以来周颙、沈约诸人相传之韵固如是也，则俗韵不攻而自绌，所谓一变而至鲁也。又从是而进之五经、三代之书，而知秦汉以下至于齐梁，历代迁流之失，而三百五篇之诗，可弦而歌之矣，所谓一变而至道也。（《亭林文集》卷四《答李子德书》）

第一步是从《平水韵》回到《唐韵》。第二步是通过《诗经》及其他先秦韵文的押韵，结合谐声和其他方面的材料，对《广韵》重新加以分合，从而得到古韵十部。江永称这种方法是：“用治丝之法，分析其绪，比合其类，综以部居，纬以今韵……以《诗》为主，经传骚子为证，《诗》未用而古今韵异者，采它书附益之。”[②] 从这里可以看出，顾炎武懂得语音的系统性，他的分部避免了陈第研究古音一盘散沙的缺点。把他的十部同《广韵》二百零六部对照，就可以看到从上古韵母系统到中古流变的大致轮廓。可见，顾炎武还具有语言类变的思想。

第二，广求证据。梁启超说：

> 炎武研学之要诀在是：论一事必举证，尤不以孤证自足，必取之甚博，证备然后自表其所信……此所用者，皆近世科学的研究法；乾嘉以还，学者固所共习，在当时则固炎武所自创也。（《清代学术概论》）

顾炎武研究古音，凡当时能收集的材料他都尽可能地多收集，《唐韵正》的取材是非常广博的，例如为证明“行”字在上古只有“杭”音，他的材料竟有三百七十二条之多。除了主要使用上古韵文中的押韵材料外，他已经比较系统地使用谐声偏旁来考证古音，离析唐韵。例如，他将支韵两分，在“鬐”字下说：

---

① 《古韵标准·例言》。

② 《古韵标准·例言》。

以上字当与六脂、七之通为一韵。凡从支、从氏、从是、从兒、从此、从卑，从虎、从尔、从知、从危之属皆入此。(《唐韵正》卷二)

在“蠹”字下说：

以上字当与七歌、八戈通为一韵。凡从多、从为、从麻、从垂、从皮、从肯、从奇、从义、从罢、从离、从也、从差、从丽之属皆入此。(《唐韵正》卷二)

在使用《广韵》中的“异读”材料时，他认为“异读”中包含有方音或古音，从而意识到《广韵》具有综合音系的特点。这些都是值得注意的。他广求证据的研究方法属于归纳法，在当时是比较新颖的。虽然吴棫、陈第已经开始使用这个方法，但顾氏在数量上和内容上有很大的发展，进而为清代学者所继承。

顾炎武的古音研究对清代古音学的发展产生了巨大的影响。除了在材料的范围和研究方法方面以外，他的影响在上古韵部的划分上最为突出。因为清代学者古音研究的精力大都是放在这方面的，无论是江永的十三部、段玉裁的十七部、戴震的九类二十五部、孔广森的十八部、王念孙和江有诰的二十一部，还是章炳麟的二十三部，都是在顾氏十部的基础上进一步划分的。

此外，顾炎武的入声配阴声基本上为后世所接受，并有极大的发展。江永在接受顾氏入声配阴声的同时，又继承了《广韵》入声配阳声的系统，提出了数韵共一入的观点①。这实际上是以入声为枢纽，将阴声和阳声联系起来，从而开了阴、阳、入三分的先河。戴震分古韵为九类二十五部，事实上以阴、阳、入三声相配为一大类，以入声为枢纽，阴阳对转②。戴震弟子孔广森作《诗声类》，分阴声阳声各九部，两两相配，明确提出阴阳对转的理论。章炳麟进一步发展了阴阳对转的理论，并从音理上讲清了阴声和阳声③。可见，阴阳相配、阴阳对转是从顾氏入声配阴声逐步发展而来的。

顾炎武确定上古四声之间的远近关系，尤其是关于去、入二声“非有此

① 《四声切韵表·凡例》。
② 《声类表》。
③ 《国故论衡》上《成均图》。

疆尔界之分”的看法，对段玉裁上古平上为一类、去入为一类，以及“古无去声”的观点有很大的影响，对孔广森“古无入声”的观点也有影响。顾炎武使用谐声材料考证古音，离析唐韵，使谐声偏旁和古韵分部结合起来，并逐步系统化。其后江永、孔广森和王念孙的古韵分部，都把谐声作为重要依据，段玉裁的《古十七部谐声表》是第一个完整的古谐声表。从此，古韵可以审形定声。可以说，谐声材料的系统化始于顾炎武而完成于段玉裁。

顾炎武对上古韵部的划分还推动了清代训诂学的进步。清代训诂学的特点主要是借助古音学的知识解决通假字的问题。众所周知，段玉裁断定文字的通假是以他的十七部为依据的，而王氏父子的研究也是以王念孙的古韵二十一部为据的。他们的古韵分部工作，归根结底都源于顾炎武。因此，没有顾炎武的古韵分部工作，便没有清代的训诂学。

顾炎武在古音研究上取得如此巨大的成就不是凭空而来的，这同他注意学习和吸收前人及同时代的人的研究方法和成果是分不开的。在《唐韵正》中，他多处注明引用吴棫、戴侗、杨慎、毛先舒、柴绍炳、李因笃等人的某些材料和结论。其中，对顾炎武影响最大的是吴棫、陈第和郑庠。吴棫、陈第考证古音在材料上和方法上已经给顾炎武奠定了一定的基础。在具体结论上，顾炎武也继承了他们不少观点。《唐韵正》中注明引自吴棫的材料有三十七条，引自陈第的有四十条。《唐韵正》中的证明材料和《韵补》完全相同的有三十七字，反切完全相同的有四十四字，反切下字相同的有四十八字。《唐韵正》中用直音注音的字和陈第《毛诗古音考》相同的有四十六字。至于在语音发展的历史观点上，顾炎武则完全接受陈第的看法，在《音论》中对陈第的观点有大段的引用。在材料的选择上，顾炎武接受了陈第“本证”和“旁证”的区分。顾炎武的归纳研究方法也主要来自陈第，只是在材料的范围和内容上有不少增加，从而使由归纳研究所作出的结论更加可靠。在韵部的划分方面，顾炎武主要受郑庠的影响。戴震说：

> 宋吴棫作《韵补》，于韵目下始有古通某，古转声通某之云，其分合最为疏舛。郑庠作《古音辨》，仅分阳、支、先、虞、尤、覃六部。近昆山顾炎武更析东、阳、耕、蒸而四，析鱼、歌而二，故列十部。（《戴东原集》卷十《六书音均表序》）

郑书已不传，他的六部保存在熊朋来的《熊先生经说》卷二《易书诗古韵》中。顾炎武《唐韵正》多次引用《经说》，可见他对此书是很熟悉的。不过，郑庠六部是按“叶音”归纳出来的，而顾氏的十部才是真正的古韵部。

尽管顾炎武在古音研究上取得杰出的成就，但他仍然存在一些局限和缺点。顾氏最大的缺点是在语音研究中的复古思想，这点受到了江永的批评①。他的古韵分部还比较粗糙，其原因正如江永所说“考古之功多，审音之功浅”②。至于侯、鱼不分，段玉裁认为他主要根据的是汉以后的材料③，这说明他有时并不太注意区分“本证”和“旁证”，以及不审韵例也导致了某些失误。另外，在某些地方，他也未能将时地观念贯彻到底。

---

① 《古韵标准·例言》。

② 《古韵标准·例言》。

③ 《六书音均表·第三部第四部第五部分用说》。

论顾炎武古音学对前人的继承和对后世的影响

顾炎武（1613—1682），原名绛，字宁人，江苏昆山亭林镇人，是明末清初杰出的思想家、文学家和语言学家。其《音学五书》（包括《音论》《诗本音》《易音》《唐韵正》《古音表》）是我国古音学史上极为重要的著作。关于顾炎武在古音研究方面的贡献及研究方法，笔者在拙著《中国语言学简史》（巴蜀书社 2003 年版）的相关部分，以及濮之珍先生主编的《中国历代语言学家评传》[①]（复旦大学出版社 1992 年版）中的《顾炎武》中已经作了简介，这里不再赘述。中国语言学史是中国学术史中的一个重要组成部分，作为一部学术史，除了直接叙述和评价学者们的学术贡献外，还应当将其学术脉络梳理清楚，其中自然包括学者们对于前人学术的继承和对后代学者的影响。本文正是基于此而撰写的。

任何一个杰出的学者，他的学术成果都不可能是凭空产生的，一定是在前人研究的基础上经过继承并加以创新而产生的。顾炎武也不例外，他非常注意吸取前人和同时代的人的研究方法和学术成果，他的《唐韵正》多次注明引用吴棫、戴侗、杨慎、陈第、毛先舒、柴绍炳、李因笃等人的某些材料和结论。其中，以吴棫和陈第最多[②]。

虽然顾炎武在完成《唐韵正》后才有机会阅读吴棫《韵补》的全文，但散见于后人所引用的《韵补》的部分内容，顾炎武则是见到过的。《韵补》的缺点在于不曾区分材料的时代以及一字数音，反映了作者缺乏严谨的治学方法，但它毕竟是我国第一部完整的古音学专著。《韵补》的优点是书中汇集了大量的语言材料以考证古音，这正是明清时代的人研究古音的先声，正

① 此书后来在 2004 年由上海文化出版社再版，更名为《中国历代语言学家》。

② 关于吴棫和陈第在古音研究方面的贡献，请参阅拙著《中国语言学简史》的相关部分及笔者在濮之珍先生主编的《中国历代语言学家评传》中的《吴棫》《陈第》等条目。

如清代学者钱大昕所说："后儒因是知援《诗》《易》《楚辞》以求古音之正，其功已不细。"① 顾炎武虽然批评吴棫"一字可读为数音，而决裂部分，荡弃绳墨，惟其意之所之而无施不可矣"②，但他对吴棫大体上是肯定的。他说：

> 余为《唐韵正》已成书矣，念考古之功寔始于宋吴才老，而其所著《韵补》仅散见于后人之所引，而未得其全。顷过东莱，任君唐臣有此书，因从假读之月馀。其中合者半，否者半，一一取而注之，名曰《韵补正》，以附《古音表》之后。如才老可谓信而好古矣。后之人如陈季立、方子谦之书，不过袭其所引用，别为次第而已。(《韵补正序》)

李方桂认为，清代学者在古音学上最大的贡献有三点。一是"先秦古籍的用韵，尤其是《诗经》用韵的研究。他们把互相押韵的字归到一组，叫做韵部，或简称部"。二是"拿研究谐声字所得到的结果跟研究《诗经》用韵的结果互相印证"。三是"拿《切韵》的系统（或称《广韵》，或称《唐韵》）来作出发点，跟上古韵部作一个比较"③。从以这三点来看，吴棫《韵补》一书对顾炎武的研究产生了极大的影响。

首先，吴棫在《韵补》中以《广韵》的韵目为依据来研究古音。这其实是将以《广韵》为代表的中古汉语的语音，与他所谓的古音（今称为"上古音"）进行对比，以此来判定某些字的读音从上古到中古的流变。顾炎武在其《唐韵正》中，也使用《广韵》来研究古音，创造了"沿流而溯源""借今韵离合以求古音"④ 这个重要的研究方法，从而得出从上古汉语到中古汉语语音演变的规律。

其次，吴棫的《韵补》虽然没有给古韵分部，但其古音研究主要是根据古代韵文的押韵材料⑤，应该说，古代韵文押韵材料的大量使用肇始于吴棫，由此得出《广韵》中"古通某""古转声通某"的结论，并以此来确定某些韵部在上古时期的接近程度。这对顾炎武以《广韵》为出发点，依据上

① 《潜研堂文集》卷二十七《跋吴棫〈韵补〉》。
② 《韵补正》十七。
③ 李方桂：《上古音研究》，商务印书馆 1980 年版，第 2-3 页。
④ 《古韵标准·例言》。
⑤ 可惜他在这方面做得不好，《韵补》一书中有许多后代的材料。

古韵文的押韵材料划分古韵为十部具有极大的启发作用。

最后，在吴棫的《韵补》中，事实上已经开始使用《说文》中谐声字的材料了。例如《韵补》卷一：“皮，蒲波切，肤也。《说文》波、坡、颇、跛皆从皮得声。”据笔者查找，《韵补》全书使用《说文》的谐声材料多达三十余处。而吴棫的同乡姻亲徐蒇在《韵补序》中的一段话，应当看作是吴棫和徐蒇的共同认识。徐蒇说：

> 音韵之正，本诸字之谐声，有不可易者①。如霾为亡皆切，而当为凌之切者，由其以貍得声；浼为每罪切，而当为美辨切者，由其以免得声；有为云九切，而贿、痏、洧、鲔皆以有得声，则当为羽轨切矣；皮为蒲麋切，而波、坡、颇、跛皆以皮得声，则当为蒲禾切矣。又如服之为房六切，其见于《诗》者凡十有六，皆当为蒲北切，而无与房六叶者，友之为云九切，其见于《诗》者凡十有一，皆当作羽轨切，而无与云九叶者②，以是类推之，虽毋以它书为证可也。

顾炎武在《唐韵正》中使用《说文》中的谐声材料，除了受到吴棫和徐蒇的影响之外，也受到了陈第的启发，因为对《说文》谐声材料的使用，陈第在认识上和使用上都有进一步的发展。陈第说：“许氏去古未远，当有真见。”③“《说文》至明，其可废乎？是废古之音也。”④“江音工。《周礼》六书，三曰谐声，江河是也……《说文》以工得声，后世之音去谐声远矣。今集古音，是固不可废也。”⑤ “《说文》多谐声，虽若近易，而与《诗》叶，后虽巧变，而去《诗》远，《说文》所以不可缺也。”⑥

虽然前人已经认识到《说文》谐声在古音研究中的重要性，但系统地使用谐声材料则始于顾炎武。他不仅用谐声来考证个别字的古音，而且将其作为离析唐韵、划分古韵部的重要依据。

---

① 徐蒇在这里把语言同文字读音之间的关系搞颠倒了。形声字的读音不是由声符决定的，相反，采用某一声符则是由语言中词语本身的声音决定的。

② “有”“友”古音属之部，“轨”属幽部，因此，徐蒇把“有”“友”的古音注为“羽轨切”是不恰当的，从当时的学术水平来看，徐蒇自然不知道这点。

③ 《毛诗古音考》卷三。

④ 《毛诗古音考》卷二。

⑤ 《毛诗古音考》卷四。

⑥ 《毛诗古音考》卷四。

例如，《广韵》中的支韵应当两分，其中一部分在古音中归支部，另一部分则应当归歌部。他在《唐韵正》卷二的“衰”字下说：“以上字当与六脂、七之通为一韵。凡从支，从氏，从是，从兒，从此，从卑，从虒，从尔，从知，从危之属，皆入此。”① 在同卷第42页的“麜”字下说：“以上字当与七歌、八戈通为一韵。凡从多，从为，从麻，从垂，从皮，从㝊，从奇，从義，从罢，从离，从也，从差，从丽之属皆入此。”

《广韵》中的麻韵也应当一分为二，其中一部分归歌部，另一部分归鱼部。在“髽”字下，顾炎武说：“以上字当与七歌、八戈通为一韵，凡从麻，从差，从咼，从加，从沙，从坐，从过之属皆入此。”② 在“苴”字下说：“以上字当与九鱼、十虞、十一模通为一韵。凡从余，从邪，从华，从夸，从叚，从且，从巴，从牙，从吾之属皆入此。”③

《广韵》入声中的铎韵也一分为二。顾炎武在“廓”字下说：“以上字转去声则当入御、遇、暮韵。凡从睪，从度，从莫，从各，从乇，从斥，从石，从乍，从若，从白，从尃，从蒦，从郭之属皆入此。”④ 在“鑿”字下说：“以上字转去声则入啸、笑、效、号韵。凡从乐，从高，从翯，从暴之属皆入此。”⑤

《广韵》入声中的锡韵也分两支。在“阋”字下说：“以上字转去声则入寘、至、志、霁、祭韵。凡从易，从析，从毄，从辟，从商，从益，从责，从兒之类并入此。”⑥ 在“鼜”字下说：“以上字转去声则入啸、笑韵。凡从敫，从乐，从勺，从狄，从倏，从叔，从翟，从戚之类并入此。”⑦

应该说，吴棫、徐蒇、陈第等人使用谐声，只是作为考证个别字的古音的一个佐证，其使用是零星的、不成系统的。而在顾炎武的《唐韵正》中则成为了系统的材料，用它来离析唐韵，划分上古韵部。这在谐声材料的使用上不能不说是一个飞跃。

---

① 《唐韵正》5/2。根据渭南严氏《音韵学丛书》本，斜线下的数字表示卷数，斜线上的数字表示页数。下同。

② 《唐韵正》8/4。

③ 《唐韵正》38/4。

④ 《唐韵正》29/18。

⑤ 《唐韵正》33/18。

⑥ 《唐韵正》38/19。

⑦ 《唐韵正》46/19。

阅读《唐韵正》，我们发现在 37 个字条下面，顾炎武注明了是引自吴棫的《韵补》。这些字是：

弓 1/1	为 12/2	仪 27/2	皮 28/2	瓜 20/4	瑕 28/4	牙 29/4
衙 33/4	庚 1/5	莔 6/5	觥 13/5	兄 48/5	卿 50/5	生 81/5
牲 84/5	谋 19/6	侯 49/6	偷 61/6	旖 10/8	马 3/9	椵 19/9
下 21/9	舍 38/9	寡 42/9	偶 45/10	陂 6/11	地 11/11	竞 19/12
庆 20/12	绣 10/13	旭 12/15	轅 12/17	切 21/17	貊 34/18	赫 50/18
格 52/18	虢 60/18					

进一步对照《唐韵正》和《韵补》，还可以发现《唐韵正》有 37 字和《韵补》所引用的证明材料几乎完全相同，很难认为是出于偶合，其中的大部分可以认为来自吴棫。它们是：

洚 34/1，3/1[1]	优 25/6，12/2	藕 43/10，5/3	麴 13/14，16/3
馗 43/2，25/2	鄹 47/6，11/1	柘 9/12，11/4	叔 16/14，28/4
铧 20/4，12/1	旖 10/8，16/2	佑 2/13，10/4	筑 17/14，26/4
瑛 21/5，22/2	蔼 12/8，14/2	脰 16/13，11/4	椓 34/15，1/5
肬 10/6，8/1	韭 21/10，14/3	谬 24/13，22/4	嫉 13/16，7/4
珹 25/16，7/4	褐 57/16，9/4	拍 49/18，20/5	檄 41/19，22/5
羯 49/16，2/4	秣 4/17，6/4	篑 3/19，8/5	殖 53/19，8/4
浡 54/16，5/4	掇 12/17，4/4	译 17/19，22/5	窟 56/16，3/4
铩 19/17，8/4	跖 23/19，21/5	崪 56/16，7/4	朦 28/18，13/4
席 25/19，21/5			

至于《唐韵正》中包含有《韵补》的同一字条的材料，并有所增加的例子就更多了。

《唐韵正》有 44 字的反切，与《韵补》完全相同，这些字是：

风 7/1，17/1	枫 10/1，17/1	沂 48/2，16/1，	挐 21/4，10/1
明 25/5，20/2	鹏 43/5，20/2	盟 43/5，20/2	兄 48/5，23/2

① 前面的数字表示《唐韵正》的卷数和页数，后面的数字表示《韵补》的卷数和页数。下同。

裘 16/6，4/1	仇 17/6，4/1	巷 2/11，4/1	诈 5/12，13/4
谢 6/12，13/4	霸 12/12，12/4	竟 19/12，24/4	候 13/13，14/14
鬥 16/13，11/4	幼 23/13，23/4	谬 24/13，22/4	濯 20/15，22/4
捉 32/15，2/5	疾 12/16，7/4	嫉 13/16，7/4	羯 49/16，2/4
窟 56/16，3/4	达 62/16，4/4	昧 1/17，6/4	秣 4/17，6/4
穴 34/17，10/4	杰 56/17，2/4	臒 28/18，13/4	伯 38/18，12/4
绎 14/19，22/5	斁 14/19，22/5	奕 15/19，22/5	腋 15/19，22/5
液 16/19，22/5	怿 16/19，22/5	译 17/19，22/5	释 17/19，21/5
席 24/19，21/5	夕 24/19，21/5	穸 25/19，21/5	蓆 25/19，21/5

其中只有少数的反切来自前人的传注，例如“幼”字，李善和颜师古都注为“一笑切”，其余都来自吴棫的《韵补》。

另外还有 48 字，两书的反切上字虽然不相同，但反切下字却一样。这是因为顾炎武非常尊重《广韵》，除了少数源于前代传注的那部分反切之外，在《唐韵正》中所注古音的反切上字都依据《广韵》，不作改动，因而其反切上字虽然与吴棫的《韵补》不一样，但所标示的古音则完全一样。例如《唐韵正》：“雄，古音羽陵反。”《韵补》：“雄，于陵切。”“羽”“于”二字的都是喻母三等字，上古都属于匣母。这些字是：

雄 2/1，22/1	熊 3/1，22/1	双 35/1，2/1	宜 24/2，14/2
仪 27/2，13/2	庚 1/5，17/2	更 1/5，17/2	盲 5/5，20/2
虻 6/5，20/2	莔 6/5，20/2	烹 21/5，19/2	丘 12/6，4/1
项 1/8，1/3	牝 20/8，2/3	马 3/9，7/3	景 49/4，15/3
影 50/9，15/3	赦 10/12，13/4	骤 12/13，12/4	脰 16/13，11/4
麴 13/14，16/3	璞 35/15，2/5	樸 36/15，2/5	日 4/16，10/4
密 20/16，6/4	伐 40/16，6/4	罚 41/16，6/4	劂 45/16，2/4
竭 50/16，2/4	碣 51/16，2/4	察 15/17，6/4	霓 37/17，3/4
折 59/17，7/4	陌 33/18，20/5	貊 34/18，20/5	白 36/18，20/5
帛 38/18，20/5	额 45/18，19/5	頟 45/18，19/5	客 46/18，19/5
魄 49/18，20/5	拍 49/18，20/5	赫 50/18，22/5	获 8/19，22/5
炙 22/19，21/5	激 38/19，22/4	植 52/19，8/4	殖 53/19，8/4

以上事实，充分证明顾炎武在撰写《音学五书》时，不仅在学术观点和研究方法上受到吴棫《韵补》的启发，而且在其《唐韵正》中大量吸取了《韵补》中的不少材料和研究成果。

除了吴棫外，对顾炎武古音研究影响最大的应当是明代学者陈第。陈第的最大功绩是提出并阐明了语音随着时间和地域而变化的理论，确定了古有定音，从而否定了“叶音说”①，给古音学的正式创立扫清了道路。陈第以《诗经》为古音的代表，“列本证、旁证二条。本证者，《诗》自相证也；旁证者，采之他书也”②。这样，就将《诗经》确定为上古时代汉语语音的代表。《诗经》基本上是一种共时材料，其价值最高，因此叫做“本证”；而古代其他韵文材料的价值则相对要低一些，只能作为研究古音时的参考，因此叫“旁证”。这样，陈第克服了吴棫《韵补》不区分材料时代的缺点，古音学作为音韵学中一个独立的学科正式建立起来了。陈第提出了不少真知灼见：

> 时有古今，地有南北，字有更革，音有转移，亦势所必至。故以今之音读古之作，不免乖剌而不入，于是悉委之叶。夫其果出于叶也，作之非一人，采之非一国，何母必读米，非韵杞韵止，则韵祉韵喜矣；马必读姥，非韵组韵黼，则韵旅韵土矣……厥类实繁，难以殚举，其矩律之严，即唐韵不啻。此其何故耶？又《左》《国》《易》《象》《离骚》《楚辞》、秦碑、汉赋，以至上古歌谣，箴、铭、赞、诵，往往韵与《诗》合，实古音之证也。(《毛诗古音考·自序》)
>
> 一郡之内，声有不同，系乎地者也；百年之中，语有转移，系乎时者也。(《读诗拙言》)
>
> 愚编“旁证”，采《易》独详，以时世近而声音同也。如天、如行、如庆、如明，凡五十余字，悉载之首矣，此实周代之音，非叶也。历数、象、象，行凡三十有二，明凡一十有四，庆凡一十有二，无不同者……且叶，或一用二用，三四用多矣，五六用至多矣，蔓衍数十，更无不叶，又胡为者也？……颠倒古今，反复伦类，莫此甚也。(《读诗拙

① “叶”是“协”的异体字。所谓“叶音”是指随着语音的变化，后人读上古的韵文作品时，往往有所谓不押韵的情况，于是临时改变文字的读音以求和谐。例如《诗·周南·关雎》：“求之不得，寤寐思服。悠哉悠哉，辗转反侧。”朱熹《诗集传》在“服”字下注：“叶蒲北反。”

② 《毛诗古音考·自序》。

言》）

顾炎武完全接受了陈第的观点，他的《音论·古诗无叶音》全文引用了陈第的这几段话。

陈第不仅提出古音不同于今音，而且指出语音的演变方式是渐变的。陈第说："汉魏六朝之诗，骚赋之变而近体之椎轮也……其音与古合，如服、它、年、南、嘉、泽、客、发之类，已采入旁证。其与古异者，如车、家、华、邪之类，亦颇附于末，见其所由变者，渐矣。"① 在一些字的字条下面，陈第引用了不少的材料，以表示这些字的语音的始变时间和变化过程。这些字条及证明材料中，有不少为顾炎武的《唐韵正》所直接采用。例如：

> 轨，音九。《说文》从车，九声，后转而音几。班固《幽通赋》："嬴取威于伯仪兮，姜本之乎三趾。既仁得其信然兮，仰天路而同轨。"嵇康《酒会诗》："坐中发美赞，异气同音轨。临川献清酤，微歌发皓齿。"张华《游猎篇》以轨与履、美为韵，又转则今之音矣。（《毛诗古音考》27/1，《唐韵正》15/8）

顾炎武接受了陈第语音渐变的思想，扩大了研究范围，考证了许多字的始变时间和变化过程。例如在《唐韵正》卷一的"风"字下，他引用大量的材料证明"风"字的古音为"方愔反"而不是后来的"方戎反"后，说："风自汉王褒《洞箫赋》……班固《东都赋》……马融《长笛赋》……始变古音。以后边让《章华台赋》、祢衡《颜子碑》、蔡琰《胡笳十八拍》、魏文帝《黎阳作》、陈思王《杂诗》、刘祯《赠从弟》，无不读为方戎反矣。"

与陈第不同的是，顾炎武的研究不局限于个别的字，而是试图从整个系统出发，考察一些韵部的分合时间和过程，这是他对陈第理论的发展。现举数例如下：

> 江韵与东、冬、钟同用，南北朝犹然，唐以下始杂入阳韵。宋吴棫因之，有通阳之说。元周德清《中原音韵》乃以江、阳合韵，《洪武正韵》遂并江入阳。（《唐韵正》卷一）
>
> 模韵转入歌、戈，始于汉人，不独车、华等字。班彪《北征赋》以

① 《读诗拙言》。

图韵婆、那，张衡《西京赋》以龉韵峨、罗……是知东京以后，鱼、虞、模、歌、戈、麻六韵全无分别，晋、宋以下始稍正之，而其杂入于麻者，遂不可反矣。(《唐韵正》卷四)

对于上古歌、戈中的字后来归并于支韵以及上古之韵中的字归并于尤韵的时间，他都作了比较详细的考察。不过，总的说来，顾炎武在这方面的研究还是很不够的，所以罗常培、周祖谟两先生批评道："顾炎武……对于汉魏以下各时代的音韵流变并没有作精密的研究。即使偶尔说明一两类字的音变情况，也是很粗疏的。"①

陈第在《毛诗古音考·自序》中除了讲到"时有古今"之外，也讲了"地有南北"，也就是说，语音的历史变化在不同地域的不平衡引起了各地方音的差异。在《毛诗古音考》中，陈第收罗了一些方音作为考证古音的旁证。例如在其卷一有"乐，音捞，北方至今有此音"，"尾，音倚，北方皆倚音，南方皆尾音"；在卷二有"罹，音罗。扬雄《方言》：'罹谓之罗，罗谓之罹'"，"觉，音教。北有此音"，"中，音蒸。刘贡父《诗话》云：'关中以中为蒸'"，"梅，音迷。楚中至今有此音"。陈第越过中古汉语的语音阶段，使用当时的某些方音材料，来证明部分字的上古汉语的语音，这是非常粗糙的，所以除了"罹"字外，其他五字的结论都不正确。但是，使用方言材料来考察语音的演变过程，就其方法来说则是可取的，只不过对材料应当仔细选择而已。

顾炎武继承陈第的研究方法，在《唐韵正》里面积极搜罗古今的一些方言材料来考证古音。如："风，古音方愔反……今山西人读风犹作方愔反。"②"江，古音工……杨慎曰：'今滇人语江为工。'"③"离，古音罗……《方言》：'罗谓之离，离谓之罗。'"④"珩，古音杭……赵宧光曰：'庚、阬、盲、横、彭、撑、烹、兄、行等字，并以今吴下方音为正。'"⑤"庆，古音

① 罗常培、周祖谟：《汉魏晋南北朝韵部演变研究》第一分册，科学出版社1958年版，第2页。

② 《唐韵正》1/7。

③ 《唐韵正》10/1。

④ 《唐韵正》31/2。

⑤ 《唐韵正》76/5。

羌……宋黄震《日抄》曰：‘庆音羌，今江西人呼庆作羌。’”① 方言材料也包含某些比较特殊的地名，《唐韵正》中也有这方面的材料。例如：“家，古音姑……今山东青州以东犹存此音，如张家庄、李家庄之类皆呼为姑，至幽蓟之间则又转为各矣。”② 除了引自书本之外，许多材料都是顾炎武亲自调查得到的。全祖望说：“凡先生之游，载书自随，所至阨塞，即呼老兵退卒询其曲折，或与平日所闻相合，即发书对勘之。”③ 他的调查，自然也应当包括方言。

笔者曾经在《中国古代语言学简史》和《中国历代语言学家评传·顾炎武》中，谈到了顾炎武研究方法主要有两点：一是重视源流，二是广求证据。

关于广求证据，梁启超说：“炎武研学之要诀在是：论一事必举证，尤不以孤证自足，必取之甚博，证备然后自表其所信……此所用者，皆近世科学的研究法；乾嘉以还，学者固所共习，在当时则固炎武所自创也。”④

其实，广求证据的研究方法并不始于顾炎武，而是顾炎武从陈第那里继承来的。陈第在《毛诗古音考》《屈宋古音义》等古音学著作中，使用大量的材料，并依据材料的不同价值，将材料区分“本证”和“旁证”二类，这是富有创造性的。陈第所使用的研究方法基本上是以归纳证据为主的归纳法，同时也不排除演绎法。准确地说，陈第使用的是演绎和归纳相结合，而以归纳为主的研究方法。例如，陈第为了证明古诗无叶音，他以《诗经》这种“以声教”的文学形式必须和谐这一特征为前提，推导出《诗经》在当时一定是和谐押韵的，并不需要所谓叶音。他说：

> 夫《诗》以声教也，取其可歌可咏，可长言嗟叹，至手足舞蹈而不自知，以感竦其兴、观、群、怨，事父事君之心，且将从容以紬绎夫鸟兽草木之名义，斯其所以为《诗》也。若其意深长而于韵不谐，则文而已矣。故士人篇章必有音节，田野俚曲亦各谐声，岂以古人之诗而独无韵乎？（《毛诗古音考·自序》）

---

① 《唐韵正》20/12。
② 《唐韵正》22/4。
③ 《鲒埼亭集》卷十二《亭林先生神道表》。
④ 梁启超：《清代学术概论》，商务印书馆 1921 年版，第 21—22 页。

这就是根据已有的知识，对所研究的事物或现象作出初步的解释，提出假说。假说是否正确还须用大量的材料来证实。以《毛诗古音考》的第一个字“服”字为例，为证明它古音读“逼”，就有《诗经》的“本证”14条，从周代到曹魏的“旁证”10条。材料很广，证据确凿。由此可以得到“服”字在《诗经》中是和谐的、不需要“叶音”的结论。进而用同样的方法，对《诗经》中所谓“不押韵”的字进行一一考察，都可以得到同样的结论，最后便可以归纳出“古诗无叶音”这一条普遍的规律。容肇祖称赞陈第说：“用证据来考订古音，便是学术史上一大进步，这便是科学的治学方法，懂得应用这方法便是他在思想史上最大的贡献。”① 又说：“他的考证学方法，更是开清儒考证学上一条大路。用他的搜求证据的方法来比较当时空虚想象的理学，我们不能不说他是另开一个新时代的先锋了。”② 关于这点，清人张裕钊说：“我朝经学，度越前古，实陈氏有以启之。虽其后顾、江、诸贤之书，宏博精密，益加于前时，然陈氏首创之功顾不伟哉？”③

顾炎武广求证据的研究方法，是从陈第那里继承来的。顾炎武在其《唐韵正》中虽然没有明确标出“本证”“旁证”，但他在材料排列的顺序上总是将《诗经》的材料安排在最前面，然后再罗列古代的其他韵文材料，实际上是按照陈第的“本证”“旁证”的体例来安排的。陈第的“本证”和“旁证”主要是指古代的韵文材料。在《毛诗古音考·自序》谈到“本证”“旁证”以后，陈第说：“二者俱无，则宛转以审其音，参错以谐其韵。”这是指古代韵文以外的其他材料，包括谐声、异文、异译、读若、音训、异读、方言、前代传注。《唐韵正》中所使用的材料，大体上也就是这九类，虽然没有超过《毛诗古音考》中的材料范围，但在数量上则有大大的增加，可以说，凡是当时能够搜集到的证据，顾炎武都尽可能多地搜集到了。将《唐韵正》和《毛诗古音考》所引用的材料进行对比，我们可以清楚地看到顾炎武所使用的材料要多得多。例如在《毛诗古音考》中，关于“服”字，“本证”“旁证”一共有24条，而在《唐韵正》中则有183条，这还不包括韵文之外的其他材料④。又如，为证明“行”字古代应当读如“杭”音，顾炎武

① 容肇祖：《明代思想史》，开明书店1941年版，第279页。
② 容肇祖：《明代思想史》，开明书店1941年版，第282页。
③ 《重刊毛诗古音考序》。
④ 《唐韵正》卷十四。

所引用的材料竟然达到 372 条之多①。应当说，顾炎武将陈第的广求证据的方法发挥到了极致。

仔细阅读《唐韵正》，我们发现，在 40 个字条下面，顾炎武明确指出是引自陈第。它们是：

梦 4/1	江 10/1	降 31/1	为 12/2	离 31/2	驰 39/2
池 39/2	孚 48/2	车 9/4	邪 13/4	华 17/4	瓜 20/4
家 22/4	瑕 28/4	羹 2/5	横 7/5	兄 48/5	邮 10/6
牛 11/6	轨 15/8	马 3/9	野 11/9	下 21/9	寡 42/9
炳 48/9	有 1/10	地 11/11	稼 2/12	服 40/14	卒 24/16
伯 38/18	逆 45/18	客 46/18	宅 54/18	泽 56/18	草 4/19
昔 11/19	弈 16/19	尺 19/19	抑 60/19		

吴棫《韵补》使用反切的注音方法，陈第使用直音，顾炎武的《唐韵正》两者兼用。在《唐韵正》的直音中，有 46 字与陈第完全相同，现对照如下：

江 10/1，22/4②	为 12/2，44/1	皮 28/2，17/1	罹 33/2，7/2
驰 39/2，12/3	煇 45/2，15/3	西 52/2，18/3	邪 13/4，35/1
华 17/4，8/1	瓜 20/4，5/2	家 22/4，8/1	遐 27/4，48/3
瑕 28/4，47/2	牙 30/4，16/3	觥 13/5，7/1	英 17/5，15/2
京 22/5，41/1	行 53/5，5/1	衡 73/5，12/3	牛 11/6，48/3
侯 49/6，16/2	轨 15/8，27/1	簋 16/8，38/2	者 8/9，34/2
野 11/9，21/1	雅 18/9，35/3	寡 42/9，13/3	有 1/10，9/1
友 8/10，2/1	久 10/10，30/1	垢 42/10，17/4	口 51/10，23/3
地 11/11，45/3	庆 20/12，36/3	昼 11/13，11/4	伯 38/18，19/4
柏 40/18，42/3	百 40/18，46/1	宅 54/18，14/3	泽 56/18，37/2
舄 11/19，27/4	斁 14/19，3/4	蘅 76/5，11/1③	约 4/18，30/1

① 《唐韵正》卷五。

② 前面的数字表示《唐韵正》的卷数和页数，后面的数字表示《毛诗古音考》的卷数和页数。

③ 此字以下，前面的数字表示《唐韵正》的卷数和页数，后面的数字表示《屈宋古音义》的卷数和页数，其中与《毛诗古音考》重复的字不再列出。

索 24/18，3/1　　舍 38/9，2/1

除其中的少数字源于前代学者，如“华”读“敷”出于郭璞，“庆”读“羌”源于萧该，“舍”读作“暑”来自魏了翁，其余都来自陈第。

顾炎武对古音学的最大贡献是首次划分了上古韵部。他主要依据《诗经》的押韵，结合《说文》的谐声系统和其他材料，将《广韵》中的支、麻、庚、尤（举平声赅上、去，下同）和入声中的沃、觉、药、铎、麦、昔、锡等韵分为两支，屋韵分为三支，然后加以合并，得出古韵十部：

第一部：东、冬、钟、江；

第二部：支（半）、质、脂术、之栉昔（半）职、微物迄、齐屑、祭薛锡（半）、佳泰月、皆卦没、灰怪曷、咍夬末、队黠、代鎋、废麦（半）德、尤（半）屋（半）；

第三部：鱼屋（半）、虞沃（半）、模烛觉（半）、麻（半）药（半）、侯铎（半）陌麦（半）昔（半）；

第四部：真、谆、臻、文、殷、元、魂、痕、寒、桓、删、山、先、仙；

第五部：萧屋（半）、宵沃（半）、肴觉（半）、豪药（半）铎（半）锡（半）、尤（半）、幽；

第六部：歌、戈、麻（半）、支（半）；

第七部：阳、唐、庚（半）；

第八部：庚（半）、耕、清、青；

第九部：蒸、登；

第十部：侵缉、覃合、谈盍、盐叶、添怗、咸洽、衔狎、严业、凡乏。（《古音表》）

这十部虽然显得比较粗疏，但这是第一个完整的上古韵部。其中的第六部（歌戈）、第七部（阳唐）、第八部（耕清）、第九部（蒸登）得到了以后学者的一致肯定，其他六部初具规模，后来的学者只是在此基础上分得更细而已。

顾炎武古韵十部的划分，除了上面所说的受到吴棫《韵补》的启发外，更直接受到宋代学者郑庠的影响。戴震说：“宋吴棫作《韵补》，于韵目下始有古通某、古转声通某之云，其分合最为疏舛。郑庠作《古音辨》，仅分阳、支、先、虞、尤、覃六部。近昆山顾炎武更析东、阳、耕、蒸而四，析鱼、歌而二，故列十部。”① 郑庠原书已不传，元代熊朋来《经说》“论《易》《诗》《书》古韵”条下有这样一段话：

> 《诗》音旧有九家。吴棫才老作《协韵补音》②，郑庠作《古音辨》，吴、郑同时……为郑氏学者，专以贞（真）、谆、臻、文、欣、元、魂、痕、寒、欢、删、山、先、仙十四韵皆协先、仙之音；以东、冬、钟、江、阳、唐、庚、耕、清、青、蒸、登十二韵相通，皆协阳、唐之音；又以鱼、虞、模、歌、戈、麻六韵相通，皆协鱼、模之音；别以萧、肖、爻、豪、尤、侯、幽七韵相通，皆协尤、侯之音；以侵、覃、谈、盐、添、严、咸、衔、凡九韵相通，皆协侵音。

一般所说的郑庠六部，就是按以上的协音规律归纳成的五部，再加上《广韵》支、脂、之、微、齐、佳、皆、灰、咍这一类而成。郑庠的六部是按照协音归纳出来的，但只表示协音的一个大致的范围，并不是真正的古韵部，而顾炎武的十部才是真正的古韵部。在《唐韵正》中，顾炎武多次引用熊朋来的《经说》，可见他对此书是非常熟悉的，他的古韵十部的划分受到了郑庠的影响，也就是十分自然的事情了。

顾炎武的古音研究对后世产生了极大的影响，他的《音学五书》不仅是一部重要的古音学著作，而且其科学的研究方法和实践，给后世的学者树立了榜样，可以说整个清代的学术研究，都是在他的《音学五书》的影响下发扬光大的。这里，我们仅就顾炎武在以古音学为主的语言研究上来探讨他对后世的深远影响。

顾炎武对后世的影响，首先表现在对上古韵部的划分上。清代学者对古韵部的划分，说到底，都是以顾炎武的十部为基础，逐渐加密而形成的。章炳麟说：“顾炎武为《唐韵正》，始分十部，江永《古韵标准》分十三部，段玉裁《六书音均表》分十七部，孔广森《诗声类》分十八部，王念孙分二十

---

① 戴震：《六书音均表序》，《戴震集》，上海古籍出版社 1980 年版，第 198-199 页。

② 《协韵补音》为《毛诗叶韵补音》的简称，此书专门为《诗经》的“叶音”而作。原书已经失传，在《福建通志》卷七十六《经籍·建安县·宋》下载有吴棫《毛诗叶韵补音·自序》的要略。

一部。大氏前修未密，后出转精。”① 关于清代学者是如何在顾炎武十部的基础上逐步再加以细分，可参见夏炘的《诗古韵表二十二部集说》以及各种关于汉语音韵的著作，这里就不再赘述了。

第二，顾炎武提出了入声配阴声。这对清代学者所谓的“音转”，包括江永的“数韵共一入”，段玉裁的“异平同入”，戴震的阴、阳、入三声相配，孔广森的“阴阳对转”，以及章炳麟的《成均图》，都产生了很大的影响。可以说，清代学者的“音转”理论，肇始于顾炎武的入声配阴声，而最终完成于章炳麟。关于这个问题，笔者在《〈诗经〉的“协韵”与“音转”理论的发展》一文中作了详细的阐述，这里也不详谈了②。

第三，顾炎武开创了上古声调的研究。关于上古声调的问题，最早是陈第提出来的。陈第事实上认为古代和后世一样，存在着平、上、去、入四声，只不过某些字的声调与后世不尽相同而已，同时，他认为在古代的诗文中，也存在着异调相押的现象③。

继陈第之后，顾炎武对上古的声调作了比较详细的研究，并提出了自己独到的见解，这就是他所谓的“古人四声一贯”。他说：“四声之论虽起于江左，然古人之诗已自有迟疾轻重之分，故平多韵平，仄多韵仄。”④ 又说：“《四声》之谱诚不可无，然古人之字，有定作一声者，有不定作一声者。”⑤ 所谓“定作一声者”指平声字，“不定作一声者”指上、去、入三声的字。他说：“上或转为平，去或转为平、上，入或转为平、上、去，则在歌者之抑扬高下而已，故四声可以并用。”⑥ 又说：“一字而可以三声，则‘天’可读为上、去乎？曰：‘天’不可去，而‘地’可平……是以四声同用，则歌者以上为平，而不以平为上，以入为去，而不以去为入，何则？歌之为言也，长言之也。平音最长，上、去次之，入则诎然而止，无余音矣。”⑦

---

① 《国故论衡》上卷《小学略说》。

② 曾刊登在《中国文学研究》（复旦大学中国古代文学研究中心编）第六辑中，江西教育出版社 2002 年版。

③ 李恕豪：《陈第古音研究探索》，载《四川师院学报》1985 年 1 期，人大复印报刊资料《语言文字学》1985 年 4 期全文转载，亦可参见《中国历代语言学家·陈第》。

④ 《音论》卷中《古人四声一贯》。

⑤ 《音论》卷中《古诗无叶音》。

⑥ 《音论》卷中《古人四声一贯》。

⑦ 《音论》卷中《古人四声一贯》。

可见，顾炎武“古人四声一贯”的意思是：上古仍然具备平上去入四声，但古人在唱歌时，将上、去、入三声的字的声音加长，于是便按照去、上、平的顺序临时改变声调。这样，他在音理上对陈第所发现的上古异调相押的现象作了解释。

声调，按照今天的认识，是汉语中的一种非音质音位，它是以音高作为区别特征的。但是，在上古汉语中，声调是否也同现代汉语一样以音高作为区别呢？这值得探索。顾炎武认为，上古汉语的声调主要在于音长的区别。他说：“平音最长，上、去次之，入则诎然而止。”① “长言则今之平、上、去声也，短言则今之入声也。”② 此外，他也认为上古声调还有轻重上的区别。他说：“其重其疾，则为入为去为上；其轻其迟，则为平。”③ 这与陈第的看法基本相同。陈第认为，去声和入声只是轻重的区别，他说：“去入二音，亦轻重之间耳。”④ 但详细地阐述声调的性质，可以说顾炎武是第一个。

顾炎武还确定了上古四声之间的远近关系，认为“平、上、去三声固多通贯”⑤，“去、入之别……非有此疆尔界之分”⑥，并进一步考证了去、入二声在诗歌押韵中完全分离是在梁天监以后。他说：

> 今考江左之文，自梁天监以前，多以去入二声同用，以后则若有界限，决不相通。（《音论》卷中《四声之始》）
>
> 此三韵（指质、术、栉），自古迄齐梁皆与去声通用，自《四声》之谱作而此三韵遂与去声相隔。然质、率、术、出等字犹两见于去入二声，可以知其通矣。（《唐韵正》卷十六《七栉》）

王力在研究南北朝诗人用韵时指出，“脂韵去声匮、礬、位、寐等字，与质术栉为韵”⑦，“去声寘至志未霁祭泰怪队代都有与入声相通的痕迹”⑧。归纳起来就是，到南北朝时，以-t收尾的入声字，还可以同与之相配的去声字相

---

① 《音论》卷中《古人四声一贯》。
② 《音论》卷中《古人四声一贯》。
③ 《音论》卷中《古人四声一贯》。
④ 《毛诗古音考》卷一。
⑤ 《音论》卷中《古人四声一贯》。
⑥ 《音论》卷下《先儒两声各义之说不尽然》。
⑦ 王力：《南北朝诗人用韵考》，《汉语史论文集》，科学出版社1958年版，第49页。
⑧ 王力：《南北朝诗人用韵考》，《汉语史论文集》，科学出版社1958年版，第53页。

通。可见，顾炎武的研究大体上是正确的。

顾炎武“古人四声一贯”的理论，对后世产生了很大的影响。清代的江永、戴震与顾炎武的观点基本相似，他们都承认上古仍然具有平上去入四声，同时也存在一些异调相押的情况。江永说：

> 四声虽起于江左，按之实有其声，不容增减……平自韵平，上、去、入自韵上、去、入，恒也。亦有一章两声或三四声者，随其讽诵咏歌，亦自谐适，不必皆出一声。如后人诗余歌曲，正以杂用四声为节奏，《诗》韵何独不然？（《古韵标准例言》）

江永认为异调相押是四声杂用，而顾炎武认为是临时变调，这是他们不同的地方。因此，在对入声的看法上，江永还批评顾炎武，认为入声自有本音，不可能像顾炎武所说的那样，随便转为其他声调。他说：

> 入声与去声最近，《诗》多通为韵，与上声韵者间有之，与平声韵者少，以其远而不谐也。韵虽通而入声自如其本音，顾氏于入声皆转为平为上为去，大谬。（《古韵标准》卷四《入声第一部总论》）

戴震的观点和江永差不多。他说：

> 古人用韵，未有平上去入之限，四声通为一音。故《帝舜歌》以熙韵喜、起，而三百篇通用平、上、去及通用去、入者甚多。各如其本音读之，自成歌乐。（《声韵考》卷一《韵书之始》）

总之，陈第、顾炎武、江永、戴震都承认上古实有平上去入四声，也承认古代诗文中异调相押现象的存在。至于王念孙和江有诰，虽然在古声调的问题上有一些动摇，但其最后的结论仍然是古人具备平上去入四声，只是部分字的声调与后世有差异罢了①。

到了段玉裁，则完全打破了原先平上去入四声的框架，明确提出古无去声。他说：

> 古四声不同今韵，犹古本音不同今韵也。考周秦汉初之文，有平、

① 见江有诰《唐韵四声正》（一卷）中《再寄王石臞先生书》和《石臞先生复书》。

上、入而无去。洎乎魏晋，上、入声多转而入去声，平声多转而为仄声，于是乎四声大备而与今不侔。

古平上为一类，去入为一类，上与平一也，去与入一也。上声备于三百篇，去声备于魏晋。(《六书音均表一·古四声说》)

段玉裁认为汉语最初只有平、入两个声调，到了《诗经》时代，上声从平声中分化出来了，因而有平、上、入三声；魏晋时去声又从入声中分化出来，同时部分上声字转入去声，这就形成了中古汉语平上去入四声的格局。因此，他否认上古韵文中存在异调相押的现象，说："明乎古四声异今韵，则知平仄通押、去入通押之说为未审矣，古文音韵至谐。"① 这样，段玉裁建立了崭新的上古声调系统。

段玉裁的古声调理论，实际上受到了顾炎武、戴震等人的影响，因为顾、戴都讲过古代韵文中平、上、去三声及去、入二声押韵的现象，但并没有将去声并入到平、上声和入声中去，而段玉裁却这样做了，从而否定了上古去声的存在。

其后，孔广森在《诗声类》中提出"古无入声"之说，将入声并到去声中。孔广森说：

至于入声，则自缉合等闭口音外，悉当分隶自支至之七部而转为去声。盖入声创自江左，非中原旧读。(《诗声类》卷之一)

周京之初，陈风制雅，吴越方言未入于中国，其音皆江北人唇吻，略与《中原音韵》相似，故《诗》有三声，而无入声，今之入声，于古皆去声也。(《诗声类》卷之八)

孔广森断定古无入声，当然是错误的。从表面上看，他提出的古无入声与段玉裁的古无去声的观点正好相反。但在实质上，他们对上古声调的看法却相差无几。除了缉合诸韵以外，孔广森没有意识到入声存在着塞音韵尾，认为入声只是比去声稍短而已，两者没有明显的界线。段玉裁也认为声调只是由抑扬、舒促、轻重构成的，说："平稍扬之则为上，入稍重之则为去。故平上一类也，去入一类也。抑之扬之，舒之促之，顺逆交递而四声成。"② 可

---

① 《六书音均表一·古音韵至谐说》。

② 《经韵楼集》卷六《答江晋三论韵》。

见，段玉裁和孔广森把去入看成一类，只是命以不同的名称而已。后人不仔细理解这点，往往批评孔氏而赞同段氏。其实孔广森的理论也有合理的一面，因为孔氏虽然错误地将收闭口韵的入声当作阴声，但他毕竟事实上承认了这几韵入声的存在，他说："缉合诸韵为谈盐咸严之阴声，皆闭口急读之，故不能备三声。唐韵所配入声唯此部为近古，其余部古悉无入声。"① 更重要的是，他将"去声"字再分为长短两类，说："去声之中自有长言短言两种，读法每同用而稍别畛域，后世韵书遂取诸阴部去声之短言者一改为诸阳部之入声。"② 这就讲清楚了中古入声从他的上古"去声"中分化出来的条件，段玉裁的理论正好缺乏这个条件。王力主张上古四声分舒促两类，两类又各分长短，其中促声的长短两类，后来分别发展成为去声和入声③。很明显，这是受到了孔广森"去声"分长短两类的启发。

顾炎武关于上古声调主要在于音长的看法，得到了后世部分学者的肯定。江永在《音学辨微》中说："平声音长，仄声音短；平声音空，仄声音实；平声如击钟鼓，仄声如击木石。"张成孙《说文谐声谱》说："平声长言，上声短言，去声重言，入声急言。"钱大昕说："缓而轻者，平与上也；重而急者，去与入也。"④ 近人刘复认为，语音不外乎高低、强弱、长短、音质四端，而四声的主要区别在于高低。这符合现代汉语的实际。至于上古声调的性质到底怎样，则是另外一个问题。王力认为，上古声调除了音高的因素外也含有音长的性质在内，可以说是音高和音长并重⑤。可见，在这个问题上，顾炎武的影响是深远的。

第四，后来的学者继承了顾炎武以《说文》的谐声材料离析唐韵和用来划分古韵部的方法，并有极大的发展。顾炎武的好友李因笃使用了《说文》谐声材料，以说明《广韵》中的庚韵应当一分为二⑥。江永非常赞成这个方法，说："顾氏此说甚善，以字偏旁别声音，尤得要领。"⑦ 江永使用谐声材料，进一步离析了《广韵》中的虞、先、萧、肴、豪五韵。现举虞韵为

① 《诗声类》卷之十二《阴声六》。
② 《诗声类》卷之十二《阴声六》。
③ 王力：《汉语史稿》上册，中华书局1980年版，第102-104页。
④ 《潜研堂文集》卷十五《答问十二》。
⑤ 王力：《汉语史稿》上册，中华书局1980年版，第64—65页、第104页。
⑥ 《古今韵考》卷一。
⑦ 《古韵标准》卷一《平声第二部总论》。

例，他说：

虞韵亦当以偏旁别之。凡从吴，从無，从巫，从于，从瞿，从夫，从尃，从夸，从具，从奭者，皆通鱼、模；凡从禺，从芻，从句，从区，从需，从须，从朱，从殳，从俞，从臾，从娄，从付，从音，从孚，从取，从厨，从求者，皆通侯、尤。(《古韵标准》卷一《平声第三部总论》)

孔广森分出冬部，也是以谐声作为主要依据，他说：

唐韵平声二冬、上声二肿之半、去声二宋，古音合为一部，其偏旁见《诗》者，有从冬，从众，从宗，从中，从蟲，从戎，从宫，从农，从夅，从宋十类。凡此类谐声而唐韵误在它部之字，并当改入。(《诗声类》卷五《阳声五上》)

王念孙析出了至部以及确定侯部的入声字，也是根据谐声偏旁，他说：

去声之至、霁二部，入声之质、栉、黠、屑、薛五部中，凡从至，从疐，从吉，从七，从日，从疾，从悉，从栗，从桼，从毕，从乙，从失，从八，从必，从卩，从节，从血，从彻，从设之字，及闭、实、逸、一、抑、别等字，皆以去、入同用，而不与平、上同用，因非脂部之入声，亦非真部之入声。

屋、沃、烛、觉四部中，凡从屋，从谷，从木，从卜，从族，从鹿，从賣，从業，从彔，从束，从狱，从辱，从豖，从曲，从玉，从蜀，从足，从局，从角，从岳，从𣪊之字，及秃、哭、粟、珏等字，皆侯部之入声。(《经义述闻》卷三十一《与李方伯书》)

到了段玉裁那里，终于使《说文》谐声材料成了完整的系统，列出了第一个谐声表《古十七部谐声表》，使谐声成为仅次于押韵的完整的系统材料。段玉裁的论述如下：

一声可谐万字，万字而必同部，同声必同部。明乎此而部分音变平入之相配，四声之今古不同，皆可得矣。

六书之有谐声，文字之所以日滋也。考周秦有韵之文，某声必在某部，至啧而不可乱。故视其偏旁以何字为声，而知其音在共部，易简而天下之理得也……辄为十七部谐声偏旁表，补古六艺之散逸，类列某声某声，分系于各部，以绳今韵，则本非其部之谐声而阑入者，憭然可考矣。(《六书音均表二·古十七部谐声表》)

从段玉裁之后，古音可以审形定音，文字学和古音学紧密结合起来了。段玉裁之后，不少古音学家如孔广森、江沅、江有诰、张成孙、姚文田、夏炘等，都仿照他的体例列出了谐声表。

第五，顾炎武对上古韵部的划分推动了清代训诂学的进步。一般认为，顾炎武"读九经自考文始，考文自知音始"①，已经有声音先于文字的思想，从而开了后来段玉裁、王念孙等人以声音通训诂的先河。这其实是误解。顾炎武对古音学在训诂学上的重要作用并没有清楚的认识，他研究古音主要是为了校雠文字，以恢复古书的本来面目，这在《答李子德书》中讲得非常清楚。后人在这一方面是有继承的。例如戴震断定《诗·陈风·月出》"劳心惨兮"及其他一些篇目中的"惨"应为"懆"字②，段玉裁认为《诗·卫风·竹竿》"远父母兄弟"应为"远兄弟父母"③，以及王念孙校《淮南子》，指出其中的许多错误④，都是以古音为主要证据的。顾炎武的这个方法，对于校正上古韵文中作为韵脚的文字错误很有用处，但是对于认识通假字却显得无能为力了。事实上，顾炎武在这方面没有什么成就。

清代的训诂研究是由戴震开创的，而训诂学的发展，则是由古音学带动的。戴震指出，古代典籍的义理是建立在语言文字的基础之上的。他说："经之至者，道也；所以明道者，其词也；所以成词也，未有能外小学文字者也。由文字以通乎语言，由语言以通乎古圣贤之心志。"⑤ 戴震认为，文字的意义是建立在声音的基础上的。他说："许叔重之论假借曰：'本无其字，依声托事。'夫六经字多假借，音声失而假借之意何以得？故训、音声相为表里。故训明，六经乃可明。后儒语言文字未知，而轻凭臆解，以诬圣

① 《亭林文集》卷四《答李子德书》。

② 戴震：《论韵书中字义答秦尚书蕙田》，《戴震集》，上海古籍出版社 1980 年版，第 56 页。

③ 《六书音均表·第一部第十五部第十六部分用说》。

④ 见王念孙《读书杂志》。

⑤ 戴震：《古经解钩沉序》，《戴震集》，上海古籍出版社 1980 年版，第 192 页。

乱经，吾惧焉。"[①] 戴震指出，明白音韵是通晓训诂的关键，这就是清代学者普遍使用的"因声求义"的训诂方法。

清代训诂学，到了戴震的弟子段玉裁、王念孙那里，可以说达到了顶峰。段玉裁认识到古音，尤其是古韵的分部在认识文字的假借和转注上的重大作用，从而将古音学运用到训诂学中，开辟了一个崭新局面。他的《六书音均表》正是为了这个目的而作，他在《说文解字注》上一部"一"字下写道："玉裁……乃于《说文》十五篇之后，附《六书音均表》五篇，俾形声相表里，因耑推究，于古形、古音、古义可互求焉。"又说："音均明而六书明，六书明而古经传无不可通。玉裁之为是书，盖将使学者循是以知假借、转注，而于古经传无疑义。"[②] "假借必取诸同部"[③]，"转注取诸同部异部者各半，十七部为假借转注之维纲"[④]。在《说文解字注》的许多地方，段玉裁利用古音学知识，依据他的古韵十七部，从文字的形、音、义之间的联系上去研究词义。这是《说文解字注》也是中国传统语言学中最光辉的地方。周祖谟称赞段玉裁说："以音为纲，就音以说明文字的孳乳通假和词义的相近相通，这是段注的特点之一。"[⑤]

清代训诂学，除了段玉裁之外，以王念孙、王引之父子的成就最大。王念孙的训诂学著作主要有《广雅疏证》和《读书杂志》，王引之则有《经义述闻》和《经传释词》。王氏父子不仅善于通过对上下文的联系、罗列和比较来校字释义[⑥]，而且能够进一步摆脱字形的束缚，广泛运用古音学知识，"就古音以求古义，引申触类，不限形体"[⑦]，从而取得了极大的成就。王氏父子的古音，都是依据王念孙的古韵二十一部。

如前所述，清代学者的古韵分部，都是以顾炎武的十部为基础划分出来的。可以说，没有顾炎武的古韵划分，便没有清代训诂学的成就，这是顾炎武本人未曾料想到的。张之洞说："由小学入经学者，其经学可信。由经学入史学者，其史学可信。由经学史学入理学者，其理学可信。以经学史学兼

---

① 戴震：《六书音均表序》，《戴震集》，上海古籍出版社 1980 年版，第 200 页。

② 《寄戴东原先生书（丁未十月）》。

③ 《六书音均表 · 古假借必同部说》。

④ 《六书音均表 · 古异部假借转注说》。

⑤ 周祖谟：《论段氏〈说文解字注〉》，《问学集》下册，中华书局 1966 年版，第 858 页。

⑥ 胡奇光：《中国小学史》，上海人民出版社 1987 年版，第 284-295 页。

⑦ 《广雅疏证自序》。

词章者，其词章有用。以经举史学兼经济者，其经济成就远大。”① 这就是清代学者的治学顺序，即以小学为当时各种学术的基础，而小学中又以语音为先。由此可见，顾炎武的古音研究对清代近三百年的学术研究产生了何等重大的影响。

① 张之洞：《书目答问·国朝著述诸家姓名略》，范希曾编：《书目答问补正》，上海古籍出版社 1983 年版，第 344 页。

论段玉裁的古音研究*

在清代古音学中，段玉裁（1735—1815）是一个承前启后的人物。他的古音学代表作《六书音均表》虽然是在前辈学者陈第、顾炎武、江永及他的老师戴震的研究成果上完成的，但古音研究的某些新领域还是他亲自开拓的，从而把古音研究推到了一个更高的阶段，对后世影响极大。

段玉裁，字若膺，号茂堂，江苏金坛人，乾隆举人，曾任贵州玉屏县知县，后又为四川富顺、南溪、巫山等县的知县。段玉裁学识渊博，著述极富，他不仅是杰出的古音学家，而且在文字学、训诂学和经学方面也有很高的造诣。《说文解字注》是他积三十余年功力写成的一部博大精深的著作，在文字训诂学史上具有划时代的意义。除《六书音均表》和《说文解字注》外，段玉裁还有《诗经小学》《古文尚书撰异》《周礼汉读考》《仪礼汉读考》《汲古阁说文订》《经韵楼集》等著作。

《六书音均表》完成于1775年9月。翌年，段玉裁便开始撰写《说文解字注》，到1807年才完成这部巨著。早在1766年至1767年，段玉裁就发现了支、脂、之三分，写成《诗经韵谱》和《群经韵谱》①，1769年他将这一重大发现告诉戴震，1773年才得到戴震的肯定②。1770年，段玉裁进一步完成《诗经韵谱注》和《群经韵谱注》，而《六书音均表》正是在这两部书的基础上完成的③。

段玉裁研究古音，撰写《六书音均表》的目的在于阐发《说文解字》中的字义，尤其是解释六书中的假借和转注。他说："音均明而六书明，六书

---

* 原载《四川师范大学学报》1987年6期，人大复印报刊数据《语言文字学》1988年4期全文转载。本文发表时有一些删节，此处系原来的全稿。

① 《经韵楼集》卷六《江氏音学序》。

② 《经韵楼集》卷六《声类表序》及《答江晋三论韵》。

③ 《六书音均表·寄戴东原先生书》。

明而古经传无不可通。玉裁之为是书，盖将使学者循是以知假借、转注，而于古经传无疑义。”① 他在《说文解字注》一上一部“一”字下说：“于《说文》十五篇之后，附《六书音均表》五篇，俾形声相表里，因耑推究，于古形、古音、古义可互求焉。”他在《六书音均表三·古异部假借转注说》中对这个问题阐述得更为明白：

古六书假借以音为主，同音相代也；转注以义为主，同义互训也。作字之始，有音而后有字，义不外乎音，故转注亦主音。假借取诸同部者多，取诸异部者少，转注取诸同部异部者各半。十七部为假借转注之维纲。学者必知十七部之分，然后可以知十七部之合。知其分知其合，然后可以尽求古经传之假借转注而无疑义。

就是说，假借和转注大体上都应当以他的古音十七部为据。段玉裁的研究，得到了同时代学者的高度评价。钱大昕称段玉裁：“定古音为十七部，若网在纲，有条不紊，穷文字之源流，辨声音之正变，询有功于古学者已……此书出，将使海内说经之家奉为圭臬，而因文字音声以求训诂，古义之兴有日矣，讵独以存古音而已哉！”②

一、古音分期

自从陈第提出“时有古今，地有南北，字有更革，音有转移”③ 以来，人们才完全明白语音是发展变化着的。但仅仅知道古今语音间存在着差异还不够，应当进一步研究并找出汉语语音发展的内部规律，正确地给汉语语音的发展划分不同的阶段。段玉裁正是在古音分期的问题上作出很大的贡献，提出了“音韵之不同必论其世”，将唐代以前的古音分为三期，说：

今人概曰古韵不同今韵而已。唐虞而下，隋唐而上，其中变更正多，概曰古不同今，尚皮傅之说也。音韵之不同必论其世。约而言

① 《寄戴东原先生书》。
② 《六书音均表序》。
③ 《毛诗古音考·自序》。

之，唐虞夏商周秦汉初为一时，汉武帝后洎汉末为一时，魏晋宋齐梁陈隋为一时，古人之文具在。凡音转、音变、四声，其迁移之时代皆可寻究。（《六书音均表一·音韵随时代迁移说》）

第一期把唐虞夏商与周秦汉初合在一起似乎过于笼统，但他总的意见是主张根据文献材料找出语音演变规律，从而划出古音的分期。这种建立在对文献材料归纳研究基础上的结论是可信的。后人的古音分期虽然与段玉裁不完全一致，但大体上是在他分期的基础上有所损益。值得注意的是，以前的古音学家一般都只把周秦音看成是古音，很少涉及汉以后的语音，有时虽然有所涉及，但都把它看作是一个用以说明周秦语音的旁证。段玉裁的古音不仅包括周秦汉初之音，而且包括汉代及魏晋六朝隋代两期的语音。这不仅开阔了古音研究的视野，扩大了后来学者的研究范围，而且还可以直接同以《切韵》为代表的中古汉语的语音相衔接，从而可以较清晰地找出从上古语音到中古语音的演变规律，对历史语言学的研究有极大的帮助。

二、古韵分部

在对上古韵部的划分方面，段玉裁也作出了重要的贡献。段玉裁《六书音均表》分古韵为十七部，在晚年，段玉裁承认古韵应分十九部，这是因为他接受了戴震的霭（祭）部和孔广森的冬部的原故①。戴震1776年《答段若膺论韵》的信到达四川时，《六书音均表》已经刻成，来不及增添祭部。夏炘在《诗古韵表二十二部集说》中批评段玉裁“于其师东原之曲说，无不如响斯应……独此分祭泰以下九韵为一部，援据明确，至当不易之论，反不能从”。这一批评是不恰当的。此外，段玉裁对入声的分配也作了调整。《六书音均表》中第四部（侯）无入声，段玉裁在1792年以后看到孔广森《诗声类》，赞同侯部有入声，但《六书音均表》早已刻成无法增补②。十九部是段玉裁晚年对上古韵部的最终结论。

《六书音均表》的十七部，是在江永《古韵标准》的基础上进一步划分

---

① 《经韵楼集》卷六《答江晋三论韵》。

② 《经韵楼集》卷六《答江晋三论韵》。

而得到的。夏炘说：

> 段氏于支脂之微齐佳皆灰咍九韵，析支佳为一部，脂微齐皆灰为一部，之咍为一部。于真臻先谆文殷魂痕八韵，析真臻先为一部，谆文殷魂痕为一部。又顾氏改侯从鱼，江氏改侯从尤，段氏则以尤幽为一部，侯与虞之半别为一部，故得十七部。（《诗古韵表二十二部集说》）

可见，段玉裁把江永的第二部（支脂之）分为支、脂、之三部，把江永的第四部（真文）分为真、文两部，把江永的侯部从第十一部（尤侯）中独立出来，从而得到十七部。段玉裁的这些结论，大都得到古音学家的承认。值得注意的是，王念孙和江有诰在未见到段书的情况下，也提出了与段玉裁相同的结论①。这种“闭户造车，出门合辙”的情况，从另一个侧面印证了段氏分部的正确。《六书音均表》代表了段玉裁早年的看法。古音分十九部以及侯部有入声，是段玉裁晚年对上古韵部的最终结论。

为了便于比较，我们把段玉裁及其他清代重要的古音学家对江永的第二部、第十一部及第四部所作的重新划分列于下表：

<table>
<tr><td>江　永</td><td colspan="6">二</td><td colspan="2">十一</td><td colspan="2">四</td></tr>
<tr><td>段玉裁</td><td>一</td><td colspan="4">十五</td><td>十六</td><td>四</td><td>三</td><td>十二</td><td>十三</td></tr>
<tr><td>戴　震</td><td>噫</td><td colspan="3">衣</td><td>靄</td><td>娃</td><td colspan="2">讴</td><td colspan="2">殷</td></tr>
<tr><td>孔广森</td><td>之</td><td colspan="4">脂</td><td>支</td><td>侯</td><td>幽</td><td colspan="2">辰</td></tr>
<tr><td>王念孙</td><td>之</td><td colspan="2">脂</td><td>至</td><td>祭</td><td>支</td><td>侯</td><td>幽</td><td>真</td><td>谆</td></tr>
<tr><td>严可均</td><td>之</td><td colspan="4">脂</td><td>支</td><td>侯</td><td>幽</td><td colspan="2">真</td></tr>
<tr><td>江有诰</td><td>之</td><td colspan="3">脂</td><td>祭</td><td>支</td><td>侯</td><td>幽</td><td>真</td><td>文</td></tr>
<tr><td>朱骏声</td><td>颐</td><td colspan="3">履</td><td>泰</td><td>解</td><td>需</td><td>孚</td><td>坤</td><td>屯</td></tr>
<tr><td>章炳麟</td><td>之</td><td>脂</td><td>灰</td><td>至</td><td>泰</td><td>支</td><td>侯</td><td>幽</td><td>真</td><td>谆</td></tr>
</table>

从表中首先可见，段玉裁对一（之）部、十五（脂）部、十六（支）部所作的区分，后来的学者除了对十五（脂）部作了进一步的划分外，对一

① 《音学十书》首卷《王石臞先生来书》以及同卷葛其仁的《江晋三先生传》。

（之）部和十六（支）部都没有什么异议①。戴震称赞段玉裁说："支、脂、之有别，此足下卓识，可以千古矣。"② 因而他的《声类表》也采用了这一划分。段氏分部的主要依据除押韵材料外，还有谐声偏旁、某些韵部流变的差异③，以及入声的分配。最后这一项得到了戴震的高度评价，戴震说："大著内第一部之咍、第十五部脂微齐皆灰、第十六部支佳分用，说至精确。举三部入声论其分用之故，尤得之。"④ "今书内举入声以论三部之分，实发昔人所未发。"⑤

段玉裁从江永的第十一部中分出了四（侯）、三（幽）两部，这没有得到戴震的承认。在《诗经韵分十七部表》的第三部（幽）中，有 7 例是同第四部（侯）合韵的，即《秦风·小戎》一章、《小雅·楚茨》六章、《角弓》六章、《大雅·棫朴》一章、《生民》七章、《抑》六章、《桑柔》十二章；而在第四部（侯）中有 1 例，即《角弓》三章与第三部（幽）合韵，共 8 例。段氏在撰写《六书音均表》时，把侯部的入声全部看成是幽部的入声。如果从他晚年侯部有入声的定论来看，则《小戎》一章的驱字、《楚茨》六章的奏字、《角弓》三章的裕字六章的附字、《桑柔》十二章的垢字都应当是同部相押⑥。反之，《角弓》六章的猷字倒成了合韵，但此字在第三句上，是奇句，《诗经》奇句虽可入韵，但以偶句入韵为常，因而猷字可以不算韵脚。这样一来，侯幽在《诗经》中的合韵只剩下 3 例。在《诗经韵分十七部表》中，第四部（侯）在《诗经》中共有 31 个押韵单位，这 3 例合韵算在幽部中。因此，总共有 34 个押韵单位，合韵只占 9%。如果以第三部（幽）的 125 个（入声归侯部）押韵单位来看，则应占 2.4%。因此，侯幽两部以分为是。

戴震、孔广森、严可均都不同意真文分立。《诗经韵分十七部表》将这

---

① 今人史存直先生不承认支部的独立地位（见《汉语语音史纲要》，商务印书馆 1981 年第 1 版，第 77 页），黄绮怀疑支脂之是否应当分为三（见《论古韵分部及支脂之是否应分为三》，《河北大学学报》（哲学社会科学版）1980 年第 2 期），但段氏以后绝大多数学者是同意这一点的。

② 戴震：《答段若膺论韵》，《戴震集》，上海古籍出版社 1980 年版，第 90 页。

③ 如《六书音均表一·第一部第十五部第十六部分用说》："古七之字多转入于尤韵中，而五支六脂则无有，此三部分别之大概也。"

④ 戴震：《答段若膺论韵》，《戴震集》，上海古籍出版社 1980 年版，第 79 页。

⑤ 戴震：《答段若膺论韵》，《戴震集》，上海古籍出版社 1980 年版，第 83 页。

⑥ 《经韵楼集》卷六《答江晋三论韵》。

两部合韵只有《小雅·正月》十二章和《周颂·烈文》两例。此表的第十三部（文）有32个押韵单位，《烈文》算到十二部（真）中去了，因而共有33个押韵单位，合韵仅占6%。如果以十二部（真）的78个押韵单位来看(不算入声)，则占2.6%。因此，真文两部当分。

段玉裁的侯幽和真文分立的理由是充分的，然而却没有得到戴震的肯定。王力把段玉裁和戴震分别归为考古派和审音派。考古派“着重在对上古史料作客观的归纳，音理仅仅是帮助他们作解释的。所谓审音派，也并非不知道考古。不过，他们以等韵为出发点，往往靠等韵的理论来证明古音”①。考古派的优点在于纯粹从材料出发，用语言学的考证方法得出比较正确的结论。段玉裁的之、脂、支三分，就是考古派成就中最精彩的例子。但在材料不足或遇上诸如合韵之类的复杂情况时，考古派便显得难于决断。审音派的优点是能够从语音系统出发来看待上古音，因此所研究出来的上古语音具有较强的系统性。然而，他们使用宋元的等韵学来判断上古音，虽然不同阶段的语音在系统上有一定的继承关系，但是两者的时间层次相差太大，因而往往夹杂有主观臆断的成分。他们有时不太尊重客观材料，喜欢把古音处理成一种比较整齐的形式。这种整齐形式往往不是古音的真实面貌。戴震不赞同段玉裁真文、幽侯的划分，说：“今又分真以下为三，分尤幽与侯为二，而脂微齐皆灰不分为三，东冬钟不分为二，谆文至山仙虽分而同入不分，尤幽侯虽分而同入不分。”② 意思是，当东冬钟没有分为两部时，尤幽与侯便不能分；当脂微齐皆灰不分时，真文也不能分。戴氏主张阴声与阳声乃至入声都要整齐相配，因而不同意段玉裁的分部。其实，语音系统固然有其整齐的一面，同时也有其不整齐的一面，这种不整齐是由语音的历史演变及其他原因造成的。主要依据《诗经》押韵归纳出来的上古韵部不完全整齐，可能是由于研究不够深入，也可能其本身就不整齐，例如收闭口音的韵部便没有与之相配的阴声韵。语言研究应该是描写的，而不应该是规定的。孔广森虽然属于考古派，但他的古音十八部是按阴阳相配的整齐格局来安排的。由于孔氏把冬部从东部中分离出来了，所以他采纳了段氏的幽侯分立。严可均也将幽侯分为两部，因为它们分别与侵东两部对转。但是在真文两部的问题上，孔、

① 王力：《上古韵母系统研究》，《龙虫并雕斋文集》上册，中华书局1980年版，第81页。
② 戴震：《答段若膺论韵》，《戴震集》，上海古籍出版社1980年版，第84页。

严与戴氏一样不同意真文分立。可见，戴震、孔广森、严可均关于侯幽和真文分合的观点，主要是以阴阳相配为依据，到了章炳麟、王力确定脂微分别以后①，与之相配的真文两部分离的可信性便大大增加了。黄侃在《谈添盍贴分四部说》中将《广韵》中侵覃谈盐添咸衔严凡分为覃、谈、添三部，与之相配的入声也分合、盍、贴三部，这六部就是痕（文）、寒（元）、先（真）、没（物）、曷（月）、屑（质）的收唇音②。俞敏通过汉藏语比较和梵汉对音的方法也得到了同样的结论③。这些研究成果进一步加强了真文、脂微分立的可信程度。至于《六书音均表》中脂微、东冬不分，那是“前修未密”，不能因为阴阳配合不当而将它们合并。可见，段玉裁对这几部的划分是正确的。

三、声调研究

对于上古声调的意见，大致可以分为两派。一派认为上古仍有平上去入四声，只是部分字的归属与后世不尽相同。这一派有陈第、顾炎武、江永、戴震、钱大昕、王念孙、刘逢禄、江有诰、夏炘、夏燮等人。另一派认为上古汉语的调类与中古不同，或少某一调，或增某一调。这一派有段玉裁、孔广森、江沅、黄侃、王国维、王力等人。

应当辨析的是，陈第在《毛诗古音考》中虽然说过“四声之说，起于后世，古人之诗，取其可歌可咏，岂屑屑毫厘，若经生为耶？且去入二音，亦轻重之间耳”④，“或问：二平而接以去声可乎？《中原音韵》声多此类，其音节未尝不和畅也”⑤，但陈第从来没有说过古无四声。细查《毛诗古音考》和《屈宋古音义》，便可看出有82字的注音只是声调上不同，而用来注音的文字平上去三声全都具备，其入声仍然用入声字来标音。可见，陈第事实上

① 脂、微分立实际上始于章炳麟的《新方言》，见吴文祺：《上古音中的几个问题》，《中华文史论丛增刊·语言文字研究专辑下》。

② 黄侃：《黄侃论学杂著》，上海古籍出版社1980年版，第290-298页。

③ 俞敏：《汉语的“其”跟藏语的gji》，《燕京学报》第37期；《后汉三国梵汉对音谱》，北京师范大学纪念“五四”六十周年学术讨论会论文。

④ 《毛诗古音考》卷一。

⑤ 《毛诗古音考》卷二。

承认古有四声，只是某些字的归类与后世不尽相同而已，他同时也承认异调相押。这同王念孙、江有诰的认识大体一致。至于顾炎武，他对上古四声基本持肯定态度，只是认为古人在唱歌时，平声以外的字都可以按照去上平的顺序临时变调，这就是他所谓的“四声一贯”。顾氏立论虽然不正确，但却肯定了古有四声。从陈第到江永的古音学家，事实上都是按照中古汉语有平上去入四声来说明上古汉语声调的，他们的不同在于对个别字的归类有所调整而已。

段玉裁是第二派的始祖，他完全打破中古声调平上去入的框架，明确提出古无去声，认为上古只有平上入三种声调。他认为：

> 古四声不同今韵，犹古本音不同今韵也。考周秦汉初之文，有平上入而无去。洎乎魏晋，上入声多转而为去声，平声多转为仄声，于是乎四声大备而与古不侔。
>
> 古平上为一类，去入为一类，上与平一也，去与入一也，上声备于三百篇，去声备于魏晋。（《六书音均表一·古四声说》）

段玉裁认为汉语最初只有平入两个声调，到《诗经》时代，上声已经从平声中分化出来了，因而有平上入三声；魏晋时去声又从入声中分化出来，同时部分上声字转入去声，这就形成中古汉语平上去入四声的局面。因此，他否定了上古韵文中异调相押的现象，说：“明乎古四声异今韵，则知平仄通押、去入通押之说为未审矣，古文音韵至谐。”① 段玉裁的结论主要是根据上古韵文中存在着的平上去通押和去入通押的事实来断定的。顾炎武、江永、戴震诸前辈虽然早已经发现这个现象②，但由于段玉裁不承认通押，故取消去声，从而建立了崭新的上古声调系统。段玉裁关于上古声调的理论，可以较合理地解释《诗经》和其他上古韵文中大量的平上通押、去入相押以及谐声字中去入相谐的现象，开拓了声调研究的新局面。

继段玉裁之后，孔广森提出古无入声，只有平上去三声的理论。他曾说

① 《六书音均表一·古音韵至谐说》。

② 毛奇龄《韵学要指》卷一《韵论二条》：“古四声之中有两通法，平上去三声自为一通，去入二声自为一通。三声自通必不杂入声一字，二声自通必不杂平上一字。”说明毛氏也发现这一现象，但他不承认语音的历史发展，故此不论。

"入声创自江左，非中原旧读"①，"周京之初，陈风制雅，吴越方言未入于中国，其音皆江北人唇吻，略与《中原音韵》相似，故《诗》有三声，而无入声，今之入声于古皆去声也"②。他断言入声是受吴越方言影响而产生的观点是错误的，不过在去入两声并为一类这个问题上，段、孔的见解基本上是一致的。除了缉、合以外，孔广森没有意识到入声存在着塞音韵尾，他认为入声只比去声稍短而已，两者没有明显的界限。段玉裁认为声调只是由抑扬、舒促、轻重构成的，说："平稍扬之则为上，入稍重之则为去。故平上一类也，去入一类也。抑之扬之，舒之促之，顺逆交递而四声成。"③ 可见，段玉裁和孔广森把去入合并后，只是命以不同的名称而已，并没有实质上的差异。后人不仔细理解这点，往往批评孔氏而赞同段氏。其实孔氏的理论有合理的一面，因为孔氏虽然为了使他的九类韵按阴阳关系整齐配合，错误地将收闭口韵的入声字当作阴声，但他毕竟事实上承认了这几类入声的存在④。更重要的是，他将"去声"字再分为长短两类，说："去声之中自有长言短言两种，读法每同用而稍别畛域，后世韵书遂取诸阴声部去声之短言者壹改为诸阳部之入声。"⑤ 这样就讲清楚了中古入声从他的上古"去声"中分化出来的条件，段玉裁的理论正好缺乏这个条件。可见，孔广森发展和完善了段玉裁的声调理论。

段玉裁的弟子江沅的分部虽然依照段氏，但却与孔氏一样并入于去声，故只有平上去三声。他说："沅意古音有去无入，平轻去重，平引成上，去促成入。上入之字少于平去，职是故耳。北人语言入皆成去，古音所沿，至今犹旧。"⑥

黄侃主张平入两分，说："四声，古无去声，段君所说；今更知古无上声，惟有平入而已。"⑦ 他在《诗音上作平证》中根据《诗经》的押韵将上

---

① 《诗声类》卷一。

② 《诗声类》卷八。

③ 《经韵楼集》卷六《答江晋三论韵》。

④ 《诗声类》卷十二《阳声六》："缉合诸韵为谈盐咸严之阴声，皆闭口急读之，故不能备三声。唐韵所配入声唯此部为近古，其余部古悉无入声。"

⑤ 《诗声类》卷十二《阳声六》。

⑥ 《说文解字音韵表·弁言》。

⑦ 黄侃：《音略·略例》，《黄侃论学杂著》，上海古籍出版社1980年版，第62页。

声字都归入平声①。其实，黄侃只是把段玉裁“上声备于三百篇”的时间往后推移了一些，两人的理论并没有实质上的差异。

王国维提出“五声论”，说：“古音有五声，阳类一，与阴类之平上去入是也。”② 在段玉裁的《六书音均表四·诗经韵分十七部表》中，阳声只有平声一类，王国维把它独立作为一调。在王国维《五声论》中，他承认他的理论是受段氏的影响而提出来的。

王力最初承认古有四声，这同王念孙、江有诰的意见大体一致，不过又认为上古四声分舒促两类，两类又各分长短。他说：

> 王念孙和江有诰都以为古人实有四声，不过上古的四声和后代的四声不一致罢了。我们以为王、江的意见基本上是正确的。先秦的声调除了以特定的音高为其特征外，分为舒促两大类，但又细分为长短。舒而长的声调就是平声，舒而短的声调就是上声。促声不论长短，我们一律称为入声。促而长的声调就是长入，促而短的声调就是短入。（《汉语史稿》）

王力虽然赞同王念孙、江有诰的意见，但基本观点却是依据黄侃的。其中促声分长短两类则源于孔广森的长去短去两分，王力进一步把长短两分推及到舒声韵中。王力的理论有许多优点，它与王、江以及多数学者所持的古有四声的理论基本一致，同时又可以说明上古平上通押去入通押的现象，也能解释上古舒促两类分化为中古平上去入四声的条件。但是，上古汉语的声调以其长短为特征是有关音值的问题。古代汉语的音值（尤其是调值）虽然可以通过现代汉语方言及中外译音这样的材料来构拟③，但这些构拟一般只能上达《切韵》音系，而不能进一步达到上古音。可见，王力的理论具有一定的

---

① 黄侃：《音略·略例》，《黄侃论学杂著》，上海古籍出版社 1980 年版，第 174-176 页。

② 《观堂集林》卷八《五声说》。

③ 利用现代汉语方言材料构拟古代汉语的音值始于高本汉（B. Karlgren）的《中国音韵学研究》，而钢和泰（Alexander von Stael-Holstein）的《音译梵书与中国古音》（载北大《国学季刊》一卷一号）、汪荣宝的《歌戈鱼虞模古读考》（载北大《国学季刊》一卷二号）则用梵汉译音来拟测古汉语的音值。邢公畹《说平声》（载《语言论集》，商务印书馆 1983 年版）利用文献记载、现代汉语方言及现代台语和侗水语中的平声调值，对中古汉语平声音值作了构拟。［日］平山久雄的《厦门话古调值的内部构拟》（转载于《音韵学研究通讯》总一期）以及丁邦新的《汉语声调发展若干问题》（转载于《音韵学研究通讯》总三期），对现代汉语某些方言的原始声调系统作了一些构拟。

推论成分，缺乏实证。王力还提出："上古的长入，由于它们的元音都是长元音（类似现代广州话的中入），在发展的过程中，韵尾-t，-k 逐渐消失了。"① 他承认由上古的长入发展而来的中古去声是一个长音，但又说："等到平入两声演化为平上去入四声这个过程完成了的时候，依我们的设想，平声是长的，不升不降；上去入三声都是短的，或升或降的。"② 周法高《说平仄》一文也有类似的论点："在唐初甚或在较早的时候，四声中平仄有长短的区别，这区别构成了当时韵文中平仄对立的主要因素。至于四声分别的主要因素，也许还有高低，不过长短的区别，也不失为一个因素。"③ 在这里，由上古带有长元音的长入发展而来的中古去声，又自相矛盾地属于带有短元音的平仄了。可见，王力的理论仍有许多根本性的缺陷。到后来，王力修正了他对上古声调的认识，不再提王念孙、江有诰古有四声的看法，明确宣布接受段玉裁上古只有平上入三声的理论，不过他仍然强调入声分长短两类④。

由此可见，段玉裁关于上古声调的理论，开拓了上古声调研究的新局面，其影响一直延续到今天。

四、关于合韵

《诗经》中有许多"合韵"的情况，即不同韵部的字相押。关于合韵，正如《六书音均表》吴省钦序中所说："古与今异部，是为古本音……古与古异部而合用之，是为古合韵。"古音学家在古韵分部上都会遇到合韵的问题，如果当断不断，对韵文材料一味地系联下去，就会把许多不同的韵部并为一类；反之，要正确划分韵部，必须承认合韵。正如段玉裁所说："谓之合而其分乃愈明，有权而经乃不废，合韵之名不得不立也。"⑤ 合韵的

---

① 王力：《汉语史稿》上册，中华书局 1980 年版，第 102 页。

② 王力：《汉语诗律学》，上海教育出版社 1979 年版，第 6 页。

③ 周法高：《说平仄》，《历史语言研究所集刊》第十三本，民国三十七年（1948）。

④ 王力：《诗经韵读》，上海古籍出版社 1980 年版，第 26-28 页；《古无去声例证》，南开大学中文系语言学教研室编：《语言语言研究论丛》，天津人民出版社 1980 年版。

⑤ 《经韵楼集》卷六《答江晋三论韵》。

产生大致有两个原因：一是由于古今音变和方言差异，那是不同语音系统的问题；二是同一语音系统内部的邻韵相押，这实际上是一种宽式的押韵。古代典籍往往不是一时一地的产物，就以《诗经》来说，上下五百年，地方数千里，存在“合韵”的现象并不奇怪。

顾炎武最早提出上古诗文的合韵是方音差异所致。他在《诗本音》卷中《古诗无叶音》中说：“愚以古诗中间有一二与正音不合者，如兴，蒸之属也，而《小戎》末章与音为韵，《大明》七章与林、心为韵；戎，东之属也，而《常棣》四章与务为韵，《常武》首章与祖、父为韵……此或出于方音之不同。今之读者不得不改其本音而合之，虽谓之叶亦可，然特百中一二耳。”他在《易音》卷二《彖传·乾》及《唐韵正》卷三“十九臻”下说：“真谆臻不与耕清青相通，然古人于耕清青韵中字往往读入真谆臻韵者，当由方音之不同……五方之音虽圣人有不能改者。”

江永称赞这是顾炎武的“特识”①，当然也承认合韵与方音有关。《古韵标准》不仅经常提到上古方音，而且还依据合韵现象来确定某一语音现象所在的地域。例如在卷一《平声第一部总论》中说：“此部东冬钟三部本分明，而方音唇吻稍转，则音随而变……《诗》韵固已有之。《文王》以躬韵天。《桑柔》以东韵慇、辰、瘨。《召旻》以中、躬韵频，似第四部之音矣。《小戎》以中韵骖。《七月》以冲韵阴。《云汉》以虫、宫、宗、躬韵临。《荡》以终韵谌，似第十二部之音矣。其诗皆西周及秦豳，岂非关中有此音，《诗》偶假借用之乎？”

戴震也有类似的看法，他说：“五方殊语随声气转变见于六经者遽数之不能终其物，六书之谐声假借，《诗》之取韵，各因其声类中一二字由它类流变而入者用之，非举此韵字尽通也。其流变所入，各如其方之音，在古人不訾为非正音，不疑其误，盖列国之音即各为正音，不可强而齐之也。”② 又说“凡五方之音不同，古犹今也，故有合韵”③，“审音非一类，而古人之文偶有相涉，始可以五方之音不同断为合韵”④。可见，顾、江、戴诸人都承认古有方音，并把它看作是合韵的主要原因。

① 《古韵标准·例言》。
② 《声类考》卷三。
③ 戴震：《答段若膺论韵》，《戴震集》，上海古籍出版社1980年版，第90页。
④ 戴震：《答段若膺论韵》，《戴震集》，上海古籍出版社1980年版，第85页。

段玉裁一反他的前辈的看法，否认古有方音，只承认合韵是同一语音系统内部的邻韵相押。他说：

> 古本音与今韵异，是无合韵之说乎？曰：有。声音之道，同源异派，弇侈互输，协灵通气，移转便捷，分为十七，而无不合。不知有合韵，则或以为无韵……或指为方音……其失也诬矣。（《六书音均表三·古合韵说》）

段玉裁用“声音之道，同源异派，弇侈互输，协灵通气，移转便捷”来解释合韵现象是十分荒谬的。即以《诗经》而论，从今陕西直达山东，从黄河以北到长江中游，在这样辽阔的地域内，以古代交通之闭塞，很难想象存在着没有方言的完全同一的语言。而且，《礼记·王制》还明确记载：“五方之民，言语不通，嗜欲不同。”许慎《说文解字·叙》也说：“其后诸侯为政，不统于王……言语异声，文字异形。”可见，段玉裁对于合韵的解释，还不如其前辈。段玉裁的“合韵说”在当时有一定的影响，例如张成孙就与他持相同的看法①。

段玉裁还扩大了“合韵”的使用范围，用它来解释谐声字中同声不同部以及异体字声符不同部的现象，他认为：

> 谐声偏旁分别部居，如前表所列矣。间有不合者，如裘字求声而在第一部，朝字舟声而在第二部，牡字土声而在第三部，侮字每声而在第四部……此类甚多，即合韵之理也。（《六书音均表三·古谐声偏旁分别互用说》）
>
> 凡一字异体者，即可征之合韵之条理。以弟十六部言之。鶃或为鷊，遌古为逷，兒声、鬲声、狄声、易声同在本部也。芰或为茤，鬄或为髢，鍉或为鉇，輗或为輨，弛或为虒。支声、易声、兒声、虒声在十六部。多声、也声、宜声在十七部。此可见次第相近合韵之理。鷊或为鶮，说本相如。速改为迹，起于李斯。鬲声、朿声在十六部。赤声、亦声在第五部。此可见次第相远合用之理，他部皆准此求之。（《六书音均表三·古一字异体说》）

---

① 《说文谐声谱》九。

前者是同一谐声偏旁的字分属两部，后者是分属两部的谐声偏旁组成一对异体字。段玉裁还用“合韵”来解释“读若”的声符不同的现象①。与段玉裁的观点相似，钱大昕也否认古有方音，用所谓文字有“正音”“转音”来解释“合韵”现象②。文字并非一时一地产生的，而且，一般说来，谐声时代要早于《诗经》时代，用主要归纳《诗经》押韵得来的上古韵部去说明谐声字和异体字，自然有不合之处。但只要我们承认古有方音，承认古今音变，这些现象都可以得到合理的解释。段氏虽然承认“地有南北，时有古今”③，但可惜没有把这个原则贯彻到底。

段玉裁既然认为合韵是同一语音系统内部的邻韵相押，自然就要用合韵来确定上古韵部之间的远近关系。他虽然说“合韵以十七部次第分为六类求之。同类为近，异类为远。非同类而次第相附为近，次第相隔为远”④，但事实上却主要是通过合韵时的多寡、“异平同入”，以及从上古到中古语音流变的规律来确定六类十七部的远近的。正如吴序所说：“凡三百篇及三代秦汉之音，研求其所合。又因所合之多寡远近及异平同入之处，而得其次弟。此十七部先后所由定。”这样，段玉裁打破了《广韵》的排列顺序，按其远近关系把古韵分为六类十七部。他的排列如下：

第一类：	1. 之部			
第二类：	2. 宵部	3. 幽部	4. 侯部	5. 鱼部
第三类：	6. 蒸部	7. 侵部	8. 谈部	
第四类：	9. 东部	10. 阳部	11. 耕部	
第五类：	12. 真部	13. 文部	14. 元部	
第六类：	15. 脂部	16. 支部	17. 歌部	

他指出：“学者诚以是求之，可以观古音分合之理，可以求今韵转移不同之故，可以综合经传假借转注之用，可以通五方言语清浊轻重之不齐。”⑤ 段玉裁的这种安排，有的比较正确，正如戴震所说：“第九第十第十一，此三部

① 《说文解字注》二上走部下。

② 《潜研堂文集》卷十五《答问十二》。

③ 《说文解字注》一下艸部莙字下。

④ 《六书音均表三·古合韵次第近远说》。

⑤ 《六书音均表三·古十七部合用类分表》。

之次，观江从东冬流变，庚从阳唐流变，得其序矣。”① 而有的则不大恰当，如“东韵字有从蒸登流变者，而列为第六部，隔越七八两部。尤从之咍流变，萧从尤幽流变，而以萧宵肴豪处之咍后尤幽侯前，未知音声相配故耳”②。在这之前，顾炎武、江永虽然也划分了古韵部，但他们仍然依据《广韵》的次第，看不出各部之间语音的联系。段玉裁首次打破《广韵》的顺序，从上古汉语韵部的总体出发，依据合韵确定其语音上的远近关系，分为六类十七部，为以后上古韵母系统的建立和音值的拟测，奠定了良好的基础。

五、异平同入

以《广韵》为代表的今音韵书，其入声和阳声是隐约相配的，这是因为入声的三种塞音韵尾正好与阳声的三种鼻音韵尾处在同一发音部位上。顾炎武从古诗文的押韵、经传异文、一字两读及谐声字中，发现上古入声与阴声的关系比与阳声的关系更为密切，因而除了歌戈麻无入声，收闭口音的入声仍配阳声外，他的四部入声中有三部与阴声相配③。

江永入声有八部，比顾氏四部更加精密合理④。江永认为顾氏入声仅仅同阴声相配并不全面，他称顾氏的“旧无者有，旧有者无”是“固滞之说”，他批评顾氏侵覃以下九韵仍配入声为“亦犹吕嬴黄芈”⑤。因而他同时也接受《广韵》的分配系统，主张“数韵共一入”，在《四声切韵表》中以入声兼配阴阳。江氏的这部书虽然兼及上古语音，却以《广韵》音系为主要分析对象，因而大体上只能说明中古汉语系统，而不完全适合上古汉语系统。

段玉裁在古音学上的另一个贡献，是继顾炎武、江永之后，提出“异平同入”，并首次用它来说明上古韵部系统。他说：

> 入为平委。平音十七，入音不能具也，故异平而同入。职德二韵为

---

① 戴震：《答段若膺论韵》，《戴震集》，上海古籍出版社 1980 年版，第 83 页。

② 戴震：《答段若膺论韵》，《戴震集》，上海古籍出版社 1980 年版，第 83-84 页。

③ 见《音论》卷中《近代入声之误》与《古音表》。

④ 顾、江认为入声均未独立，这里所说的是与阴声或阳声相配的入声部数。

⑤ 见《四声切韵表·凡例》。

第一部之入声，而第二部第六部之入音即此也。屋沃烛觉为第三部之入声，而第四部及第九部之入音即此也。药铎为第五部之入声，而第十部之入音即此也。质栉屑为第十二部之入声，亦即第十一部之入音。术物迄月没曷末黠鎋薛为第十五部之入声，亦即第十三部第十四部之入音。陌麦昔锡为第十六部之入声，而第十七部之入音即此也。合韵之枢纽于此可求矣。(《六书音均表三·古异平同入说》)

他在给江有诰的信中也说："元无入者非无入也，与有入者同入也。入者平之委，源分而委合，此自然之理也。"① 段玉裁以入声为合韵之枢纽，对阴阳对转理论的形成有很大的影响。试比较孔广森的论述，便可见二者的关系："入声者，阴阳互转之枢纽而古今变迁之原委也。举之咍一部而言，之之上为止，止之去为志，志音稍短则为职，由职而转则为证为拯为蒸矣。咍之上为海，海之去为代，代音稍短则为德，由德而转则为嶝为等为登矣。"② 段氏的"异平同入"分配可列表于下：

入　声	平声
职　德	第一部（之） 第二部（宵） 第六部（蒸）
屋　沃 烛　觉	第三部（幽） 第四部（侯） 第九部（东）
药　铎	第五部（鱼） 第十部（阳）
质 栉 屑	第十二部（真） 第十一部（耕）
术物迄月 没曷末黠 鎋　薛	第十五部（脂） 第十三部（文） 第十四部（元）

① 《经韵楼集》卷六《答江晋三论韵》。
② 《诗声类》卷十二《阴声六》。

续表

入　声	平声
陌　麦 昔　锡	第十六部（支） 第十七部（歌）

戴震肯定了第一部（之）和第六部（蒸）同入，第十三部（文）、第十四部（元）和第十五部（脂）同入；但认为第十二部（真）应与第十五部（脂）、第十三部（文）、第十四部（元）同入，而入声还应包括质栉屑。第十一部（耕）不能与第十二部（真）同入，而应与第十六部（支）同入。戴震还反对第十七部（歌）和第十六部（支）同入。戴震的意见基本上是正确的，只是错误地将歌部看成是鱼部的阳声，因而反对段玉裁的第十部（阳）和第五部（鱼）同入。在这一点上，段玉裁无疑是正确的。不过，戴震指出这两部的入声药、铎当分仍是正确的①。总之，用今天古音学的成果来衡量段玉裁的“异平同入”，的确如戴震所说的“或得或失”，而戴震的批评也是“或得或失”。

六、关于古今语音发展的内部规律

弄清从上古到中古语音发展的内部规律，是研究汉语语音发展史的重要课题。段玉裁在这方面作了一些研究，他的基本看法是古音简今音繁，其论述如下：

> 古音分十七部矣，今韵平五十有七，上五十有五，去六十，入三十有四。何分析之多事也？曰：音有正变也。音之敛侈必适中，过敛而音变矣，过侈而音变矣。之者，音之正也；咍者，之之变也。萧宵者，音之正也；肴豪者，萧宵之变也……大略古音多敛，今音多侈。之变为咍，脂变为皆，支变为佳，歌变为麻，真变为先，侵变为盐，变之甚者也。其变之微者，亦审音而分析之。音不能无变，变不能无分。明乎古有正而无变，知古音之甚谐矣。（《六书音均表·古十七部音变说》）

---

① 戴震：《答段若膺论韵》，《戴震集》，上海古籍出版社1980年版，第79-83页。

大意是，古韵只有十七部，而今韵则有二百零六韵，原因在于古只有“正音”而无“变音”，今音则既有“正”又有“变”，因而古音简今音繁。段玉裁的十七部如果按照平上入三声分韵，则应当为三十部。《广韵》二百零六韵除四声分韵外，开、合时分时合，一、三等时同韵时不同韵，二、三等亦然。如果我们把它们都并为一类，虽然比二百零六韵少许多，但仍然多于三十部，依然是古音简今音繁。其实，《切韵》分韵多的原因①，一方面在于它不只是为诗文押韵，同时也是为辨明声韵而作的，正如陆法言《切韵序》所说“欲广文路，自可清浊皆通；若尝知音，即须清浊有异”，因此要“剖析毫厘，分别黍累”。另一方面，《切韵》也照顾到了方音和古音，即所谓“南北是非，古今通塞”。由于《切韵》严于辨析声韵，参校古今，折衷南北，因而分得很细。至于上古韵部则主要是依据上古韵文的押韵系联归纳出来的，因而较为粗疏。可见，所谓古音简今音繁是大有问题的。

江永认为，《切韵》严于审音，如果仅仅为作诗文需要，分十来部就可以了。他说：

> 休文盖因李登、吕静之《声类》、周颙之《四声切韵》而谱之，观其与王筠论《郊居赋》霓字之读，首须严于辨声。若夫东冬钟、支脂之别之为三，寒桓删山、萧宵肴豪析之为四，江次冬钟不随阳唐，侯间尤幽不厕鱼模，此类盖因当时通行之音，审其粗细以别部居。若一部之中同韵异等如公官，同母异呼如饥龟，同音异字如岐奇，皆别其音切，不令淆混，由当时反切等韵之理大明，故能条分缕析。然则《四声》乃严于审音之书，亦为避八病之用，不止为诗家分韵而已。如欲分韵，则当时未有近体，取韵本宽，一声分十数部足矣，奚必二百六部若此其严密哉？（《古韵标准·例言》）

戴震进一步指出，《广韵》中某些韵的分韵和排列有兼顾古今的原因。他在《书广韵四江后》说：

> 隋唐二百六韵，据当时之音，撰为定本。至若古音，固未之考也。然别立四江以次东冬钟后，似有见于古用韵之文，江合于东冬钟，不入

① 清代学者因为看到《广韵》之前附有《切韵序》，便以为《切韵》也同《广韵》一样，分二百零六韵，而不知道应为一百六十三韵。他们所说的《切韵》实际上是指《广韵》。

阳唐，故使之特自为部。不附东冬钟内者，今音显然不同，不可没今音，且不可使今音古音相杂成一韵也。不次阳唐后者，撰韵时以可通用字相附近，不使以今音之而淆紊古音也。

戴震不承认古音简今音繁，提出“音之流变有古今，而声类大限无古今”① 的著名论断。就是说，语音虽然随时代不同而有流变，但总的说来，在系统上的变化并不大。他认为刘鉴《切韵指南》中的十六摄大体可以代表《切韵》的实际语音，不过江摄应与宕摄合并，得今音十五类，这十五类又与古韵十三类（依江永的分类）基本吻合，所以“声类大限无古今”②。由此可见，江永和戴震都不承认古音简今音繁，但戴氏的观点长期以来没有引起人们的重视③。可见，段玉裁在这个问题上与他的前辈很不一致。

现将段玉裁十七部中的“正音”和“变音”列表于下：

韵部	音类	
	正音	变音
第一部	之	咍
第二部	萧　宵	肴　豪
第三部	尤	幽　屋
第四部	侯	
第五部	鱼	虞　模
第六部	蒸	登
第七部	侵	盐　添
第八部	严　凡	覃　谈　咸　衔
第九部	冬　钟	东　江
第十部	阳	唐
第十一部	耕　清	庚　青

① 戴震：《书广韵目录后一》，《戴震集》，上海古籍出版社 1980 年版，第 94 页。

② 戴震：《书广韵目录后一》，《戴震集》，上海古籍出版社 1980 年版，第 93-94 页。

③ 清代只有邹汉勋赞同戴震的观点，见《五韵论》下《一论古音分十五类据声类为本》。今人史存直也有相似看法，见《汉语语音史纲要》，商务印书馆 1981 年版，第 88-92 页。

续表

韵部	音类	
	正音	变音
第十二部	真	臻　先
第十三部	谆　文　欣	魂　痕
第十四部	元	寒　桓　删　山　仙
第十五部	脂　微	齐　皆　灰
第十六部	支	佳
第十七部	歌　戈	麻

段玉裁认为，“正音”是千古不变的，而“变音”则是后来由“正音”分化出来的音，因而某一韵部中的“正音”就是这个韵部在上古汉语中的实际音值。“正音”和“变音”的区分标准是“古音多敛，今音多侈”，也就是说，读音“敛”即开口度小的是“正音”，读音“侈”即开口度大的是“变音”；而所谓的“敛”“侈”，竟以他当时的读音为准。以第一部为例，之是不变的“正音”，哈是后起的“变音”，即：

上古汉语　　　　　中古汉语　　　　　现代汉语①
（古音）　　　　　（今音）
第一部 ——————→ 之（正音）………………敛
　　　　- - - - - - → 哈（变音）………………侈

可见，段玉裁古敛今侈的理论，以及由此区分“正音”“变音”，并断定各个韵部古代的音值，完全是主观臆断。以第一部为例，我们只能说《广韵》的之、哈两部在周秦同属第一部，至于当时的实际音值，可能是“之”，也可能是“哈”，而更可能的是既非“之”又非“哈”的另一个音。这种理论的错误，使得他在第一部（之）、第十五部（脂）和第十六部（支）这三部的上古音值问题上完全束手无策。这三部中的之、脂、支在段玉裁看来都是敛音，因而应是古“正音”，即上古汉语的实际音值，但这三韵的读音完全相同，这该怎样解释呢？段玉裁对此终身不解。在1812年，即

① 指段玉裁所处时代的汉语。

他 78 岁高龄的时候写信给青年学者江有诰："足下能确知所以支脂之分为三之本源乎？仆老耄，倘得闻而死，岂非大幸也？"① 可见，这一理论在他自己看来也是不完善的。

"古音多敛，今音多侈"的理论，在当时便遭到钱大昕的反对。他指出："声音或由敛而侈，或由侈而敛，各因一时之语言。"② 可惜，钱氏以古无轻唇舌上等声母来反驳段氏，而段氏所说的敛侈问题是元音的开合程度的问题，与声母无关。钱大昕的辩驳是不着边际的。

段玉裁"古有正而无变"的看法以及由此而得出的古音简今音繁的结论，对后世有一定的影响。黄侃认为《广韵》中存在着"古本音"和"今变音"两类。他说："古本音即在《广韵》二百六部中，《广韵》所收，乃包举周汉至陈隋之音，非别有所谓古本音也。"③ 因此，只要从《广韵》中找出"古本音"，就不仅能够得到上古的韵类，而且还能求得上古韵部的音值。这点同段玉裁是一致的，不过在具体做法上他们有所不同。黄侃据陈澧《切韵考》分《广韵》今声四十类，再将明、微分开得四十一类，确定其"本声"十九类，"变声"二十二类。于是，"二百六韵中，但有本声，不杂变声者为古本音；杂有变声者，其本声亦为变声所挟而变，是为变音"④。段玉裁用所谓的"敛""侈"去定《广韵》中的"正音"和"变音"，黄侃用"本声"和"变声"去定"古本音"和"变音"。作法虽异，但其理论基础却是一致的，都认为《广韵》中存在着不变的"正音"（"古本音"）和"变音"两类。

七、谐声研究

李方桂在谈到清代学者在古音研究方法上的贡献时说："就现在的阶段而言，能成系统的考订上古音系的方法仍然要依据前面所提到清代学者的研究：（一）古韵的分部；（二）谐声字的系统；（三）上古韵部与《切韵》的

① 《经韵楼集》卷六《答江晋三论韵》。
② 《潜研堂文集》卷十五《答问十二》。
③ 黄侃：《与人论治小学书》，《黄侃论学杂著》，上海古籍出版社 1980 年版，第 149 页。
④ 黄侃：《与人论治小学书》，《黄侃论学杂著》，上海古籍出版社 1980 年版，第 157 页。

比较，以明瞭音韵的演变。”①

在第（一）（三）两项上贡献最大的是顾炎武，而在第（二）项上，就应该算段玉裁了。谐声字是考证上古音的极重要的材料，因为它不仅可以将通过韵脚系联不上然而却应当归为一部的字重新系联上，而且还能考证那些从未充当过韵脚的字的归部。谐声材料的使用始于宋代的徐蒇、吴棫，后代学者递有发展和创新。明代的陈第明确指出谐声的重要性，说：“《说文》至明，其可废乎？是废古之音也。”② 顾炎武则进一步在对《广韵》韵部的离析上使用谐声字，用它离析了支、麻、铎、锡四韵③。顾炎武的友人李因笃接受了顾氏的离合分部，并进一步用谐声说明《广韵》中的庚韵应当一分为二④。江永使用谐声材料进一步离析了虞、先、萧、肴、豪五韵⑤。段玉裁在前人的基础上完成了第一个谐声表《古十七部谐声表》，从此使谐声成为了仅次于押韵的完整的系统材料。戴震高度评价了段氏的这一工作，说：“《说文》九千余字，以义相统。今作《谐声表》，若尽取而列之，使以声相统，条贯而下如谱系，则亦必传之绝作也。”⑥ 段玉裁的论述道：

> 一声可谐万字，万字而必同部，同声必同部。明乎此而部分音变平入之相配，四声之今古不同，皆可得矣。（《六书音均表一·古谐声说》）
>
> 六书之有谐声，文字之所以日滋也。考周秦有韵之文，某声必在某部，至啧而不可乱。故视其偏旁以何字为声，而知其音在某部，易简而天下之理得也。许叔重作《说文解字》时未有反语，但云某声某声，即以为韵书可也。自音有变转，同一声而分散于各部各韵。如一某声而某在厚韵，媒、腜在灰韵；一每声而悔、晦在队韵，敏在轸韵，晦、痗在厚韵之类。参差不齐，承学多疑之，要其始则同谐声者必同部也，三百篇及周秦之文备矣。辄为十七部谐声偏旁表，补古六艺之散逸，类列某

① 李方桂：《上古音研究》，商务印书馆1980年版，第5页。

② 《毛诗古音考》卷二。

③ 顾氏共离析了支、麻、庚、尤、屋、沃、觉、药、铎、麦、昔、锡十二韵，但使用谐声材料只离析了这四韵，见《唐韵正》。

④ 《古今韵考》卷一。

⑤ 《古韵标准》。

⑥ 戴震：《答段若膺论韵》，《戴震集》，上海古籍出版社1980年版，第91页。

声某声，分系于各部，以绳今韵，则本非其部之谐声而阑入者，憭然可考矣。(《六书音均表二·古十七部谐声表》)

段玉裁之后，不少古音学家如孔广森、江沅、江有诰、张成孙、姚文田、夏炘等，都仿照他的体例列出了谐声表。

综上所述，段玉裁在古音学的理论和实践上，都作出了卓越贡献，在中国语言学史上占有极重要的地位。

《诗经》的“协韵”与“音转”理论的发展*

《诗经》是我国最早的一部诗歌总集，在当时曾广泛地使用在朝会、外交、宴飨、祭祀等重大的政治和宗教活动之中，以表达说话者的志向①。同时，熟悉《诗经》的内容，也是当时学校教育的目标以及著述的客观需要②。

《诗经》起初都是乐歌，可以配合乐器用来演唱。后来，音乐失传，就只剩下了诗句。不过，即使对《诗经》进行朗读讽咏，也可以感觉到《诗经》的和谐与铿锵。但是也得承认，我们今天朗读《诗经》的时候，的确有不少的句子已经失去了原来的韵味，某些作为韵脚的字已经不再押韵了。这种不押韵的情况，甚至可以追溯到《诗经》产生的时代。其中既有时间的原因，也有空间的原因。从空间上来讲，《诗经》本身并非同一个地区的作品。十五《国风》自然是用各地方言来演唱的，即使是《雅》《颂》也不例外。《大雅》和《小雅》大都是西周、东周的王畿及附近的作品，也就是镐京（今陕西关中地区）和洛邑（今河南洛阳）一带的方言。《周颂》是西周时的作品，使用镐京方言；《鲁颂》使用鲁方言（今山东曲阜一带）；《商颂》是宋国的作品，用的是宋方言（今河南商丘一带）。从时间上来讲，最早的诗歌是西周初期的作品，最晚的诗歌则产生在春秋的中叶，时间跨度达到五个多世纪。地域的不同在语音上当然有所反映，而时间的推移也同样导致了语音的变化。总之，《诗经》从一开始就不是建立在一时一地的语言音系的基础上，它是众多的方音和不同时代的语音系统的一种混合。因此，严格说来，以《诗经》作为研究材料是不可能整理出始终一致的单一的语音系统。

---

* 原载《中国文学研究》（教育部人文社会科学重点研究基地复旦大学中国古代文学研究中心编）第六辑，江西教育出版社2002年版。

① 参看朱自清《诗言志》，载《诗言志辨》，古籍出版社1956年版，第1-44页。

② 参看朱自清《诗教》，载《诗言志辨》，古籍出版社1956年版，第98-131页。

不过，由于各个方言之间有着共同的历史来源，以及语音发展的规律性等原因，从整体上来看，《诗经》的语音系统基本上还是一致的，只是在“大同”之中有一些“小异”罢了。由于《诗经》的语音具有一定的混合特质，因此无论是哪一位古音学家，在提出自己对《诗经》的韵部划分时，都不得不承认在《诗经》中存着大量的不同韵部的字之间通押的情况。这就是所谓的“合韵”。

对于“合韵”这种语言现象，人们最初并未注意。后来，由于语言的发展，汉语方言分歧的加大，“合韵”也就越来越多，这一现象才引起人们的重视。为了解决《诗经》中“不押韵”的问题，古人便临时改变一个字的读音，以求押韵和谐。这就是所谓的“协句”（又称“协韵”，即后来的“叶音”）。据陆德明的《经典释文》所载，这种方法始于晋徐邈的《毛诗音》和梁沈重的《毛诗音》。例如沈重在《诗·邶风·燕燕》一章“远送于野”下注道：“协句，宜音时预反。”在同诗的三章“远送于南”下注道：“协句，宜乃林反。”陆德明不满意这种做法，提出了“古人韵缓，不烦改字”的主张①。但陆德明也没有提出更好的解决办法。

随着语言的进一步发展，《诗经》中“不押韵”的情况也就越来越多，“叶音”的做法，也就愈演愈烈，可以说在宋代朱熹的《诗集传》中达到了顶点。明代古音学的兴起，就是从批判“叶音”开始的。明代著名的古音学家陈第说：

> 时有古今，地有南北，字有更革，音有转移，亦势所必至。故以今之音读古之作，不免乖剌而不入，于是悉委之叶。夫其果出于叶也，作之非一人，采之非一国，何母必读米，非韵杞韵止，则韵祉韵喜矣；马必读姥，非韵组韵黼，则韵旅韵土矣……厥类实繁，难以殚举，其矩律之严，即唐韵不啻。此其何故耶？又《左》《国》《易》《象》《离骚》《楚辞》、秦碑、汉赋，以至上古歌谣、箴、铭、赞、颂，往往韵与《诗》合，实古音之证也。（《毛诗古音考·自序》）
>
> 一郡之内，声有不同，系乎地者也；百年之中，语有转递，系乎时者也。（《读诗拙言》）

① 《经典释文》卷第五《毛诗音义上·邶风》。

陈第指出，由于语言的发展，包括《诗经》在内的上古韵文，往往由原来的和谐押韵变得来不和谐、不押韵了，因此，根本不需要所谓的“叶音”。清代的古音学家都赞成陈第的看法，反对“叶音”。陈第的理论，只能解释《诗经》中本来就押韵，后来由于语音的发展变得不押韵的那些字的读音，而不能解决即使按古音也不能押韵的那些字的读音。

真正解决这一问题的应该是三百年来清代古音学家的共同努力。他们在研究古音的过程中，对上古语音系统的认识逐渐深化，提出了“音转”的理论，认为《诗经》中的“合韵”现象，是不同方言音系以及语音的历史演变所致，并总结出了其中的部分规律。可见，清人的“音转”理论，无论是对文学作品的研究，亦或是对音韵学的研究，都是有价值的。要追溯“音转”理论的形成，必须从清代古音学的创始人顾炎武的“入声配阴声”的理论开始。

以《广韵》为代表的今音韵书，都是以入声和阳声相配。这是因为，中古汉语的入声存在着-p、-t、-k 三种韵尾，正好分别与-m、-n、-ng 三种阳声韵韵尾的发音部位一致。依据音理，这种分配是正确的。至于在以《诗经》为代表的上古汉语中，入声韵是否仍然应当与阳声韵相配，亦或应当与阴声韵相配，在顾炎武以前，没有任何人探索过这个问题。

顾炎武在《音学五书》中，首次变更了《广韵》的入声分配系统，除了歌、戈、麻三韵和缉、合以下九韵未变外，其余各韵都以入声和阴声相配。他指出：

> 韵书之序，平声一东二冬，入声一屋二沃，若将以屋承东，以沃承冬者，久仍其误而莫察也。屋之平声为乌，故《小戎》以韵驱、馵，不协于冬、董、送可知也。沃之平声为夭，故《扬之水》以韵凿、襮、乐，不协于冬、肿、宋可知也。術转去而音遂，故《月令》有“审端径術”之文，曷转去而音害，故《孟子》有“时日害丧”之引。质为“传质为臣”之质，觉为“尚寐无觉”之觉。没音妹也，见于子产之书；烛音主也，著于孝武之纪。此皆载之经传，章章著明者……兹既本之五经，参之传记，而亦略取《说文》形声之指，不惟通其本音，而又可转之于平、上、去，三代之音久绝而复存，其必自今日始乎？（《音论》卷中《近代入声之误》）

夫平之读去：中中、将将、行行、兴兴；上之读去：语语、弟弟、好好、有有。而人不疑之者，一音之自为流转也。去之读入：宿宿、出出、恶恶、易易，而人疑之者，宿宥而宿屋，出至而出術，恶暮而恶铎，易寘而易昔。后之为韵者，以屋承东，以術承谆，以铎承唐，以昔承清，若吕之代嬴，黄之易芈，而其统系遂不可寻矣……故歌、戈、麻三韵，旧无入声。侵、覃以下九韵，旧有入声。今因之，余则反之。（《音论》卷中《近代入声之误》）

可见，顾炎武改变传统的入声配阳声的作法，以入声配阴声，其依据主要有四个方面：《诗经》的押韵、异文、一字两读、形声字的声符。

顾炎武以入声配阴声，其实并不彻底，对侵覃以下九韵阳声，他仍然让它们与收-p 的入声相配。究其原因，除了在韵书中找不到与收-p 的入声相应的阴声韵部外，还因为顾炎武认为这些字在《诗经》中可以和阳声字押韵。例如在《秦风·小戎》中，他以“骖”“合”“軜”“邑”“念”为一韵①，在《小雅·常棣》中以“合”“琴”“翕”“湛”为一韵②。很明显这是在韵例判断上的失误，所以王念孙批评他说：

顾氏……《小戎》二章以“骖”“合”“軜”“邑”“念”为韵，《常棣》七章以“合”“琴”“湛”为韵，不知《小戎》自以“中”“骖”为一韵，“合”“軜”“邑”为一韵，“期”“之”为一韵。《常棣》自以“合”“翕”为一韵，“琴”“湛”为一韵，不可强同也。（《经义述闻》卷三十一《古韵廿一部》）

对于这个问题，清代另一位著名的古音学家江有诰也作了比较深入的研究，他认为：

缉、合九韵之配侵、覃，历来举无异说，有诰则谓平入分配必以《诗》《骚》平入合用之章为据……今考侵、覃九韵，《诗》《易》《左传》《楚辞》共五十七见。缉、合九韵《诗》《易》《大戴》《楚辞》共二十二见，并无一字合用者。即遍考先秦两汉之文亦无之，检唐韵之偏

① 《诗本音》。
② 《诗本音》。

旁又复殊异，盖几于此疆尔界，绝不相蒙，乌能强不类者而合之也。则当以缉、合为一部，盍、叶以下为一部，其类无平上去。（《音学十书·寄段茂堂先生原书（壬申三月）》）

可见，在这一问题上，王念孙、江有诰的意见是正确的。但是，即使撇开韵例上的错误，顾炎武还有谐声方面的证据。他在《唐韵正》平声卷七“侵覃谈盐添咸衔严凡”下说：

此韵字少又闭口之音，不可旁通他韵，故《诗》中多四声同用……《小戎》二章“骖”“合”“軜”“邑”，《常棣》七章“合”“琴”“翕”“湛”则平入同用。以字言之，如针之从十，砭之从乏，则因入得平；帖之从占，则因平得入；噆之从朁，则因上得入；埶之从执，䵘之从盍，则因入得去……此皆足以证四声之相通，而学者可以三隅反矣。

明代古音学家陈第把古音研究的材料区分为“本证”和“旁证”两类。陈第认为，在研究古音时，只有《诗经》自身的押韵材料才能算成是“本证”，“本证”的材料价值最大，而其他材料只能叫做“旁证”，“旁证”的材料价值自然是不如“本证”重要。他在《毛诗古音考·自序》中说：“本证者，《诗》自相证也；旁证者，采之他书也。”如果我们以“本证”为主、以“旁证”为辅去进行判断的话，应该承认王念孙、江有诰的意见基本上是正确的。顾炎武虽然提出了谐声方面的证据，但其力量显得不够，而且缉、叶两部的字与微、祭两部的字同样也有一定的关系。例如，入声字“入”“纳”与阴声字“内”，入声字“立”与阴声字“位”，入声字“执”与阴声字“贽”，都有谐声关系。可见，谐声的问题比较复杂，所代表的时代一般也比《诗经》时代早，所以研究上古韵部一般还是应该紧紧抓住“本证”，即以《诗经》的押韵材料为主。

除了韵尾为-p 的字以外，入声中最多的还是以-k 、-t 收尾的字。现在我们来考察一下这两类入声字，看看它们到底与阴声的关系密切，还是与阳声的关系密切。

在《诗经》和其他的上古韵文中，入声字一般都与入声字押韵，这是正例。但也有相当一部分入声字与非入声字相押，其中以与去声字押韵的情况最多。

对于上古汉语的声调，段玉裁提出了古无去声的主张，认为中古汉语中的去声，是上古汉语的入声发展来的①。王力先生接受了段玉裁的观点，提出古汉语中的入声应当再分为“长入”和“短入”两类。中古汉语去声中的阴声字是从上古汉语的“长入”一类发展而形成的②。如果我们接受段玉裁和王力的观点，那么，阴声字中的去声与入声押韵，就不能看成是异调相押，而是入声与入声相押。反之，阴声中的去声字与阴声中的平声和上声字押韵，就应当被看成阴入通押。这里虽然存在着一减一增的情况，但从总量上看，阴入通押还是会大大减少的。下面，我们就根据王力的《诗经韵读》来进行统计。

《诗经》中入声字和阴声字押韵的情况有六十九例。其中，收-k 的入声字与阴声字押韵为六十六例：

职之：二十一例　　觉幽：七例　　药宵：九例　　屋侯：四例
铎鱼：二十一例　　锡支：三例　　锡歌：一例

其中锡歌一例值得怀疑，若除去不计，则为六十五例。《诗经》中收-t 的入声与阴声押韵只有五例：

质脂：三例　　质脂微：一例　　物脂：一例

《诗经》中入声字和阳声字押韵的情况仅三例，质真、月元、叶谈各一次。从以上的统计可见，在《诗经》中，入声和阴声押韵的情况比较多，而入声和阳声押韵的情况则很少。

从《诗经》中的分布情况来看，入声和阴声押韵出现在《国风》中的《周南》《召南》《邶》《鄘》《卫》《王》《郑》《齐》《魏》《唐》《桧》中，《秦》《陈》《曹》《豳》则没有；而《小雅》《大雅》《周颂》《鲁颂》《商颂》都有入声和阴声押韵的情况。

由此可见，在上古汉语中，入声和阴声押韵决非个别现象。顾炎武以入声配阴声的做法是有事实依据的。

---

① 《六书音均表一·古四声说》。

② 王力：《古无去声例证》，南开大学中文系语言学教研室编：《语言学论丛》，天津人民出版社 1980 年版，第 1 页。

在《古音表》中，顾炎武把入声分为四部，除收-p 的入声归入到侵、覃以下阳声韵以外，其余全都归于阴声韵中。他的入声及其相配情况如下：

第二部：支（半）、质、脂术、之栉昔（半）职、微物迄、齐屑、祭薛锡（半）、佳泰月、皆卦没、灰怪曷、咍夬末、队黠、代辖、废麦（半）德、尤（半）屋（半）；

第三部：鱼屋（半）、虞沃（半）、模烛觉（半）、麻（半）药（半）、侯铎（半）陌麦（半）昔（半）；

第五部：萧屋（半）、宵沃（半）、肴觉（半）、豪药（半）铎（半）锡（半）、尤（半）、幽；

第十部：侵缉、覃合、谈盍、盐叶、添帖、咸洽、衔狎、严业、凡乏。

继顾炎武之后，清代学者江永在《古韵标准》中，分古韵为十三部，其中入声有八部：屋、质、月、铎、锡、职、缉、叶。江永的质、月、锡、职相当于顾炎武第二部中的入声字，铎部大体相当于顾炎武第五部中的入声字和第三部中的部分入声字，屋部相当于顾炎武第三部的部分入声字，缉、叶相当于顾炎武第十部的入声字。

江永的八部比顾炎武的四部更精密，更合理。尤其是顾炎武第二部中的入声字，既有收-t 的字，又有收-k 的字，而江永分为质、月、锡、职四部以后，这种混乱的情况就消除了。顾、江的不同，固然是源于他们韵部分合精细程度上的差别，更重要的则是审音派和考古派对入声韵尾的不同看法的具体反映。虽然有这些不同，但江永以入声配阴声却与顾炎武一致。

江永虽然接受了顾炎武入声配阴声的观点，但并没有像顾炎武那样，彻底否认《广韵》的分配系统，而是折衷两者的作法，主张“数韵共一入”，他的《四声切韵表》中的入声就兼配阴声和阳声。在《四声切韵表》中，除真配质外，先（坚）也配质；青配锡（戚）外，也配屋（肃）；清配昔（夕）外，也配屋三（福）。除了这三处，其他的入声和阳声相配，都与《广韵》相一致。

江永的数韵共一入的分配关系，首次描写了上古汉语的韵母系统，后来的阴阳对转理论就是从这里开始的。

江永之后，段玉裁提出了“异平同入”理论，意思是，古韵在平声上虽然有阴声和阳声的区别，但都可以与同一入声韵相配。这与江永的“数韵共一入”大体相似。段玉裁在《六书音均表三·古异平同入说》中说：

> 入为平委，平音十七，入音不能具也，故异平而同入。职德二韵为第一部之入声，而第二部第六部之入音即此也；屋沃烛觉为第三部之入声，而第四部及第九部之入音即此也；药铎为第五部之入声，而第十部之入音即此也；质栉屑为第十二部之入声，亦即第十一部之入音；術物迄月没曷末黠鎋薛为第十五部之入声，亦即第十三部第十四部之入音；陌麦昔锡为第十六部之入声，而第十七部之入音即此也。合韵之枢纽于此可求矣。

戴震是段玉裁的老师，他把古韵分为九类二十五部，每类都按照阴、阳、入三声排列。除了在韵部分合上的差别外，戴震与顾炎武、江永、段玉裁等人最大的不同之处有两点。一是入声从阴声中独立出来，二是把韵分为“阴”“阳”两类。他称阳声为“有入者”，称阴声为“无入者”。他说：

> 有入者，如气之阳，如物之雄，如衣之表；无入者，如气之阴，如物之雌，如衣之里。又平、上、去三声，近乎气之阳，物之雄，衣之表；入声近乎气之阴，物之雌，衣之里。故有入之入与无入之去近，从此得其阴阳雌雄表里之相配。（《声类表》卷首《答段若膺论韵》）

戴震的九类二十五部，每类都以阴阳相配，以入声作为阴阳相配的枢纽。他说：“其前昔无入者，今皆得其入声，两两相配，以入声为相配之枢纽。”① 戴震的老师江永在《四声切韵表》中已经让入声兼配阴声和阳声，因此入声兼配阴阳并不是戴震的发明，戴震的贡献在于首先将入声独立出来，并且明确指出入声是阴阳相配的枢纽。（段玉裁只说入声是“合韵之枢纽”。）

戴震很注意语音演变的规律性，在他写给段玉裁的信中，比较详细地论述了从上古韵部到中古韵部变迁的规律，并正式提出了“正转”和“旁转”。他说：

---

① 《声类表》卷首《答段若膺论韵》。

第九、第十、第十一（作者按：指段玉裁所划分的东、阳、耕三部），此三部之次，观江从东冬流变，庚从阳唐流变，得其序矣。东韵字有从蒸登流变者，而列为第六部（作者按：即蒸部），隔越七、八两部（作者按：即侵、谈）。尤从之咍流变，萧从尤幽流变，而以萧宵肴豪处之咍后，尤幽侯前，未知音声相配故耳。支佳韵字虽有从歌戈流变者，虞韵字虽有从侯幽流变者，皆属旁转，不必以例正转。其正转之法有三：一为转而不出其类，脂转皆，之转咍，支转佳是也。一为相配互转，真文魂先转脂微灰齐，换转泰，咍海转登等，侯转东，厚转讲，模转歌是也。一为联贯递转，蒸登转东，之咍转尤，职德转屋，东冬转江，尤幽转萧，屋烛转觉，阳唐转庚，药转锡，真转先，侵转覃是也。（《声类表》卷首《答段若膺论韵》）

戴震所提出的语音演变规律有"正转"和"旁转"两大类。在"正转"中，又可分为"转而不出其类""相配互转""联贯递转"三个小类。戴震"正转"中的"相配互转"，实际上就是后来所谓的"阴阳对转"；"联贯递转"就是后世所谓的"旁转"；"转而不出其类"也可以归于"旁转"一类。可见，古韵中的"阴阳对转"和"旁转"的说法，实际上都是戴震首先提出来的。应当注意，戴震所提出的"对转"和"旁转"，都是指不同时代之间语音流变的规律，而不是指同一语音系统内部的语音关系。同时，戴震也认为，"对转""旁转"可以用来说明不同方音之间的关系。他说：

五方殊语随声气转变，见于六经者，遽数之不能终其物。六书之谐声、假借，《诗》之取韵，各因其声类中一二字由他类流变而入者用之，非举此两韵字尽通也。其流变所入，各如其方之音，在古人不訾为非正音，不疑其误，盖列国之音即各为正音，不可强而齐之也。（《声韵考》卷第三）

可见，戴震不但事实上提出了"对转"和"旁转"，而且正确地指出这一语音现象仅仅存在于古今语音的流变中和方音之间，且只是个别字的情况，它们既不是同一语音系统内部的事情，也不涉及整个韵部。戴震将古韵分为九类二十五部，每类按照阴、阳、入三声来加以排列。这种排列方式是依据他的"正转"中的"相配互转"关系。

将阴声和阳声按照一对一的方式相配，并且正式提出“阴阳对转”的，是戴震的学生孔广森。孔广森在其古音学著作《诗声类》中说：

> 本韵分为十八，乃又剖析于敛侈清浊毫厘纤眇之际曰元之属、耕之属、真之属、阳之属、东之属、冬之属、侵之属、蒸之属、谈之属，是为阳声者九；曰歌之属、支之属、脂之属、鱼之属、侯之属、幽之属、宵之属、之之属、合之属，是为阴声者九。此九部者，各以阴阳相配，而可以对转。

阳声以鼻音收尾，阴声以元音收尾，孔广森把合类归为阴声显然是错误的。其他则宵、侵相配对转并不合理，幽、冬的关系则比较模糊。这受到了段玉裁的批评①。其余的韵在阴阳相配而对转上都是合理的。

孔广森认为，在阴阳相配对转中，入声是重要的枢纽，这显然受到了戴震、段玉裁等人的影响。他论述道：

> 入声者，阴阳互转之枢纽，而古今迁变之原委也。举之咍一部而言之：之之上为止，止之去为志，志音稍短则为职，由职而转则为证，为拯，为蒸矣；咍之上为海，海之去为代，代音稍短则为德，由德而转则为嶝，为等，为登矣。推诸它部，耕与佳相配，阳与鱼相配，东与侯相配，冬与幽相配，侵与宵相配，真与脂相配，元与歌相配。其间七音递转，莫不如是。（《诗声类》卷之十二《阴声六》）

在孔广森的《诗声类》中，阴阳对转的情况大致有四种：第一，以《诗经》为代表的上古韵文押韵中的阴阳对转②。第二，通假字或异文中的阴阳对转③。第三，谐声字中所反映出来的阴阳对转④。第四，“读若”中的阴阳对转⑤。

除阴阳对转外，孔广森也注意到了“旁转”的问题。他称“旁转”为

---

① 段玉裁：《经韵楼集》卷六《答江晋三论韵》。

② 《诗声类》卷之二《阳声二下》“旂”字下、“西”字下。

③ 《诗声类》卷之二《阴声二下》“西”字下，以及卷之三《阳声三》“泳”后面的按语。

④ 《诗声类》卷之八《阴声二下》“支佳者，耕清之阴也”和“脂微者，真文之阴也”下面的文字，以及卷之十《阴声四》“巩”字下。

⑤ 《诗声类》卷之十二《阴声六》。

“通”，也就是戴震所说的“联贯递转”。其中蒸、侵相通，是孔广森的创见。他说：“其用韵疏者，或耕与真通，支与脂通，蒸侵与冬通，之宵与幽通。然所谓通者，非可全部混淆，间有数字借协而已。”① 在《诗声类》中，他对这些通用的情况，都一一作了详细的说明。

孔广森说：“阳之与东，若鱼之与侯。自汉魏之间，鱼侯混合为一，东阳遂亦混合为一。似《吴越春秋》《龟筴传》往往有之，浸假而四江全韵且沦于阳唐矣。”② “东为侯之阳声，冬为幽之阳声，今人之混冬于东，犹其并侯于幽也。蒸侵又之宵之阳声，故幽宵之三部同条，冬侵蒸三音共贯也。”③ 可见，孔广森不仅继承了戴震语音有完整的系统性的观点，而且强调语音在动态的发展过程中，仍然具备这个系统性。

严可均作《说文声类》，据《说文》以韵分字，所依据的材料与孔广森不同。严可均的阴声、阳声各八类，共十六类，虽然和孔广森不同，但阴阳相配而对转却是相同的。

韵分阴阳，虽然始于戴震，但他对于阴声和阳声的描写却非常的含混。他描述阳声（“有入者”）的语音特点是“如气之阳，如物之雄，如衣之表”；阴声（“无入者”）的语音特点是“如气之阴，如物之雌，如衣之里”，使人无法捉摸。真正从音理上把阴声和阳声阐述清楚的是章炳麟。他说：

> 孔氏《诗声类》列上下两行，为阳声阴声。其阳声即收鼻音，阴声非收鼻音也。然鼻音有三孔道：其一侈音，印度以西皆以半摩字收之，今为谈蒸侵冬东诸部，名曰撮唇鼻音。其一弇音，印度以西皆以半那字收之，今为青真谆寒诸部，名曰上舌鼻音。其一曰轴音，印度以姎字收之，不待撮唇、上舌，张口气悟，其息自从鼻出，名曰独发鼻音。（《国故论衡》上《成均图》）

章炳麟正确地指出了阴声和阳声的区别在于是否有鼻音韵尾，而鼻音韵尾又可以细分为三种：（一）撮唇鼻音-m，（二）上舌鼻音-n，（三）独发鼻

① 《诗声类》卷之一。
② 《诗声类》卷之三《阳声三》。
③ 《诗声类》卷之五《阳声五上》。

音-ng。不过，在各个具体的阳声韵部以哪一种鼻音收尾的问题上，章炳麟的看法不一定正确。例如，他把蒸冬东诸部归为撮唇鼻音（-m），把青部归为上舌鼻音（-n），就是错误的。

章炳麟对入声的看法也不太正确。他不承认有收舌根音-k 的入声的存在，只承认收舌尖音-t 和收唇音-p 的入声。在归类上，则把它们分别划归到阴声和阳声中去。他说：

> 古音本无药觉职德沃屋烛铎陌锡诸部，是皆宵之幽侯鱼支之变声也。有入声者，阴声有质栉屑一类，曷月鎋薛末一类，术物没迄一类。阳声有缉类、盍类耳。（《国故论衡》上卷《二十三部音准》）

总之，在他看来，入声没有独立的地位。

虽然有这些缺点，但章炳麟毕竟大大发展了戴震所开辟的音转理论，详细而完整地揭示出了上古各个韵部之间的关系。他认为孔广森的理论有三个明显的缺点：其一，孔氏“不知有轴音，故使经界华离，首尾横决”“辰阳鳞次，脂鱼栉比”，没有照顾到韵部之间的邻近关系。因此用来说明对转还可以，说明旁转就不行了。其二，误以缉盍为阴声。其三，拘泥于一阴一阳相对，“若人之处室，妃匹相当”，以至在韵部划分上不得不将真、谆合并为一部。章炳麟参考了段玉裁、戴震的韵部排列顺序以及严可均的分类，调整了各部的排列位置，并且把横列改为环形图，以鱼、阳二部作旋转之轴，以照顾各种相邻的关系。这就是他的《成均图》。在《成均图》中，歌、泰同居，同与寒对转；脂、队同居，同与谆对转；冬、侵、缉同居，同与幽对转；盍、谈同居，同与宵对转，改变了那种“若人之处室，妃匹相当”的呆板局面。章炳麟音转理论的主干是九组阴阳对转关系，其中大部分来自孔广森。旁转则根据张惠言、丁履恒等人搜集的材料，吸收了段玉裁、江有诰、严可均等人的看法。区分对转和旁转，以及在对转、旁转中再进一步分正次远近，是章炳麟对认识古韵系统内部关系的贡献。章炳麟认为文字的谐声、转注、假借，同源词的孳乳，方言的差异，以及语音的历史变迁，都可以用音转来进行解释。

由此可见，清代学者建立的音转理论，虽然最早可以追溯到《诗经》中的“协韵”，但真正从学术研究的角度来看，则是由顾炎武以入声与阴声相配开始的。经过清代学者的不断努力，古音相转的理论最终建立起来了，这一理论不仅可以解释古代文学作品中的押韵现象，而且影响了训诂学、文字学、词源学等学科。

扬雄《方言》及其后的方言研究

论扬雄《方言》中的几个问题*

《方言》全称《辖轩使者绝代语释别国方言》，是我国也是世界上第一部方言著作。《方言》原本十五卷，收录九千余字，今本《方言》十三卷，收一万一千九百多字，大约后人有所增补。《方言》的作者扬雄（前53—18），字子云，蜀郡成都人，西汉著名的辞赋学家、哲学家，语言学家。

一、《方言》的价值

晋人郭璞在《方言序》中称赞《方言》是“真洽见之奇书，不刊之硕记”，并且从词语的空间分布和时间变化两个方面论述了《方言》的价值。现在我们作进一步的阐述。

第一，《方言》在共时语言学上有重要的价值，它清楚地给我们展示了汉代汉语方言词汇比较准确的地理分布。

有人认为，《方言》中包含了前人的材料，并且使用了古代的地名来描写方言词语的地理分布，因此，《方言》不一定具有共时价值①。

我们也承认《方言》中有一些古代的词语。但是，扬雄用他亲自调查过的当时的语言事实并对这些词语进行过一一核实验证。例如，《方言》卷一：“假，狢、怀，摧、詹、戾，艐，至也。邠唐冀兖之间曰假，或曰狢。齐楚

* 原载《古汉语研究》1990年第3期。

① 胡朴安：《中国训诂学史》，中国书店1981年版，第234-235页、第242-243页。袁家骅等：《汉语方言概要》，文字改革出版社1983年版，第19页。

之会郊或曰怀。摧，詹、戾，楚语也。艐，宋语也。皆古雅之别语也，今则或同。”“皆古雅之别语”说明扬雄承认这些词原先是古代的方言词语，“今则或同”说明当时它们在一些地区仍然使用。这类材料可能来自前代，其中有些词在《尔雅》中也有记载。《尔雅·释诂》：“迄，臻，极、到、赴，来，弔、艐，格、戾、怀，摧、詹，至也。”《方言》对“假、佫（格）、怀，摧，詹、戾、艐”所作的地域分布上的说明，证明他对这些词语进行过调查验证。就以“摧”“詹”“戾”三词来说吧，在先秦文献中它们并不一定是楚语。《诗·大雅·云汉》：“先祖于摧。”《小雅·采绿》：“六日不詹。”《小雅·小宛》：“翰飞戾天。”《采菽》：“亦是戾止。”《鲁颂·泮水》：“鲁侯戾止。”《国语·周语》：“古者天灾降戾。”《鲁语》：“天灾流行，戾于敝邑。”《诗经》中的大、小《雅》都是西周王畿的诗①。可见，在西周，“詹”“摧”“戾”至少流行于今陕西一带，“戾”还流行于今山东一带，不一定流行于楚地。扬雄断定这三个词属于楚语，是他依据当时的实际分布情况而确定的。因此，即使《方言》在材料来源上有古今混合的性质，也完全具有共时的价值。这样，根据《方言》便可以知道关于汉代方言词语及其地域分布的比较全面的知识。例如，卷一：“虔、刘、惨，琳，杀也。秦晋宋卫之间谓杀曰刘，晋之北鄙亦曰刘。秦晋之北鄙燕之北郊翟县之郊谓贼为虔。晋魏河内之北谓琳曰残。楚谓之贪。南楚江湘之间谓之歁。”

除方言词语外，《方言》还记录了当时的共同语——通语。对于通语中的词，《方言》有时作了说明。例如，卷一：“怃、㤸、怜、牟，爱也。韩郑曰怃。晋卫曰㤸。汝颍之间曰怜。宋鲁之间曰牟，或曰怜。怜，通语也。”但是在一般情况下却未加说明。由于扬雄使用通语来解释方言词语，因此我们可以把《方言》中的通语分辨出来，例如上面例子中的“杀”“爱”等词语。归纳《方言》中的通语，并与汉代的书面语相比较，便可以看出，两者基本上是一致的。可见，汉代书面语是建立在通语的口头形式的基础上的。由于秦晋方言往往与通语一致，因此可以确定秦晋方言是汉代通语的基础。

《方言》还记载了当时的一些非汉语词，其中一些至今仍保存在某些少数民族语言之中。例如，卷八中的“李父”“李耳”，与今天土家语的“虎”

① 高亨：《诗经新注》，上海古籍出版社1980年版，第10页。

在音义上基本一致，同卷的“貔”与现在黔东苗语的“猫”的音义也是相同的[①]。此外，卷八：“虎……自关东西或谓之伯都。”“伯都”古音为 * prakta[②]，与今天桃坪羌语的 pzida、珞巴语的 boda 相似。“伯都”是一个来自藏缅语族某一语言中的词。考虑到“自关东西”即今山西河南西部一带自古就有众多的羌、戎、狄等民族的存在[③]，这种判断是可信的。可见，《方言》中的“方”，是指东西南北四方，“方言”即四方之言，既包括当时的汉语方言词，也包括非汉语词，与今天“方言”一词的含义有所不同。

《方言》一书主要记载当时汉语方言词汇的地理分布，不过有时也能透露出不同地区的某些语音差异。扬雄认为，某些方言词语只是同一个词在不同方言中的不同语言形式，他称这种词为“转语”或“语之转”。例如，卷三：“庸谓之倯，转语也。”卷十：“煤，火也，楚转语也，犹齐言焜火也。”根据古音学知识，我们可以找出转语之间的语音对应关系。例如在上例中，“火”“煤”的声母都是 x-，焜从“尾”得声，“尾”的声母是 m-，这显示出上古音中有一部分明母字和晓母字相通，存在着送气流音声母 mx（mh）的痕迹[④]。另外，煤从“果”得声，属歌部字，与属于微部字的“火”不一样。后来，《广韵》中“火”归歌部，极可能是楚方言词煤的扩张和借用所致。在多数情况下，《方言》未注明转语关系，但经过研究，可以把它们揭示出来。例如卷三：“逞、晓、恔、苦，快也。自关而东或曰晓或曰逞……东齐海岱之间曰恔。”郭璞注：“恔即狡，狡戏亦快事也。”“晓”的声母是 x-，恔（狡）的声母是 k-。这使我们知道当时关东与东齐海岱之间一些词语的声母存在着塞音和擦音的对应关系。如果把整个《方言》中的这类词语间的语音关系弄明白了，我们对汉代各个方言地区的语音面貌的了解一定比现在更多。

第二，《方言》具有历时语言学的价值，它告诉我们不同时期汉语词汇在地域分布上的变化。

我们可以用《方言》中的词语来作两个比较。第一是把古代文献中的词

---

① 张永言：《语源札记三则》，《民族语文》1983 年第 6 期。

② 据李方桂《上古音研究》拟音。

③ 黄烈：《中国古代民族史研究》，人民出版社 1987 年版，第 65-68 页。

④ 张永言：《关于上古汉语的送气流音声母》，《音韵学研究》第一辑，中华书局 1984 年版。

语同《方言》相比较，第二是把《方言》中的词语同《方言》郭注中的词语进行比较。通过这两个比较，便可以得到从周到汉以及从汉到晋某些词语地域分布变化的粗略轮廓。

《方言》中的某些词语在先秦文献中曾经多次出现。根据文献，我们可以知道这些词语在某一历史时期至少分布于某个或某几个地区。如果这些词语在《方言》中的分布已经有了较大的转移，尤其是转移到那些比较遥远的地方或散布于不相连结的几个地区，那么，这些词语必然比较古老而且趋于消亡。楚语中的“攉”“詹”“戾”三词就属于这种情况。

王国维说：“读于云书可知汉时方言，读景纯注，并可知晋时方言。”① 又说：“景纯注《方言》，全以晋时方言为本，晋时方言较子云时，固已有变迁。”② 把《方言》同郭璞《方言注》相比较，就可以知道由汉到晋方言变化的一些情况。

（一）汉代的方言词，在晋代发展成为通语。例如，卷一：“娥、𡤟，好也……赵魏燕代之间曰姝。”郭注：“亦四方通语。”

（二）汉代的通语，在晋代成为方言。例如，卷九：“方舟谓之潢。”郭注：“扬州人呼渡津舫为杭，荆州人呼潢音横。”

（三）汉代方言词语的分布到晋代有所转移。例如，卷十：“湘潭之原，荆之南鄙，谓何为曾，或谓之訾。”郭注：“今江东人语亦云訾，为声如斯。”

另外，对某些方言词语在意义上的变化，郭璞也作了解释。例如，卷一：“虔、刘、惏，杀也。”郭注：“今关西人呼打为惏。”

现代汉语（包括方言）中的某些词语，甚至也可以在《方言》中找到较早的来源。例如：

卷一：“党、晓、哲，知也。楚谓之党。”“党”就是“懂”，上古楚语东、阳两部相近。

卷二：“茫、矜、奄，遽也。吴扬曰茫。”“茫”就是“忙”。

卷十：“拌，弃也。楚凡挥所弃物谓之拌。”今四川方言仍使用

① 王国维：《观堂集林》卷五，《书郭注方言后一》，中华书局1959年版，第237-388页。

② 王国维：《观堂集林》卷五，《书郭注方言后二》，中华书局1959年版，第238页。

"拌"。

卷十："崽者，子也。湘沅之会，凡是子者谓之崽，若东齐言子矣。"今湘方言仍称"崽"。

第三，《方言》在训诂学上具有十分重要的价值。

戴震认为："训诂之学，自《尔雅》外，惟《方言》《说文》切于治经……此书（指《方言》）为小学断不可少之书。"① 王引之也说："训诂之学，发端于《尔雅》，旁通于《方言》。"② 先秦文献中的许多词语，通过《方言》可以得到正确的解释。例如，《诗·小雅·蓼莪》："母兮鞠我。"《鸳鸯》："福禄艾之。"《方言》卷一："台，胎、陶、鞠，养也……陈楚韩郑之间曰鞠……汝颍梁宋之间曰胎或曰艾。"有时，通过《方言》的解释，我们不仅可以知道某些词语的理性意义，而且还能够更深入了解它们的感情色彩。例如，《荀子·非相》："今世俗之乱君，乡曲之儇子，莫不美丽，姚冶、奇衣、妇饰。"《方言》卷一："虔、儇，慧也。秦谓之谩……自关而东赵魏之间谓之黠或谓之鬼。"根据《非相》中的文句，结合《方言》中"谩""黠""鬼"等字来看，"儇"的贬义就非常清楚了。汉及以后的作品也可以利用《方言》来解释。例如，枚乘《七发》："嘘唏烦酲。"李善注引《方言》："哀而不泣曰唏。"曹植《朔风诗》："繁华将茂，秋霜悴之。"李善注引《方言》："悴，伤也；又惽，忧也，秦晋之间或曰惄。"嵇康《养生论》："世皆知笑悼。"李善注引《方言》："悼，哀也。"由于《方言》在训诂学上有重大价值，魏张揖撰《广雅》时，大量收入了《方言》中的材料。

第四，《方言》对研究社会人文历史也具有重大意义。

春秋到汉代是楚文化向外扩张的时代。语言是文化的一个组成部分，楚方言的扩张与楚文化的扩张密切相关。从《方言》来看，以郢都为中心的楚方言的扩展力度相当强大，东到江淮，东南到吴，南到江湘，东北到齐，北达宋、魏。但遭到了强大的秦晋方言的遏制，也受到了周、卫、鲁这样一些古老的文化中心方言的抗拒。一般而言，文化的扩张大于语言的扩张，不过从楚方言扩张的方向和范围，可以得到楚文化扩张的大致情况。

---

① 段玉裁：《戴东原先生年谱》，《戴震集》，上海古籍出版社 1980 年版，第 459 页。

② 王引之：《经籍纂诂序》。

又如在《方言》中，“朝鲜”出现 27 次，“洌水”（今朝鲜大同江）出现 22 次。《方言》中朝鲜洌水与北燕属于一个方言区，《方言》多次提到这一地区，说明了当时我国中心地区与辽宁和朝鲜北部的关系远远超过它们与江浙、福建和两广一带的关系。

从民族学的研究来看，古代山东半岛最早的居民是莱夷民族，后来同化于汉族。《方言》中齐方言与东齐方言的巨大差别，可以看成是古代民族分布在汉代汉语方言上的投影。

《方言》还告诉我们现代汉语方言的某些源头。比如现代吴、湘、粤方言较早的踪迹，在《方言》中都有反映，它们分别是吴越，南楚，南楚之外（南越）的方言。整个《方言》只提到“吴楚之外郊”一次，大概指今江西一带，这一带在《方言》中基本上是一片空白。此外，福建地区也不见于《方言》的记载。可见，赣方言和闽方言的形成比上述方言更晚。

从《方言》中甚至可以得出比较详细的古代人口的移动情况。据史书记载，秦始皇多次征讨百越地区，任嚣、赵佗平定百越后，谪戍五十万人。汉代灭南越后，又有汉人陆续移居这一地区。这些汉族人民来自何地，史书无明确记载。《方言》中“南楚之外”（或“南楚之南”即南越方言）共有 31 个词，根据笔者的研究，其中有 22 个词是汉语中的词，可以确定来自楚方言和秦晋方言中的词各 7 个。因此可以肯定，汉代岭南一带的汉族居民，以楚和关西一带的移民居多。

二、《方言》中的汉代方言区

如前所述，《方言》具有完全的共时价值，因此可以运用方言地理学的方法对《方言》进行研究，从而勾画出汉代方言区划的大致情况。不过，这个工作是困难的。第一，方言的差异主要体现在语音上，其次才体现在词汇和语法上，而《方言》其书一般只提供了词汇方面的情况。第二，要划分方言地区，一般应先在地图上划出同言线，再依据同言线确定方言地区。《方言》虽然记录了各个词语的地域分布，但是要标出它们的边界即同言线却几乎不可能。因为同言线并不总是沿着某一地区的政治边界伸延，而且像秦、晋、齐、楚等古代国家的疆界在历史上有过很大的变动。第三，即使我们能够划出同言线，它们也是非常复杂的。这点，扬雄本人也有非常深刻的认识。他说："语言或交错相反，方覆论思，详悉集之，燕其疑。"① 因此，我们在划分方言区时，不采用一般的同言线法，而采用所谓的"中心地区归纳法"。这是因为，尽管同言线是复杂的、模糊的和不稳定的，但是在《方言》中，各个词语所流行的中心地区则是清楚的、稳定的。这些中心地区就是《方言》中使用最多的古代诸侯国的都城所在。这样理解，就可以克服上述种种困难，同时也可以避免像晋与赵、魏、韩等在地域上重合的情况。因此，归纳古国名（诸侯国）在《方言》中并举的次数，便大体上可以划出汉代方言地区以及确定各方言区之间的远近关系。《方言》主要使用周代的各诸侯国国名来表示汉代的方言分布，这是因为扬雄发现汉代的方言分布与周代各个诸侯国之间有着大体一致的关系。他这样做既合乎当时的实际，又照顾到了历史。

依据《方言》的材料，利用方言地理学的方法来划分汉代的方言区始于林语堂②。之后，罗常培和周祖谟、司礼义等人都做过汉代方言区的划分工作③。我们对《方言》一书中地名的并举情况全部重新做了统计，并参考前人的结论，划分出了汉代的方言区划。我们的划分如下：1. 秦晋；2. 周韩郑；3. 赵魏；4. 宋卫；5. 齐鲁；6. 东齐海岱；7. 燕代；8. 北燕朝鲜；9. 楚；10. 南楚；11. 南楚之外（南越）；12. 吴越。

以首都长安为中心的秦晋方言是最重要的方言，是通语的基础。这一方言可以分为秦、晋、梁益三个次方言。其中，秦方言最重要，它对晋方言和梁益方言的影响最大。

周韩郑方言显得比较孤立，除了郑与陈、宋，周与魏有一些接触外，这一方言与相邻的大方言秦晋和楚方言都缺少接触。这是因为这一地区尤其是其中心城市洛阳是历史悠久的政治文化中心，传统的保守力量非常强大。

赵魏方言下面可以分为赵和魏两个次方言。赵、魏两国在历史上都出自晋国，但赵方言和魏方言与晋方言的关系并不密切。赵方言与燕方言接触频

---

① 扬雄：《答刘歆书》。

② 林语堂：《前汉方音区域考》，《语言学论丛》，上海开明书店 1933 年版，第 35—44 页。

③ 罗常培、周祖谟：《汉魏晋南北朝韵部演变研究》第一分册，科学出版社 1958 年版，第 72 页；Paul L—M Serruys：*The Chinese Dialects of Han Time According to Fang Yen*，University of California Press Berkeley and Los Angeles，1959，pp77-99。

繁，这是赵对燕扩张渗透的结果，赵与宋、卫、齐、韩、晋等方言的关系相当疏远。赵方言与楚方言没有接触，而魏方言却不然，这是楚方言对魏方言的渗透扩张所致。楚方言可以直接影响魏方言，也可以陈、宋作为中介影响魏方言，因而陈、楚、宋、魏有许多共同的词语。是否受到楚方言的影响和渗透，是赵、魏方言的重要区别。

从历史来源和《方言》中的情况来看，宋、卫可以划为一个方言区。卫方言非常保守，而宋方言却吸收了大量的楚方言词语。这种吸收，可以是直接的，也可以通过陈、魏来进行。从词汇面貌看，宋方言介于卫、楚之间。与魏方言比较，宋方言更接近于楚。此外，宋与齐、鲁的关系也比较密切。可见，把宋、卫划为一个方言区的理由并不十分充分。

齐和东齐是不同的方言，而齐、鲁则是同一方言下面的两个次方言。齐与楚有较多的接触，这是楚方言通过陈、宋、江淮影响齐的结果。另外，齐与宋、东齐、燕、晋、陈、北燕、海岱等方言也有较广泛的接触。相比之下，鲁方言则比较保守，除齐以外，它较多地与宋、卫接触，而抗拒其他方言的影响。这与鲁作为历史悠久的文化中心有关。

东齐、海岱是同一方言下的两个次方言。总的看来，东齐海岱与其他方言接触较少。不过，东齐仍然受到齐方言的某些影响，这与海岱不一样。战国时，海岱地区属于楚国，但海岱却接受东齐方言的词语，而排斥楚方言的影响。

燕国早期与其他国家来往很少，因此，早期燕方言必定很有特点。但从《方言》来看，燕代方言的词汇特征却不太明显。其原因在于，自战国中期以后，燕代方言一直受到齐、赵两种方言的影响、渗透和同化。

北燕不同于燕，它与朝鲜地区方言面貌接近，它们是一个方言下面的两个次方言。这一方言是通过早期燕方言的扩张而形成的，由于偏于一隅，保存了不少早期燕方言的特征，而与汉代燕方言疏远。尽管这样，北燕与燕仍有一些接触。另外，齐、东齐方言对北燕方言也有一些影响。

楚方言下面可以分为三个次方言：楚郢（以郢都为中心）、北楚（包括陈、汝，颍）和江淮。楚郢是楚方言的核心，北楚方言和江淮方言都是楚郢方言向外扩张和同化其他方言而形成的。楚方言很有特色，善于向外扩张，对宋、魏、齐、南楚、吴越等方言有较大影响。

南楚方言是早期楚方言扩张形成的。由于地理上的孤立，保存了许多早期楚方言的词语，因而逐渐与楚方言相分离。南楚方言下面可以分为江湘、沅澧和湘潭九嶷三个次方言。江湘方言是南楚方言的核心。沅澧方言的特征不太明显，它更多地接近江湘方言。南楚方言除了与楚、吴方言的接触较多外，与其他方言极少交往。

《方言》中的“南楚之外”与今天粤方言的地域大体一致。“南楚之外”（南越）方言包括了不少百越民族语言中的词。这种方言除与秦晋、楚有一定关系外，与其他方言，甚至与相邻的南楚方言都几乎没有什么联系。

吴越方言下面可以分为吴、越、瓯三个次方言，它们的地位依次递减。越方言和瓯方言显得非常孤立，而吴方言则与楚方言及南楚方言保持有较多的接触，并受其影响。

从方言与方言之间的关系来看，汉代的方言可以分为三类。第一类方言有秦、赵、齐、楚等，它们对其他方言构成影响，其词语往往是输出性的。第二类方言有晋、梁益、魏、宋、燕、陈、江淮、吴，它们倾向于接受其他方言的影响，而很少影响其他方言。这样，它们就会向影响它们的方言靠拢，以至与原来相近的方言疏远、隔离，例如魏与赵，宋与卫，燕与北燕就愈来愈疏远。由于受到其他方言的强大影响和渗透，有的则进一步丧失其独立性，而成为其他方言的次方言，如梁益变成秦晋方言的次方言，陈、江淮变成楚方言的次方言。第三类方言比较孤立保守。其中的周、卫、鲁等是古代的政治文化中心，因此这些方言顽强抵御、抗拒来自其他方言的影响。其他如东齐、海岱、北燕、朝鲜、南楚、南楚之外、越、瓯等，在历史上曾是非汉语地区，由于某些汉语方言的早期扩张同化而使这些地区的语言成为汉语方言。但是缘于这些地区在地理上比较偏僻，因此在汉代方言中它们显得特别的孤立和保守。

扬雄《方言》地名研究

方言学是研究一种语言的不同形式在某一时代的地理分布。扬雄《方言》是中国也是世界上最早的方言学著作，它反映了汉语方言词汇在西汉时期的大致分布情况。《方言》中的地名非常复杂，因此必须对《方言》中的全部地名作一番研究，才能准确掌握《方言》地名所反映的实际地区，从而更加准确地把握汉代汉语方言词汇的实际分布情况。

《方言》中的地名种类繁多，既有行政区划的地名，又有自然地理的地名；既有古代的地名，又有汉代的地名；既有代表广大区域的地名，又有表示个别地域的地名。扬雄在《方言》中使用这些地名，是为了更准确地反映汉代方言的实际分布情况。

我们可以先把《方言》中的地名分为行政区划地名和自然地理地名两个大类，然后再分门别类地加以论述。

一、《方言》中的行政区划名

《方言》中的行政区划名包括三类：（一）古代的国名；（二）汉代的郡、国名；（三）县名和邑名。

（一）古代的国名

《方言》中最重要的地名是古代的国名，它们大多数是汉代已不存在的周朝诸侯国的国名。由于《方言》中普遍使用这类地名，因此有人认为《方言》中的记载不一定具有共时的价值①。事实上，《方言》中来自前代的材料

① 胡朴安：《中国训诂学史》，中国书店 1983 年版，第 234-235 页、第 242-243 页；袁家骅等：《汉语方言概论》，文字改革出版社 1983 年版，第 18 页。

是非常稀少的。扬雄在《答刘歆书》中说："常闻先代辅轩之使奏籍之书，皆藏于周秦之室，及其破也，遗弃无见之者……君平财有千言耳，翁孺梗概之法略有。"原本《方言》有九千字，今本《方言》有一万一千九百余字①，严君平的"千言"只占其中很小的部分。对于这些少量的前代材料，扬雄使用当时的语言事实，一一重新检查和核实。扬雄说："天下上计孝廉及内郡卫卒会者，雄常把三寸弱翰，赍油素四尺，以问其异语，归即以铅摘次之于椠，二十七岁于今矣。而语言或交错相反，反覆论思，群悉集之，燕其疑。"②

英国语言学家L·R·帕默尔认为方言的分布与古国或古部落的分布有密切的关系。他说："以英语方面而论，虽然过去的区别现在已经有了很大的变化，但是几个主要的方言区与古时侯几个王国的国土差不多仍然是一致的，而这些古王国大致起源于各个部落。英国的行政区划在很大程度上一直同古王国的国界一致，所以这也许是在方言的划分中真正起决定作用的因素。这一点对于研究方言史是十分重要的。"③

从《方言》大量使用古代国名来看，扬雄早就发现了上述规律，就是汉代的方言分布与古代国家的疆域之间有着大体上一致的关系。古代的国家都有相当悠久的历史，长期以来，它们的国都也就是当时的政治、经济、文化、商业和交通中心。由于古代各个诸侯国大都各自为政，经济上自成系统，有自己独特的文化传统与特色，因此，围绕着各国的国都自然形成了大大小小的各种方言。尤其是春秋战国时期，随着中央王朝统治力量的削弱，周王朝的通用语"雅言"逐渐衰落，各个诸侯国的政治力量以及经济、文化都得到了进一步的发展，这给方言的进一步分化创造了条件。许慎在谈到这一时期的情况时说："其后诸侯力政，不统于王，恶礼乐之害己，而皆去其典籍。分为七国，田畴异亩，车涂异轨，律令异法，衣冠异制，言语异声，文字异形。"④ 到了秦汉，统一的封建帝国虽然建立起来，但这种在上一个时代形成的方言格局，并没有什么大的改变。扬雄使用古代的国名，既合乎当时的情况，又照顾到了历史。

---

① 戴震：《方言疏证序》。

② 扬雄：《答刘歆书》。

③ ［英］L·R·帕默尔著，李荣等译：《语言学概论》，商务印书馆1983年版，第120页。

④ 《说文解字·叙》。

《方言》中所提到的古国有秦、蜀、晋、魏、赵、韩、周、燕、朝鲜、代、郑、齐、鲁、宋、卫、陈、楚、瓯、东越等。

1. 秦

在《方言》中，秦总共出现一百零九次。《汉书·地理志》说："秦地于《禹贡》时跨雍、梁二州。" 《方言》中的秦大致相当于战国时秦国的领土，以今天的地域来看，大致包括陕西、四川以及甘肃东部。

2. 蜀

在《方言》中蜀只出现了三次，它是秦下面的一个地区。蜀本是古国名，公元前316年秦灭巴、蜀后，置巴郡和蜀郡。蜀郡的治所在成都（今四川省成都市）。西汉初年，从其北部析出广汉郡，武帝时又从南部析出了犍为郡。《方言》中的蜀不是指西汉时的蜀郡，而是与以成都为中心的古代蜀国的范围相当，即四川盆地西部。

3. 晋

晋在《方言》中被提到一百零七次。西周初年周成王封其弟叔虞于唐（今山西省翼城西）①。唐有晋水，以后叔虞的儿子燮称晋侯。春秋时，晋献公迁都绛（今山西省翼城东南），晋景公迁都新田，称新绛（今山西省侯马市西南），晋始封之时领土很小，后来日益强大，疆域宽广。但其始封之地在今山西省西南，国都数迁，也不出这一范围。公元前四世纪中叶，韩、赵、魏三家分晋，晋国不复存在，韩、赵、魏都大大地扩张了各自的土地。因此，后来的韩、赵、魏并不等于原先晋国的区域。《方言》中提到的晋，一般都指以今山西省西南为中心的比较狭小的地区，即汉代河东郡及周围的地区，而不可能包括韩、魏、赵。《方言》中晋与赵、魏都有并举的情况，可见，晋不能包括赵、魏，当然也不能包括韩。

4. 魏

魏本是西周时的诸侯国。《汉书·地理志》："魏国，亦姬姓也，在晋之南河曲。"即今山西省的芮城。晋献公灭魏后把这一地区封给了大夫毕万。毕万的后代魏文侯与赵、韩共分晋国后定都安邑（今山西省夏县西北禹王村）。公元前361年魏迁都大梁（今河南省开封市）。周祖谟《方言校笺》所

① 刘起釪：《由夏族原居地纵论夏文化始于晋南》，《华夏文明》第1集，北京大学出版社1987年版，第23-24页。

附《方言地名简图》中，把魏的位置定在今山西西南河汾之间，与晋的地域基本重合。王力认为魏应当在宋卫郑陈之间①。我们同意王力的看法。《方言》中的魏应当指以大梁为中心的地区。魏在《方言》中出现六十二次，与宋、楚、赵、陈的并举分别为三十一次、二十二次、二十三次、二十次。可见，魏与这些地区的关系最为密切。从地理上看，赵、宋、陈、楚分别在大梁之北、东、南②。可见，魏应当指以大梁为中心的地区。假如把魏定在安邑，魏在《方言》中必定有许多与秦、晋并举的情况。事实上，《方言》中魏晋并举仅三次，没有与秦并举的情况。

5. 赵

赵在《方言》中出现三十五次。赵最初定都晋阳（今山西省太原市西南），公元前425年迁都中牟（今河南省鹤壁市西），公元前386年迁都邯郸（今河北省邯郸市）。《方言》中的赵指以邯郸为中心的战国赵地，主要包括今河北南部、山西东部一带。

6. 韩

《方言》中有十次提到韩。《战国策·韩策》引苏秦的话说："韩北有巩、洛、成皋之固，西有宜阳、常阪之塞，东有宛、穰、洧水，南有陉山，地方千里。"今河南省西北部皆韩国的故地。韩先定都平阳（今山西省临汾市西北），公元前416年迁宜阳（今河南省宜阳西南），后来又迁阳翟（今河南省禹县），公元前317年韩哀侯灭郑，迁都新郑（今河南省新郑市）。《方言》中既有韩又有郑，为了不使韩、郑在地域上重合，我们应当把韩的东部原属于郑的地区划出。这样一来，《方言》中的韩只能代表战国时韩的西部领土了。

7. 周

《汉书·地理志》说："周地……今之河南洛阳、穀成、平阴、偃师、巩、缑氏，是其分也。"周即东周时的首都洛阳及周围的狭小地区。《方言》中的周、洛是同一地区。在《方言》中周出现十八次，其中与洛并举五次。

8. 燕

燕国建立于西周初年，以蓟（今北京市西南）为国都，燕昭王时又以武

① 王力：《中国语言学史》，山西人民出版社1981年版，第22页。

② 谭其骧主编：《中国历史地图集》第二册《诸侯称雄形势图》，中华地图学社1975年版。

阳（今河北省易县南）为下都。战国末，为秦所灭。西汉初年，臧荼、卢绾相继被封为燕王，拥有故秦上谷、渔阳、右北平、辽西、辽东、广阳六郡，与战国时燕的领土大体相当①。《方言》中的燕并不等于燕国，它只表示包括蓟在内的汉代广阳郡以及周围的部分地区。燕国北部的上谷、渔阳、右北平、辽西、辽东是战国时燕将秦开击退东胡以后扩展的土地。在《方言》中这两个地区位于燕和朝鲜之间，称“北燕”或“北燕之外郊”“燕之东北”“燕之北鄙”“燕之北郊”“燕之外鄙”“燕之外郊”。为方便起见，我们通称“北燕”。《方言》中“燕”和“北燕”的界线是清楚的，“燕”出现十八次，“北燕”出现四十七次。

9. 朝鲜

广义的北燕也可以把朝鲜包括在内。《战国策·燕策》说：“燕东有朝鲜、辽东。”朝鲜建国于西周初年。《史记·宋微子世家》：“箕子者，纣亲戚也……武王乃封箕子于朝鲜而不臣也。”《汉书·地理志》：“玄菟、乐浪，武帝时置，皆朝鲜、濊貉、句骊蛮夷。殷道衰，箕子去之朝鲜，教其民以礼义，田蚕织作。”战国时，朝鲜属于燕国②，秦时，朝鲜“属辽东外徼”③，是秦朝领土的一部分。西汉初年，燕人卫满入据朝鲜。公元前109年，汉武帝灭卫氏政权，在其地置乐浪、玄菟、临屯、真番四郡④。公元前82年，罢真番、临屯⑤。《方言》中的朝鲜大致相当于今辽宁、吉林的部分地区以及朝鲜北部一带。《方言》中，“朝鲜”共出现二十七次。

10. 代

代在《方言》中出现七次。代本是戎族建立的国家，公元前476年为赵襄子所灭。赵武灵王置代郡。秦、西汉时代郡的治所在代县（今河北省蔚县东北）。《方言》中的代除了包括代郡外，还包括汉代的云中郡、雁门郡以及太原郡的部分地区。

11. 郑

郑立国于西周，最初封于棫林（今陕西省华县），西周末迁至东虢（今

---

① 周振鹤：《西汉政区地理》，人民出版社1987年版，第64页。

② 见《史记·朝鲜列传》《汉书·西南夷两粤朝鲜传》。

③ 见《史记·朝鲜列传》《汉书·西南夷两粤朝鲜传》。

④ 见《汉书·武帝纪》《汉书·西南夷两粤朝鲜传》。

⑤ 见《汉书·昭帝纪》《后汉书·东夷传》。

河南省荥阳市）和桧（今河南省密县东北）之间。东周初年建都于新郑（今河南省新郑市）。公元375年为韩所灭。《汉书·地理志》说：“郑国，今河南之新郑，本高辛氏火正祝融之虚也。及成皋、荥阳、颍州之崇高、阳城、皆郑分也。”郑大致包括今河南中部一带。《方言》中有十二次提到郑。

12. 齐

《方言》中的齐和东齐是两个不同的方言地区。《方言》提到齐六十次，提到东齐六十二次。齐指以临淄（今山东省淄博市东临淄北）为中心的最早的齐国领土，大致相当于秦代的临淄、济北两郡，即今山东省北部（不包括胶东半岛）和河北东南部。东齐在今胶东半岛一带，大致相当于秦的胶东郡。东齐本是莱夷的地方，公元前567年齐灵公灭莱（今山东省昌邑市东南）① 以后才成为齐国的领土②。齐和东齐在方言上有较大的差异。

13. 鲁

鲁受封于西周初年，建都曲阜（今山东省曲阜市）。《史记·货殖列传》说：“泰山之阳则鲁，其阴则齐。”《方言》中的鲁与春秋时鲁的疆域大体一致，即以曲阜为中心的泰山以南，今山东省西南的汶、泗、沂、沭流城。《方言》中鲁一共出现二十七次，其中东鲁单独出现一次。

14. 宋

宋建于西周初年，都睢阳（今河南省商丘市西南）。战国初，可能迁都彭城（今江苏省徐州市）③。这一带是殷的故地。《汉书·地理志》说：“宋地……今之沛、梁、楚、山阴、济阴、东平及东郡之须昌、寿张，皆宋分也。周封微子于宋，今之睢阳是也。”《方言》中宋共出现七十九次，大致包括以今商丘市为中心的河南省东部以及山东省西南、江苏省西北和安徽省北部的部分地区。

15. 卫

卫建于西周之初，最初都朝歌（今河南省淇县东北），文公迁楚丘（今河南省滑县东），成公迁帝丘（今河南省濮阳市西南）。卫国在原殷王畿地区，人民也主要是殷民的后裔④。《汉书·地理志》：“卫地……今之东郡及魏

---

① 杨伯峻：《春秋左传注》，中华书局1981年版，第690-691页。

② 《左传·襄公六年》。

③ 杨宽：《战国史》，上海人民出版社1980年版，第264页。

④ 《左传·定公四年》。

郡黎阳，河内之野王、朝歌，皆卫分也。”又说：“河内本殷之旧都。”卫大致在今河南省北部以及河北省南部山东西部一带。《方言》中卫出现三十一次，其中一次为“卫之北郊”。

16. 陈

《汉书·地理志》：“陈国，今淮阳之地。陈本太昊之虚，周武王封舜后妫满于陈。”陈都宛丘（今河南省淮阳市），公元前478年被楚所灭。陈的疆域包括以今淮阳为中心的河南省东部、安徽省北部的部分地区。《方言》中陈出现过七十二次，其中有一次为“陈之东鄙”。

17. 楚

楚立国于殷商时期，西周初年受封于荆山。楚文王元年（前689）自丹阳（今湖北省枝江市西）徙都郢（今湖北省江陵市西北），顷襄王十一年（前278）迁陈（今河南省淮阳市），考烈王十年（前253）迁都钜阳（今安徽省阜阳市北），考烈王二十二年（前241）又迁都寿春（今安徽省寿县西南）。楚庄王时，楚国疆域的西起武关（今陕西省商县东），东到昭关（今安徽省含山县北），北起今河南省南阳市，南到洞庭以南。战国时楚国的领土进一步扩大到今山东南部和江苏、浙江一带。由于在《方言》中除了楚以外还提到“南楚”“西楚”“南楚之外”这些地区，因此，《方言》中的楚比战国时的楚的范围要狭小得多，它主要指以郢都为中心的江汉平原及其周围的地区，《方言》总共提到楚一百二十九次。

《方言》中多次提到南楚，如果把《方言》中的“楚以南”“楚郢以南”算进去，南楚总共出现六十二次。《史记·货殖列传》：“衡山、九江、江南、豫章、长沙，是南楚也。”衡山是汉代的郡国名，大致相当于今皖、鄂、豫三省之间的地方。关于九江，姜亮夫说：“《史记》所云南楚九江后人多误以为浔阳之九江。”其实“荆之九江为洞庭甚明”①。江南应指长江以南的广大地区。张守节《史记正义》说：“此言大江之南豫章、长沙二郡，南楚之地耳。”汉代的衡山郡（国）不属于《方言》中南楚的范围，这样就只剩下长沙国和豫章郡了。汉代的豫章相当于今江西省，在《方言》中基本上是一片空白，因此，《方言》中的南楚主要应当指汉代的长沙国。这个长沙国指汉

① 姜亮夫：《荆楚名义及楚史地》，《楚辞学论文集》，上海古籍出版社1984年版，第209—210页。

文帝以前的吴姓长沙国，辖长沙、武陵、桂阳三郡，主要在今湖南省，也包括湖北省长江以南以及广东省和广西省北部的部分地区。

郭璞在《方言》1/21 条[①]下说道："西楚，谓今汝南、彭城。"《史记·货殖列传》说："自淮北沛、陈、汝南、南郡，此西楚也。"淮北诸郡皆在东，与南郡隔绝，不应同属西楚。从地理位置上看，《方言》中的"西楚"应当在汉代的南郡之内。《方言》中提到西楚凡三次，一次与"梁益之间"(7/5) 并举，另一次与秦并举（11/1)。秦和梁益都在楚之西。周成王时封楚君熊绎于荆蛮，居丹阳（今湖北省秭归县东南)。考虑到西楚必然在郢都之西，而丹阳正好在郢都之西，介于郢与秦、梁益之间。因此，西楚应指丹阳，即今湖北省西部地区。

《方言》中提到"自楚之北郊"一次，大概指与郑、韩、魏接界的汝颍、陈一带。《史记·货殖列传》中说："陈在楚夏之交。"陈介于中原各国(夏）和楚之间，对于楚来说，它在北边。

《方言》提到"南楚之外"十三次，提到"南楚以南"一次。这一地区就是《史记·货殖列传》中所说的"九嶷、苍梧以南"。在西汉初年，这一地区属于南越王国，因此，我们把这一地区通称为"南越"，也就是今天的岭南一带。南越地区和楚的关系比较密切。楚成王曾臣服南海，辟地千里。楚悼王时，吴起平百越，楚占领了岭南的部分地区。秦始皇曾三次大规模地对岭南用兵，于公元前 214 年置桂林、象郡、南海[②]。秦亡后，这一地区为南越王赵佗所据，汉武帝时并入汉王朝。

18. 吴

吴建立于西周以前，国都在吴（今江苏省苏州市)。《方言》中吴出现二十七次，包括今江苏省的大部分地区和安徽、浙江的部分地区。《方言》中还提到"吴楚之外郊""瓯吴之外鄙"各一次。今江西北部是吴楚交界之地，称"吴头楚尾"，因此，"吴楚之外郊"可能指今江西南部，"瓯吴之外鄙"可能指今福建省北部及浙江南部的沿海地区。

19. 越

越是一个古老的国家，建都会稽（今浙江省绍兴市)，约公元前 306 年

---

① 本文所引《方言》，以周祖谟《方言校笺》为据，斜线前的数字表明卷数，斜线后的数字表示条目。

② 《史记·秦始皇本纪》。

为楚所灭。《方言》中的越大体上指今浙江省。在《方言》中共提到越十三次，其中包括“越之垂”一次。

20. 瓯

《方言》有两次提到瓯，另外，提到“东瓯”和“瓯吴之鄙”各一次。瓯在今浙江省温州市一带。东瓯就是瓯，言“东”是为了别于“西瓯”。《史记·东越列传》：“孝惠三年……乃立摇为东海王，都东瓯，世俗号为东瓯王。”

21. 东越

《史记·东越列传》：“闽越王闽中故地，都东冶。”以后，闽越分裂为繇和东越两部分。从《史记·东越列传》来看，似乎东越王余善统治了东瓯和闽越的大部分地区。东越指今浙江省南部和福建省北部，在《方言》中仅出现一次。

22. 西瓯

《方言》中只提到西瓯一次：“穆，信也……西瓯毒屋黄石野之间曰穆。”（1/20）郭璞注：“西瓯，骆越别种也。音呕。其余皆未详所在。”西瓯大致包括汉代郁林郡和苍梧郡，相当于桂江流域和西江中游，即广西省贵县一带①。毒屋黄石野可能也在今广西。

23. 其他

《方言》中与古代国名有关的地名还有五国之郊、周南、召南、中夏、西夏等。郭璞在《方言》（7/8）“自山而东五国之郊”下注：“六国，唯秦在山西。”“五国之郊”指崤山以东的齐、楚、赵、韩、魏，不包括燕在内。

《方言》中出现周南两次，召南一次，它们与《诗经》中所代表的地域相同。周南指洛阳以南直达江汉的地区，召南指今河南陕县到陕西省西安一线以南的地区。

夏在《方言》中出现三次：西夏一次（8/15），中夏两次（10/34、10/45）。钱绎在《方言笺疏》中提出“夏”指夏水，② 这是不准确的。傅斯年说：“夏之区域，包括今山西省南半，即汾水流域，今河南省之西部中

---

① 张一民：《西瓯骆越考》，《百越民族史论集》，广西人民出版社1985年版，第135页。

② 钱绎：《方言笺疏》卷八。

部，即伊洛嵩高一带，东不过平汉线，西有陕西一部分，即渭水下流。”① 因此，西夏应指今陕西东部，在《方言》中属于秦晋方言。中夏即夏的中部，大概指洛阳周围的地区。

（二）汉代的郡、国名

同古代的国名相比，《方言》使用汉代的行政区划的名称要少得多。这些地名可以再分为两类：一类是汉代（包括少数秦代）的郡国或相当于郡国的地名；另一类是县、邑名。在地域上这些地名有时与古国名相重合，有时也不完全一致。扬雄使用这类地名，不仅暗示了从周到汉某些方言在地域上有一定变化，而且是为了更准确地表示方言词语在当时的实际分布情况。

西汉后期的郡、国一共有一〇三个。《方言》中出现的郡、国或相当于郡、国的行政区名只有三辅、梁、平原、沛、东海、丹阳、会稽、桂林。如果包括前面在古代国名中所提到的蜀和代，也不过十个。

1. 三辅

《方言》中三辅仅出现一次。三辅就是京兆、左冯翊、右扶风三个相当于郡的地区，治所在京城长安。三辅应当包括在秦或关西之中。

2. 梁

《方言》中的“梁”可以指古九州之一的梁州，也可以指汉代的郡国。当“梁”与“益”“雍”并举时，指梁州，而与“宋”“楚”等地名并举则指汉代的郡国。汉高帝五年（前 202）改砀郡为梁国，治所在睢阳，即原来宋国的国都所在地，辖今河南省商丘、民权、虞城和安徽省的砀山一带。因此梁与宋在地域上基本重合。《方言》中梁总共出现八次，其中有五次与宋并举。

3. 平原

汉代的平原郡包括今山东省平原、禹城、陵县、齐河、临邑、商河、惠河、惠民、阳信等县。平原属齐，在《方言》中出现两次。

4. 沛

汉代沛郡辖今安徽省淮河以北、西肥水以东以及江苏省西北、河南省东部的小部分地区，治所在相县（今安徽濉溪县西北）。《方言》中沛可视为宋

---

① 傅斯年：《夷夏东西说》，《庆祝蔡元培先生六十五岁论文集》下册，1935 年版，第 1111 页。

的一部分，只出现了一次。

5. 东海

东海郡包括今山东东南、江苏东北沿海地区，治所在郯（今山东郯城县北），在《方言》中属于海岱地区。《方言》仅提到东海一次。

6. 丹阳

西汉的丹阳郡是汉武帝改鄣郡所置，治所在宛陵（今安徽省宣城市），包括今安徽省南部、江苏省西部及浙江省、江西省的部分地区，在《方言》中属于扬州或吴。丹阳在《方言》中仅出现一次，与会稽并提。

7. 会稽

会稽郡置于秦始皇五年（前222），包括原吴、越之地，治所在吴县（今江省苏州市），西汉时范围有所扩大，相当于今茅山以东的苏南、浙江大部及福建全省。《方言》中会稽出现两次，其范围大致与秦郡相同，而不同于汉郡。

8. 桂林

桂林郡置于秦代，在《方言》中出现四次，都是单独出现的。桂林治所在今广西壮族自治区桂平市西南，在《方言》中属于“南楚之外”，即南越地区。

（三）县名和邑名

《方言》中使用县名和邑名是为了表示方言词语在更小的地方的分布范围。《方言》中的县、邑名包括：邠、冀、陇、唐、翟、宛、野、郢、邳、陶，另外还有“秦晋之故都”和“秦之旧都”等。

1. 邠

邠同豳，是古邑名，在今陕西省旬邑县西，在《方言》中属于秦。邠（豳）在《方言》中出现三次 。

2. 冀

《方言》中的冀有时表示古九州之一的冀州，有时表示汉代的冀县。当“冀”与“陇”并举时，表示冀县，其余的则表示冀州。汉代的冀县属天水郡，治所在今甘肃省天水市西。《方言》中表示冀县的冀出现三次。

3. 陇

《方言》中陇出现了七次，其中西陇一次。陇县置于西汉，治所在今甘肃省张家川县。

4. 唐

唐是古邑名，在《方言》中仅出现一次。郭璞在《方言》（1/13）条下注道："唐，今在太原晋阳县。"这是根据《汉书·地理志》的说法。臣瓒认为唐在"河东永安，去晋四百里"，即今山西翼城县西①。这是晋的中心地区。

5. 翟县

《方言》（1/16）条中提到翟县。郭璞说："今上党潞县即古翟国。"潞本春秋赤狄潞氏之国，汉置县，治所在今山西黎城县西南。

6. 宛

宛县即今河南省南阳市，本战国时楚邑，后属韩，秦昭襄王置县，秦以后历来都是南阳郡的治所。《方言》中宛出现了两次 。

7. 野

野即新野，县名，西汉置，即今河南省新野县。《方言》中提到野一次。《汉书·地理志》把宛和新野都归于韩。

8. 郢

郢是重要的都邑，在今湖北省江陵市西北纪南城。公元前689年楚文王自丹阳徙此，以后长期为楚都城，直到公元前278年楚顷襄王徙陈。楚在此建都411年。西汉时郢为南郡治所。郢在《方言》中出现五次。

9. 邳

邳县在西汉属东海郡，本春秋薛地，在今江苏省邳州市西南。《方言》中邳只出现一次。

10. 陶

陶是古邑名。郭璞在《方言》1/17条下注"陶唐，晋都处"，认为"陶"是"陶唐"的简称，即晋国的初封地。我们认为陶应当指汉代的定陶县，即今山东省荷泽市定陶区。陶原为曹国国都，春秋末属宋，战国时属齐。《方言》中陶仅出现一次，是宋的一部分。

---

① 丁山：《由三代都邑论其民族文化》，《历史语言研究所集刊》第五本第一分，1935年版，第86—90页。

11. 秦晋之故都、秦之旧都

在《方言》（1/3）条下，郭璞注：“秦旧都，今扶风雍县也。晋旧都，今太原晋阳县也。”雍县在今陕西省宝鸡市凤翔区，晋阳在今出西省太原市南。我们认为，晋之故都应指晋初所封的唐，即今山西省翼城县西。

二、《方言》中的自然地理名

《方言》中的自然地理名包括四类：（一）古代的州名；（二）山岳名；（三）水名；（四）方位名。

（一）古代的州名

《方言》中比较广泛地使用了古代九州的名称。扬雄使用古代的州名，主要是为了表示那些分布较广的方言词语。州的划分，据说开始于古史的传说时代。《汉书 · 地理志 》说：“昔在黄帝，作舟车以济不通，傍行天下，方制万里，划野分州……尧遭洪水，怀山襄陵，天下分绝，为十二州，使禹治之，水土既平，更制九州。”关于尧的十二州，《尚书 · 尧典》只说“肇有十有二州”，并未列出具体的州名。《尚书 · 禹贡》列出了所谓禹划分的九州：冀州、兖州、青州、徐州、扬州、荆州、豫州、梁州、雍州。《尔雅 · 释地》《周礼 · 职方氏》《吕氏春秋 · 有始》也列出了九州，但与《禹贡》的记载有一些出入，且互相也有出入。《尔雅》所载九州为冀、幽、兖、营、徐、扬、荆、豫、雍。《周礼》所载九州为幽、并、冀、兖、青、扬、荆、豫、雍。《吕氏春秋》所载九州为豫、冀、兖、青、徐、扬、荆、雍、幽。九州并非禹所划分，而应当是战国时的人各据所知，对我国上古时期版图所作的九个地理区划。不过，这也基本上概括了我国战国时的版图①。汉代的疆域虽然超过战国时代，但除个别地区以外，汉语的分布没有越出九州的范围。汉武帝根据《禹贡》《周礼》等，并参照自己的一些意见，除开京师附近七郡，把全国分为十三个刺史部即十三州，即：豫、冀、幽、并、凉、徐、兖、青、荆、扬、益、朔方、交趾。

九州的划分，从表面上看属于行政区划，但实际上具有自然地理区划的

① 见李长傅《<禹贡>释地》，中州书画社 1983 年版，第 1–3 页。

性质。《禹贡》划分九州的依据是："冀州。……济河惟兖州。……海、岱惟青州。海、岱及淮惟徐州。……淮、海惟扬州。……荆及衡阳惟荆州。……荆、河惟豫州。……华阳、黑水惟梁州。……黑水、西河惟雍州。"《尔雅》《周礼》《吕氏春秋》中的九州，大抵也是依据山、川、河、海以及方位来划分的。在古代，方国部落林立，交通困难，山川河流往往成为阻隔人们交际的天然障碍，容易形成不同的方言。既然九州主要是依据山川河流来划定的，因此在一定程度上也可以反映出古代方言的实际分布情况。汉代的方言当然有不少变化，但方言在大的区域分布上则是比较稳固的。因此，扬雄使用古代的州名来说明某些词语在较大的地区中的实际分布，是完全合理的。

汉代分全国为十三州，但《方言》中没有提到其中的并州、朔方州和交趾州。而扬雄曾经又写过"十二州箴"，包括青州、兖州、徐州、扬州、荆州、豫州、益州、雍州、幽州、并州、交州。与《方言》相比，多出了并州和交州。可见，扬雄在《方言》中使用的是古代的州名，而不是汉代行政区的州名。这样做，是为了更加切合实际地描写当时汉语方言词语分布的情况。

《方言》中的州名，总共提到一百零四次。其中冀州两次、兖州六次、青州十一次、徐州十四次（包括"徐士"一次)、扬州二十八次（包括"东扬"两次)、荆州二十二次（包括"荆郊之鄙"和"荆之南部"各一次)、豫州两次、梁州和益州各十五次、雍州两次、凉州一次、幽州一次。《方言》总共使用了十二个州名。同《禹贡》相比，《方言》多用了凉、益、幽三州。汉代改梁州为益州①，梁、益是一个地区。《禹贡》《尔雅》《周礼》《吕氏春秋》中都没有凉州，凉州系汉代雍州所改②。凉州就是雍州。《禹贡》没有幽州，这与《尔雅》《周礼》《吕氏春秋》都不一样。汉代的十三州中有幽州。可见，《方言》中的州名，就其实际所代表的地区来看，与《禹贡》没有什么差异，只是在个别地方依照汉代的名称作了局部改变和增添。其中增添的就是幽州，它是从冀州分出来的。扬雄《幽州箴》："荡荡平川，惟冀之别。"幽州在《方言》中仅出现一次。下面，我们分别叙述《方言》中的州所代表的地域。

1. 冀州

《禹贡》的冀州包括《尔雅》和《吕氏春秋》中的冀州和幽州。《方言》

---

① 《汉书·地理志》。

② 《汉书·地理志》。

中既有冀州又有幽州，因此《方言》的冀州不包括幽州。《尔雅·释地》："两河间曰冀州。"《吕氏春秋·有始》："两河之间为冀州，晋也。"两河即西河和东河，指今陕西、山西间的黄河以及当时流经现在河南北部、河北东部的古黄河。《方言》中"冀"出现五次，但表示冀州的"冀"只有两次。冀州大致相当于今天山西、河北两省的中部和南部。

2. 幽州

《尔雅·释地》："燕曰幽州。"《周礼·职方氏》："东北曰幽州。"《吕氏春秋·有始》："北方为幽州，燕也。"幽州与战国时的燕国相当。

3. 兖州

《禹贡》："济、河惟兖州。"《吕氏春秋·有始》："河、济之间兖州，卫也。"兖州与卫大体相当。济指古济水，河指古黄河。兖州包括今山东省西部、河南省北部以及河北省东部的部分地区。

4. 青州

《禹贡》："海、岱惟青州。"《吕氏春秋·有始》："东方为青州，齐也。"《尔雅》称营州。《尔雅·释地》："齐曰营州。""海"指勃海，"岱"指泰山。青州指勃海以南泰山以北的地区，与战国时齐国的疆域相当，即今山东北部和东部。

5. 徐州

《禹贡》："海、岱及淮惟徐州。""海"指黄海。徐州就是从黄海、泰山到淮河以北的地区，它与青州的界线大体同战国时的齐长城一致。《吕氏春秋·有始》："泗上为徐州，鲁也。"徐州不仅包括鲁，还应当包括《方言》中的海岱地区。《方言》中的徐州指今山东省的南部、安徽省和江苏省的北部地区。

6. 扬州

《禹贡》："淮、海惟扬州。"扬州指淮河以南，东海、黄海以西直达江南的东南地区。不过，从《尔雅·释地》"江南曰扬州"、《周礼·职方氏》"东南曰扬州"、《吕氏春秋·有始》"东南为扬州，越也"来看，扬州也可以不包括江淮之间的地区，而主要指今江南一带。

7. 荆州

《禹贡》："荆及衡阳惟荆州。"《尔雅·释地》："汉南曰荆州。"《吕氏春秋·有始》："南方为荆州，楚也。""荆"指荆山，在今湖北省南漳县西，武当山东南，汉水西岸。"衡"指湖南衡山。荆州包括从荆山到衡山南面的广大地区。《方言》中荆州比战国时楚国极盛时的疆域要小一些，大体上包括今湖北、湖南两省。

8. 豫州

《禹贡》："荆、河惟豫州。"《吕氏春秋·有始》："河、汉之间为豫州，周也。"豫州包括《方言》中的周，但不等于说豫州与周相当，在《方言》中豫州主要指今河南省黄河以南的地区。

9. 梁益

《方言》中表示梁州的"梁"一般都与"益"并举。《禹贡》："华阳、黑水惟梁州。""华"指华山，"黑水"一般认为就是今天的金沙江。梁州指秦岭以南、金沙江以北的地区，主要包括今四川、陕南一带。

10. 雍凉

雍州和凉州是一个地区。《禹贡》："黑水、西河惟雍州。"《尔雅·释地》："河西曰雍州。"《吕氏春秋·有始》："西方为雍州，秦也。"这里的"黑水"不是一条河。关于它，前人争论甚多，大抵是指今甘肃西部的某一条河。"西河"指今山西、陕西间的黄河。《方言》中的雍、凉共出现三次，都与梁或西南并举，因此，《方言》中的雍凉要偏西一点，主要指《方言》中的"西秦"或"秦之西鄙"，不包括关中一带。

（二）山岳名

对于交通而言，山岳是一个重要的制约因素。山岳阻隔了人们的来往和交流，却促进了方言的形成，加大了方言间的距离。由于山岳往往是方言的天然界线，因此扬雄使用山岳的名称来划定方言的分布范围。

1. 山（关）

在自然地理名称中，最突出的是"山"和"关"。《方言》中单独说到"山"时，指崤山或华山。《方言》中"自山而西"出现一次，"自山而东"出现四次，"（自）山之东西"出现五次。

《方言》中"关"与"山"是一致的。"关"指函谷关。《汉书·赵充国辛庆忌传赞》说："山东出相，山西出将。"《后汉书·虞诩传》引当时的谚语说："关西出将，关东出相。"可见，关西即山西，关东即山东。

在《方言》中，关西（包括“自关而西”“自关以西”）共出现八十七次，其中单独出现四十五次。关西无疑属于秦，也可以包括晋的一部分，即黄河转弯处的河曲一带。问题在于，关西和秦在地域上是否完全一致。我们认为关西只是战国时秦国的一个部分，与《禹贡》中的雍州相当，不包括南边的梁益地区。《汉书·赵充国辛庆忌传赞》说：“秦汉以来，山东出相，山西出将。秦将军白起，郿人；王翦，频阳人。汉兴，郁郅王围、甘延寿；义渠公孙贺、傅介子，成纪李广、李蔡，杜陵苏建、苏武，上邽上官桀、赵充国，襄武廉褒，狄道辛武贤、庆忌，皆以武勇显闻。苏、辛父子著节，此其可称列著也，其余不可胜数。”以上所列地名，俱在雍州界内，而不在梁益境内。因此，关西的范围比秦小。

《方言》中“自关而东”（即关东）共出现四十七次，劳榦认为：“关东固然可完全指函谷以东，但也可以只包括江淮以北，沿北边诸郡以南一带地方……为方便起见，不妨将北边除去燕代的旧疆，南边除去荆扬二部，将淮河以北函谷和太行以东假定为本篇中的‘关东’。”① 这并不完全符合《方言》中的实际情况。《方言》中的关东可以包括荆楚。例如，“自关而东汝颍陈楚之间”“自关而东陈魏宋楚之间”（1/9）“自关而东周洛楚魏之间”（3/5），“自关而东陈楚宋卫之间”（5/35、13/105）。关东也可以包括江淮，甚至连湘水流域的南楚也可以包括进来。例如，“自关而东江淮南楚之间”（3/15）。《方言》中的关东从来不与燕代并举，因此正如劳榦所说，关东不包括北边的燕代。既然关东不包括燕代，那么山东也同样不包括这一地区。因此，《方言》“自山而东五国之郊”（7/8）中的“五国”就不能把燕包括在内，这样，就只有齐、楚、赵、魏、韩了。

“自关而东”单独出现二十七次，指从函谷关到东方的某处。关东的终点虽然不详，但其起点却是清楚的，这就是《方言》中的周、韩（可能还包括郑在内）一带。关东与其他地名的并举有二十次，这时，“自关而东”的范围是清楚的。例如，“自关而东赵魏之间”（1/2），“自关而东河济之间”（1/3），“自关而东汝颍陈楚之间”（1/9），“自关而东周郑之间”（1/32），“自关而东周郑之郊齐鲁之间”（2/14），“齐鲁青徐自关而东”（2/15），“自关而东赵魏之间”（3/1），“自关而东陈魏宋楚之间”（3/5），“自

① 劳榦：《两汉户籍与地理之关系》，《历史语言研究所集刊》第五本第二分，1935年版。

关而东江淮南楚之间”（3/15），“自关而东赵魏之间”（5/5），“自关而东赵魏之郊”（5/10），“自关而东周洛韩魏之间”（5/23），“自关而东齐鲁之间”（5/41）。同样，“自山而东”单独出现时，其终点也不清楚。但是，当它与其他地名并提时，其终点是清楚的，例如，“自山而东齐楚以往”（7/16）。

《方言》中“自关东西”“自关而东西”“关之东西”“关西关东”“关东西”所代表的地区是一致的，一共出现十三次，都不与其他地名并举。“（自）山之东西”与上述地区相同，都是指以函谷关为中心的东西两侧，大致包括关西的全部地区和关东的周郑韩一带。

2. 岱

岱就是泰山，在今山东省中部。《方言》中的岱总是与“海”并提，称海岱，“海”指当时的东海，即今天的东海和黄海。海岱指从黄海到泰山南麓包括淮泗在内的广大地区，这一地区原是九夷所居之地。海岱基本上相当于秦代的琅邪郡和东海郡中淮河以北的地区。海岱和东齐大致以战国时的齐长城为界，这也是青州和徐州的分界。在《方言》中，海岱总共出现二十九次，与东齐的并举为二十三次 。

3. 嵩岳

嵩岳指嵩山，在今河南省登封市北。在《方言》中嵩岳出现两次：“嵩岳之南陈颍之间”（4/14）、“嵩岳以南陈颍之间”（7/17）。《汉书・地理志》说：“颍川之崇高、阳城，皆郑分也。”崇高、阳城皆在嵩山之南，因此“嵩岳之（以）南”应属于郑。

4. 衡

《方言》中衡出现两次。衡就是今湖南省中部的衡山。

5. 九嶷

九嶷山在今湖南省南部宁远县南。在《方言》中九嶷位于南楚的最南边，与南越地区接界。《方言》三次提到九嶷。

（三）水名

由于河流往往具有航运之便，因此在古代的交通中，河流的地位相当重要。即使是那些不能通航的河流，两岸也大都比较平坦，不仅适宜于农业生产，而且有利于交通往来。一般说来，河流沿岸的经济比较发达，人口众多，交通方便。这对方言间的接触和融合非常有利。在《方言》中，扬雄相当频繁地使用河流的名称来确定方言词语的分布区域是非常恰当的。

《方言》中的河流名称包括江、淮、湘、沔、汉、沅、澧、潭、湧、澬、瀑、洭、灵、河、洛、济、汾、汝、颍、淇、泗、沂（圻）、洌。

1. 江

江就是长江。除“江滨”“自江而北”外，《方言》中的江都是与其他水名共用的，如江淮、江湘、江沔、江沅等。

2. 江淮

广义上说，江淮应当指长江和淮河之间的地区，但在《方言》中江淮的范围要小一些，主要指西汉时淮南国中的九江郡和衡山郡①。这一地区的中心城市是寿春、合肥。江淮在《方言》中出现三十三次，单独出现四次。

3. 江湘

江湘指从长江中游到湘水一带的地区，属于《方言》中的南楚。《方言》中一共提到江湘二十次，单独提到十次，其中一次为“江湘之会”，另一次为“江湘交会”，这两次专指洞庭湖周围比较狭小的地区。

4. 江沔

江沔在《方言》中出现四次，其中单独出现两次，与南楚并举也是两次。沔水是古代汉水的通称。《禹贡》：“（梁州）浮于潜，逾于沔。”《汉书·地理志》“汉中郡沔阳”下应劭注：“沔水出武都，东南入江。”如淳注：“此方人谓汉水为沔水。”《汉书·地理志》《说文解字》《水经》都习称汉水为沔水。《方言》“南楚沔之间”（4/44）下郭璞注：“沔水今在襄阳。”襄阳即今湖北省襄樊市。《禹贡》：“嶓冢导漾，东流为汉，又东为沧浪之水。”李长傅说：“沧浪水指的是汉水中游均县至襄阳之一段水道。”② 可见，虽然可以把汉水通称为沔水，但狭义的沔水是指襄阳以下的汉水，襄阳至均县称沧浪水，均县以上称汉水。《方言》中没有常见的“江汉”这一名称，《方言》中的“江沔”即一般所说的江汉，是楚国也是楚方言的中心地区。

5. 江沅

江沅指从长江中游到沅江一带的地区，在《方言》中出现两次，属南楚。江沅大致相当于西汉的武陵郡和南郡的西南部，即今湖南省西部，也可

① 关于这两郡的范围，见周振鹤：《西汉政区地理》，人民出版社1987年版，第49页。
② 李长傅：《〈禹贡〉释地》，中州书画社1982年版，第124页。

能包括贵州省的东部和湖北省西南部的部分地区。

6. 沅湘

沅湘即沅水和湘水间的地区，在《方言》中属于南楚。《方言》中“沅湘之间”出现两次。“湘沅之会”出现一次，郭璞认为“湘沅之会”指“两水合处”，因此仅指洞庭以南的较小地区。另有一次为“沅湘以南”，即今湖南省南部、广西省东北部以及贵州省的部分地区。

7. 沅澧

沅澧在《方言》中出现三次，其中一次为“沅澧之原”。沅澧属于南楚，在汉代的武陵郡内，即湘西一带。“沅澧之原”指沅澧二水的上游，在今湖南省的最西部，可能也包括贵州省的部分地区。

8. 湘潭

湘潭在《方言》中出现三次：“湘潭之原荆之南鄙”（10/2）、“九嶷湘潭之间”（10/7）、“湘潭之间”（10/36）。郭璞在“湘潭之原”下注道：“潭，水名，出武陵。”《说文》：“潭水出武陵镡成玉山，东入郁水。”汉代镡成县的治所在今湖南省靖县西南，潭水即今广西省的融江。“湘潭之间”和“湘潭之原”指湘水和潭水的上游，即今湖南省西南和广西省的北部一带。

9. 沅涌㴒幽

《方言》中只有一次提到沅涌㴒幽，郭璞注：“㴒水今在桂阳，音扶；涌水今在南郡华容县也。”（10/41）桂阳郡系汉高帝置，治所在郴县（今湖南省郴州市），相当于今湖南省东南以及广东省北部韶关、英德一带。涌就是涌，涌水为古水名，首起湖北省荆州沙市区南，分江水东流，下游重新入江，今淤。幽之所指不详。

10. 瀑洭

瀑指瀑带水，《清一统志》说瀑带水在湖南永州府永明县南，发源于神光遇廖山。永明县就是今天的江永县，《汉书·地理志》桂阳郡含洭下应劭注道：“洭水所出，东北入沅。”应劭有误，洭水不入沅。谭其骧主编的《中国历史地图集》第二册“荆州刺史部”中，把流经含洭的洭水定为注入北江的连江。其实，洭水除包括连江外还应包括湟江，湟只是洭的不同写法。湟江、连江在今广东省北部的连县、阳山一带。可见，瀑洭指今湘南粤北一带。

瀑洭在《方言》中只出现一次："南楚瀑洭之间。"（6/55）瀑洭属于南楚。

11. 灵

《方言》中"灵"只出现一次："灵桂之郊。"（5/10）钱绎认为，"灵"指《水经注·漓水》中所说的灵谿水，即今广西省的贺江。"桂"指桂岭，即今萌渚岭①。因此，"灵桂之郊"指今广西东北部，在《方言》中应属"南楚之外"，即南越地区。

12. 河

河就是黄河。在《方言》中与河并举的水名有河济、河汾。与河有关的地名则有河阴、河内之北、自河以北等。

13. 河阴

河阴在《方言》中只出现一次（1/31）。郭璞说："今冯翊郃阳河东龙门是其处也。"河阴即今山西省河津市西北的禹门口。

14. 河内之北

河内之北指今河南省黄河以北的地区，与冀州相当，包括今河北省和山西省在内。《周礼·职方氏》："河内曰冀州。"河内之北在《方言》中只出现了一次。

15. 自河以（而）北

自河以北、自河而北在《方言》中出现三次，包括黄河中下游以北燕、赵及魏的河北地区。

16. 河济

河济在《方言》中出现四次。河济即兖州，与卫相当。

17. 河汾

《方言》中的河汾相当于晋，只出现一次。

18. 洛

洛就是洛河，在《方言》中与周的地域相当。

19. 汝

汝即汝水，就是今天河南省境内的北汝河、南汝河、洪河。《方言》中汝总共出现十二次，单独出现仅一次，与颍的并举为八次。

---

① 钱绎：《方言笺疏》卷五。

20. 颍

颍水发源于今河南省登封市西南，东南入淮河。颍在《方言》中出现十四次，大都与汝并举。汝颍流域主要在汉代的颍川、汝南两郡，在《方言》中属于北楚，与郑、韩接界。

21. 淇

淇在《方言》中只出现一次，与卫并举。淇水在今河南省北部，《方言》中淇与卫的地域相当。

22. 泗

泗水发源于今山东省，在今江苏省内入淮河。《方言》中有两次提到泗，都与淮并举。淮泗地处徐州，在《方言》中属于鲁、宋、楚三国，淮泗的部分地区可以归入《方言》中的海岱地区。

23. 圻（沂）

《方言》提到“徐土邳圻之间”（4/44）。周祖谟认为“圻”为“沂”之误。因此，圻指沂水，今称沂河，在山东省境内。沂（圻）在《方言》中仅出现一次，属于海岱地区。

24. 汉

《方言》中汉出现四次，其中与蜀并提三次，与秦并提一次。如前所述，在《方言》中汉指今均县以上的汉水上游，即西汉时的汉中郡。考虑到嘉陵江古称西汉水①，而《方言》中汉与蜀的并提有三次，因此，在《方言》中汉可以指西汉水，即今嘉陵江。总之，《方言》中的汉在梁益境内，与楚无关。

25. 洌水

洌水又写作列水。《汉书·地理志》“乐浪郡·吞列”下注：“分黎山，列水所出，西至黏蝉入海，行八百二十里。”洌水就是今天朝鲜的大同江②。洌水在《方言》出现二十二次，全部与朝鲜并举，另与北燕（包括表示北燕地区的各种地名）并提十八次。

除了以上这些河流名称外，《方言》中还提到两个湖名：湖和大野。

---

① 关于两条汉水的问题，参阅李长傅：《<禹贡>释地》，中州书画社1982年版，第122-123页；刘琳：《华阳国志校注》，巴蜀书社1984年版，第104-107页。

② 周振鹤：《西汉政区地理》，人民出版社1987年版，第220—221页。

1. 湖、五湖、江湖

湖在《方言》中出现三次：江湖一次，五湖两次。湖是五湖的简称。郭璞在《方言》“吴扬江淮南楚五湖之间”（9/3）下注：“五湖，今吴兴与太湖也。”《方言》中的江湖与吴楚相当，五湖则属于吴。

2. 大野

大野就是大野泽，在山东巨野县北，今已干涸。大野在齐鲁宋卫之间。在《方言》中大野仅出现一次，与海岱并举。

（四）方位名

《方言》中表示方位的地名有三个：东北、东南、西南。

1. 东北

东北出现一次，与“朝鲜洌水”并举。东北即北燕朝鲜一带。

2. 东南

东南出现一次，与“丹阳会稽”并举。在《方言》中，东南与吴越或扬州大体一致。

3. 西南

西南在《方言》中出现六次，大都与梁益、蜀、汉并举，只有一次与凉州并举。西南就是梁益，即今四川及陕南一带。《方言》中没有提到西北。

扬雄《方言》与汉代文化*

扬雄《方言》除了在语言学方面具有很高的价值以外，对我们研究和了解汉代的其他文化状况也具有较高价值。语言（包括方言）是文化的重要组成部分，语言中的词语不仅是文化的重要载体，而且也是社会文化的直接反映。因此，我们只有对扬雄《方言》进行细致的研究，才有助于我们探索汉代中国的社会和文化状况。

以扬雄《方言》中词语的地域分布情况为基础，结合其他材料进行研究，我们可以将汉代的汉语方言分为十二个大区，包括秦晋、周韩郑、赵魏、卫宋、齐鲁、东齐海岱、燕代、北燕朝鲜、楚、南楚、南越、吴越①。从各个方言的特征以及它们之间的相互关系来看，这十二个方言区的相似程度和亲疏关系并不一样。

我们可以把汉代的方言分为南北两派。南派以楚方言为核心，受楚方言强烈影响的方言都属于南派。除了楚方言本身外，南派方言还包括南楚方言、吴越方言和南越方言。由于楚方言是南楚方言的源头，因此，楚方言与南楚方言可以划为一组。这样，我们可以把汉代属于南派的方言分为三组：（一）楚、南楚；（二）吴越；（三）南越。

汉代属于北派的方言可以分为东、西两区。秦晋方言属于北派中的西区。《方言》多次着重提到关西（包括“自关而西”“自关以西”）。关西不能包括《方言》中的梁益地区②，因此，梁益方言是秦晋方言中的一种很有特色

---

* 此文曾在刘君惠、李恕豪、杨钢、华学诚所著的《扬雄方言研究》（巴蜀书社 1992 年版）的第一编第四章第五节发表，收入本书时文字上有部分调整。

① 划分汉代方言区的理由以及方言区之间关系的详细说明，参见李恕豪：《扬雄〈方言〉与方言地理学研究》，巴蜀书社 2003 年版。

② 李恕豪：《扬雄〈方言〉与方言地理学研究》，巴蜀书社 2003 年版。

的方言[①]。

《方言》中的“自关而东”（即关东）基本上相当于汉代北派方言中的东区。但是，关东不能包括燕、代地区[②]。《方言》中的北燕和朝鲜地区比燕、代更为遥远，因此，关东更不能包括这一地区。由于汉代的北燕朝鲜方言与燕代方言有很深的历史渊源，因此，可以把它们划为一组。

位于东区最东部的是齐鲁方言和东齐海岱方言。《方言》中的青（州）包括齐和东齐，徐（州）包括鲁和海岱。在《方言》中，青、徐经常并举，因此，齐鲁方言和东齐海岱方言有较多的共性，也可以划为一组。

在东区中，与秦晋方言相邻的是周韩郑方言，与燕代方言相邻的是赵魏方言。周韩郑和燕代都可以自成一组。

汉代时卫宋方言的地位比较特殊，这一方言区中的卫方言属于北派，宋方言属于南派。

这样，我们就可以按照方言间的远近关系把汉代的十二个方言区归并为八组：（1）秦晋；（2）燕代、北燕朝鲜；（3）齐鲁、东齐海岱；（4）周韩郑；（5）赵魏；（6）楚、南楚；（7）吴越；（8）南越。这八组中没有宋、卫。宋是楚方言和卫方言之间的过渡地带，而卫则是晋方言与齐鲁方言的过渡地带。另外，魏是楚方言和赵方言的过渡地带。以楚方言为中心南派方言与北派方言的接触和交流的枢纽主要在宋卫一带，其次是魏的南部地区。

以上八组方言地区与当时的文化区域之间存在着某些相似的情况。李学勤认为，中国文化经过长期曲折的发展和相互交流，到了春秋战国时期，逐渐形成了各具特色的七个文化圈，即长江中游的楚文化圈、长江下游的吴越文化圈、黄河下游的齐鲁文化圈、黄河中游的中原文化圈、中原北面（包括赵国北部、中山国、燕国等）的北方文化圈、西南的巴蜀滇文化圈以及陕甘的秦文化圈[③]。拿这七个文化圈与我们所划分的八组方言相比，多数是吻合的。楚文化圈相当于楚方言区、南楚方言区，吴越文化圈相当于吴越方言区，齐鲁文化圈相当于齐鲁方言区和东齐海岱方言区，北方文化圈相当于燕代方言区、北燕朝鲜方言区以及赵方言区的北部，中原文化圈的核心在周韩

① 李恕豪：《扬雄〈方言〉中的秦晋方言》，《四川师范大学学报》1992 年 1 期。

② 李恕豪：《扬雄〈方言〉与方言地理学研究》，巴蜀书社 2003 年版。

③ 李学勤：《东周与秦代文明》第一章《导论》，文物出版社 1991 年版。

郑，这一文化圈还包括魏方言以及晋、赵方言的大部分地区。秦方言区相当于《方言》中的秦方言区即关西地区，而秦晋方言区中的梁益方言区则与巴蜀滇文化圈相当。我们根据《方言》的材料划分出来的南越方言区不属于以上任何文化圈，因此，汉代的文化圈还应当增加一个南越（或岭南）文化圈。

可见，语言和文化之间虽然有着相当密切的关系，但它们并不是一回事。文化圈与方言区有相合的一面，也有不同的一面。一般说来，文化圈的范围比语言（或方言）区更大，它可以把不同的语言（或方言）地区包括在内。例如，楚文化圈可以包括汉代的楚方言区、南楚方言区和宋方言区①，北方文化圈可以把汉代的燕代方言区、北燕朝鲜方言区以及赵方言的北区包括在内。以今天的世界而论，汉字文化可以把中国、朝鲜、日本等语言完全不同的国家包括在内。语言（或方言）相同的地区，在多数情况下属于同一个文化区域。例如，汉代的齐、鲁属于同一个方言区，它们也就属于同一个文化圈，尽管齐、鲁两地无论是在方言特征上，还是在文化上都存在着不少差异。当然，也有一些例外。比如，汉代的梁益地区属于秦晋方言区，但这一地区却自成一个文化圈（巴蜀文化圈），与秦文化圈并不相同；《方言》中的宋、卫属于同一个方言区，但宋的很大部分属于楚文化圈，卫则应当属于中原文化圈，同时也接近齐鲁文化圈。在今天的世界上，南亚的印地语和乌尔都语是非常接近的两种语言，但是，使用印地语的地区属于印度文化圈，而使用乌尔都语的地区则属于伊斯兰文化圈（至少可以说受到伊斯兰文化的很大影响）。语言（或方言）相同而文化不同的地区的语言（或方言），最终要产生分化，从而成为不同语言（或方言）。陆法言《切韵序》说："秦陇则去声为入，梁益则平声似去。"到了隋代，梁益方言与秦方言已经大不相同，它们分属不同的方言地区。这种变化，与文化区域的不同归属大有关系。

尽管存在着上述种种复杂的情况，但是语言地区和文化圈之间仍存在着密不可分的关系。这不仅体现在语言和文化区域的划分方面，而且体现在不同语言和文化的相互影响、扩散、渗透方面②。

---

① 宋方言区虽然可以划入楚文化圈，但从文化面貌来看，与属于齐鲁文化圈的鲁也比较接近，因此，宋是楚文化和鲁文化之间的过渡地区。

② 李恕豪：《扬雄〈方言〉与方言地理学研究》，巴蜀书社 2003 年版。

文化中最容易被人注意到的是一个社会中的物质设备，例如服饰、饮食、住房、器用、交通工具、娱乐器具等。扬雄《方言》记载了不少反映这些内容的词语。因此，《方言》对我们研究和了解汉代文化也有极大的帮助。

从服饰来看，汉代的衣服有单、夹之分。在当时的北方，无论是关东还是关西，单衣都称为“禅衣”，而在南方的江淮流域和南楚一带，则称为“褋”。《方言》：“禅衣，江淮南楚之间谓之褋，关之东西谓之禅衣。有褒者，赵魏之间谓之袏衣，无褒者谓之裎衣。古谓之深衣。”（4/1）① 禅衣又叫覆裣，“覆裣谓之禅衣”（4/24），就是古代的深衣。《礼记·深衣》对古代的深衣有比较详细的记载。“褋”这一名称也比较古老，《楚辞·九歌·湘夫人》：“捐余袂兮江中，遗余褋兮澧浦。”汉代的禅衣分有“褒”的和无“褒”的两种，“褒”就是前襟。“有褒者”没有右边的外衽（襟），这就是所谓的对襟衣，这种衣服又叫裎衣。汉代的禅衣与古代的深衣相似，是一种将过去上下相连的衣和裳连属在一起的服饰。它的下摆不开衩，将衣襟接长，向后拥掩，即所谓“续衽钩边”。

由于西汉时的禅衣（深衣）把下襟缠在身上，既不方便又费布料，因此一种直裾的襜褕便发展起来。在汉代的江淮南楚，这种服装叫“裺裕”。“襜褕，江淮南楚谓之裺裕。自关而西谓之襜褕。”（4/2）西汉时，这种服装一般用于非正式的场合。《史记·魏其武安侯列传》：“元朔三年，武安侯坐衣襜褕入宫，不敬。”司马贞《索隐》：“谓非正朝衣，若妇人服也。”襜褕与深衣一样，是一种长衣，但也有较短的，叫做“裋褕”。“襜褕……其短者谓之裋褕。”（4/2）

在西汉，长袍称为“褒明”。“褒明谓之袍”（4/28），这是上下相连的一种长衣，是燕居时的一种便服。

襦是一种短衣，下面著裳。如“襦，西南蜀汉谓之曲领，或谓之襦。”（4/6）襦穿在外面，有圆领，因此蜀汉一带称襦为“曲领”。襦上有曲领，是为了防止里面的衣领向上壅颈。《释名·释衣服》：“曲领，在内所以禁中衣领上横壅颈，其状曲也。”襦一般为单层，双层有絮则为复襦。《汉乐府·孤

① 本文所引《方言》，以周祖谟《方言校笺》为据，斜线前的数字表明卷数，斜线后的数字表示条目。本文后面引用《方言》一书中的文字时，为简略故，只用数字注明卷数和条目，省去《方言》的书名。

儿行》："冬无复襦，夏无单衣。"汉代各地对复襦有不同的称呼①。

汉代贴身的单层短衣叫汗襦。"汗襦，江淮南楚之间谓之襘，自关而西或谓之祗裯，自关而东谓之甲襦，陈魏宋楚之间谓之襜襦，或谓之襌襦。"（4/3）"偏裨谓之襌襦。"（4/25）汉代的汗襦是一种相当普通的服装。

汉代的上衣可以分为有缘的和无缘的两种。"缘"就是衣服下面所缝的饰边。《礼记·玉藻》："缘广半寸。"郑玄注："饰边也。""缘"在汉代又称为"悬裺"。"悬裺谓之缘。"（4/30）无缘的短衣比较简陋，为一般劳动者所用。这种衣服在楚方言中称为"褴"，在秦晋叫"裗裾"。"无缘之衣谓之褴。"（4/15）"楚谓无缘之衣曰褴……自关而西秦晋之间无缘之衣谓之裗裾。"（4/38）破弊的短衣也可以叫"褴"。"裯谓之褴。"（4/14）郭璞注："祗裯弊衣，亦谓之褴褛。"衣服破弊，经过补缀，就叫做"褛"或者"緻"。"褛谓之緻。"（4/13）郭璞注："褴褛缀结也。""緻"有细密的意思，指经过密密的缝补。"紩衣谓之缕，秦谓之緻。"（4/38）"紩"有"缝"的意思。"紩衣"就是经过缝补的上衣。在汉代，一般的平民生活贫困，只能穿短的无缘上衣，即使破弊也要缝补，以便继续使用。这种经过补缀的无缘短衣统称为"褴褛"。"襜褕……其短者谓之裋褕，以布而无缘，敝而紩之谓之褴褛，自关而西谓之裗裾，其敝者谓之緻。"（4/2）这些无缘短衣的材料都是"布"，即麻布。

汉代还有一种没有袖子的上衣，叫做"褙"。"无袂衣谓之褙"。（4/16）郭璞注："袂，衣袖也。""禅"就是凉衣，一般称为"衫襢"。"禅"以"单"得名，是一种质地轻薄的单衣。"衫纏谓之禅"（4/26）郭璞注："今又呼为凉衣也。"汉代妇女出嫁时所穿的嫁衣叫"直衿"，一般称为"袓饰"。"袓饰谓之直衿。"（4/27）郭璞注："妇人初嫁所著上衣，直衿也。"《广雅·释器》："袓饰……长襦也。"王念孙疏证："《说文》：'襦，短衣也。'……襦下有裳，则襦为短衣可知。其似襦而长者，则特别之曰长襦……直衿亦作直领。《释名》云：'直领，邪直而下交。'"可见，这种嫁衣是一种似襦的长衣，长可垂至膝。直领下交就是衣领从颈后沿左右绕到胸前，平行地垂下来。

---

① 见《方言》4/39。

上衣的衣领叫“褗”或“衱”。“衱谓之褗。”（4/10）郭璞注：“即衣领也。”汉代上衣的领子，一般都是交领，直领较少，衣领连接左右襟，在胸前相交。这种交领叫做“衿”或直接称为“交”。“衿谓之交。”（4/19）郭璞注：“衣交领也。”妇女使用的领巾叫“被巾”或者“帍裱”。“帍裱谓之被巾。”（4/33）郭璞注：“妇人领巾也。”这种领巾是披覆在衣领之上的。汉代的衣领与衣襟相连，衣襟就是衣衽，又称“褛”或“袩”。“褛谓之衽。”（4/12）郭璞注：“衣襟也。”“褛谓之袩。”（4/23）郭璞注：“即衣衽也。”

汉代的衣袖有多种名称。“褕谓之袖。”（4/9）“裪橘谓之袖。”（4/32）衣袖也可以叫“袿”“裾”或者“襜”“ 裓”。“袿谓之裾。”（4/11）郭璞注：“衣后裾也，或作袪。《广雅》云：‘衣袖’。”“襜谓之裓。”（4/21）

衣带可以称为“厉”。“厉谓之带。”（4/35）“厉”是向下垂的衣带。郭注：“《小尔雅》曰：‘带之垂者为厉。’”系玉佩的带子叫“佩约”或“裎”。“佩约谓之裎。”（4/22）郭注：“所以系玉佩带也。”

汉代的服饰继承了古代的形式，仍为上衣下裳。裳在汉代叫做“帬”，即“裙”，又叫“绕衿”。“绕衿谓之帬。”（4/29）郭注：“俗人呼接下，江东通言下裳。”在汉代的方言中，“裙”有不同的称呼。“帬，陈魏之间谓之帔，自关而东或谓之襬。”（4/4）

汉代已经有了裤子，《方言》称“袴”。“袴，齐鲁之间谓之襪，或谓之襱，关西谓之袴。”（4/8）不过这种“袴”与今天的裤子并不一样，它没有裆，只是将裤管套在腿上，用衣盖住，不使外露，实际上只有裤筒，相当于今天的套裤。裤筒就是此条所说的“襱”（同“裥”）。《释名 · 释衣服》解释了“袴”的得名之由：“绔，跨也。两股各跨别也。”“绔”“袴”“裤”都是异体字。“袴”有大小之分，在当时的楚方言中，它们有各自的名称。“大袴谓之倒顿，小袴谓之校衧。楚通语也。”（4/40）

有裆的裤子叫“裈”，即合裆裤，与今人的裤子相似。“裈，陈楚江淮之间谓之褣。”（4/7）《释名 · 释衣服》：“裈，贯也。贯两脚上系要（腰）中也。”当时贫贱者穿一种“无裥袴”，即短裤，称为“褠”。“无裥之袴谓之褠。”（4/17）郭注：“袴无踦者，即今犊鼻裈也。裥亦襱，字异耳。”西汉辞赋家司马相如与卓文君从临邛逃到成都卖酒为生时，就穿过这种裤子。《史记 · 司马相如列传》：“相如自著犊鼻裈，与保庸杂作。”

古代的韨在汉代通语中称为“蔽厀（膝）”，又叫“袡襦”。“袡襦谓之蔽厀（膝）。”（4/31）蔽膝形似围裙，遮掩于下裳之前，垂至膝。在汉代的各种方言中，蔽膝有不同的称呼，江淮一带的部分地区还保留了古称“袚”（韨）。“蔽厀（膝），江淮之间谓之祎，或谓之袚。魏宋南楚之间谓之大巾。自关东西谓之蔽厀（膝），齐鲁之郊谓之衻。”（4/5）

汉代小孩用的涎衣，即小孩用来承接口液的小围腰，叫做“褔”或“繄袼”。“繄袼谓之褔。”（4/37）郭注：“即小儿次衣也。”“次”音 xián，同“涎”。《说文》八下：“次，慕欲口液也。”段玉裁注：“俗作涎。”小儿次衣又可称为“裺”或“襦”。“裺谓之襦。”（4/20）戴震疏证：“《说文》：‘褗谓之裺。’‘褗，褔领也。’盖以裺为小儿次衣，掩颈下者，襦有曲领之名，故裺亦名襦。”

汉代的百姓一般不戴冠，用布包头，这种包头布叫“巾”或“幏”。“幏，巾也。大巾谓之常。嵩岳之南，陈颍之间谓之帤，亦谓之幏。”（4/41）巾主要用于覆盖头发，因此又称“幏”。郭注：“巾主覆者，故名幏也。”汉代人留全发，束发成结。束发的头巾叫“帻巾”，也可以叫“承露”或“覆鬃”。“覆结谓之帻巾，或谓之承露，或谓之覆鬃。皆赵魏之间通语也。”（4/43）当时还有一种头巾叫“幧头”，“幧头”就是“帩头”。《宋书·乐志三》《古词艳歌罗敷行》：“少年见罗敷，脱帽著帩头。”“帩头”在汉代相当普遍，因此在当时的方言中有众多的名称。“络头、帕头、纱缋、鬙带、鬃带、帑、崦，幧头也。自关以西秦晋之郊曰络头。南楚江湘之间曰帕头。自河以北赵魏之间曰幧头，或谓之帑，或谓之崦。其遍者谓之鬙带，或谓之鬃带。”（4/42）幧头是普通男子的束发头巾，由后向前，在额上打结。

汉代鞋子的种类很多。“扉、屦、麤，履也。徐兖之郊谓之扉，自关而西谓之屦……履，其通语也。”（4/44）木底的双层鞋叫“複舄”或“複履”，其中较低的称为“鞔下”。“中有木者谓之複舄，自关而东複履，其庳者谓之鞔下。”（4/44）从制作材料来看，用单层皮革制的叫“鞮”，也有用丝和麻制成的。“禅者谓之鞮，丝作之者谓之履，麻作之者谓之不借。”（4/44）用最粗糙的材料如麻、草等材料制成的鞋，在各种方言中的名称很多：“粗者谓之屦，东北朝鲜洌水之间谓之鞠角，南楚江沔之间总谓之麤，西南梁益之间谓之屦，或谓之扉……徐土邳圻之间大麤谓之鞠角。”郭注：“今漆履有齿者。”（4/44）“靭角”，《急就章》作“卬角”，《释名》作“仰角”。《释名·释衣服》：“仰角，屐上施履之名也。行不得蹶，当仰履角举足乃行也。”可见，徐州一带的靭角就是作套鞋用的有齿的木屐。

鞋带叫“绞”，或称“緉”“緛”。“緉、緛，绞也。关之东西或谓之緉，或谓之緛。绞，通语也。”（4/45）郭璞在“绞也”下注：“谓履中绞也。”

汉代的食品有“糕”。“糕”就是“饵”，也称“粢”“餎”“餣”“飥”。“饵谓之糕，或谓之粢，或谓之餎，或谓之餣，或谓之飥。”（13/148）这是把粮食磨成粉以后，粘合起来蒸熟而成的食物。汉代的食品中还有“饦”或称“餦餛”。“饼谓之饦，或称之餦餛。”（13/149）钱绎笺疏：“窃谓《方言》‘饼谓之饦’，饦字即饨之讹……《广雅》合言之则曰：‘餛饨，饼也。’义本《方言》……颜之退曰：‘今之餛饨，形如偃月，天下通食者也。’”因此，“饦”可能就是“餛饨”，即饺子，与今天所谓的馄饨不一样。

汉代已经有糖了，但不是后来的蔗糖，而是用粮食制成的饴糖，其种类和名称很多。“餳谓之餦餭。饴谓之餯。餹谓之餹。餳谓之糖。凡饴谓之餳，自关而东陈楚宋卫之通语也。”（13/150）“餦餭”是一种干饴，郭璞注：“即干饴也。”“餹”“餹”则是经过进一步加工，其中和有豆屑等食物的糖食。郭璞在“餹谓之餹”下注道：“以豆屑杂饧也。”

《方言》中只记载了一种蔬菜，就是芜菁（3/9）。由于汉代各种方言中对芜菁的称呼十分复杂，因此可以断定当时芜菁的栽培相当普遍。

《方言》中记录了各种酒曲的名称以及各地对酒曲的不同叫法。（13/151）这说明汉代普遍饮酒，而且酒类的品种相当丰富。

汉代的烹饪方式很多：“胹、饪、亨、烂、糦、酋、酷，熟也。自关而西秦晋之郊曰胹；徐扬之间曰饪；嵩岳以南陈颍之间曰亨；自河以北赵魏之间火熟曰烂，气熟曰糦，久熟曰酋，谷熟曰酷。熟，其通语也。”（7/17）“亨”即“烹”，“火熟”就是煮，“气熟”就是蒸，“久熟”就是炖，“谷熟”就是煮谷物。谷物也可以炒成干粮后食用。“熬、聚、煎、𤆍、巩，火干也。凡以火而干五谷之类，自山而东，齐楚以往，谓之熬；关西陇冀以往，谓之𤆍；秦晋之间或谓之聚。凡有汁而干谓之煎，东齐谓之巩。”（7/

16）“煼”，今写作“炒”。

汉代的炊具主要是“釜”，即无足之锅。“釜，自关而西或谓之釜，或谓之鍑。”（5/2）釜一般较大，较小的叫“鍑”。“鍑，北燕朝鲜洌水之间或谓之錪，或谓之鉼。江淮陈楚之间谓之锜，或谓之镂，吴扬之间谓之鬲。”（5/1）“锜”是有三只脚的鍑。郭璞在“锜”下注：“或曰三脚釜也。”

汉代普遍使用“甑”来蒸饭。“甑”是一种瓦器，后世以竹木制作，称为蒸笼。“甑，自关而东谓之甗，或谓之鬵，或谓之酢馏。”（5/3）汉人煮饭时使用竹器来淘米漉米。“炊箕谓之缩，或谓之篗，或谓之匼。”（5/19）郭璞在“缩”字下注道：“漉米籅也。”就是今天四川等地区所称的“筲箕”。盛米谷的器具叫“箕”“箩”或“篙”“注”等。“所以注斛，陈魏宋楚之间谓之篙。自关而西谓之注。”（5/17）“箕，陈魏宋楚之间谓之箩。”（5/18）

汉代以前就有了筷子（箸），但不普遍。西汉时普遍使用筷子，因此，装筷子的笼“箸筩”在各地方言中有不同的名称。“箸筩（郭注：盛朼箸籫也），陈楚宋魏之间谓之筲，或谓之籯。自关而西谓之桶檧。”（5/9）汉代的匕又称为“匙”，相当于今之羹匙，是当时的重要食具。“匕谓之匙。”（13/146）盛箸的箸筩亦可以用来装匙（朼）。汉代承杯的竹器叫桮落。（5/8）

西汉时进送食物使用托盘，称为“案”或“槅”。“案，陈楚宋魏之间谓之槅，自关东西谓之案。”（5/7）盛饭的竹筐叫“箷”，《说文》作“盧”。《说文》五上：“盧，饭器也。”《方言》：“箷，南楚谓之筲，赵魏之郊谓之去箷。”（13/143）郭璞在“箷”字下注：“盛餅筥也。”“餅”是“饭”的异体字①。《方言》中的“筥”字作“簇”，它是圆形的竹筐，所以可以用来盛饭。“箄、篓、籅、篅，簇也。（郭注：古筥字）江沔之间谓之籅，赵代之间谓之篅，淇渭之间谓之牛筐。簇，其通语也。簇小者，南楚谓之篓；自关而西秦晋之间谓之箄。”（13/141）用竹编的笼子又可以叫“篣”或“笯”。“笼，南楚江沔之间谓之篣，或谓之笯。”（13/142）《楚辞·九章·怀沙》：“凤凰在笯兮，鸡鹜翔舞。”

在汉代碗是使用相当普遍的器皿，在《方言》中写作“盌”或“椀”，其名称甚多。“盂，宋楚魏之间或谓之盌。盌谓之盂，或谓之铫锐。

---

① 周祖谟《方言校笺》中此条郭注“餅”作“饼”。从其注释来看，应当作“餅”，故改为“餅”。

盌谓之櫂，盂谓之柯。海岱东齐北燕之间或谓之盎。”（5/4）“盂谓之榼，河济之间谓之盌盨。椀谓之盦，盂谓之铫锐，椀谓之梋柍。”①（13/147）盌就是盂，主要用来盛水，是一种饮器。《说文》五上：“盂，饮器也。”盛饮料的器皿也可以称为“桮”（杯）。杯的种类和名称也很多。“盃、槭、盞、温、閜、𥁰、㯤，桮也。秦晋之郊谓之盃，自关而东赵魏之间曰槭，或曰盞（郭注：最小桮也。），或曰温，其大者谓之閜。吴越之间谓之𥁰。齐右平原以东或谓之㯤。桮，其通语也。”（5/5）

汉代汲水一般使用陶瓶，而不像今天一般使用木桶，称为“甂”（甕）或“甀”。（5/13）从井绳有各种各样的名称可以知道，当时使用井水的情况相当普遍。“繘（郭注：汲水索也），自关而东周洛韩魏之间谓之绠，或谓之络，关西谓之繘。”②（5/23）舀水的瓢可以称为“瓢”，也可以叫“蠡”或“箪”“櫼”。（5/6）

在《方言》中，关于各种陶器的名称相当多，种类也分得非常细。这说明西汉时陶器仍然是民间非常重要的器皿。（5/10至5/16）

古代的“几”是一种小桌子。“俎”是饮宴时切肉用的砧板，其状如几，在汉代，蜀汉一带称其为“杫”。床榻前的几叫“桯”或“樋”。较高的几被称为“虡”。“俎，几也。西南蜀汉之郊曰杫。榻前几，江沔之间曰桯，赵魏之间谓之樋。几其高者谓之虡。”（5/37）

汉代的床一般是座具，而非卧具。在不同的方言中，床前的横木以及床板有不同的名称。“床，齐鲁之间谓之箦（郭注：床板也），陈楚之间或谓之笫。其杠，北燕朝鲜之间谓之树，自关而西秦晋之间谓之杠，南楚之间谓之赵，东齐海岱之间谓之㮤。其上板，卫之北郊赵魏之间谓之牒，或曰牑。”（5/36）可见，西汉时床的使用相当普遍。

古人席地而坐，也可坐床上，汉代亦然。垫在下面的竹席叫做“簟”，席有粗细之分。“簟，宋魏之间谓之笙，或谓之籧苗。自关而西谓之簟，或谓之䈽。其粗者谓之籧篨，自关而东或谓之篕棪。”（5/34）钱绎笺疏：“笙者，精细之名。说详卷二‘笙细也’条下。”可见，“笙”是细竹

① 周祖谟《方言校笺》此句作“木谓之涓抉”。周氏据《广雅》认为“涓抉”应当为“梋柍”。另外，《校笺》中此句的“木”疑为“椀”字之误。因此，将此句改为“椀谓之梋柍”。

② “繘”字下原有一“绠”字，据《方言校笺》删。

席，直文而粗的席子叫“笭篨”。“笭篨，自关而东周洛楚魏之间谓之倚佯，自关而西谓之笭篨，南楚之外谓之篨。”（5/35）郭璞在“笭篨”下注：“似籧篨，直文而粗。”

汉代关东地区和关西地区对扇子和钥匙的称呼都不一样。“扇，自关而东谓之箑，自关而西谓之扇。”（5/21）“户钥，自关之东陈楚之间谓之键，自关之西谓之钥。”（5/40）

用竹编成罩在火上用来薰衣的叫“篝”。“篝，陈楚宋魏之间谓之墙居。”（5/20）郭璞在“篝”下注：“今薰笼也。”钱绎笺疏：“今吴人谓之烘篮。”今四川方言称为烘笼儿。不过，四川的烘笼儿主要用来取暖和烘烤衣物，与薰笼的用途不完全相同。

“博”又写作“簙”，即六博。六博是古代掷采下棋比赛的局戏，有十二个棋子，两人对博，每人六枚，故称六博。西汉时六博相当普遍，这在《方言》中有详细说明。“簙谓之蔽，或谓之箘。秦晋之间谓之簙，吴楚之间或谓之蔽，或谓之箭里（郭注：簙箸名箭，《广雅》云），或谓之簙毒，或谓之夗专，或谓之匮璇（郭注：或曰竹器，所以整顿簙者），或谓之棊。所以投簙谓之枰，或谓之广平。所以行棊谓之局，或谓之曲道。”（5/41）与六博相比，西汉的围棋活动似乎比较少，《方言》中只是简单地提到一次：“围棋谓之弈，自关而东齐鲁之间皆谓之弈。”（5/41）

汉代乐舞的种类相当丰富①，但是在《方言》中仅有一次提到：“翿、幢，翳也。楚曰翿，关西关东皆曰幢。”（2/31）郭注：“儛者所以自蔽翳也。”“翿”是一种装饰有羽毛的旗，舞者所执，舞蹈时可用来蔽翳自己。《诗·王风·君子阳阳》：“君子陶陶，左执翿，右招我由敖。”郑玄笺：“舞者所持，谓羽舞也。”“翿”就是“鹭羽”。《诗·陈风·宛丘》：“无冬无夏，值其鹭羽。”毛传：“值，持也。鹭鸟之羽，可以为翳。”郑玄笺：“翳，舞者所以持以指麾。”可见，这种古老的舞蹈方式在汉代仍然流行。

舟船是当时的重要交通工具。“舟，自关而西谓之船，自关而东谓之舟，或谓之航。南楚江湘凡船大者谓之舸，小舸谓之艖，艖谓之艒䑿，小艒䑿谓之艇，艇长而薄者谓之艜，短而深者谓之䒀，小而深者谓之䑶，东南丹阳会稽之间谓艖为欚。”（9/25）南楚江湘一带舟船的种类和名称都非常

① 见韩养民：《秦汉文化史》，陕西人民教育出版社1986年版。

多，这说明在这一地区舟船是特别重要的交通工具。两船相并叫方舟，其目的在于增加船的稳定性，这种船也称为“潢”；浮桥就是“浮梁”，也叫“艁舟”。“方舟谓之潢，艁舟谓之浮梁。”（9/25）郭注：“即今浮桥。”编木以渡叫做“筏”，或叫“泭”“簰”。当时江淮一带有人以簰为家，这种船可称为“薦”。“泭谓之簰，簰谓之筏。筏，秦晋之通语也。江淮家居簰中谓之薦。”（9/25）

汉代的造船技术比较发达，船上的结构和设施也很复杂，这在《方言》中都有反映。“楫谓之桡，或谓之櫂。所以隐櫂谓之籍（郭注：摇橹小橛也，江东又名为胡人），所以县櫂谓之缉（郭注：系櫂头索也），所以刺船谓之樯，维之谓之鼎。（郭注：系船为维）首谓之阁闾（郭注：今江东呼船头屋谓之飞闾是也），或谓之艗首①。（郭注：艗，鸟名也。今江东贵人船前作青雀，是其像也）后曰舳（郭注：今江东呼柁为舳）。舳，制水也。伪谓之仡；仡，不安也。”（9/25）“柁”就是“舵”。“伪”，郭璞注：“音讹”，即今天“划水”的“划”，与读音为 wěi 的“伪”字音义皆不同。

《方言》从 9/9 至 9/19 都是解释有关车辆方面的内容的，共有 39 个词。可见，在汉代交通工具中，车辆同样十分重要，在各地方言中的名称甚多（见 9/11）。汉代车辆的篷盖叫“枸篓”，车轴既可叫“轴”也可叫“軸”（9/13），车辕在楚方言和卫方言中称为“辀”（9/14），车箱叫“軠”（9/15）。车后的横木叫“轸”或“枕”（9/16）。车后的轴头叫“轊”，齐方言中叫“轆”（9/10）。插在车毂外防止轮子脱落的铁管在关东和关西都叫做“錧鎋”，在南楚方言中叫“軑”，在赵魏方言中叫“链鏅”（9/18）。车轴外的铁圈叫“车釭”，在燕齐海岱等方言中叫做“锅”或“锟”，关西一带叫“釭”。系于车旁的盛油小瓶也叫做“锅”（9/19）。车后的绳索叫“车纣”，关东周洛韩郑汝颍以东的地区叫“緻”“曲绹”或“曲纶”，关西称“纣”（9/17）。车下的绳索叫“铁”，陈宋淮楚一带叫“毕”，其大者叫“綦”（9/9）。

在汉代的农具中，翻土使用的是“臿”。“臿”即“锸”，又叫“锹”。“臿，燕之东北朝鲜洌水之间谓之斛。宋魏之间谓之铧或谓之鍏。江淮南楚之间谓之臿，沅湘之间谓之畚，赵魏之间谓之喿（郭注：字亦作鍫也）。东

① “首”原作“艏”，周祖谟《方言校笺》认为应改为“首”。

齐谓之梩。”（5/27）“鍫”就是“锹”，“梩”就是“耜”。

收割农作物的镰刀在汉代普遍称为“刈鉤”，在各地方言中镰刀也有其他名称。“刈鉤，江淮陈楚之间谓之鉊，或谓之鐹。自关而西或谓之鉤，或谓之镰，或谓之鍥。”（5/30）“鉤”，取其弯曲之义，因此，悬物的钩子在汉代也称为“鉤”。（5/26）

打谷用的连枷在汉代的通语中叫“僉”，连枷在各地方言中有比较多的名称。这说明当时连枷的使用相当普遍。“僉（郭注：今连枷①，所以打谷者），宋魏之间谓之欇殳，或谓之度。自关而西谓之棓，或谓之柫。齐楚江淮之间谓之柍，或谓之桲。”（5/29）汉代的“杷”是一种有齿的农具。“杷，宋魏之间谓之渠挐，或谓之渠疏。”（5/28）郭璞在“杷”字下注：“有齿曰杷，无齿为扒。”② 杷的作用在于把粮食聚集在一起。《说文》六上：“杷，收麦器。”汉代加工粮食，先用“碓机”舂谷去壳。“碓机”又称“梃”。把粮食磨成粉，则使用磨子。《方言》中的磨子叫“硙”或“磑”。“碓机，陈魏宋楚自关而东谓之梃。硙，或谓之磑。”（5/22）郭注：“即磨也。”

汉代南北各地的养蚕业都十分普遍，这在《方言》中也有反映。养蚕使用“薄”，即蚕薄，用竹篾或芦苇编织而成，置蚕其上。汉代各地方言对蚕薄有不同的称呼。“薄，宋魏陈楚江淮之间谓之苗，或谓之麴。自关而西谓之薄，南楚谓之蓬薄。”（5/31）悬挂蚕薄的柱叫“槌”，其名称甚多。（5/33）蚕茧成熟后，便使用繀车等器具来纺绩加工。（5/38、5/39）

在汉代，马在社会生活中相当重要。养马的槽称为“枥”，也可以叫“樎”或“皂”。“枥，梁宋齐楚北燕之间或谓之樎，或谓之皂。”（5/24）“皂”就是“槽”。“枥”为木制。养马亦可用皮囊。“饲马橐，自关而西谓之裺囊，或谓之裺篼，或谓之幓篼。燕齐之间谓之帳。”（5/25）

《方言》对当时兵器的记载相当详细。汉代的兵器有戟，戟有旁枝。戟的种类很多。“戟，楚谓之釨。凡戟而无刃，秦晋之间谓之釨，或谓之鏔；吴扬之间谓之戈，东齐秦晋之间谓其大者曰镘胡，其曲者谓之钩釨镘胡。”（9/1）还有一种匽戟，又称三刃枝。（9/2）汉代也使用矛，小矛叫“鈷”或

① “枷”原作“架”，周祖谟《方言校笺》据戴本认为应作“枷”，今改。

② 本无“有齿曰杷”四字，玄应《一切经音义》和朱胜非《绀珠集》所引均有此四字，故补。

“鍴”，(9/5) 大矛叫“鈹”或“锬”。(9/22) 有小枝刃的矛叫“钩釨”。(9/21) 矛柄叫“矜”或“杖”。(9/3、9/6)。匽戟的柄在关西方言中叫“柲”，又可叫“殳”。(9/2) 矛刃的下口叫“骹”，(9/23)“矛骹细如雁胫者谓之鹤膝”。(9/21) 矛戟柄下的铜套叫“镈”或“釬”。(9/24) 剑可放在剑套之中。剑套叫“削”(鞘)，在汉代的方言中可称为“室”“廓”或“鞞”。(9/7) 汉代兵器中箭相当重要。“箭，自关而东谓之矢，江淮之间谓之鍭，关西曰箭。”(9/4) 汉代箭镞的种类相当复杂。(9/20) 同剑一样，弓弩也可装在套中，藏弓弩的套子叫“箙”。(9/20) 战斗时作防御的武器有盾。“盾，自关而东或谓之瞂，或谓之干。关西谓之盾。”(9/8) 军旅中昼可炊饭，夜可击以自卫的叫“刁斗”或“无升”。(13/145) 由此可见，汉代兵器非常复杂，种类繁多。汉王朝的强大与其武器的精良不能说没有关系。

汉代盛行土葬。封土为坟，一般称为冢，但是在各地的方言中坟有相当复杂的名称。葬而无坟，即不封土，称为墓。(13/154)

社会组织是文化的一个重要组成部分，不能与人类的物质或精神基础相分离①。扬雄《方言》在这一方面也有一些记载。

《方言》：“南楚东海之间亭父谓之亭公，卒谓之弩父，或谓之褚。”(3/4) 汉承秦制，十里设一亭。《史记·高祖本纪》：“令求盗之薛治之。”《集解》引应劭说：“求盗者，旧时亭有两卒。其一为亭父，掌开闭埽除；一为求盗，掌逐捕盗贼。”又《索隐》引应劭说：“旧亭卒名弩父，陈楚谓之亭公，或云亭部，淮泗谓之求盗。”“亭父”“亭公”“弩父”都是亭长。钱绎笺疏：“卒者，《说文》：‘卒，隶人给事者为卒，卒衣有题识者。’……《说文》又云：‘褚者，卒也。’《昭二年左氏传》：‘请以印为褚师。’杜注：‘褚师，市官。’市官谓之褚师，卒谓之褚，其义一也。故郑注《周官·司常》云：‘今城门仆射所被及亭长著绛衣是也。’《广韵》：‘帾，标记物之处也。’标记物处谓之帾，卒衣有题识者谓之褚，义亦同也。”由此可见，当时亭长穿有标识的绛衣。

汉代蓄奴之风非常普遍。奴婢地位低贱，同奴婢结婚的人的社会地位也与奴婢相似。因此，在某些方言中这两种人有相同的称呼。如：“臧、甬、侮、获，奴婢贱称也。荆淮海岱杂齐之间，骂奴曰臧，骂婢曰获。齐之北鄙、

① [英] 马林诺夫斯基著，费孝通等译：《文化论》，中国民间文艺出版社1987年版，第7页。

燕之北郊，凡民男而壻婢谓之臧，女而妇奴谓之获。亡奴谓之臧，亡婢谓之获。皆异方骂奴婢之丑称也。自关而东陈魏宋楚之间保庸谓之甬。秦晋之间骂奴婢曰侮。”（3/5）

“燕齐之间养马者谓之娠①，官婢女厮谓之娠。”（3/3）在《方言》5/25条中，饲马橐在燕齐一带被称为“帪”。“帪”“娠”（侲）是同源词。官婢女厮也叫“娠”，可见汉代养马人的社会地位相当卑贱，一般与奴隶无异。“枥，梁宋齐楚北燕之间或谓之樎，或谓之皂。”（5/24）郭璞注：“皂隶之名于是乎出。”“皂”就是奴隶。《左传·昭公七年》：“士臣皂，皂臣舆。”养马器叫“皂”，奴隶贱役也叫“皂”，犹养马橐叫“帪”，养马人也叫“娠”（侲）。

汉代的农夫和商人的社会地位也比较低下，他们常常被人看不起。“儓、䑋，农夫之丑称也。南楚凡骂庸贱谓之田儓，或谓之䑋，或谓之辟。辟，商人丑称也。”（3/46）

由此可见，扬雄《方言》不仅在词汇学方面，而且在社会文化等方面，都给我们提供了比较丰富的材料，这对我们研究和了解汉代的文化和社会面貌，也具有一定的价值。

---

① 周祖谟《方言校笺》：“《后汉书·杜笃传》李贤注引《方言》：‘侲，养马人也。’又云：‘字书侲音真。’《玉篇》人部‘侲’字下引《方言》字亦作‘侲’……是‘娠’‘侲’二字通用。”

《方言》中的齐鲁方言*

本篇以扬雄《方言》为材料，拟对汉代的齐鲁方言，做比较详细的研究。我们的研究，不仅着眼于对汉代齐鲁方言的特点做大致的描写，勾画这一方言的粗略轮廓，而且着重论述这一方言与其他方言的关系，以及它们之间的接触、交往和相互影响，并试图从政治、经济、历史、文化等方面去寻找原因。这样做的优点在于，我们所得到的关于齐鲁方言的知识，不仅是静态的，而且是动态的，并有一定的解释性质。

依据《方言》一书所提供的材料，利用方言地理学的方法来划分汉代方言区的观点，始于林语堂①。其后，罗常培、周祖谟和美国语言学家司礼义都作了汉代方言区划的工作②。林语堂、罗常培和周祖谟都把齐、鲁列为一个方言区。我们赞同他们的看法。

《方言》有六十次提到齐，其中包括齐部一次（5/33）③、中齐④三次、杂齐⑤一次（3/5）、齐右⑥两次（5/5、13/151）、齐之北鄙一次（3/5）、齐之东北⑦一次（5/11）。另外，还有一个“平原以东”。平原是汉郡名，在齐

---

* 原载《天府新论》1991年3期，人大复印报刊资料《语言文字学》1991年7期全文转载，收入本书有一定的修改和补充。

① 林语堂：《前汉方音区域考》，《语言学论丛》，上海开明书店1933年版，第35-44页。

② 罗常培、周祖谟：《汉魏晋南北朝韵部演变研究》第一分册，科学出版社1958年版，第72页；Paul L—M Serruys：*The Chinese Dialects of Han Time According to Fang Yen*，University of California Press Berkeley and Los Angeles，1959，pp77-99。

③ 本文所引《方言》，以周祖谟《方言校笺》为据，斜线前的数字表明卷数，斜线后的数字表示条目。

④ 中齐指齐的中心地区临淄一带。

⑤ 杂齐除代表齐外，可能还包括东齐。

⑥ 齐右指齐的西部地区。

⑦ “齐之东北”，我们理解为齐之东与齐之北，而不是齐之东北方，因为《方言》中有“东齐之北郊”。“齐之东北”既属于齐，又属于东齐。

的西部，在《方言》中与齐右并举，故可不计。

《方言》中还提到东齐①。东齐在今胶东半岛一带，大致相当于秦的胶东郡。东齐在《方言》中出现六十二次②，超过齐出现的次数。在这六十二次中，东齐单独出现二十九次，与海岱③的并举多达二十三次，而齐与海岱并举仅三次（3/5、5/11、9/19）。可见，汉代的东齐海岱有着与齐完全不同的面貌，它们应该属于两个不同的方言区。问题在于，《方言》提到的齐，除了指以临淄为中心的齐国最早的地区外，能否把东齐也包括进去，因为在政治上东齐属于齐的范围。我们认为，《方言》中的齐不包括东齐。东齐原为嵎夷和莱夷所居之地。《禹贡》说："嵎夷既略。"嵎夷在今山东省蓬莱一带。《禹贡》又说："莱夷作牧。"蔡沈《集传》："言可放牧，夷人以畜牧为生也。"可见，畜牧在莱夷民族的经济生活中占有重要地位。《左传·襄公二年》记载莱人曾赂齐灵公的幸臣"夙沙卫以索牛马，皆百匹"。西周初年，莱夷比较强大，曾与齐人因争夺营丘而发生战争④。公元前567年，齐灵公灭莱⑤。这时，东齐才成为齐的一部分。在春秋以前，这一地区比较偏僻，经济和文化都比较落后，是民族杂居之处。王献唐在《山东古代的姜姓统治集团》一文中，详细考察了今山东省中部和东部的莱国、纪国和淳于（州）等国的历史，提出"春秋时期山东中部的纪、莱地带，尚未全部建立正规化的国家，有些氏族部落的残余，依然存在；在山东东部东莱地带，这种氏族部落的成分更重，因此可以自由地任人迁国迁民，经过齐国的大统一，才逐渐完成正规化的封建国家"⑥。因此，东齐一带不仅是那些被灭亡了的国家的人民的移居之地⑦，而且也是齐国统治者贬谪贵族和流放罪犯的地方。例如公元前554年，齐灵公废太子光以后，就把他放逐到这里⑧。齐景公也曾把楚巫微流放于此地⑨。公元前490年，齐景公病，"命国惠子、高昭

---

① 包括"东齐之北郊"（7/22）一次。

② 包括"东齐之北郊"一次。

③ 岱即泰山，《方言》中的海岱指从黄海到泰山南麓包括淮泗在内的广大地区。海岱和东齐大致以战国时的齐长城为界，这也是青州和徐州的分界。

④ 《史记·齐太公世家》。

⑤ 《左传·襄公六年》。

⑥ 王献唐：《山东古国考》，齐鲁书杜1983年版，第224页。

⑦ 王献唐：《山东古国考》，齐鲁书社1983年版，第159页—第224页。

⑧ 《左传·襄公十九年》。

⑨ 《晏子春秋·内篇·谏上第一》。

子立少子荼为太子，逐群公子，迁之莱”①。公元前500年，齐、鲁两国的国君会于夹谷（今山东省莱芜东南），齐景公使莱人劫持鲁定公，孔子指责说：“裔不谋夏，夷不乱华。”② 可见，莱人在当时被看成是不同于华夏民族的夷人。齐人之所以使莱人劫持鲁定公，是因为他们是一个强悍的民族，长于畜牧。直到战国，莱夷还未完全被华夏族所同化。《孟子·万章上》说：“孟子曰：‘否，此非君子之言，齐东野人之语也。’”在孟子看来，“齐东野人”与一般的齐人很不一样。这里不仅指风俗、文化，而且应该包括语言在内。甚至在今天，胶东半岛一带的方言仍然有自已的特殊面貌，它在北方话中自成一个土语群③。可见，东齐方言与齐方言之间的差异是相当大的，因此，《方言》中的齐不应当把东齐包括在内。

不过，既然齐与东齐相邻，而且在政治上东齐又是齐的一个部分，这两种方言不可能没有接触和相互渗透的情况。我们认为，对于齐和东齐共有的那些词语，扬雄使用青（州）来表示，因为青既可以包括齐，也可以包括东齐。《禹贡》：“海岱惟青州，嵎夷既略……莱夷作牧。”青在《方言》中出现十一次，可见，齐和东齐共有的方言词语并不太多。青既然包括齐和东齐，一般就不应当再与齐或东齐并举。但是在《方言》中，这种并举是存在的。青分别与齐和东齐并举两次，“青齐兖冀”（2/8），“齐鲁青徐自关而东”（12/15），“东齐青徐”（2/24）、（6/4）。在2/8和2/15中，齐可以把东齐概括进去，与青所指代的范围相同。而在2/24和6/4中，东齐包括在青之中，扬雄把“东齐青徐”并举，其目的是为了强调这些词语的分布一直达到遥远的东齐一带。

《方言》一书中，齐出现六十次，青出现十一次，除去同一条中重复者不计外，齐（包括青）实际出现六十九次。在这六十九次中，齐单独出现十二次，其中“中齐”两次（10/24、10/31）、“齐部”一次（5/33），占总数的17%。

齐、鲁在《方言》中并举十三次，其中齐、鲁的单独并举为九次（1/7、1/20、1/32、3/9、4/5、4/8、5/36、6/6、11/13）。另外四次则与其他地名

---

① 《史记·齐太公世家》。
② 《左传·定公十年》。
③ 袁家骅等：《汉语方言概要》，文字改革出版社1983年第2版，第14页。

同时并举，其中一条为“自关而东齐鲁之间”（5/41）。以齐的六十次计，与鲁并举的十三次仅占其中的22%，如果以鲁出现的二十七次计，则占48%。可见，从齐的方面来看，齐、鲁并举并不太多，而从鲁方面来看，与齐方言的关系则相当密切。其实，以上的统计并不准确。如前所述，在《方言》中，青包括齐，徐则包括鲁。因此，青、徐的并举中也包含有齐、鲁的并举。在《方言》一书中，青、徐的并举有九次（2/1、2/15、2/24、2/30、3/10、3/16、3/24、6/4、6/5）。其中2/15“齐鲁青徐自关而东”中，齐、鲁的并举已经作了统计，可以不计，因此，齐、鲁并举应该增加八次，这样就有二十一次了。以齐（青）出现的六十九次计算，齐、鲁并举占齐总共出现次数的30%。《方言》中徐出现十四次，由于在1/30、2/15、8/17三条中同时也提到了鲁，因此这三条可以略去不计。《方言》中表示鲁的地名的实际出现的次数为三十八次。齐（青）、鲁（徐）并举二十一次占55%。因此，我们完全有理由把齐、鲁划成一个方言区，齐方言和鲁方言都是这个方言下面的两个次方言。此外，从东汉人的著作可也看出齐、鲁方言的相似性，例如，许慎《说文解字》中就曾经提到“齐鲁”；何休《公羊传注》分别提到了齐、鲁，也提到“齐鲁以北”；郑玄在《周礼注》《毛诗笺》中多次提到“齐鲁之间”；刘熙《释名》提到了“青徐”“齐鲁”等地名。

齐方言和鲁方言的相似性，除了可以从两地相邻、交往接触频繁去探究其原因外，还可以从历史人文方面去解释。齐是建立在薄姑故地上，并吞和融合了许多东夷小国而逐渐发展起来的国家。鲁则是奄国的故地。薄姑和奄都是夷人的国家，受殷商文化的影响很深，在周初都曾经跟随武庚叛周。鲁和齐虽然是姬姓和姜姓国家，继承了不少周的文化传统，但其人民却大多数是当地的原住居民，他们继承了殷人的传统和文化①。齐、鲁的方言接近与它们的人民具有共同的来源和其有共同的文化传统大有关系。从齐、鲁两国的经济、政治、人口、文化等因素来考虑，可以断定齐对鲁的影响要多于鲁对齐的影响。例如，从字体上来看，胡小石指出鲁国古器上文字的书体，最初与周王室古器上的文字相同，温厚而行笔较短，后来变为纤劲而行笔较

① 傅斯年：《周东封与殷遗民》，《历史语言研究所集刊》第四本第三分，1932年版。

长，与齐器相同①。文字的这种变化情况，反映出了语言和文化的变化 。

在《方言》中，齐（包括中齐、杂齐、青）与楚（包括荆）并举二十次，占表示齐方言地名六十九次中的29%，与齐、鲁的并举相比，只少一次，这出乎我们的意料。在这二十次中，齐（青）、楚（荆）的单独列举为六次（1/13、1/15、1/23、6/10、6/18、6/41），其余十四次则同时与其他地名并举。但是，我们不能因为齐、楚的频繁并举而把它们划为一个方言区。因为，首先齐单独出现十二次，而楚则为四十五次，这说明齐方言和楚方言的特色都非常明显。其次，《方言》中的楚总共出现一百二十九次，齐楚并举二十次仅占其16%。如果把表示楚的地名荆、郢、江沔、江滨、自江而北、湧都算进去，减去同一条中重复的次数，那么，代表楚方言的地名在《方言》中出现的次数为一百五十三，二十次仅占其中的13%。第三，也是最重要的一点，在先秦、两汉以及后来的文献中经常提到齐、楚方言间存在着的巨大差异。例如，《孟子·滕文公下》：

> "有楚大夫于此，欲其子之齐语也，则使齐人傅诸？使楚人傅诸？"曰："使齐人傅之。"曰："一齐人傅之，众楚人咻之，虽日挞而求其齐也，不可得矣；引而置之庄岳之间数年，虽日挞而求其楚，亦不可得矣。"

楚人学习齐语，需要齐人专门教授，而且还要置身于齐都临淄最繁华的街道上方能学会，可见这两种方言之间存在着相当大的区别。后人也有相似的看法，例如何休在《公羊传注》中也把齐、楚视为不同的方言地区，并且指出了齐方言中的某些语音现象，而郑玄在《周礼注》中也把齐、楚视为不同的方言地区。因此，颜之推追述说："夫九州之人，言语不同，生民以来，固常然矣。自《春秋》标齐言之传，《离骚》目楚词之经，此盖其较明之初也。"② 同齐方言相比，楚方言具有更多的特点，例如，"楚人谓乳榖，谓虎於菟"③。孟子曾以蔑视的口吻说楚人许行是"南蛮鴃舌之人"④。

---

① 胡小石：《古文变迁论》《齐楚古今表》，《胡小石论文集》，上海古籍出版社1982年版，第107-171、174-175页。

② 《颜氏家训·音辞》。

③ 《左传·宣公四年》。

④ 《孟子·滕文公上》。

可见，楚方言无论在语音上或者是在词汇上都与黄河流域一带的方言很不一致。长期以来，人们强烈地感受到了这些差异。《荀子·儒效》：“居楚而楚，居越而越，居夏而夏。”这里虽然谈的是风俗，但古人是把方言特点视为风俗的一个组成部分的。这种方言上的南北差异，一直持续到汉代以后。陆德明《经典释文·序录》说：“方言差别，固自不同，河北江南，最为巨异。”《颜氏家训·音辞》篇也谈到这种情况。

虽然齐楚方言在语音上的差别相当明显，但是《方言》却较多地记录了它们共有的一些词语。可见，方言间词语的扩散和借用是比较容易的，与方言地区的经济、文化、交通、政治都有密切的关系，相对来说，语音系统则具有不可渗透性。在较早的时候，齐、楚之间不仅语音差别很大，而且词汇面貌肯定也大不相同。白寿彝说：“楚比吴越底建国，早得多。但在早年的记载里，只见楚与北方势力底斗争，未见楚与北方势力间之正常的交通关系。”白氏引用了许多材料证明了在商代和西周时，楚与北方只有战争关系后接着说：“春秋桓庄以后，楚与诸夏间的往还，才逐渐繁密，聘问会盟的事慢慢地多起来……战国初年，楚既灭越，楚底国力直达长江下游；而同时，秦对关东诸国的压迫，也已开始严重。因为时势底需要，楚曾累次挟着它长江南北的全盘领域，和三晋燕齐合纵以抗秦。合纵底成绩虽说不好，但楚与诸夏间的交通却可因此一天比一天地密切。”① 这种密切关系，促使了楚方言中的词语向北方扩散。根据战国秦汉间人的记述，楚向东北方向的发展相当成功，已达到薛、郯、莒等地。姜亮夫说：“以今地准之……于山东则有莒、峄、沂水、日照、诸城、安丘。”齐宣王时，“在今山东莒、沂水、日照、诸城、安丘之地似即失于齐”。楚威王时，“大破齐于徐州。其东域已及于今山东峄县境。滕文公封孟子有‘间于齐楚’之语”②。姜氏所说的这一带，基本上属于《方言》中的海岱地区。海岱方言虽然与齐、楚都不相同，但齐、楚间的接触是可以通过这个地区实现的。出土的齐币也可以证明这点。黄活说：“齐币出土于莒南县一带，因为这一带是跟楚国进行商业贸易的接触地带，是汝汉之黄金、生鹿与齐之冠带、皮革、石璧、鱼、盐的集

---

① 白寿彝：《中国交通史》，上海书店1984年版，第11-12页。

② 姜亮夫：《荆楚名义及楚史地》，《楚辞学论文集》，上海古籍出版社1984年版，第204-207页。

散地。”① 今山东莒南，在《方言》中正位于海岱地区。

从方言词语的渗透方向来看，主要是楚方言向齐的输出，而齐方言向楚的扩散却很少发生。这与齐国的政治、经济以及人民的文化和心理有关。齐国在建国初期就鼓励发展工商业，《汉书·地理志》说：“太公以齐地负海舄卤，少五谷而人民寡，乃劝以女工之业，通鱼盐之利，而人物辐凑……其俗弥侈，织作冰纨绮纯丽之物，号为冠带衣履天下。”“临淄，海岱之间一都会也，其中具五民云。”关于战国时临淄的情况，《战国策·齐策》有极为生动的描写：“临淄之中七万户……下户三男子……二十一万矣。临淄甚富而实，其民无不吹竽、鼓瑟、击筑、弹琴、斗鸡、走犬、六博、蹹鞠者。临淄之途，车毂击，人肩摩，连衽成帷，举袂成幕，挥汗成雨，家敦而富，志高而扬。”楚国后期的国都寿春，也是一个重要的商业城市。《汉书·地理志》说：“寿春、合肥受南北湖皮革、鲍、木之输，亦一都会也。”齐、楚之间商业和交通的往来一定非常频繁。由于具有长期的工商传统，以及从威王、宣王至襄王以来崇尚文学，招揽游说之士，齐国成为当时重要的文化中心。这一切，使得齐文化不同于保守的鲁文化以及西边的三晋文化和秦文化，它具有相当的开放性和包容性。从春秋到战国以至西汉，则是楚文化发展、鼎盛和向北（主要向东北）扩张的时期。齐在与楚的接触交往之中，必然受到楚文化的影响，楚方言的词语也就随之而扩散和渗透到齐方言中去了。从而在词汇面貌上，齐、楚有一些共同的特征。司礼义认为，齐、楚方言有较多共同的词语，是由于它们有共同的来源。他说：“齐、楚之间的广泛联系，不是由于文化上、政治上或文学上的活动。……这种关系只能解释成齐、楚两个方言是由一组共同的方言平行发展的结果。”② 如果追溯到很早的历史时期，不仅齐方言和楚方言，而且还有一大批方言都可以看成是由一组共同的方言平行发展的结果。很明显，司礼义不是这个意思。他是说，在相对较晚的时期，齐方言和楚方言才从同一方言中分裂出来，平行发展成为不同的方言，因而齐、楚方言中有较多共同的词语。我们不同意司氏的看法。齐方言和楚方言有较多的共同词语，是齐、楚在政治上、经济上以及文化上接触的结果。由于楚文化和楚方言强大的扩散性，以及齐方言的开放性和包容

① 黄活：《古钱新探》，齐鲁书社1984年版，第117页。

② Paul L-M Serruys：*The Chinese Dialects of Han Time According to Fang Yen*，p168.

性，这种接触的效果非常明显。当然，我们也不排除齐、楚在文化上有一定的同源关系，这就是齐、楚都接受了殷商文化。例如，在金文的派别中，齐、楚虽然有异，但其源都出于殷商，用笔皆纤劲而多长，其结体多取从势①。

除齐、楚以外，齐、宋的关系最为密切。《方言》中齐、宋并举共十次，其中只提到齐、宋为四次（1/1、1/8、1/21、6/23），其余六次则同时与魏、楚、陈卫、鲁、晋、北燕、汝颍、江淮等地名并举。齐、宋领土相接，公元前286年宋灭于齐、魏、楚，其土地被三国所分，“齐得济阴、东平”。（《汉书·地理志》）这促使了齐、宋方言间的进一步接触。从历史上看，宋是殷商的遗民所建立的国家②，而齐的故地薄姑在历史上深受殷商文化的影响。《方言》中齐宋单独并举的词语中，有些可能相当古老。

在《方言》中，齐与燕并举五次（3/3、5/25、6/46、7/21、9/19），青、幽并举一次（1/24）。幽即幽州，与燕的地望大体一致，《尔雅·释地》：“燕曰幽州。”因此，齐方言和燕方言实际上并举为六次，除9/19中提到“海岱”以外，都没有提到其他的地名。燕、齐在地理上相邻，它们之间有着发达的交通。《史记·货殖列传》说：“夫燕亦勃碣之间一都会也。南通齐、赵。”燕、齐共同的方言词语，一般是齐方言向燕扩散的结果。《方言》中提到燕十八次，加上幽的一次，代表燕的地名实际上出现十九次，燕、齐并举占其中的32%。表面上看，燕、齐并举的六次相当稀少，但对于燕（幽）的十九次来说，所占比例甚高。因此，齐方言对燕方言的渗透、影响是强烈的。

齐、晋有四次并举（2/23、6/6、6/12、2/16）。齐、魏的并举仅两次（1/21、8/7），齐、卫并举也是两次（2/16、7/7），齐与赵并举一次（6/44）。晋方言的中心地区在今山西省西南，也就是河东一带。赵、魏方言的中心则分别是邯郸（今河北邯郸）和大梁（今河南开封）。齐与晋的河东地区的距离大于齐与魏、赵、卫的距离，而并举的情况却多于它们，这可能是齐、晋共同从古代继承了某些词语，也可能是齐方言和晋方言在早期有比较频繁的接触。

---

① 胡小石：《古文变迁论》《齐楚古今表》，《胡小石论文集》，上海古籍出版社1982年版，第171、174页。

② 《史记·宋微子世家》。

在《方言》中齐、陈并举也是四次。除 7/12 “斯、掬，离也。齐陈曰斯”一条为齐、陈的单独并举外，其余三条皆与其他地名并举：2/16 “齐卫宋鲁陈晋汝颍荆州江淮之间”、7/7 “齐楚宋卫荆陈之间”、7/30 “齐楚陈宋之间”。这大概是楚方言在齐、陈以及其他地区扩散的结果。因此，齐、陈的关系实际上相当疏远。

齐与海岱并举三次：3/5 “荆淮海岱杂齐之间”、5/11 “齐之东北海岱之间”、9/19 “燕齐海岱之间”。齐与海岱没有单独并举的情况。从表面上看，齐与海岱的关系相当疏远。但是《方言》中的青包括齐和东齐，徐包括鲁和海岱。如果把青徐并举的八次考虑进去，齐方言和海岱方言的关系还是比较密切的。

《方言》中“燕之北鄙”“燕之北郊”“北燕”代表同一地区，我们把它们通称为北燕。北燕包括西汉时的上谷、渔阳、右北平、辽西、辽东诸郡，是战国时燕将秦开击退东胡以后扩展的土地①。齐与北燕在《方言》中有三次并举：1/12 “燕之北鄙齐楚之郊”、3/5 “齐之北鄙燕之北郊”、5/24 “梁宋齐楚北燕之间”。这是齐方言或其他方言（大概是楚方言）通过齐，从陆路或海路对北燕的影响。劳幹说：“在周、秦之际，从辽河到朝鲜早已为中国人分布的地方，后来卫满又带去不少燕齐之众是无疑义的，从《东北史纲》所引的扬雄《方言》可以知道。燕齐人向来长于航海的，孟子称齐景公欲‘导海而南，放于琅邪’，可见当时环绕整个胶东半岛并不算什么了不得的事。秦始皇时求神仙的燕齐方士，许多去海外不归，如果对航海的事无相当经验，决不会去。”②

前面提到，齐与魏的并举两次（1/21、8/7），齐、卫并举也是两次（2/16、7/7），这四条中都提到了楚。考虑到战国和西汉时楚方言强大的向外扩散的能力，可以认为这是楚方言对齐、魏、卫的渗透结果。因此，齐与魏、卫实际上都没有接触。齐与赵有一次接触（6/44），其关系相当疏远。齐与周并举两次（2/14、8/7），与郑并举一次（2/14），与“自关而东”并举三次（2/14、2/15、5/41），与“自山而东”并举一次（7/16）。《方言》中的

① 《史记 · 匈奴列传》。

② 劳幹：《两汉户籍与地理之关系》，《历史语言研究所集刊》第五本第二分，1935 年版，第 250 页。

周韩郑属于同一个方言地区，“自关（山）而东”以周、韩为起点，因此，《方言》中的“自关（山）而东”可以把周韩郑方言包括在内。除去同一条内相重复的情况，齐方言与代表周韩郑方言的地名并举共五次，它们的接触相对说来要多一些。

总之，从方言的接触并参照其他方面的材料来看，齐、鲁的关系最密切，可以划为一个方言区。在齐鲁方言之外，齐与楚的接触最多，这是应当特别注意的。齐方言与燕、北燕、宋的接触也相当频繁。此外，齐与周韩郑方言、晋方言的关系也比较密切。当然，齐方言和相邻的东齐、海岱方言也有不少共同的词语。可见，齐方言和许多方言都有比较多的接触和往来，不过，同相邻的赵、魏、卫却几乎没有接触。如果通过赵、卫、魏划一条南北走向的线，就可以发现，除了晋和周韩郑外，与齐方言保持较多接触的地区大都在东边。晋和以周为中心的周韩郑地区，在早期都是强大而重要的地区，它们与齐的接触交往大概可以追溯到很早以前。可见，在较早的时期，齐与外界的接触主要是横的方向，即东西走向。后来，齐与外界的接触以纵向即南北走向为主。反映在《方言》中就是齐与北燕、燕、鲁、宋、楚较频繁的接触。不过，齐的影响向南不能到达和越过长江。因为在《方言》中齐与吴、越没有并举的情况。

在《方言》中，鲁总共出现二十七次，包括东鲁一次（3/9）。除东鲁单独出现外，其余都与其他的地名并举。从并举的情况来看，鲁与齐、宋、卫的关系最密切，分别为十三次、十次、六次，占48%、37%、22%。除2/16“齐卫宋鲁陈晋汝颍荆州江淮之间”一条外，鲁凡与齐并举时，就必然不会与宋、卫并举；凡与宋、卫并举时，也不与齐并举。齐鲁与鲁宋、鲁卫在方言词语的并举基本上是互补的。这反映出从宋到鲁，从鲁到齐，或从卫到鲁，从鲁到齐，在方言上逐渐变化的过程。此外，还可以从两个方面来解释这一事实。一是鲁方言吸收了来自齐和宋、卫的一些词语。因此，鲁方言较多地受到了齐方言和宋卫方言的影响。正如司礼义所说：“鲁是宋和齐的影响互相竞争和混合的地区。”① 林语堂也说：“鲁语介乎齐语，青徐语，宋卫语三系交界之间。”② 二是鲁方言和宋卫方言中的某些词语有着共同的来源。

---

① Paul L-M Serruys：*The Chinese Dialects of Han Time According to Fang Yen*，p186.

② 林语堂：《前汉方音区域考》，《语言学论丛》，开明书店1933年版，第40页。

从历史上看，宋、卫的人民大都是殷人的后代，而鲁国的先民中也有不少殷商遗民，因为鲁国是建立在商代奄国的故土上的国家。在商代，奄和与之相邻的庇（今山东鱼台县西南）都一度是殷的国都①。可见，鲁虽然可以与齐划为同一个方言区，但鲁与宋、卫在政治、文化上的关系也相当密切，可以看成是从宋卫方言到齐方言的一个过渡地区。同卫相比，鲁与宋的关系更为密切，这不仅因为鲁、宋并举为十次，鲁、卫并举只有六次，而且可以从鲁宋、鲁卫的单独并举来看。鲁宋的单独并举为七次（1/6、1/14、6/9、6/26、6/39、6/40、7/1），而单独提到鲁卫仅一次（1/28）。

鲁与其他地名的并举如下：自关而东三次（2/14、2/15、5/41）、徐三次（1/30、2/15、8/17）、陈两次（1/12、2/16）、晋两次（1/11、2/16）、荆两次（1/30、2/16），与东齐（6/55）、周（2/14）、郑（2/14）、青（1/30）、衡（1/30）、扬（1/30）、江淮之间（2/16）、汝颍（2/16）的并举都是一次。从这些并举中可以看出，鲁与周郑方言和晋方言的关系要稍微密切一些。

由此可见，齐、鲁虽然可以划为一个方言区，但是，无论从齐方言和鲁方言本身的特点上看，还是从它们与其他方言的接触上看，齐方言和鲁方言都有不少差异。这种差异的形成，除了两地的地域不同之外，还与两国所奉行的政策也大有关系。《史记·齐太公世家》说：“太公至国，修政，因其俗，简其礼，通商工之业，便鱼盐之利，而人民多归齐，齐为大国。”与此相反，鲁国则强行推行外来的周文化，“变其俗，革其礼”②。据《左传·定公四年》记载，鲁沿用了西周的一整套典策、文物和制度。西周灭亡，周文物亦亡，而“周礼尽在鲁矣”。齐国的文化，主要是当地的固有文化，这种文化的基础是商文化③。文化上的差异，一般会在语言上有所反映，齐方言比较开放，而鲁方言则较为保守。齐与楚、东齐、燕的关系相当密切，而鲁与燕却没有接触，与东齐、楚以及属于楚方言的荆、汝颍、江淮的关系都相当疏远。楚与鲁国土相接，楚与鲁的距离小于楚与齐的距离。公元前 249 年

① 丁山：《由三代都邑论其民族文化》，《历史语言研究所集刊》第五本第一分，1935 年版，第 101–102 页。

② 《史记·鲁周公世家》。

③ 余永梁：《易卦爻辞的时代及其作者》，《历史语言研究所集刊》第一本第一分，1928 年版，第 31 页。

鲁灭于楚，但楚方言和鲁方言的接触却非常稀少。东齐、江淮也与鲁相邻，历史上也有很多的接触。《诗·鲁颂·閟宫》：“奄有龟蒙，遂荒大东，至于海邦，淮夷来同。”“保有凫绎，遂荒徐宅，至于海邦，淮夷蛮貊，及彼南夷，莫不率从。”但是，他们在语言方面的接触却相当稀少，这可以从民族、历史、文化等方面去找寻其原因。长期以来，楚、江淮、东齐一带的民族都被视为蛮夷，鲁国有强烈的保存周文化的倾向，因此，鲁方言不愿意吸收来自这些地区的词语，而愿意与相邻的“华夏”国家，尤其是齐、宋、卫等国家交往。这与齐方言不分民族地域的开放性，形成了鲜明的对比。至于鲁方言与卫方言关系密切，齐方言与卫方言关系疏远，则可以用卫、鲁都继承了不少周文化以及卫方言的保守性来解释。总之，鲁方言是一种比较保守的方言，它只与齐、宋、卫有较多的一致性，而抗拒来自陈、楚、赵、魏、东齐等方言的影响。这不仅与鲁长期以来作为一个重要而古老的文化中心有关，而且与由此而带来的比较保守的语言心理有关。当然，齐、鲁方言的不同特征，还可以从地理因素上来考虑。在齐、鲁之间，泰山是比较重要的阻隔。《史记·货殖列传》说：“泰山之阳则鲁，其阴则齐。”不过，地理上的阻隔并不是形成齐鲁方言差异的主要原因。

扬雄《方言》中的秦晋方言*

本篇中我们以扬雄《方言》为主要材料，结合历史、人文、地理等方面的知识，对汉代的秦晋方言做比较详细的研究。我们的研究，不仅着眼于对汉代秦晋方言的特点做大致的描写，勾画出这一方言的粗略轮廓及次方言，而且着重论述这一方言与其他方言的关系，它们之间的接触、交往和相互影响，并试图从政治、经济、历史、文化等方面去作解释。

在汉代，以首都长安为核心的秦晋方言是汉代最重要的方言，它是当时的共同语“通语”的基础。

《方言》中秦总共出现一百零九次，其中单独出现仅十次，如果包括 5/10①“秦之旧都”、7/34“西秦”则为十二次。《方言》中秦、晋并举的条目有八十八次，包括 7/5“秦晋之西鄙”，并举占秦出现总数的 81%。

晋在《方言》中出现一百零七次，包括 1/3“秦晋之故都”，1/16“晋之北鄙”　“1/31 秦晋之际”，5/10、13/151“晋之旧都”，7/5“秦晋之西鄙”，10/9“东齐周晋之鄙“。单独出现仅五次，包括 13/151“晋之旧都”、1/16“晋之北鄙”。秦晋并举的八十八次，占晋出现总数的 82%。可见，把秦晋划为一个方言区的理由是充足的。

梁益地区包括《方言》中的梁益、梁（益、雍）、西南、蜀、汉等地。梁出现十五次，除 1/22、2/12 中与雍并举外，其余十三次都与益同时出现。西南出现六次，其中三次与梁益并举：4/44、7/5、11/13。蜀出现三次：12/99、5/37、4/6。汉出现四次，除 8/8 与“自关而西秦”并举外，其余皆与蜀并举。除去重复的部分，代表梁益地区的地名总共出现二十次，超过燕、

---

* 原载《四川师范大学学报》1992 年第 1 期，收入本书有修改补充。

① 本文所引《方言》，以周祖谟《方言校笺》为据，斜线前的数字表明卷数，斜线后的数字表示条目。

周、韩、南楚之外的地名在《方言》中出现的次数，而与郑相近。但是我们不能因此把梁益划为一个独立的方言区。这是因为，在《方言》中代表梁益地区的地名只有十二次单独列举：2/7、2/26“梁益”，1/28、6/11、11/14、13/72“梁益之间”，4/44、7/5、11/13“西南梁益之间”，4/6“西南蜀汉”，5/37“西南蜀汉之郊”，12/99“蜀汉”。其余八次则与其他地名同时列举。除7/5“西楚梁益之间”一条外，其余七条都与代表秦的地名并举，包括1/19“自关而西秦晋梁益之间”、1/22“雍梁之间、秦晋”①，2/8“自关而西秦晋之郊梁益之间”，2/12“雍梁之西郊”，3/14“凉州西南之间”，2/6“梁益之间、秦晋之间”②，8/8“自关而西秦汉之间”。可见，《方言》中代表梁益的地名的单独出现并不多见，它们往往与表示秦晋的地名并举。秦包括蜀在内，秦出现的一百零九次中除去七次，即1/16“秦（晋）之北鄙”，1/31“秦晋之际河阴之间”，5/10“秦之旧都”，7/5、7/15“秦（晋）之西鄙”，7/34“西秦”，13/151“秦豳之间”，剩下的一百零二次大都可以看成是秦与梁益的并举。即使不除去代表梁益的地名与代表秦的地名并举的七条，以《方言》中表示梁益地区的二十次同秦的一百零九次相比，也是很少的。因此，汉代的梁益应当划入秦晋方言中。扬雄是蜀人，在他四十岁以前一直生活在蜀地，他对自己的方言一定所知甚多，但是在《方言》中，表示梁益地区的地名竟是如此之少，这只能解释为当时的梁益方言与秦方言非常接近。

从历史上看，秦方言与晋方言的差异是显著的。《左传·文公十三年》：“秦伯师于河西，魏人在东。寿馀曰：‘请东人之能与夫二三有司言者，吾与之先。’”当时的魏是晋国的属邑，可见，秦与晋的方言并不一样。后来，由于政治、经济关系的日趋密切，以及交通的改善③，秦、晋方言相互交融，彼此的差异缩小。尤其是秦实行了商鞅提出的招诱三晋的人民到秦的人口政策④，以及秦有计划地向晋移民以后，这种交融和接近的速度大大加快了。《史记·秦本纪》载秦昭王二十一年，司马错“攻魏河内。魏献安

---

① 《方言》原作两条，都解释“抵”字，故合为一条。

② 《方言》原作两条，因都解释同一个“聹”字，故合为一条。

③ 关于秦晋之间交通的改善情况，可参看杨宽：《战国史》，上海人民出版社1980年版，第91页。

④ 《商君书·徕民》。

邑，秦出其人，募徙河东赐爵，赦罪人迁之”。到了汉代，秦方言和晋方言更为接近，可以合并成为一个方言区，这样，秦方言和晋方言就变成一个方言下面的两个次方言了。周祖谟说：“夏言应当是以晋语为主的。因为晋国立国在夏的旧邑，而且是一时的霸主；晋语在政治和文化上自然是占优势的。等到后来秦人强大起来，统一中夏以后，秦语和晋语又相互交融，到了西汉建都长安的时候，所承接下来的官话应当就是秦晋之间的语言了。”①

至于梁益一带，古代属于巴、蜀二国。巴蜀（尤其是蜀）有着悠久的历史和独特的文化。公元前 316 年，巴、蜀被秦所灭，之后这个地区迅速华夏化。在这以前，巴、蜀两族都有自己的语言，甚至独立地发展出了自己的文字。童恩正说：“从文字的结构来考察，这种文字是方块字而非拼音字，是直行而非横行。它与汉字一样，应属于表意文字的范围，而且还经历了一段相当长的发展历史，完全脱离了原始的象形阶段。”② 钱玉趾则认为，早于表意的巴蜀文字，古蜀地还存在过一套属于另一系统的比较成熟的拼音文字。这种文字大约是一种音素—音节文字，是古蜀地土生土长的③。尽管有着文化上的独特性，巴蜀地区在历史上并非与世隔绝，它与中原尤其是秦地长期保持着比较密切的联系和接触。据记载，巴、蜀都参加过周武王伐纣的战争。虽然《尚书·牧誓》只言及蜀而未曾提到巴，但《华阳国志·巴志》则说：“周武王伐纣，实得巴蜀之师。”从出土的战国时代的巴蜀铜器来看，“一部分青铜器的器形保留着西周早期或更早的青铜器的特征……巴蜀青铜器深刻地体现了周文化和巴蜀文化交流和融合的历史遗存”④。在战国蜀墓中，也发现不少中原文化的因素⑤。在汉代以前，许多著名的人物都到过蜀地，周代的苌弘可能死于蜀。《庄子·外物》：“苌弘死于蜀，藏其血，三年而化为碧。”晋人尸佼，曾帮助商鞅变法，商鞅被杀以后逃亡于蜀。《史记·孟子荀卿列传》“楚有尸子、长卢”，裴骃《集解》引刘向《别录》说：“楚有尸子，疑谓其在蜀。今按尸子书，晋人也，名佼，秦相卫鞅客也。卫鞅商君谋

① 周祖谟校、吴晓铃编：《方言校笺及通检》，科学出版社，1956 年版。
② 童恩正：《古代的巴蜀》，四川人民出版社 1979 年版，第 132 页。
③ 钱玉趾：《古蜀地存在过拼音文字》，《四川文物》1988 年第 6 期。
④ 马承源主编：《中国青铜器》，上海古籍出版社 1988 年版，第 466–467 页。
⑤ 李復华、匡远滢：《新都战国蜀墓里中原文化和楚文化因素初探》，《西南民族研究》，四川民族出版社 1983 年版，第 400–408 页。

事画计，立法理名，未尝不与佼规之也。商君被刑，佼恐并诛，乃逃入蜀。自为造此二十篇书，凡六万余言。卒，因葬蜀。”秦相吕不韦也曾被秦王嬴政迁于蜀①。这些人来到蜀地，必然带来了先进的中原文化。可以认为，在中原文化传播到巴蜀地区的同时，华夏语尤其是其中的秦方言开始渗透到巴蜀地区，并与巴蜀原有的语言接触、融合和同化。在秦灭蜀以后，秦王国曾经长期有计划地向蜀移民，这种向蜀汉移民的政策，一直持续到汉代②。《华阳国志·蜀志》说：“戎伯尚强，乃移秦民万家实之。”这种移民，不仅有政治、经济、军事方面的目的，而且为了推行包括语言在内的“车同轨、书同文”的同化政策，唐卢求《成都记·序》说秦惠王移民的目的是要“皆使能秦言”。这样，巴蜀一带的人民便逐渐改说华夏语了。《文选》卷四左思《蜀都赋》刘逵注引《地理志》说，秦灭巴蜀以后，“蜀人始通中国，言语颇与华同”③。这里所说的华语，应当是秦方言。汉初，又有一次移民浪潮。《汉书·食货志》说：“汉兴，接秦之敝，诸侯并起，民失作业，而大饥馑，凡米石五千，人相食，死者过半。高祖乃令民得卖子，就食蜀汉。”这些逃荒到蜀地的人民，有许多留了下来，其中来自秦地的人肯定不少。

这样，我们便可以把秦、晋、梁益看成秦晋方言下面的三个次方言。其中，秦方言是秦晋方言的核心，晋方言和梁益方言都是受秦方言强烈渗透和影响的方言。

秦方言和晋方言之间有两个显著的差异。

第一，秦方言特有的词语要多于晋方言特有的词语。这不仅是根据《方言》中的秦，而且是根据《方言》中的关西（包括“自关而西”“自关以西”）、“自山而西”以及其他表示秦方言的地名与秦方言以外的其他地名并举或单列的情况而得出来的结论。关西在《方言》中总共出现八十七次，只与秦晋并举三十二次，有四十五次单独列举。“自山而西”单独出现一次（6/3）。关西和“自山而西”的单独出现，说明这些词语一般只是在秦方言中使用，晋方言一般不使用④。《方言》中秦出现一百零九次，如果加上关西和“自山而西”的八十八次，再加上秦方言（不包括梁益）中的地名秦陇、

① 《史记·吕不韦列传》。

② 罗开玉：《论秦汉政府向巴蜀的移民、徙徒与迁虏》，《天府新论》1990年第3期。

③ 童恩正：《古代的巴蜀》，四川人民出版社1979年版，第131页。

④ 关西也可能包括晋的一部分，即黄河在今晋、陕、豫之间转弯处的河曲地区。

陇冀、西陇、凉州、雍、豳（邠）、三辅，减去重复的条目，总共是一百六十六次。从单独出现来看，秦十二次，关西四十五次，“自关而西”一次，共计五十八次。此外，表示秦方言的地名，如果除去重复的情况，其单独出现又有七次。这样，《方言》中代表秦方言的地名单独出现了六十五次，占秦方言地名总数的39%。而在晋的一百零七次中，晋的单独出现仅五次①，只占晋的总数的5%。由此可见，晋方言的特点没有秦方言显著。

第二，晋方言的内部比较一致。《方言》中代表晋的局部地区的地名只出现过八次。它们是：5/10“晋之旧都河汾之间”，13/151“晋之故都”，1/3“秦晋之故都”，1/31“秦晋之际河阴之间”，1/16“晋之北鄙”，1/16“秦晋之北鄙”，7/5“秦晋之西鄙”，“10/9东齐周晋之鄙”。相反，代表秦的局部地区的名称则比较多：“1/3秦晋之故都”，1/31、1/17、13/151邠（豳），1/16“秦晋之北鄙”，1/31“秦晋之际河阴之间”，“2/12雍梁之西郊”，5/10“秦之旧都”，6/55、8/7、8/10“秦陇”，7/5“秦晋之西鄙自冀陇而西”，7/15“秦之西鄙”，7/16、7/30“陇冀以往”，“7/34西秦”，9/11“西陇”，12/99“三辅”，总共十八次。可见，秦方言中包括有比晋方言更多的土语。

在秦方言中，秦的西部地区的方言很有特色。《方言》只提到西秦一次（7/34），郭璞注：“西秦，酒泉、敦煌、张掖是也。”我们不同意郭氏的看法。酒泉、敦煌等河西四郡，原先属于匈奴，是汉武帝时新开辟的疆土。由于匈奴人已被逐出这一地区，因此这里的人民都是迁来的汉族移民，其中有些来自关东地区。《汉书·地理志》说：“自武威以西，本匈奴昆邪王、休屠王地，武帝时攘之，初置四郡，以通西域，隔绝南羌、匈奴。其民或以关东下贫，或以报怨过当，或以谆逆亡道，家属徙焉。”从汉武帝时到西汉末年，只有一百年左右的时间，恐怕还不能形成稳定的当地方言。我们认为，“西秦”相当于《方言》中“秦之西鄙”。“秦之西鄙”出现两次（7/5、7/15），其中一次是“秦晋之西鄙自冀陇而西”（7/5），该句的“晋”字可能是衍文。“秦之西鄙”就是“自冀陇而西”，郭璞注：“冀县，今在天水”，就是今甘肃天水市。陇指陇县，即今甘肃张家川。“自冀陇而西”指汉代天水、陇西两郡，即今甘肃省的东南部。在《方言》中，“西秦”出现一

① 包括“晋之北鄙”（1/16）、“晋之旧都”（13/151）。

次（7/34），“秦之西鄙”两次（7/5、7/15），陇七次（6/55、7/5、7/16、7/30、8/7、8/10、9/11），其中7/5与“秦之西鄙”重复；冀出现三次，皆与陇并举。我们把“雍（梁）之西部”（2/12）也看成是“西秦”。这样，“西秦”一共出现十一次，少于表示梁益方言的二十次。因此，我们虽然把西秦方言视为秦方言的一个部分，但它有许多不同于秦方言的特点。西秦方言可以被看作是秦方言下的一个重要的土语。从历史上看，这一地区是秦最早建国的地方。

至于梁益方言，如前所述，代表梁益地区的地名有十二次单独列举，远远少于表示秦方言地名单独列举的六十五次，而多于晋方言的五次。因此，梁益方言就其特点来说，虽然不如秦方言突出，但比晋方言更有个性。

对汉代的方音进行研究，也可以部分印证我们的结论，尽管我们这方面的知识极其有限。根据罗常培、周祖谟的研究，秦方言和梁益方言在韵部方面的相同之处有：（1）幽宵相近、鱼宵相近；（2）真元相近；（3）东冬相近；（4）东蒸相近。它们的不同之处，至少有两点。第一，在蜀方言中，侵部与冬部、蒸部相近，而在秦方言中，除“风”字可能已经以-ng收尾外，侵部的其他字都与真部接近。第二，蜀方言中的鱼部（除麻韵外）有韵尾-g，祭部有韵尾-d。此外，罗、周两先生还认为汉代秦陇一带的语音相近①。在魏晋时期，秦和梁益也有一些共同的语音特点。在晋代，“陕西长安以西至甘肃东部一带侵韵的元音与真韵接近，韵尾-m也可能有变为-n的趋势”②。而三国时四川一带的“侵部字的韵尾-m有变为-n的倾向……这跟雍州陕甘一带的情形相似”③。魏晋虽然在汉以后，但语音的发展是缓慢的，因此我们可以用它来印证汉代方言的语音特点。这一切都可以证明汉代的秦方言与蜀方言在语音上的某些共性，但它们也有一些各自的特点。同梁益方言相比，秦与西秦的语音更为接近。陆法言在《切韵序》中说：“秦陇则去声为入，梁益则平声似去。”秦、陇就是我们所说的秦和西秦，与梁益的方音大不一样。后一个时代方言特征的异同，在一定程度上反映出前一阶段方言之间的远近关系。

---

① 罗常培、周祖谟：《汉魏晋南北朝韵部演变研究》第一分册，科学出版社1958年版，第85页—第89页、第97页—第100页。

② 周祖谟：《魏晋时期的方音》，《中国语文》1989年第6期，第438页。

③ 周祖谟：《魏晋时期的方音》，《中国语文》1989年第6期，第438页。

我们把秦晋方言划为秦、晋、梁益三个次方言，还可以从文化、历史、地理等方面找到根据。《汉书·地理志》对西汉时的各地风俗作了一些叙述和总结。在古人看来，方言是风俗的组成部分，风俗又是文化中非常重要的一个部分。这实际上是把语言看成为文化的一个组成部分。因此，透过对各地不同的风俗的观察，可以帮助我们窥测各地方言的差异。《汉书·地理志》说："凡民函五常之性，而其刚柔缓急，音声不同，系水土之风气，故谓之风；好恶取舍，动静亡常，随君上之情欲，故谓之俗。""音声不同"既可以指各地民间歌谣的不同，也可以指各地方音的差异。因此，历史文献对各地风俗的描叙和区分，可以作为我们划分方言区的参考。

《汉书·地理志》把晋方言的中心河东一带单列为一区："河东土地平易，有盐铁之饶，本唐尧所居，《诗·风》唐、魏之国也……其民有先王遗教，君子深思，小人俭陋""本唐尧所居……有先王遗教"，说明这个地区有悠久的历史文化，一度曾十分强大和重要。"土地平易"有利于减少方言间的内部差异。"有盐铁之饶"则意味着与外界有较多的商业交通往来。这与我们上述的结论基本一致。

《史记·货殖列传》把秦地分为三个地区，即关中、巴蜀和天水、陇西等。这三个地区的方言当然有一定差异。《史记·货殖列传》说：

> 关中自汧雍以东至河、华，膏壤沃野千里，自虞夏之贡以为上田，而公刘适邠，大王、王季在岐，文王作丰，武王治镐，故其民犹有先王之遗风，好稼穑，殖五谷，地重，重为邪。及秦文、[德]、缪居雍，隙陇蜀之货物而多贾。献公徙栎邑，栎邑北却戎翟，东通三晋，亦多大贾。[孝]、昭治咸阳，因以汉都，长安诸陵，四方辐凑并至而会，地小人众，故其民益玩巧而事末也。南则巴蜀。巴蜀亦沃野，地饶卮、薑、丹沙、石、铜、铁、竹、木之器。南御滇僰，僰僮。西近邛笮，笮马、旄牛。然四塞，栈道千里，无所不通，唯褒斜绾毂其口，以所多易所鲜。天水、陇西、北地、上郡与关中同俗，然西有羌中之利，北有戎翟之畜，畜牧为天下饶。

《汉书·地理志》也叙述了这几个地区风俗的特点。除与《史记·货殖列传》相同的部分外，还作了一些补充。《汉书·地理志》说关中："五方杂厝，风俗不纯。其世家则好礼文，富人则商贾为利，豪杰则游侠通奸……又郡国辐凑，浮食者多，民去本就末。”“天水、陇西，山多林木，民以板为室屋……以射猎为先……故此数郡，民俗质木。”“巴、蜀、广汉本南夷，秦并以为郡……民食稻鱼，亡凶年忧，俗不愁苦，而轻易淫泆，柔弱褊阸。景、武间，文翁为蜀守，教民读书法令……及司马相如游宦京师诸侯，以文辞显于世，乡党慕循其迹。后有王褒、严遵、扬雄之徒，文章冠天下。”可见，关中是周民族的故土，是周文化的发源地，从周、秦到汉，一直是重要的政治中心，有古老的历史文化和发达的农业、工商业。由于关中是汉王朝的政治中心，因此秦方言必然是当时最重要的方言，是通语的基础。巴蜀地区物产丰富，文化发达，但交通比较困难，这容易形成比较有特色的方言。天水、陇西一带，除农业外，畜牧和狩猎也比较重要，这不同于关中，《史记·货殖列传》说天水、陇西等地“与关中同俗”，其方言面貌可能相近。

从《方言》中地名的并举来看，秦晋方言与其他方言的接触比较少。因此，总的说来，秦晋方言与其他方言的关系不太密切，其中又以梁益方言为最。

《方言》中代表梁益的地名一般只与秦晋方言内的地名并举，与秦晋之外的地名并举只有一次：7/5“肖、类，法也。齐曰类，西楚梁益之间曰肖”。梁益和西楚相邻，但并举只有一次。可见，梁益方言是一种非常孤立的方言。这可以从梁益地区偏于西南一隅，交通不便，以及巴蜀拥有自己古老而独特的历史文化等原因上去解释。不过，在秦国攻占巴蜀以前，巴蜀和楚之间有较多的交流。蒙文通说：“楚文化是受到巴蜀文化影响。巴蜀和楚，从文化上说是同一类型，应该是可以肯定的。”① 不仅如此，巴蜀地区还有许多来自楚地的移民，例如扬雄本人以及樊敏就是楚移民后裔的著名代表②。这些移民，对促使巴蜀和楚的文化交流起到了重要作用。因此，徐中舒、唐嘉弘断定“蜀文化受楚文化影响，楚文化中亦有蜀文化影响”③。但是在《方言》中却看不出梁益方言和楚方言之间的共性，这说明自秦占领巴蜀以后，巴蜀与楚的人员来往和文化交流大为减少，而与秦的联系大大加强。

---

① 蒙文通：《巴蜀史问题》，《巴蜀古史论述》，四川人民出版社 1981 年版，第 100 页。

② 徐中舒、唐嘉弘：《古代楚蜀关系》，《文物》1981 年第 6 期。

③ 徐中舒、唐嘉弘：《古代楚蜀关系》，《文物》1981 年第 6 期。

《方言》中秦与秦晋以外的地名并举相当稀少，与东齐的三次就算最多的了：1/17“亟、怜、抚、惟，爱也。东齐海岱之间曰亟。自关而西秦晋之间凡相敬爱谓之亟”，7/15“膊、曬、晞，暴也。东齐及秦之西鄙言相暴僇为膊”，9/1“凡戟而无刃……东齐秦晋之间谓其大者曰镘胡”。东齐与秦相隔甚远，这几个词在分布上缺乏连结秦与东齐的中间地带。因此，它们共有的“亟”“膊”“镘胡”不是秦与东齐方言之间相互接触借用的结果，而应该是秦和东齐共同从古代继承下来的词语或早期的传播所致。西汉的秦方言和东齐方言没有什么接触。

周、秦的并举只有两次：6/43“周秦”、6/55“周晋秦陇”，周就是洛阳。周、秦相邻，距离并不遥远。在汉代，长安、洛阳是全国最大的城市，商业繁荣，交通方便，文化发达，其间往来甚多。而且，它们之间的联系和交往可以追溯到很早以前。在《方言》中，提到“自关东西”十三次，提到“山之东西”五次，共十八次。关西、山西当然指秦方言地区，关东、山东则指以周、韩（可能包括郑）为起点的，或者说，以周、韩、郑为核心的东部地区。因此，这十八次并举可以被看成是秦方言与周韩郑方言接触和交往的结果。可见，在秦晋方言之外，与秦方言关系最密切的应当是周韩郑方言。考虑到自秦代以后，秦方言在全国方言中的重要地位以及通语以秦方言为基础这一历史事实，可以认为秦方言对周韩郑方言的影响是强烈的。这与前面所叙述的历史事实一致。

《方言》中秦与西楚并举一次（11/1），与陈并举两次（1/18、11/2）。在《方言》中西楚和陈都属于楚方言的范围。秦在《方言》中出现一百零九次，楚出现一百二十九次（不包括“南楚”“西楚”和“自楚之北郊”）。它们出现的总数在《方言》中是最多的，因此可以说秦方言和楚方言基本上没有什么接触。相比之下，秦方言（包括邠）与宋卫方言，尤其是与其中的卫（包括兖）的接触要稍微多一些：1/13“邠唐冀兖”、1/16“秦晋宋卫之间”、1/17“宋卫邠陶之间”、1/18“秦晋之郊陈兖之会”。除1/17外，都与晋（或唐、冀）并举。这实际上是晋方言对秦方言和宋卫方言的影响所致，因此，秦方言与宋卫方言的关系并不密切。此外，秦方言（包括秦之北鄙）与晋之北鄙、燕之北鄙、翟县之郊、西夏并举各一次（1/16、8/15）。值得注意的是，秦方言与赵、魏以及当时非常重要的齐方言之间都没有任何接触。

总的看来，秦方言一般只与同一方言区内的晋方言、梁益方言接触。在秦晋方言之外，与周韩郑的接触较多，至于其他方言，则几乎没有什么接触。如果考虑到《方言》中秦方言内的地名共计出现一百六十六次，可以说秦方言在汉代是相当孤立的。因此，尽管秦地在西汉时是非常重要的政治、经济、文化中心，而且这一地区与其他地区之间有着非常频繁的交通和人员往来，秦方言还是通语的基础，但仍然不能改变秦方言的孤立地位。这是因为，方言之间的相互影响、渗透和融合，是一个非常缓慢的过程。每一种方言都有相当长的历史。秦方言的孤立，主要反映的是前一个历史阶段的事实，因此应当从长期的历史发展过程中去寻找原因。周振鹤、游汝杰指出："春秋之前诸夏语言的中心地区是成周一带（今河南北部），那时候秦国的语言还偏在西方，在诸夏语言区域中并无重要的地位。"① 事实上，在商鞅变法以前，"秦僻在雍州，不与中国诸侯之会盟，夷翟遇之"②。《史记·商君列传》说："商君曰：'始秦戎翟之教，父子无别，同室而居。今我更制其教，而为其男女之别，大筑冀阙，营如鲁、卫矣。'"文化上的落后和地理上的隔绝，使秦方言很少与其他方言接触交往，而语言地位的低下，则进一步限制了秦方言向外扩张和影响其他方言的力量。这就是秦方言比较孤立以及秦方言有许多不同于其他方言的特点的原因。

与秦方言不同的是，晋方言与秦晋方言以外的地名也有较多的并举。

除秦方言外，晋、卫的关系最为密切。《方言》中晋、卫并举七次：1/4"晋卫之间"、1/5"晋卫燕魏"、1/6"晋卫"、1/11"晋宋卫鲁之间"、1/16"秦晋宋卫之间"、2/3"宋卫晋郑之间"、2/16"齐卫宋鲁陈晋汝颍荆州江淮之间"。另外还有1/13"郊唐冀兖"和1/18"秦晋之郊陈兖之会"。唐属于晋，兖在地理上与卫大体一致。《吕氏春秋·有始》："河、济之间为兖州，卫也。"因此，晋卫并举实际上是九次。除2/16外，大概都应当看成是较早时期晋对卫扩张影响的结果。晋、卫方言间比较多的接触，是长期的历史原因决定的。晋与宋并举四次（1/11、1/16、2/3、2/16），都同时与卫并举。除2/16条难以断定外，都可以看成是晋方言通过卫对宋的影响。《方言》中卫、宋属于一区，因此，宋方言很容易把来自晋方言中的词语当成卫

① 周振鹤、游汝杰：《方言与中国文化》，上海人民出版社1986年版，第86页。

② 《史记·秦本纪》。

方言中的词语来吸收。

在《方言》中，晋、赵并举三次：2/26“晋赵之间”，2/27、6/1“晋赵”。晋、魏并举也是三次：1/5“晋卫燕魏”、1/16“晋魏河内之北”、2/23“晋魏之间”。在历史上，赵、魏都出自晋，晋与赵、魏有一些相同的方言词语是自然的。但无论从《方言》中晋出现的一百零七次来看，或是从晋与赵、魏的历史关系来看，晋与赵、魏的接触都显得非常之少。晋与韩没有并举的情况。

齐、晋并举有四次：2/23、6/6“齐晋”、6/12“齐楚晋”、2/16“齐卫宋鲁陈晋汝颍荆州江淮之间”。除最后一条无法断定外，其余三条可能是齐、晋方言早期接触和互相影响的结果。晋与东齐并不接壤，而且距离较远，但其在《方言》中的并举有三次（1/17、9/1、10/9）。与东齐、秦的情况相似，这也可以看成是它们共同从古代继承下来的词语或早期的词语扩散的结果。晋与东齐实际上并没有什么来往。

《方言》中晋与楚（包括荆）、陈并举都分别为四次（1/18、2/16、6/12、11/12），考虑到晋、陈、楚在《方言》中出现的次数都非常多，它们的关系实际上非常疏远。

此外，晋与周并举两次（6/55、10/9），与鲁并举也是两次（1/11、2/16）。其他与燕（1/5），燕之北郊、翟县之郊（1/16），西夏（8/15），郑（2/3），汝颍、江淮（2/16）并举都是一次。

可见，与秦方言相比，晋方言的孤立程度要低一些，它与关东的一些方言有较多的接触。在历史上，晋国曾经是一个强大的向外扩张的国家，与关东各国有着频繁的交往。从地理上看，晋比秦更接近东方各国，它们之间有较多的接触是非常合理的。

徐中舒曾对耒、耜这两种农具以及它们的流行区域进行了研究，认为“耒为殷人习用的农具，殷亡以后，即为东方诸国所承用。耜为西土习用的农具，东迁以后，仍行于汧、渭之间”①。但是，夏的故地晋却不使用耜，而使用耒，“其中原因，大约有四：（1）东迁以后，晋与东方诸侯会盟聘享，来往频繁，故与东方的习俗，易于接近。（2）晋在春秋国力日形澎涨，必须招徕异国之民以实其地……（3）春秋时晋为诸侯盟主，垂百余

① 徐中舒：《耒耜考》，《历史语言研究所集刊》第二本第一分，1930年版，第42页。

年，城濮鄢陵邲巩诸战，师之所经，使东方农具得有传播的机会。(4) 晋为盟主，各国均有贡献，物力雄厚，为商贾所必趋，而交易之货币，即为农具，此尤为易于传播之原因"①。徐氏对东方农具耒在晋的广泛使用的原因分析，也可以部分地用来解释晋方言与关东方言之间有较多接触的事实。不过，我们认为，与耒的传播方向相反，晋方言中的词语更多地是向关东方言输出。

① 徐中舒：《耒耜考》，《历史语言研究所集刊》第二本第一分，1930 年版，第 46 页。

《方言》中的卫宋方言*

本篇以扬雄《方言》为主要材料，拟对汉代的卫宋方言作比较详细的研究，不仅要对汉代卫宋方言的特点作大致的描写，勾划出这一方言区的粗略轮廓，而且着重论述卫宋方言与其他方言区的关系，它们之间的接触、交往和相互影响，并试图从政治、经济、历史、文化等方面去寻找原因。

依据《方言》一书所提供的材料，利用方言地理学的方法来划分汉代方言区的工作始于林语堂①。其后，罗常培、周祖谟和美籍比利时裔学者司礼义都做了划分汉代方言区的工作②。林语堂和罗常培、周祖谟都把卫、宋列为一个方言区，是有道理的。

卫在《方言》中总共出现三十二次③。在《方言》中，兖、河济之间在地理上都与卫相当。兖出现四次（1/13、1/18、2/8、5/38），河济之间也出现四次（1/3、5/38、13/147、13/151）。其中一次（5/38）与兖并举，可以不计。因此在《方言》中表示卫的地名实际上出现三十九次，其中表示卫的地名的单独出现仅两次。一次是13/141“淇卫之间”，淇、卫是一个地区，可视为单独出现；另一次是13/147“河济之间”。从地名并举的情况来看，卫、宋的关系最为密切，并举有二十二次之多，占代表卫的地名总数三十九次的56%。

卫、宋在方言上如此接近，除了它们在地理上毗邻，商业发达，交通方便之外，还可以从历史、民族、文化等方面找到原因。卫国是周成王时卫康

---

* 原载《天府新论》1992年1期，收入本书有修改和补充。

① 林语堂：《前汉方音区域考》，《语言学论丛》，上海开明书店1933年版，第35-44页。

② 罗常培、周祖谟：《汉魏晋南北朝韵部演变研究》第一分册，科学出版社1958年版，第72页；Paul L—M Serruys：*The Chinese Dialects of Han Time According to Fang Yen*，University of California Press Berkeley and Los Angeles，1959，pp77-99。

③ 其中一次是5/36“卫之北郊”。

叔所建，其地原为商王都。卫国的居民基本上是原住此地的殷遗民。《史记·卫康叔世家》说："周公旦以成王命兴师伐殷，杀武庚禄父、管叔，放蔡叔，因武庚殷余民封康叔为卫君，居河、淇间故商墟。"《史记·周本纪》说周公"颇收殷余民，因封武王少弟封为卫康叔"。卫就是郼，即殷。《吕氏春秋·慎大》："亲郼如夏。"高诱注："郼读如衣，今兖州人谓殷氏皆曰衣，言桀民亲殷如夏氏也。"可见，卫、殷原是同一个词，读成卫（或衣）是按当地的方音。据记载，卫康叔分到了殷民七族：陶氏、施氏、繁氏、錡氏、樊氏、饑氏、终葵氏①。宋国也是西周初年所建，其地是殷人早期活动的地区。王国维认为，宋与商声相近，宋就是商，商因地而得名②。可见，卫宋两国的国名都是从殷、商而来。远在夏代，商王相土从砥石（今河北省泜水流域）迁都商丘（今河南省商丘市南），并以此为中心，把势力扩展到黄河下游的广大地区。后来，汤定都于亳（今河南省商丘市北）。这一带是商人活动的一个重要的中心地区。宋国的开国之君是商纣王的庶兄微子启。《史记·宋微子世家》说："周公既承成王命诛武庚，杀管叔，放蔡叔，乃命微子开（启）代殷后，奉其先祀……国于宋。微子故能仁贤，乃代武庚，故殷之余民甚戴爱之。"长期以来，人们都把宋看作商。《国语·吴语》："吴王夫差……乃起师北征，阙为深沟，通于商、鲁之间。"商就是宋。《庄子·山木》："吾再逐于鲁，伐树于宋，削迹于卫，穷于商、周。"宋、商同义互训。在汉代，卫、宋一带仍保存了殷商时遗留下来的某些风俗习惯。《汉书·地理志》说卫"康叔之风既歇，而纣之化犹存"，说宋"其民犹有先王遗风"。所谓"纣之化""先王遗风"都是指殷商时的某些风俗习惯，其中应该包括语言特征在内。

卫方言和宋方言的关系最为密切，这是以卫为基点判断的，如果以宋方言为基点，情况并非这样。在《方言》中，宋和陈并举三十二次；宋（梁）与楚（不包括南楚）并举三十三次，其中包括 1/19"宋卫荆吴"、2/16"齐鲁宋卫陈晋汝颍荆州江淮之间"；宋与魏并举三十次。它们都超过了宋、卫并举的二十二次。

但是，对方言区的划分，不能仅仅根据《方言》中方言地名并举的次数

① 《左传·定公四年》。

② 王国维：《观堂集林》卷十二《说商》。

来确定。除了必须考虑到各个地区的历史、文化、风俗习惯等方面的渊源外，还必须对所统计的材料作一番仔细的辨别工作。在陈、宋并举的三十二次中，有二十七次是与楚同时并举的，其中大多数应该是楚对陈、宋方言的扩散渗透，以至造成陈、宋有众多并举的局面。在宋、魏并举的三十次中，有二十一次与楚并举，这也是楚方言词语扩散的结果。如果除去这些词语，陈、宋并举五次，其单独并举仅两次（1/30、2/7）。可见，陈、宋关系在未曾受到楚方言影响的较早时期，是比较疏远的。宋、魏并举为九次，其单独并举七次。这可能是早期宋、魏的共同词语。在宋、楚并举的三十三次中，有二十四次与陈并举。其中多数应当是楚方言通过陈对宋的扩张、渗透。在没有提到陈的情况下，宋（梁）、楚（荆）的并举仍有九次之多，其中有三次为单独列举。除“自关而东梁楚之间”①（8/6）可能是关东的周韩郑方言向宋（梁）、楚的扩张外，其余八次都应看成楚方言直接对宋方言的渗透和扩散。它们是：“宋楚之间”（1/2），“梁楚”（2/12）（6/21），“宋卫荆吴”（1/19），“齐宋之郊楚魏之际”（1/21），“宋楚魏”（5/4），“梁宋齐楚北燕”（5/24），“周魏齐宋楚”（8/7）。《方言》中代表宋的地名实际出现八十二次，与楚并举有三十三次②，占40%，但我们不能据此把宋归到楚方言中去，因为《方言》中的楚（不包括南楚）总共出现一百三十三次。从楚来讲，宋、楚并举只占其24%。其实，这个比例偏高了一些，因为我们没有把表示楚方言的其他地名算进去。如果把它们计算进去，那么楚方言③的实际出现为一百五十三次，楚、宋并举只占其中的21%。对于楚方言来说，这个比例不算太高，因此，把宋、楚划分开来是正确的。不过，从绝对数字来看，宋、楚并举的三十三次仍然高于宋、卫并举的二十一次。

由此可见，把宋、卫看成一个方言区，在很大程度是从两地早期的历史、文化以及人民的来源而言的。《史记·管蔡世家》说：“周公旦承成王命伐诛武庚，杀管叔，而放蔡叔……而分殷余民为二：其一封微子启于宋，因续殷祀；其一封康叔为卫君，是为卫康叔。”如果仅仅根据方言并举的情况把它们划为一区，理由并不怎么充分。《汉书·地理志》对宋、卫的风俗有不同

① 原为“自关东西”，周祖谟《方言校笺》据玄应《一切经音义》卷十二改作“自关而东”。
② 包括楚部一次（1/30），西楚三次（1/21、7/5、11/1）、自楚之北郊一次（1/7）。
③ 这里所说的楚方言实际上是指楚方言中最重要的次方言，即以郢都为中心的楚郢次方言。

的记叙。宋的风俗是“其民犹有先王遗风，重厚多君子，好稼穑，恶衣食，以致畜藏”。而卫则是“俗刚彊，多豪杰侵夺，薄恩礼，好生分”。“其俗刚武，上气力……颇奢靡，嫁取送死过度，而野王好气任侠，有濮上风。”从历史上看，在周代，卫的统治者是姬姓贵族，他们带来了较多的周文化，推行周的土地制度。《左传·定公四年》在谈到西周初年卫康叔分到殷民七族“启以商政”的同时，还说：“分康叔以大路、少帛、綪茷、旃旌、大吕……疆以周索。”从文化上讲，卫文化是殷商文化和周文化混合的结果。而在卫文公迁都楚丘后，“河内殷虚，更属于晋”①。卫又受到晋文化和方言的影响。

宋国和卫国不一样，它的统治者和人民都是殷人的后裔，受周文化的影响较小。西周时期宋以南的淮泗到江淮之间有徐夷、淮夷等方国部落。无论是战争或和平，宋人都与他们保持着频繁的来往和接触。宋文化以殷商文化为主，吸收了不少夷人的文化成分。春秋以后，楚国向东发展，征服了江淮地区，尤其是楚灭陈以后，楚的文化和语言不仅融合和同化了夷人的文化和语言，而且长期持续地给宋人以影响。公元前278年楚迁都陈以及公元前241年迁都寿春以后，楚国的统治重心移向淮河流域，与宋国的距离缩短，宋、楚间的接触就更加频繁。值得注意的是，楚迁都陈以后，货币显著增多，商业越发繁盛。这对宋、楚方言的接触和融合起到了促进的作用。另外，战国时宋国曾一度强大，夺取了楚国的淮北地区。公元前286年宋国灭亡，楚夺回了淮北地区。淮北一带易手于宋、楚之间，对宋、楚方言的接近也起到了促进作用。西汉初年，淮南王刘安都寿春，在这一带弘扬楚文化。《汉书·地理志》说：“淮南王安亦都寿春，招宾客著书。而吴有严助、朱买臣，贵显汉朝，文辞并发，故世传《楚辞》。”除了宋的南部地区外，以彭城（今江苏省徐州市）为中心的宋国东部地区也是受楚文化和语言强烈影响的地区。彭城春秋时属宋②，战国时属楚。项羽以及西汉时的楚元王刘交、楚孝王刘嚣，东汉时楚王刘英都定都于彭城。《史记·货殖列传》把彭城列为楚地。因此，我们甚至可以把宋的东部南部地区视为楚方言区，这就不仅仅是楚方言对宋方言的渗透和影响的问题了。宋方言和楚方言的频繁接触和融

① 《汉书·地理志》。

② 《春秋·成公十八年》。

合，使它们的一致性增强，这自然加大了宋、卫方言间的距离。

文学、哲学的不同流派也可以证明我们的结论。先秦的文学和哲学都可以分为南北两派。例如《诗经》属于北派，《楚辞》属于南派；儒家属于北派，道家则属于南派。儒家以孔、孟为代表，道家则是老、庄。宋和陈可以被看作是南北文化的交接地带，宋、陈本身则属于南派。宋、陈相邻。庄子是宋国蒙邑人，距老子的出生地只有六十公里左右。老子是楚苦县厉乡人①。苦县本属陈，公元前 478 年楚灭陈后，并入楚国。汉高祖刘邦是沛丰邑人②。沛本来属于宋③，后来属楚④。刘邦崇尚楚文化，爱穿楚服，喜唱楚歌，所作《大风歌》就是典型的楚歌⑤。刘邦的家乡话沛方言属于楚方言。刘邦对沛父兄说："其以沛为朕汤沐邑。"⑥ 裴骃《集解》引《风俗通义》说："沛人语初发声皆言'其'。其者，楚言也。"宋虽然不属于楚，但深受楚文化和语言的影响是可以肯定的。在《方言》中，则体现为陈、楚、宋（还有魏）的多次并举。

总之，卫、宋两国人民的来源相同，两个地区最初的方言面貌比较一致，但是后来由于政治条件和文化、地理等方面的差异，宋方言和卫方言各自向不同的方向发展，彼此距离加大。在各种原因中，楚方言对宋方言的长期扩散和渗透是最重要的。如果不考虑历史上的各种因素，可以把宋、卫划为不同的方言地区。可见，宋是卫与陈、楚之间的过渡地带。宋方言是受楚（包括陈、江淮）方言严重蚕食、渗透的一种方言，其词汇面貌近于陈、楚、魏而远于卫。宋的一部分甚至可以划归到楚方言中去。

在《方言》中，卫同表示晋的地名的并举应该是九次，可见卫方言与晋方言的关系是密切的。长期以来，晋是一个非常重要的大国，而卫在西周尤其是西周初年，也是一个发达的重要国家。卫、晋的接触，有悠久的历史。卫方言和晋方言的关系，应当以晋向卫的扩张为主，一方面这是由晋的强国地位决定的，另一方面则是因为自卫文公以后，卫的中心地区为晋所占据。

① 《史记·老子韩非列传》。
② 《史记·高祖本纪》。
③ 谭其骧主编：《中国历史地图集》第一册，中华地图学社 1975 年版。
④ 《汉书·地理志》。
⑤ 张正明：《楚文化史》，上海人民出版社 1987 年版，第 315-316 页。
⑥ 《史记·高祖本纪》。

《汉书·地理志》说卫“至十六世，懿公亡道，为狄所灭。齐桓公帅诸侯伐狄，而更封卫于河南曹、楚丘，是为文公。而河内殷虚，更属于晋”。

《方言》中卫与陈并举九次，包括兖、陈并举的一次（1/18）。其中有三次是“陈楚宋卫”的并举（5/8、5/9、13/150），这大概是楚通过陈、宋对卫影响的结果。除了1/18“秦晋之郊陈兖之会”这一条外，卫凡与陈并举的条目，必然同宋并举。这说明陈、卫的相互接触和影响主要是通过宋为中介进行的。因此，与其说卫接受了陈的影响，还不如说是卫接受了宋的影响。卫接受来自陈的词语，实际上是把它们作为宋方言中的词来对待而吸收的。

卫、楚在《方言》中有五次并举（5/8、5/9、7/7、9/14、13/150），卫、荆并举四次（1/19、1/30、2/16、7/7）。除去“楚”“荆”相重复的一条（7/7），卫、楚实际上的并举为八次。其中的大多数可以看成是楚对卫的影响。在卫、楚的并举中，有六次同时也提到宋（1/19、2/16、5/8、5/9、7/7、13/150）。这与陈、卫之间的接触相似。楚通过宋影响卫，卫把这些词当成宋方言中的词来吸收。但是我们不能因此而断定卫、楚没有直接的接触，因为《方言》中卫、楚有一次单独的并举（9/14），只不过卫、楚的直接接触非常稀少。

卫、鲁在《方言》中的并举为六次，其中“鲁卫”只单独出现一次（1/28），其余皆同其他地名并举。

卫与郑的并举三次，与魏、齐、汝颍的并举都是两次，可知关系并不密切。此外，卫与秦、赵、燕、韩、南楚、东齐、吴、豫、扬、徐、周南、召南、衡、邠、陶、江淮、自关而东等各并举一次。

总之，卫方言与宋方言的关系最为密切。这与卫、宋两地早期的民族来源相同，文化传统和习俗接近有关。卫方言和宋方言除了有一些共同的词语外，还互相吸收，甚至把借自其他方言的词语也当成对方的词语而加以吸收。其次，卫与晋的关系比较密切。这与晋在周代的大国地位以及古代的夏言以晋语为主有关。此外，卫与鲁也有较多的接触。这不仅因为卫、鲁相邻，相互影响较多，而且在历史上卫、鲁都采纳了不少周的文化传统。卫的文化极高，鲁是周文化在东方的重要中心。《论语·子罕》引孔子的话说：“吾自卫反鲁，然后乐正，《雅》《颂》各得其所。”卫、鲁在文化上的共性较多，这对彼此语言的接触和相互影响是有益的。卫、晋、鲁都是周初分封的姬姓国家，在西周时都很重要。可见，卫与晋、鲁比较频繁的接触由来已久。卫与陈、楚的并举虽然在表面上看来比较多，但其关系实际上并不密切。

由此可见，卫方言在早期较多地与晋、鲁等北方的方言交流接触，对后来南边楚方言的影响，一般则采取排斥的态度，这与宋方言大不一样。在历史上，卫国自古以来都是一个人口稠密，农业、工商、交通都非常发达的地区，同三晋和齐都有频繁的接触。杨宽说："卫都濮阳同样是个繁荣的城市，当时人常以陶、卫并称……濮阳地处濮水以北，交通便利，是三晋和齐货物集散的重要地点。"① 但是，在《方言》中，卫与赵、魏、韩、齐都很少有接触。考虑到战国时魏国一直把卫看作是自己的属国，并于公元前254年灭卫，而且赵、齐都从卫取得了大片的土地，以及赵、魏、齐在历史上一度占据着举足轻重的地位和它们对其他方言所发挥的影响，可以说卫比较保守，倾向于抗拒外来影响的方言。这与这一地区很早就得到开发，人口众多，有悠久的历史文化传统有关。

在《方言》中，宋出现七十九次，表示汉代梁国的梁出现了八次，其中有五次与宋并举。因此《方言》中表示宋的地名实际出现八十二次。此外，沛出现一次（2/25），由于沛宋并举，故可不计。在这八十二次中，宋单独出现两次（1/9、1/13），梁宋单独并举三次（2/18、6/30、8/8）。因此，表示宋的地名实际上单独出现五次。

除了前面所谈到的宋与楚、陈、魏等方言的频繁接触外，宋方言与齐方言、鲁方言的关系最为密切。

《方言》中宋、鲁并举十次，除1/11"晋宋卫鲁之间"、1/12"宋鲁陈卫之间"、2/16"齐卫宋鲁陈晋汝颖荆州江淮之间"三条外，宋鲁的单独并举有七次：1/6、1/14、6/9、6/26、6/39、6/40、7/1。可见，宋鲁之间的关系不仅密切，而且还有一定数量的仅仅流行于宋、鲁地区的词语。它们大概原先就流行于这一地区，是宋方言和鲁方言共同继承下来的古老的方言词语。从历史上看，鲁国封于西周初年，其地是属于东夷的商代诸侯国奄国。在商代，奄是一个重要的地区，曾经是商的都城②。周初，奄国曾随武庚叛周。鲁国建立之初，伯禽从周天子那里分到了殷民六族以及一整套典册之物。

① 杨宽：《战国史》，上海人民出版社1980年版，第100页。

② 丁山：《由三代都邑论其民族文化》，《历史语言研究所集刊》第五本第一分，1935年版，第101-102页。

《左传·定公四年》："分鲁公以大路、大旂、夏后氏之璜，封父之繁弱，殷民六族：条氏、徐氏、萧氏、索氏、长勺氏、尾勺氏……备物、典策、官司、彝器。因商奄之民，命以伯禽而封于少皞之虚。"宋、鲁相邻，其人民的来源至少有部分相同，有较多的共同的方言词语是不难理解的。

在《方言》中，齐、宋并举十次，其中齐、宋单独并举四次（1/1、1/8、1/21、6/23），其余六次同时与周、魏、楚、陈、卫、鲁、晋、北燕、汝颍、江淮等地名并举。宋、齐的关系相当密切。宋、齐本来就相邻接，公元前286年宋灭于齐、魏、楚，其领土被这三国所分，"齐得济阴、东平"①。这促使了宋、齐方言间的进一步接触。从历史上看，齐是西周初年师尚父（即吕尚、太公望）所建，统治原薄姑氏的土地和人民。与奄一样，薄姑在商代是一个古老的夷族国家，也曾随武庚叛周，其文化深受殷的影响。齐、宋单独并举的词语中，有些可能相当古老。

宋与鲁、宋与齐的并举都是十次，但我们认为宋与鲁的关系比宋与齐的关系更为密切。第一，在《方言》中，鲁总共出现二十七次，宋鲁并举的十次占其37%。齐出现六十次，齐、宋的并举只占其17%。宋、鲁单独并举六次，而宋、齐的单独并举四次。这说明仅仅流行于宋、鲁的词语要多于仅仅流行于宋、齐的词语。第二，从民族来源上看，宋是商的直接后裔，鲁则分得了殷民六族，齐的先民虽然基本上来自东夷民族薄姑，但齐国并未分得殷民。第三，从地理位置看，鲁比齐更近于宋。此外，东汉人的一些著作也可以部分印证宋、鲁的密切关系。例如何休的《公羊传注》、刘熙的《释名》都多次提到"宋鲁之间"或"宋鲁"。

宋与郑的关系也比较密切，它们的并举共六次：2/3"宋卫晋郑之间"、2/5"宋卫晋韩之间"、2/25"周郑宋沛之间"、2/29"陈宋郑卫之间"、3/13"宋郑周洛韩魏"、6/38"宋郑"②。宋郑的单独并举只有一次。

此外，宋与周（洛）并举三次，与韩并举两次，应当看成是周韩郑方言对宋的影响。宋与晋并举四次，如前所述，这是晋方言通过卫对宋的影响。此外，宋与南楚并举一次，与秦、赵、东齐、吴、北燕的并举都是一次。

总之，宋方言是一种非常开放的方言，它与东南西北各种相邻方言间的

---

① 《汉书·地理志》。

② 今本《方言》无此条，依周祖谟《方言校笺》本补。

互相影响和互相渗透的情况都非常普遍。这种情况在《方言》中是比较少的。除上述原因外，我们还可以从战国时的商业交通方面的情况去解释。杨宽说：

> 在这些商业城市中，宋的陶邑最为重要。它北临济水，东北有荷水沟通泗水，自从鸿沟开凿以后，济、汝、淮、泗之间构成水道交通网，陶邑正处于这个交通网的中间。陆路交通也是发达的。由此向东北是商业发达的卫国，向东是鲁国和齐国，向西是魏国和韩国。因为它地处中原地区水陆交通的中心，“诸侯四通”，就成为“货物所交易”的“天下之中”。这里手工业和商业都很发达，人口众多，范蠡就曾在陶邑“三致千金”。直到汉初，包括定陶在内的济阴郡还是个人口众多的地区。①

这与我们通过《方言》中宋与其他地名并举时所得到的情况大体一致。这样，可以得到下述结论：卫方言和宋方言在西周初年是非常相近的两种方言。后来，宋方言受到楚方言（有时通过陈、魏）的强烈影响和渗透，而卫方言则较多地与晋、鲁等北方的方言接触。这样，卫、宋方言的差距逐渐拉大。宋方言的开放性是全方位的，它是东西南北各种方言的交汇和接触的枢纽。这种开放性甚至超过了比较开放的魏方言和陈方言。这与宋在当时的交通位置大有关系。卫的交通虽然也十分方便，但与宋相比，卫方言比较保守，它与相邻的、重要的齐方言、赵方言都很少接触。如果我们把汉代的方言分为南北两派的话，那么卫方言应当属于北派，它与晋、鲁等方言有较多的接触，而宋方言却可归为南派，它与齐、鲁、晋、郑等北方的方言虽然接触也很多，但与楚方言以及受楚方言强烈影响渗透的陈、魏等方言却更接近。除宋以外，陈和魏的南部地区也是当时南北方言交汇和接触的枢纽。

① 杨宽：《战国史》，上海人民出版社 1980 年版，第 99-100 页。

扬雄《方言》中的楚方言和南楚方言考

本文以扬雄《方言》为主要的研究材料，结合历史、人文、地理等方面的知识，对汉代的楚方言及南楚方言作一个比较详细的研究。

一、《方言》中的楚方言区

（一）楚方言的来源和范围

《方言》中“楚”出现的次数是一百二十九次，如果把“西楚”三次（1/21、7/5、11/1）、“自楚之北郊”一次（1/7）包括进去，则为一百三十三次。可见楚方言是一个很有特色的方言。张正明认为，最早的楚语与华夏语是不同的语言，但“由于楚人长期与诸夏交往，使用诸夏的文字，诵读诸夏的典籍，有很多楚人就学会了夏言，而楚言也逐渐与夏言靠近了”[①]。可见，楚方言是在华夏文化和语言长期持续的影响下，由一种异族语言逐渐向华夏语靠近，而最后成为华夏语的一种方言的。楚方言以早期的楚语为底层（substratum），自然包括了许多早期楚语甚至其他南方民族语言中的词语。因此，楚方言具有一定的混合性质[②]。例如，《左传·宣公四年》：“楚人谓乳穀，谓虎於菟。”据陈士林的研究，“穀”是古越语词，“於菟”是古彝语词[③]。

关于“楚”，我们必须作两个重要的区分。一是区分作为西汉方言区的“楚”和作为周代国名的“楚”，二是区分“荆”和“楚”。作为国名，楚的

① 张正明：《楚文化史》，上海人民出版社 1987 年版，第 100 页。
② 周振鹤、游汝杰：《方言与中国文化》，上海人民出版社 1986 年版，第 82 页。
③ 张正明：《楚文化史》，上海人民出版社 1987 年版，第 99-100 页。

范围很大，极盛时，“其境北接汝颍，南接衡湘，西连巴，东并吴。方城带其内，长江梗其中，汉水、淮水、沅、湘之属，迄其上下”①。成王时，楚国“跨今十二省，占县四百三十余。东临海，南界越、扬越、西南夷，西界夷、秦，北界韩、魏、宋、齐。于此楚国之广几同余国，实为当时无与伦比之第一大国。此亦即为其全盛时代”②。而作为汉代方言的楚的范围，至少要减去楚国南边的南楚地区、东南的吴越地区，以及东北的海岱地区。因此，西汉时的楚方言地区，就其面积而言，要大大小于战国时楚国的疆域。下面我们谈到楚时，一般都是指楚方言而不是指楚国。

至于“荆”和“楚”，尽管人们习惯于把它们关联在一起，且往往认为他们可互相替代，但它们在地域上并不完全一致，有重叠的情况，也有不重叠的情况。“荆”指古代九州中的荆州，其范围是从荆山到衡山南边的地区，包括以郢都为中心的江汉地区及南楚的大部分地区，但不包括楚之北境、汝颍、陈以及江淮一带。在《方言》中，这些地区不属于“荆”，但属于楚方言区。

《方言》中的“楚”和“南楚”应当属于两个不同的方言区。在《方言》中，“楚”出现了一百三十三次，其中单独出现四十五次。“南楚”出现六十二次③，其中单独出现三十六次。楚和南楚出现的次数以及各自单独出现的次数都相当多，但他们没有直接并举的情况。如果把表示楚方言的地名楚、楚部、西楚、自楚之北郊、郢④、荆⑤、江沔、江滨、自江而北、陈、汝颍、汝、颍、江淮、淮、淮汭、澒都加在一起，除掉并举时同一条中所重复的次数，那么，表示楚方言的地名总共出现的次数为二百零四次，这是《方言》中最多的。把表示南楚地区的地名如南楚、楚以南、楚郢以南、荆、荆之南鄙、荆郊之鄙、吴楚之外郊、衡、九嶷、江湘、江沅、沅、沅澧、沅湘、湘潭、瀑洭等都加在一起，也除掉并举时同一条中所重复的次数，则表示南楚方言的地名在《方言》中实际出现的次数为一百零八次。

---

① 姜亮夫：《荆楚名义及楚史地》，《楚辞学论文集》，上海古籍出版社 1984 年版，第 205 页。

② 姜亮夫：《荆楚名义及楚史地》，《楚辞学论文集》，上海古籍出版社 1984 年版，第 207 页。

③ 其中包括“楚郢以南”三次（10/12、10/24、10/33），“楚以南”一次（10/15）。另外，今本《方言》“楚东海之间”（3/4），据周祖谟《方言校笺》改为“南楚东海之间”，这里计算了进去。

④ 不包括“楚郢以南”，“楚郢以南”在《方言》中属于南楚地区。下同。

⑤ 不包括“荆郊之鄙”“荆之南鄙”“荆扬之鄙”，它们应当归南楚地区。下同。

我们之所以把《方言》中凡是出现“荆”的词条都看成是楚与南楚的并举，是因为“荆”既包括楚方言中的地区，又包括南楚方言中的地区。“荆”总共出现二十二次，如果除去“荆之南鄙”（10/2）和“荆郊之鄙”（10/11）各一次，则为二十次。因为这两条所表示的地区属于南楚方言。除“荆”以外，表示楚和南楚的地名并举有十六条。两者相加的三十六次就是楚方言和南楚方言并举的次数。以楚实际出现的二百零四次计算，占18%；如果以南楚实际出现的一百零八次计，则为33%。考虑到楚和南楚都有许多单独出现而不与其他地名并举的情况，把楚和南楚分别划为两个不同的方言区是恰当的。楚和南楚比较频繁的并举说明了这两种方言的关系是相当密切的，这与这两个地区的政治、经济、文化和历史情况是吻合的。

（二）楚方言的各个次方言及其相互关系

楚方言所概括的地区相当广阔，其内部有不少差异。因此，完全有必要把楚方言划为若干个较大的次方言。这就是楚郢方言、北楚方言和江淮方言。

1. 楚郢方言

以郢都为中心的地区是楚国历史最悠久、最重要的地区，这一地区的方言是楚方言的核心，在汉代大体相当于南郡和江夏郡。在《方言》中，凡是用“楚”表示者，都必然包括这一地区。同一个“楚”字，在《方言》中既表示楚方言，又表示楚方言中以郢都为中心的一种次方言，容易造成混乱，因此我们改称这个次方言为“楚郢方言”，简称“楚郢”。除了“楚”以外，《方言》中的“楚部”“郢”“江沔”“江滨”“自江而北”“湧”所表示的地区，都属于楚郢方言。至于《方言》中的“荆”，其北部即长江洞庭湖以北的地区属于楚方言中的楚郢次方言，而南部则应当属南楚方言。《方言》中的“楚”（包括“楚部”）出现一百二十九次，其中单独出现四十五次；“郢”出现两次（9/2、10/23）；“江沔”出现四次，其中单独出现两次（5/37、13/141）；“江滨”和“自江而北”分别单独各出现一次（10/7、10/45）；“湧”出现一次（10/41）；“荆”出现二十次。除去并举时重复的次数，表示楚郢方言的地名实际上出现了一百五十三次①。在这一百五十三次中，不与其他地名并举的情况有四十九次（“楚”四十五次，“江沔之间”两

① 其中“陈楚江淮之间”与“荆扬之间及山之东西”都记载了“篣”字的分布地域，故合并为一条（6/2）。下同。

次，“江滨”一次，“自江而北”一次)，占楚郢出现总数的32%。可见，楚郢方言有许多不同于楚的其他次方言和其他方言的特点。

2. 北楚方言

在《方言》中，“陈”出现了七十二次①，其单独出现仅三次（2/20、6/43、7/6)，“陈”与“楚”并举为五十一次。可见，把陈看成是楚方言区的一个部分的理由是充分的，只不过应当自成一个次方言区。《方言》中“汝颍”出现八次。此外尚有“汝”四次，“颍”六次。“汝颍”“汝”“颍”加在一起为十八次。陈位于颍水流域，在《方言》中与上述地名并举七次，占十八次的39%。因此，《方言》中的“陈”“汝颍”“汝”“颍”可以被划入到一个次方言中去。《方言》中还有“自楚之北郊”（1/7）一次，也可以划入这一地区。考虑到这一地区在楚的北边，因此我们把这个次方言称为“北楚”。除去并举时重复的部分，《方言》中表示北楚的地名总共出现八十四次。《方言》还提到“嵩岳之南陈颍之间”（4/41)、“嵩岳以南陈颍之间”（7/17)，可见北楚指嵩山以南汝颍流域的广大地区，基本上相当于西汉初年刘友所封的淮阳国的区域②。不过应当除去其中颍川郡的北部，这一地区在《方言》中属于韩、郑。汉代的颍川郡是楚、韩、郑接壤的地区。在战国后期，陈曾是楚国的国都（前278—前253)，北楚方言应当以陈为中心。《方言》中北楚方言的范围应当比刘友的淮阳国更大，还应当包括淮阳国以东淮河以北的一些地区。

目前所知道的语音材料也可以支持我们的上述论断。林语堂注意到了在汉代的某些方言中普遍存在着歌寒（元）对转这一语音特征。据林氏的研究，这一现象主要分布在陈和汝颍一带，宋和江淮地区也有这一现象③。根据周祖谟的研究，在曹操、曹丕、曹植的诗文中，“脂部的去声字有时与入声质部字相押”，这种现象也见于“三国时期应瑒和邯郸淳的文章中”④。曹氏父子是沛国谯（今安徽亳县）人，《方言》中谯在陈的附近。应瑒和邯郸淳则分别为汝南人和颍川人，也就是《方言》中的汝颍地区。可见，陈和汝

① 包括“陈之东鄙”（6/43）一次。

② 关于刘友淮阳国的范围，见周振鹤：《西汉政区地理》，人民出版社1987年第1版，第41-45页。

③ 林语堂：《陈宋淮楚歌寒对转考》，《庆祝蔡元培先生六十五岁论文集》上册，1933年。

④ 周祖谟：《魏晋时期的方音》，《中国语文》1989年6期。

颍一带语音上的共同面貌，直到三国时仍然存在。

3. 江淮方言

汉代经师的传注经常提到“江淮”，例如郑玄的《仪礼注》中就曾提到“江淮之间”，高诱的《淮南子注》中也提到“江淮间”。可见，汉代江淮一带的方言很有特色。这种情况，在《方言》一书中也有反映。

在《方言》中“江淮”出现三十三次，“淮”出现六次，“淮汭”出现一次，我们把它们统称为“江淮”。因此，代表江淮方言的地名总共出现四十次，其中“江淮”的单独出现仅四次（2/7、4/5、9/4、9/25），“江淮”（包括“淮”）与“楚”并举十七次，“江淮”（包括“淮”“淮汭”）与“荆”并举四次。除去其中重复的地名，“江淮”与“楚”（荆）并举共二十次，占江淮方言四十次的50%。因此，把江淮看成是楚方言下面的一个次方言的理由是充分的。

前面已经谈到，江淮主要指西汉淮南国中的九江郡和衡山郡，它们的中心是寿春、合肥。寿春是公元前241年至前223年楚国的最后一个国都，是楚文化的一个重要中心。寿春和稍南的合肥是当时重要的商业城市和交通枢纽。《史记·货殖列传》：“郢之后徙寿春，亦一都会也。而合肥受南北潮，皮革、鲍、木输会也。”《晋书·伏滔传》说得更加详细：“彼寿阳者，南引荆汝之利，东连三吴之富，北接梁宋，平途不过七日；西援陈许，水陆不出千里；外有江湖之阻，内保淮肥之固。龙泉之陂，良畴万顷，舒六之贡，利尽蛮越。”晋代的寿阳就是战国、汉时的寿春，这虽然讲的是晋代的事情，但与汉代的情况大体一致。西汉初年，淮南王刘安也定都寿春，在这里发扬楚文化。《汉书·地理志》说：“淮南王安亦都寿春，招宾客著书。而吴有严助朱买臣，贵显汉朝，文辞并发，故世传《楚辞》。”

《方言》中还有三次提到“西楚”（1/21、7/5、11/1），西楚方言有一定的特色，但并不显著。因此西楚不能划成一个次方言区。从地理位置方面考虑，西楚方言可能与楚郢相近。

在楚郢、北楚、江淮三个次方言中，楚郢无疑最为重要。《方言》中，代表楚郢的地名出现得最多，达一百五十三次，远远超过北楚的八十四次和江淮的四十次，而且楚郢单独出现有四十九次。可见，楚郢方言不同于楚的其他方言的特征是相当多的。

从《方言》中地名并举的情况来看，楚郢与北楚、江淮的关系都很密切。这是楚方言长期不断地对北楚、江淮地区进行渗透，以至最终同化了这两种方言的结果。因此，北楚方言和江淮方言单独出现的次数就比较少了，北楚有六次，江淮有四次。北楚在《方言》中总共出现八十四次，与楚郢并举者五十四次，占八十四次的64%；江淮出现四十次，与楚郢并举二十次，占其中的50%。无论从并举的绝对次数看，还是从并举的百分比看，楚郢与北楚的关系都要密切于它与江淮的关系。在北楚和江淮之间，我们认为北楚对江淮的影响大于江淮对北楚的影响。这是因为，北楚与江淮并举为十八次，以江淮的四十次看，占45%，而以北楚的八十四次看，只占21%。总之，楚郢对北楚和江淮都有强烈的影响，楚郢对北楚的影响要大于对江淮的影响。而在北楚与江淮之间，北楚对江淮的影响要大于江淮对北楚的影响。可以说江淮接受了来自楚郢和北楚的影响，而北楚却主要受楚郢的影响。这点，在这些方言的语音特征上也有所反映。《淮南子》一书代表西汉时以寿春为中心的江淮一带的语音。据研究，《淮南子》中幽、东两部可以相押，与《楚辞・离骚》一致；元部与歌部也相押，与陈方言的语音一致①。由此可见，汉代的江淮音同时兼有楚郢方言和陈方言的某些语音特点。

楚方言下面的三个次方言，以及三个次方言之间的关系，与楚国的历史、文化情况基本上是一致的。

江汉平原是楚的发祥地，也是楚的中心地区，产生过灿烂的、极有特色的楚文化及优秀的文学形式——楚辞。公元前689年，楚文王自丹阳迁都郢，公元前278年秦将白起攻破郢都，顷襄王迁都于陈。在这411年中，除一度迁都于陈（今湖北宜城县东南）外，郢一直是楚国的国都。郢都的地理位置非常优越，水陆交通都很方便。它南临长江，以广阔富饶的江汉平原为依托，逾江而南经洞庭，溯湘、资、沅、澧可达今湖南南部和西部，溯江而西可通巴蜀，遵江、夏而东则可到吴越一带。北边的大道经鄢、邓、宛可出方城，进而通向中原各国和关西的秦。物产富饶和交通便利，促使了郢都的繁荣。桓谭在其《新论》中追述战国郢都的情景时说：“楚之郢都，车挂

① 罗常培、周祖谟：《汉魏晋南北朝韵部演变研究》第一分册，科学出版社1958年版，第76-80页。

毂，民摩肩，市路相交，号为朝衣新而暮衣蔽。”① 秦汉时，郢是南郡的治所，仍然保持了它作为江汉地区的政治、经济、文化和交通的中心地位。《汉书·地理志》说：“江陵，故郢都，西通巫、巴，东有云楚之饶，亦一都会也。”由此可见，数百年来，郢都一直是楚的政治、经济、文化中心，对整个楚地有不可忽视的影响。郢都的这种重要地位，决定了楚郢方言必然是楚方言的基础和中心。它对于北楚、江淮等方言的影响是巨大的，它的词语经常传播到这些地区，并逐步取代了这些地区原有的词语，这样便制约了北楚方言和江淮方言的发展方向。

以陈为中心的北楚与楚的中心江汉一带在早期属于不同的方言地区，这可以从他们文学形式的不同推测出来。刘师培在《南北文学不同论》中提出，我国古代南北文学分两个系统，《诗经》属于北方文学系统，《楚辞》属于南方文学系统。《诗经》中有《陈风》十首，其文学形式和风格与《国风》中的其他诗歌相似。这说明陈国的民间文学形式与黄河流域的诸夏各国大体相同，而与楚国的文学形式《楚辞》有显著的不同。文学形式的不同，透露出两地最初的方言一定有较大的差异。陈是周初所封的妫姓之国，春秋时被看成是华夏国家。《左传·襄公四年》载魏绛劝晋悼公不要伐戎，而应助陈时说：“劳师于戎，而楚伐陈，必弗能救，是弃陈也。诸华必叛。戎，禽兽也。获戎失华，无乃不可乎！”相反，楚国却长期被中原各国视为“蛮夷”，楚人也自称“蛮夷”②。在西周，楚被称为“蛮荆”，经常作为周王室征讨的对象。《诗·小雅·采芑》：“蠢尔蛮荆，大邦为雠。”“征伐玁狁，蛮荆来威。”从文化上看，我们虽然不能把楚文化排斥在华夏文化之外，但应当注意到楚文化中祝融部落的原始农业文化以及蛮夷文化的成分③。

语音是语言中最稳定的要素。春秋战国时期，陈、楚的方音特征存在着一些差异。在陈方言中，元部字的韵尾可能已经脱落，例如《诗·陈风·东门之枌》：“榖旦于差，南方之原，不绩其麻，市也婆娑。”元部的“原”与歌部的“差”“麻”“娑”为韵。这个特点，一直保持到汉代④。楚方言则没

① 《太平御览》卷七百七十六。

② 《史记·楚世家》《国语·楚语》。

③ 张正明：《楚文化史》，上海人民出版社1987年版，第11-12页、第26页。

④ 罗常培、周祖谟：《汉魏晋南北朝韵部演变研究》第一分册，科学出版社1958年版，第74-75页。

有这种现象。我们根据王力的《楚辞韵读》做了一个统计，《楚辞》中作韵脚的歌部字有八十三个，元部字有七十五个，没有合韵的情况，它们的界线是清楚的。

在春秋时，陈国曾经数度被楚国兼并，终于在公元前478年为楚所灭。公元前278年，楚迁都陈，前253年，又迁都钜阳（今安徽阜阳县北），陈作为楚都有25年。楚灭于公元前223年，楚统治陈达两个半世纪之久。在这期间，陈的人民逐渐被楚所同化，反映在《方言》中就是陈方言和楚方言有许多共同的词语。在语音方面，陈、楚也有不少相同之处。据董同龢的研究，《老子》的用韵与《楚辞》、宋玉赋一样，都是以楚方音为根据①。老子是楚国苦县人，苦县原先属于陈，楚灭陈后才并入楚国，老子必然使用陈方言。董氏认为，《老子》与《楚辞》、宋玉赋在用韵上的共同点有四处：（1）东、阳押韵；（2）之、幽通押；（3）侯、鱼通押；（4）真、耕通押②。可见，战国时陈方言和楚方言在语音上的共同点甚多。至于前面所说的陈方言中歌、元通押不见于《楚辞》，则可说明陈方言和楚方言的语音面貌虽然“大同”，但仍有一定的“小异”。

从历史上看，楚灭陈以后，一定有不少楚国人移居陈地。尤其是在楚迁都陈以后，陈成为楚国的政治中心，当有大量人民随同政权一起迁移。《楚辞·九章·哀郢》就是在这一历史背景下写的。《哀郢》：“民离散而相失兮，方仲春而东迁。”“去终古之所居兮，今逍遥而来东。”这里的“东”指以陈为中心的北楚一带③。这时，楚对陈的影响必然得到了进一步的加强。政治上的统一，缩小了陈、楚方言间的距离，逐渐磨去了陈方言的许多特征。在楚的长期统治下，陈方言最终成为楚方言的一种次方言。一个国家兼并了另一个国家，有时可以同化一个国家的语言或方言，如楚对于陈；但有时却不能，如齐对于东齐。除了统治时间的长短，两地距离的远近，经济上是否密切等原因外，还与两地的社会、历史、文化以及人民的心理等因素有关。从陈、楚两地来看，其人民大都来源于古代的夷人。《汉书·地理志》说：

① 董同龢：《与高本汉先生商榷“自由押韵”说兼论上古楚方音特色》，《历史语言研究所集刊》第七本第四分，1936年版。

② 董同龢：《与高本汉先生商榷“自由押韵”说兼论上古楚方音特色》，《历史语言研究所集刊》第七本第四分，1936年版。

③ 蒋天枢：《楚辞新注导论》，《楚辞论文集》，陕西人民出版社1982年版，第6-8页。

"陈国，今淮阳之地。陈本太昊之虚，周武王封舜后妫满于陈。"《左传·昭公十七年》也说："陈，大皞之虚也。"相传太皞是夷人的祖先。陈的统治者为舜后，舜就是帝喾，帝喾同颛顼是近亲关系。颛顼即高阳氏，是楚的祖先。《史记·楚世家》说："楚之先祖出自帝颛顼高阳。"帝喾和颛顼是夷人的两个分支①。可见，陈、楚之间的关系是同源而异流。陈、楚的某些风俗也很相似。《汉书·地理志》说陈国的风俗是，"妇人尊贵，好祭祀，用史巫，故其俗巫鬼"。《诗·陈风》中的《宛丘》《东门之枌》中就有对巫师舞态的生动描写。楚国风俗中的"信巫鬼，重淫祀"则是众所周知的事实。《史记·货殖列传》把陈和郢都所在的南郡列为同一个风俗区。由于陈、楚人民（至少是部分）的来源相同，风俗接近，这就使得陈国人民乐于接受楚文化和楚方言，而很少产生抗拒的心理。在语言的同化和融合的过程中，心理因素是非常重要的。另外，陈的地理位置适中，交通方便，人民经商者甚多。《史记·货殖列传》说："陈在楚夏之交，通鱼盐之货，其民多贾。"因此，陈国人民善于接受外来的影响，尤其是楚的影响。楚经营陈长达两个半世纪之久，陈地人民早已在心理上认为自己是楚人，对楚有一种强烈的认同感和归属感。例如，陈胜是阳城（今河南商水县②）人，吴广是阳夏（今河南太康）人。阳城在陈的西南，阳夏在陈以北，都距陈不远，理当属陈人。但他们在起义之先进行占卜，为发动群众装神弄鬼。这都是楚人"信巫鬼"风俗的反映。他们预言"大楚兴，陈胜王"，起义的口号是"张楚"，攻占陈以后，当地的三老、豪杰称赞陈胜的功劳是"复立楚国之社稷"③。这说明，在秦末以陈为中心的北楚地区，无论是从风俗、文化上看，还是从人民的心理上看，都是楚的一部分。

陈方言受楚方言的影响和同化，与宋、魏方言大不一样。宋、魏虽然也长期受到楚方言的强烈影响和渗透，但由于这两个国家一直保持了独立的地位，发展了自己的文化，他们的人民在心理上从来不认同楚方言。因此，尽管陈、宋、魏在方言上有许多共同特点，但我们仍然应当把它们划到不同的方言中去。

---

① 郭沫若主编：《中国史稿》第一册，人民出版社1976年版，第111-117页。

② 阳城属今何地，有四种不同的说法：河南登封东南、河南商水县、河南方城县东、安徽宿县湖沟一带。我们采用第二种说法。

③ 《史记·陈涉世家》。

在古代，江淮一带存在着一些夷人的国家，例如属于皋陶后裔的英、六、蓼和群舒：舒蓼、舒鸠、舒鲍、舒庸、舒龙、舒龚，以及伯夷的后裔钟离、黄、江等①。江淮一带还有息、弦、蒋、巢等小国。在春秋时，这些国家都先后被楚灭掉。在楚国的长期统治下，江淮一带彻底被楚同化，他们的语言也就成了楚方言下面的一个次方言。楚的文化和语言浸润、同化江淮地区，其顺序是自西向东，自汉淮向江淮逐渐进行的。汉淮之间的小国，在春秋中期以后便纳入了楚文化的范围，而到春秋晚期，淮水中游一带也迅速向楚文化靠拢，尤其是淮水中游北部的徐国，在文化上更是仿效楚国②。

江淮方言既受到楚郢方言的影响，也受到北楚方言的影响。从《方言》中地名并举的情况来看，江淮与楚郢并举二十次，略多于与北楚并举的十八次，但实际上，江淮与北楚的关系要比与楚郢的关系更密切。这是因为，《方言》中代表北楚的地名共八十四次，十八次占其中的21%，而代表楚郢的地名则有一百五十三次，二十次仅占其中的13%。这种情况与历史、地理方面的事实相符合。楚郢是楚国的中心地区，在最初的时候，江淮无疑主要是受楚郢的影响。但自从公元前278年楚都被秦攻占后楚迁都于陈，政治中心向东北转移，这时江淮主要受陈的影响。从地理和交通方面来看，北楚汝颍属于淮河流域，与江淮相距较近，土地平坦，河流纵横，交通方便。《史记·河渠书》说："荥阳下引河东南为鸿沟，以通宋、郑、陈、蔡、曹、卫，与济、汝、淮、泗会。"鸿沟的开凿把江淮流域和河济流域联系起来，陈正是其间最重要的交通枢纽。从寿春乘船西溯淮水不远，入颍水，再沿颍水而上，在今沈丘附近转入鸿沟，西北行便可到达陈，如果再继续前进即可抵达魏都大梁③。陈和寿春在交通上的便利，对两地方言的接触是重要的。

（三）楚方言与其他方言的关系

由于楚方言所包括的地域相当广阔，因此我们不打算笼统地论述楚方言同其他方言的关系，而分别叙述楚郢、北楚、江淮三个次方言与其他方言的关系。

---

① 郭沫若主编：《中国史稿》第一册，人民出版社1976年版，第113-114页。
② 张正明：《楚文化史》，上海人民出版社1987年版，第131-134页。
③ 杨宽：《战国史》，上海人民出版社1980年版，第38-39页。

从方言的接触来看，楚方言与南楚方言的关系相当密切。这种密切的关系主要是对楚方言中的楚郢和江淮两个次方言而言的，南楚方言与北楚方言的关系实际上相当疏远。这点，我们将在讨论南楚方言时再详细说明。

在《方言》中，“宋”和“楚”并举共三十三次，这说明楚方言（指楚郢方言）对宋方言的影响是强烈的。在这三十三次并举中，有二十四次同时提到“陈”。可见，楚方言对宋的扩张、渗透主要是通过陈地进行的。在没提到“陈”的时候，“宋”（梁）、“楚”（荆）的并举仍有九次之多，其中有三次为单独列举。除“自关而东梁楚之间”（8/6）[①]，可能是关东的周、韩、郑方言向宋（梁）、楚的扩张外，其余八次都应看成是楚方言直接对宋方言的渗透和扩散。它们是：“宋楚之间”（1/2），“梁楚”（2/12）、（6/21），“宋卫荆吴”（1/19），“齐宋之郊楚魏之际”（1/21）。“宋楚魏”（5/4），“梁宋齐楚北燕”（5/24），“周魏齐宋楚”（8/7）。《方言》中代表宋方言的地名实际出现八十二次，与“楚”并举有三十三次，占40%，但我们不能据此把宋归到楚方言中去。因为《方言》中的“楚”（不包括南楚）总共出现一百三十三次（包括“西楚”三次），从楚来讲，宋、楚并举只占其24%。其实，这个比例偏高了一些，因为我们没有把表示楚方言的其他地名算进去，如果把它们算进去，那么楚方言实际出现一百五十三次，宋楚并举占其中的21%。对于楚方言来说，这个比例不算太高，因此，把宋、楚划为不同的方言地区是正确的。

《方言》中“魏”“楚”并举有二十二次，其中同时与“陈”并举达十八次之多。“陈”“魏”的单独并举只有一次（4/4）。可见，《方言》中魏、陈的接触大多数也就是魏、楚的接触。楚方言（指楚郢方言）向魏扩张、渗透是通过陈地来实现的，这与陈在南北交通中所处的地位有关。

在《方言》中，“陈楚宋魏”四个地名并举相当多，有十八次。除这十八次外，在没有提到“魏”的情况下，“宋楚陈”并举为六次；而在没有提到“陈”的情况下，“宋楚魏”并举只有三次（1/21、5/4、8/7）。如果仅仅看“楚宋”并举，其中没有提到“陈”的情况有九次。在“魏楚”并举中，绝大多数同时也与“陈”并举，但其中没有提到“陈”的情况也有四次（1/21、5/4、5/35、8/7）。“楚魏”并举而不提到“宋”只有一次（5/35）。

① 原为“自关东西”，周祖谟《方言校笺》据玄应《一切经音义》卷十二改作“自关而东”。

因此，可以得出下面的结论：第一，以郢都为中心的楚方言在向北扩张时的方向主要偏向东北，它不仅影响北楚地区，使之成为楚方言的一个部分，而且还进一步影响到宋、魏地区，从而使得这几个地区在词汇面貌上的趋同。第二，如前所述，这种影响一般是以陈作为中介来实现的，因此，陈是楚郢方言与宋、魏方言间的一个重要接触点。但也不尽然，楚宋、楚魏都有一定的直接接触。第三，在这些直接接触中，“楚宋”的接触（九次）多于“楚魏”（四次）的接触。因此，宋方言比魏方言更接近于楚方言。

从历史上看，楚的向北扩张曾经受到魏国强有力的遏制，因而不得不把扩张的方向转向东北。宋比魏弱小，它受楚方言的影响自然比魏更大。由于宋国保持了一定的独立地位，因而宋方言尽管受到了楚郢方言的扩张和渗透，但不象陈那样被楚方言彻底同化。

代表北楚的地名（陈、汝颍、颍）与宋（梁）并举三十三次，以宋的八十二次计为 40%，以北楚的八十四次计为 39%。可见，无论从哪个方面来看，北楚和宋的关系都非常密切。楚郢方言与宋并举三十二次，从表面上看，楚郢与宋并举和北楚与宋并举次数不相上下，但《方言》中代表楚郢方言的地名出现的总数是一百五十三次，三十二次只占其中的 21%，低于北楚和宋并举的 39%。因此，可以认为宋与北楚的关系比宋与楚郢的关系密切。这与它们的距离远近是一致的。在北楚与宋并举的三十三次中，同时也提到“楚”（荆）的情况有二十五次，有八次没有提到“楚”（荆），它们是：1/5、1/20、1/30、2/7、2/11、2/29、7/4、7/14。这说明在北楚与宋的接触中，虽然大多数可以看成是楚郢方言通过北楚地区对宋的渗透，但也有北楚和宋的直接接触，尤其是其中“汝颍梁宋之间”（1/5），“陈宋之间”（1/30、2/7），“宋颍之间”（2/11）四条。

相比之下，以陈为中心的北楚与魏的并举要少得多，只有二十次。以北楚的八十四次计，占 24%，其中光是“陈楚宋魏”四个地名并举就有十八次，陈与魏的单独列举只有一次：“陈魏之间”（4/4）。这说明北楚同魏的接触，几乎完全是楚郢通过这一地区对魏的渗透，这与北楚同宋的关系大不一样。楚郢与魏的接触为二十二次，多于北楚与魏的接触。如果以楚郢的一百五十三次计，占其中的 14%。因此，在汉代北楚与魏的关系仍然是密切的，只不过在早期陈、魏之间几乎没有什么接触。楚方言的扩张，使陈、魏方言面貌出现了较多的一致性。

于是，我们可以总结出下面两点。第一，北楚与宋、魏的关系比楚郢与宋、魏的关系更密切。第二，宋与楚郢、北楚的关系比魏与楚郢、北楚关系密切。

江淮与宋并举共有七次①，其中有四次为“宋魏陈楚江淮之间”（5/31、5/33），一次为“东齐陈宋江淮之间”（7/14），另一次为“陈宋淮楚之间”（9/9）。这些都可以看成是楚郢对陈、江淮、宋、魏影响的结果。这样，只剩下一条“齐卫宋鲁陈晋汝颍荆州江淮之间”（2/16）。这很难说清这是哪一地区对其他地区的影响。可见，江淮与宋实际上没有什么接触。如果一定要说有接触的话，那就是楚郢可能通过江淮把楚方言中的某些词语扩张到宋。江淮同魏并举，全部为“宋魏陈楚江淮之间”（5/31、5/33），这是楚郢方言对江淮和魏扩散的结果。由此可见，楚方言中的江淮次方言与宋方言、魏方言的关系都相当疏远。

在《方言》中，“陈”“赵”有一次接触（7/4“宋赵陈魏”），可见，赵方言与楚方言基本上没有什么关系。

“楚”“卫”在《方言》中共有五次并举（5/8、5/9、7/7、9/14、13/150），“荆”“卫”有四次并举（1/19、1/30、2/16、7/7）。除去“楚”“荆”相重复的一条（7/7），“楚”“卫”的并举实际上是八次，其中的大多数应该看成是楚对卫的影响。在楚、卫的并举中，有六次同时也提到宋（1/19、2/16、5/8、5/9、7/7、13/150）。这说明楚对卫的影响，是通过宋来实现的，卫方言把来自楚方言的词当成宋方言中的词来吸收。可见楚方言（指楚郢方言）和卫方言的接触实际上是相当少的。

《方言》中“陈”与“卫”的并举为七次，另一次是“陈”与表示卫的地名“兖”的并举（1/18），陈卫实际并举八次。在这八次中，有三次是“陈楚宋卫”并举（5/8、5/9、13/150）。这是楚方言（指楚郢方言）通过陈、宋对卫影响的结果。除了“秦晋之郊陈兖之会”（1/18）这一条外，卫凡与陈并举的条目，必然同宋并举。这说明陈、卫的相互接触和影响主要是通过宋为中介进行的。因此，与其说卫接受了陈的影响，还不如说是卫接受了宋的影响。卫接受来自陈的词语，实际上是把它们作为宋方言中的词来对待而吸收的。

---

① 其中一次为“淮”（9/9）。

由此可见，卫方言实际上与楚方言的关系并不密切。卫方言虽然接受了来自楚郢、北楚方言中的词，但却是把它们当做宋方言中的词来吸收的。卫方言与江淮方言也没有什么关系，在《方言》中只有一次并举："齐卫宋鲁陈晋汝颍荆州江淮之间"（2/16）。如果认为江淮包括扬州，则还有一次："卫鲁扬徐荆衡之郊"（1/30）。这很难说成是江淮或卫的词语向对方扩张。因此，卫方言和江淮方言并没有直接的接触。总而言之，楚方言的三个次方言与卫方言的关系都相当疏远，与赵方言基本上没有接触。

《方言》中，齐、楚两地方言并举非常引人注目，这说明楚方言（主要指楚郢次方言）与齐方言有着较多的接触。在《方言》中，齐（包括"中齐""杂齐""青"）与楚（包括"荆"）的并举为二十次，占齐六十九次的29%。在这二十次中，齐（青）、楚（荆）单独列举为六次（1/13、1/15、1/23、6/10、6/18、6/41），其余十四次则同时与其他地名并举。根据先秦及汉代的文献记载，齐、楚两地的方言（尤其是语音）有很大的不同，例如，孟子曾经称楚人许行为"南蛮鴃舌之人"。何休在《公羊传注》中多次提到齐方言，郑玄在《周礼注》中也把齐、楚视为不同的方言地区，并多次指出齐方言的某些语音特点①。在《方言》中，齐、楚两地方言的某些共性应当是词汇上的，而不是语音上的。可见，方言间词语的扩散和借用是比较容易的，它与方言地区的经济、文化、交通、政治都有密切的关系，相对说来，语音系统则具有不可渗透性。在较早的时候，齐、楚之间不仅语音差别很大，而且词汇面貌也大不相同。白寿彝说："楚比吴越底建国，早得多。但在早年的记载里，只见楚与北方势力底斗争，未见楚与北方势力间之正常的交通关系。"白氏引用了许多材料证明了在商代和西周时楚与北方只有战争关系后接着说："春秋桓庄以后，楚与诸夏间的往还，才逐渐繁密；聘问会盟的事慢慢地多起来……战国初年，楚既灭越，楚底国力直达长江下游；而同时，秦对关东诸国的压迫，也已开始严重。因为时势底需要，楚曾累次挟着它长江南北的全盘领域，和三晋燕齐合纵以抗秦。合纵底成绩虽说不好，但楚与诸夏间的交通却可因此一天比一天地密切。"② 这种密切关系，促使了方言词语的扩散。据记载，楚向东北方向的发展相当成功，已达到薛、

① 李恕豪：《郑玄的方言研究》，《天府新论》1997 年第 3 期。

② 白寿彝：《中国交通史》，上海书店 1984 年版，第 11–12 页。

剡、莒等地。姜亮夫说："以今地准之……于山东则有莒、峄、沂水、日照、诸城、安丘。"齐宣王时，"在今山东莒、沂水、日照、诸城、安丘之地似即失于齐"。楚威王时，"大破齐于徐州。其东域已及于今山东峄县境。滕文公封孟子有'间于齐楚'之语"①。姜氏所说的这一带，基本上属于《方言》中的海岱地区。海岱方言虽然与齐、楚方言都不相同，但齐、楚间的接触是可以通过这个地区实现的，出土的齐币也可以证明这一点。黄活说："齐币出土于莒南县一带，因为这一带是跟楚国进行商业贸易的接触地带，是汝汉之黄金、生鹿与齐之冠带、皮革、石璧、鱼、盐的集散地。"② 今山东莒南，在《方言》中正位于海岱地区。从方言词语的渗透方向来看，主要是楚方言向齐的输出，而齐方言向楚的扩散却很少发生。这是由于楚方言强大的扩散性以及齐方言的开放性和包容性所造成的。楚方言向齐方言的渗透和扩散有两条路线。一条是由楚郢（可以通过陈）经过宋（或再通过卫）再渗透到齐。例如《方言》中的"梁宋齐楚北燕之间"（5/24）、"齐楚宋卫荆陈之间"（7/7）、"齐楚陈宋之间"（7/30）、"周魏齐宋楚"（8/7）。另一条扩散路线是经过江淮、海岱地区。例如"荆淮海岱杂齐之间"（3/5）、"青徐淮楚"（3/24）、"齐楚江淮之间"（5/29）、"荆扬青徐之间"（6/5）。这两条扩张和渗透的路线，具有相同的重要性。

《方言》中代表北楚的地名与齐的并举有四次："齐卫宋鲁陈晋汝颍荆州江淮"（2/16）、"齐楚宋卫荆陈"（7/7）、"齐陈"（7/12）、"齐楚陈宋"（7/30）。如前所述，7/7、7/30 两条是楚郢通过陈、宋对齐的影响。2/16 条很难判定是哪种方言影响哪种方言。这样，北楚方言与齐的接触就只剩下了 7/12 一条了。可以说，北楚方言与齐方言实际上并没有什么接触。

江淮（包括"扬"）和齐（包括"青"）的接触，在《方言》中有六条（2/16、3/5、3/16、3/24、5/29、6/5）。在这六条中，只有"江淮青徐"（3/16）中没有同时提到楚或荆。可见在一般情况下，江淮只是楚郢方言同齐方言接触的中介，江淮方言与齐的接触和相互影响是很少的。

由此可见，楚方言同齐方言的接触，主要是楚郢次方言同齐方言的接

---

① 姜亮夫：《荆楚名义及楚史地》，《楚辞学论文集》，上海古籍出现社 1984 年版，第 204–207 页。

② 黄活：《古钱新探》，齐鲁书社 1984 年版，第 117 页。

触，北楚和江淮与齐之间没有什么直接的关系，它们只是楚郢和齐接触的中介而已。

汉代的齐鲁同属一个方言区。齐同楚的接触较多，而鲁同楚的接触却相当少。《方言》中鲁与荆有两次并举（1/30、2/16），与陈的并举也是两次（1/12、2/16）与江淮的并举仅一次（2/16）。除1/12是“宋鲁陈卫”并举外，其余都是众多地名的并举。可见，楚方言的三个次方言与鲁方言的接触都相当少。这是鲁人保守的语言心理对来自楚方言的扩张、渗透的强烈抗拒和抵制的结果。

楚方言之下的楚郢、北楚、江淮三个次方言与东齐海岱方言的关系都相当疏远。《方言》中，“青徐楚”（2/30）、“青徐淮楚”（3/24）、“荆扬青徐”（6/5）三条可以看成是楚郢方言与东齐海岱的并举；“东齐陈宋江淮”（7/14）、“汝颍淮泗”（10/34）两条可以看成北楚与东齐海岱的并举；“江淮青徐”（3/16）以及3/24、6/5、7/14则是江淮和东齐海岱的并举。除“汝颍淮泗”（10/34）是代表北楚的地名与代表海岱的地名单独并举外，其余都是众多地名的并举。在楚的三个次方言中，江淮方言似乎比楚郢和北楚更多地与东齐海岱方言发生接触，其实并不一定。因为在“青徐淮楚”（3/24）和“荆扬青徐”（6/5）中，无论是楚或者是荆，事实上都把楚郢方言包括在内。如果减去这两条，就只剩下“江淮青徐”（3/16）和“东齐陈宋江淮”（7/14）两条了。因此，江淮方言与东齐海岱的关系事实上相当疏远。总之，东齐海岱方言强烈抵御了来自楚方言的影响，不管这种影响来自楚的哪一个次方言。

楚方言没有与燕方言并举的情况，但与北燕方言却有两次并举：“燕之北鄙齐楚之郊”（1/12）、“梁宋齐楚北燕之间”（5/24）。这大概是楚方言（指楚郢）通过齐向北燕的传播所致。

随着楚国在军事上的扩张和政治影响的加强，楚文化和语言也传播到东南一带。在《方言》中，表示楚郢和江淮的地名与表示吴方言的地名有相当多的并举。《方言》中“吴”与“楚”、“扬”与“楚”的并举都是五次①，“吴”与“荆”、“扬”与“荆”的并举都是七次②。“江湖”与“荆”并举两次（2/11、2/29）。除去其中重复的地名不计，代表吴方言的地名与楚方言的并举实际上为二十一次。这里所说的楚方言也就是楚郢次方言。如果以楚郢一百五十三次计，占 14%，以代表吴方言的地名吴、扬、会稽、丹阳、东南、五湖、江湖（除去同一条内的重复）的五十一次计，则占 41%。在吴方言同楚郢方言并举的二十一次中，“吴”“扬”“江湖”单独与“楚”或“荆”的并举有十三次，占二十一次中的 62%。这说明，吴方言受到了以郢都为中心的楚方言的强烈影响，它们的关系是密切的。

吴方言与表示北楚方言的“陈”只有两次接触：“陈楚江淮”“荆扬及山之东西”（6/2）③ 以及“陈楚荆扬”（6/3）。这两次都可以看成是楚郢方言向北楚和吴的扩散所致，因此，吴方言与北楚方言实际上并没有直接的接触。

吴与表示江淮方言的地名的并举有五次：“荆吴淮汭”（1/20）、“吴楚衡淮”（2/3）、“吴扬江淮”（2/24、2/28）、“吴扬江淮南楚五湖”（9/3）。《方言》中代表江淮方言的地名共出现四十次。从表面上看，吴方言与江淮方言的接触并不多。但是，淮河以南、东海黄海以西，直达今江南的整个地区都属于《禹贡》中的扬州，其中包括江淮、吴越等地。因此，《方言》提到扬州的时候，都可能存着江淮与吴的并举。《方言》中扬州出现二十六次（不包括“东阳”两次）。因此可以说，吴方言与江淮方言的关系是相当密切的。这种关系，一方面可以从两地在地理上相邻接，另一方面也可以从当时交通方面来寻找原因。公元前 486 年，吴国就在长江和淮河之间开凿了运河邗沟，以后又继续向北开凿，直通沂水和济水④。这大大改善了交通，有利于吴方言和江淮方言的交融。

总之，从楚方言下面的三个次方言来看，吴方言与江淮方言的关系最密切，与楚郢方言的关系次之，与北楚方言没有真正的接触。从政治、经济、文化等因素来看，楚方言对吴方言的影响是主要的，这种影响主要是通过江

---

① “陈楚江淮之间”（6/2）与“荆扬之间及山之东西”（6/2）都说的是同一个词“耸”的分布地域，故算成是楚与扬的并举。

② “荆扬之鄙”（10/26）条不算。

③ “陈楚江淮之间”（6/2）与“荆扬之间及山之东西”（6/12）都说的是同一个词“耸”的分布地域，故算成是楚与扬的并举。

④ 杨宽：《战国史》，上海人民出现社 1980 年版，第 37-38 页。

淮地区来实现的。

楚方言与历史悠久的周韩郑方言也有不多的接触。在《方言》中，楚郢方言与周韩郑的并举有五次："陈楚韩郑"（1/5）、"楚郑"（2/37）、"自关而东周洛楚魏之间"（5/35）、"周魏齐宋楚"（8/7）、"韩楚"（9/12）。此外，"陈楚周南"（2/3）、"周南召南卫"（1/20）大概也可以算进去。因为周南指洛阳以南直达江汉的广大地区，其北部属于周洛，其南部属楚。如果把周、韩、郑分开来算，那么，楚郢与周的并举为四次（1/20、2/3、5/35、8/7），与韩并举两次（1/5、9/12），与郑的并举也是两次（1/5、2/37）。从表示楚郢方言的地名在《方言》中出现一百五十三次来看，它们的接触是不多的。自春秋战国以来，楚对其北边的周韩郑地区经常用兵和进行领土扩张，其毗邻的领土时有易手的情况，楚方言与周韩郑方言的接触应当是频繁的。《方言》中反映出来的较少的并举情况，只能解释为周韩郑方言对楚方言的扩张进行了强烈的抗拒和抵制。《汉书·地理志》说："周于三代最为长久，八百余年至于赧王，乃为秦所兼。"考虑到洛阳一带悠久的历史文化以及在政治经济上的重要地位，这种解释是符合实际情况的。

《方言》中表示北楚方言的地名与周韩郑有八次并举，其中有七次是"陈"（或"汝颍"）与"郑"的并举。在这七次中，又有四次是"陈郑"的单独并举，其余三次则是"陈楚韩郑"（1/5）、"陈宋郑卫"（2/29）、"自关而东周洛韩郑汝颍"（9/17）。如果把"嵩岳之（以）南"算成是郑，"周南"算成是周，那么北楚与周韩郑方言的并举将会更多："嵩岳之（以）南陈颍之间"（7/17、4/41），"陈楚周南"（2/3）。可见，北楚方言与郑有更多的接触，而与周韩的关系疏远。这与它们之间的地理位置完全一致。在上述的八次并举中，只有两次提到"楚"（1/5、2/3）。这说明北楚方言与周韩魏的接触一般是两地的直接接触，与楚郢方言无关。因此，我们不能够把北楚地区看成是楚郢方言与周韩郑接触的中介，这与楚郢方言通过北楚与宋、魏的接触大不一样。

江淮方言与周韩郑方言没有接触。

总的说来，楚方言和周韩郑方言的关系相当疏远，除了属于楚方言的陈和相邻的郑有较多的交流外，这两种重要的方言之间并没有太多的接触。

楚方言与汉代最重要的方言之一——秦晋方言的接触相当稀少。"秦"与"西楚"有一次并举（11/1），与"陈"即北楚方言有两次并举（1/18、

11/12)。而“晋”与“楚”（包括“荆”）、“陈”的并举分别有四次(1/18、2/16、6/12、11/12)。属于秦晋方言的梁益次方言和西楚方言的并举为一次：“肖、类，法也。齐曰类，西楚梁益之间曰肖”(7/5)。江淮方言和秦晋方言完全没有接触。在《方言》中，代表楚方言和秦晋方言的地名的出现次数都非常多，因此，以上的少量接触是微不足道的。西汉的楚方言和秦晋方言都是很有特色和权威的方言。由于楚和秦晋都拥有悠久的历史和独特的文化传统，因而都不太愿意吸收来自其他方言中的词语。尽管楚的西部地区与秦相接，历史上也不乏相互往来，但在方言词语方面，相互吸收的情况非常稀少。

总之，汉代的楚方言是一种重要的、具有强大扩张能力的方言。楚方言对东边的江淮地区、东南的吴越地区、南边的南楚地区以及东北的陈、宋、魏地区的扩张和渗透都取得了相当大的进展。楚方言中有不少词语，甚至渗透进了当时另一种重要的方言——齐方言中去了。但是，楚方言在向北的扩张中，受到了黄河的阻隔，因而对燕方言和赵方言没有产生影响。楚方言在向东北和北边的扩张中，受到了古老的文化中心鲁、卫、周的遏制。在向西的扩张中，又受到了秦晋方言的抗拒。尽管如此，在西汉的方言中，楚方言是使用地域最广阔的一种方言。它的影响几乎遍及梁益以东整个长江流域以及黄河南岸周郑以东的地区，这至少囊括了当时半个中国。虽然西汉的首都长安位于关西地区，我们也认为西汉时的“通语”以秦晋方言为基础，但就其势力和影响来说，楚方言无疑应当处于当时各种方言之首。这不仅与战国时代楚的强国地位有关，而且更重要的则是因为汉代文化的主流实际上是楚文化。李泽厚说：“汉文化就是楚文化，楚汉不可分。尽管在政治、经济、法律等制度方面，‘汉承秦制’，刘汉王朝基本上是承袭了秦代体制。但是，在意识形态的某些方面，又特别是在文学艺术领域，汉却依然保持了它的南楚故地的乡土本色……楚汉文化（至少在文艺方面）一脉相承，在内容和形式上都具有其明显的继承性和连续性，而不同于先秦北国。”①

---

① 李泽厚：《美的历程》，文物出版社1981年版，第70页。

二、《方言》中的南楚方言区

（一）南楚方言区的划分和来源

在汉代，南楚是一个不同于楚的独立的方言地区。在《方言》中，代表南楚地区的地名（即“南楚”“楚郢以南”“楚以南”）出现了六十二次。如前所述，《方言》中的荆、荆之南鄙、荆郊之鄙、吴楚之外郊、衡、九嶷、江湘、江沅、沅、沅澧、沅湘、湘潭、瀑洭都可以包括在南楚之中或把南楚包括在内。除去同一条内重复的情况，代表南楚的地名在《方言》中实际出现一百零八次。从单独出现的情况看，南楚三十六次，江湘十次，江沅两次、沅湘（或湘沅）四次，沅澧三次，湘潭之间、九嶷湘潭之间、江湘九嶷之郊、湘潭之原荆之南鄙、九嶷荆郊之鄙各一次。因此，代表南楚的地名实际上单独出现六十次，占总数一百零八次的56%。可见，汉代的南楚方言是很有特色的，而且相当孤立。

《方言》中的南楚（“南楚”“楚郢以南”“楚以南”）囊括了整个南楚方言地区，而江湘、江沅、沅澧、沅湘、沅、湘潭、瀑洭、澧、九嶷则只表示南楚方言之下或大或小的部分地区，这些地区都有自己的方言特点。我们可以把它们大致分为三个地区。第一个地区是“江湘”（二十次），它是南楚方言中最重要的地区，大致相当于秦汉时的长沙郡（国），其中心城市为长沙。第二个地区我们称之为“沅澧”，即《方言》中的“江沅”（两次）、“沅澧”（三次）和“沅”（一次），大致相当于秦代黔中郡的东部地区或汉代的武陵郡（除去其最南部）。“沅湘之间”（两次）是“沅澧”和“江湘”之间的过渡带。第三个地区我们称之为“九嶷湘潭”。它位于南楚方言区的最南边，与南越地区相接，相当于西汉时的零陵、桂阳两郡以及武陵郡的南部。《方言》中这一地区总共出现八次：“沅湘之南”（3/8）、“南楚瀑洭之间”（6/55）、“湘潭之原荆之南鄙”（10/2）、“九嶷湘潭之间”（10/7）、“九嶷荆郊之鄙”（10/11）、“江湘九嶷之郊”（10/13）、“湘潭之间”（10/36）、“澧”（10/41）。《方言》中的“荆扬之鄙”（10/26）可能也属于这一地区，但这里未计算在内。

以上三个地区不仅与汉代的行政区划大体一致，而且与这三个地区的历史、民族情况也基本上吻合。洞庭湖以南的南楚地区，原来是百越民族生活的地方。楚人来到这一地区以后，楚语和楚文化逐渐取代了原有的越语和越文化。在长期的同化过程中，楚、越的语言和文化必然会在不同程度上融合。因此，南楚方言实际上是以早期的楚方言为主，在不同程度上吸收了许多越语（在西边还有巴语）的成分而形成的一种很有特色的方言。南楚方言的源头是楚方言，可以从《楚辞》与《方言》的不完全的对比中得到证明：

《离骚》：“忳郁邑余侘傺兮，吾独穷困乎此时也。”按《方言》卷七：“傺……逗也，南楚谓之傺。”郭璞注：“逗即今住字。”

《离骚》：“朝搴阰之木兰兮，夕揽洲之宿莽。”按《方言》卷一：“攓……取也，南楚曰攓。”“搴”即“攓”。

《离骚》：“众女嫉余之娥眉兮，谣诼谓余以善淫。”按《方言》卷十：“诼，愬也。楚以南谓之诼。”

《离骚》：“屯余车兮千乘兮，齐玉轪而并驰。”按《方言》卷九：“輨，轪……关之东西曰輨，南楚曰轪。”

《九歌·湘夫人》：“捐余袂兮江中，遗余褋兮澧浦。”按《方言》卷四：“禅衣，江淮南楚之间谓之褋。”

《九章·怀沙》：“凤凰在笯兮，鸡鹜翔舞。”按《方言》卷十三：“笯，南楚江沔之间谓之篣，或谓之笯。”

《九章·橘颂》：“曾枝剡棘，圆果抟兮。”《方言》卷三：“凡草木刺人……江湘之间谓之棘。”

《楚辞》是一部“书楚语，作楚声，纪楚地，名楚物”① 的著作，包含了许多楚方言中的词语。以上所引皆屈原著作中的句子，可以反映公元前四至公元前三世纪时的楚语，而在三百多年以后，在扬雄《方言》中则注明这些词语是南楚方言中的词。

傅举有指出，楚征服南楚以后，“湖南古文化的特点是一种既有楚文化又有越文化的混合体：湘北、湘中是以楚文化为主，越文化居次；湘西是以

---

① 黄伯思：《东观余论》。

楚、巴、越三种文化犬牙交错；湘南则仍以越文化为主体”①。傅举有所分的三个地区，与我们所分的江湘、沅澧、九嶷湘潭大体一致。

江湘是南楚方言的中心地区。这一地区从很早的时候就开始长期受到楚方言的影响，因而保存了许多早期楚方言的词语。

沅澧虽然可以划为一区，但这一地区的方言特征相对说来不那么明显。在《方言》中表示这一地区的地名沅澧、江沅和沅仅出现六次。这一地区与楚方言区相邻，尤其是洞庭湖西侧即澧水、沅水入洞庭湖处，是楚人最早到达湖南的地区。在稍后的时候，楚人才进入洞庭湖东侧和湘水流域。这一地区与江湘一样，长期持续地受到楚方言的影响和渗透，也有早期楚方言的词语，其方言特征与江湘比较接近。

九嶷湘潭位于南楚方言区的最南边，与《方言》中的“南楚之外”即南越地区相邻。在西汉，这一带有众多的越人，甚至到了东汉，这一地区南部的居民中越人仍占相当大的比重。《后汉书·循吏列传》：“先是含洭、浈阳、曲江三县，越之故地，武帝平之，内属桂阳。民居深山，滨溪谷，习其风土，不出田租。”由于楚文化和语言是自北向南逐渐影响渗透到湘南和粤北地区的，因此，九嶷湘潭方言与江湘、沅澧方言相比，所受到的影响要晚得多，也要弱得多。因此，尽管我们把九嶷湘潭看成是南楚方言下面的一个次方言，但我们必须承认它的特殊性，甚至有必要怀疑是否应当把这一地区划归南楚方言。这一地区的汉化是相当晚的，在楚悼王征服扬越后，“湘南则仍以越文化为主体，这里的民族主要是越族，并且，湘南的这种状况至少延续到西汉初年”②。《方言》记录了十二个九嶷湘潭方言中的词语，我们把这十二个词核查了一遍，发现其中绝大多数不见于汉代以前的文献。已发现的楚墓也可以印证上述结论。战国时期的楚墓，以处于湘水下游一带的长沙最为密集，这一地区受楚文化的影响最深。在沅水流域，已知最南的楚墓在黔阳县。湘水流域的楚墓，最南的在湖南东南的资兴县③。黔阳、资兴一线，大致是九嶷湘潭地区与江湘、沅澧地区的分界，也是西汉时零陵、桂阳

① 傅举有：《古越族在湖南活动的历史和遗迹》，《百越民族史论丛》，广西人民出版社 1985 年版，第 189 页。

② 傅举有：《古越族在湖南活动的历史和遗迹》，《百越民族史论丛》，广西人民出版社 1985 年版，第 189 页。

③ 张正明：《楚文化史》，上海人民出版社 1987 年版，第 138 页。

两郡和长沙国的界线①。九嶷湘潭地区受楚文化和语言的影响，恐怕要迟至西汉后期。甚至在今天，湘南一带仍然是民族杂居的地区，一个县内，除使用西南官话外，还使用当地土语和少数民族语言，当地土语的情况相当复杂②。

由此可见，南楚方言是以早期楚方言为主，在不同程度上融合了当地民族的语言而形成的一种很有特色的方言。在楚人进入湖南以前的很长时间内，这一地区的百越民族有着自己独特的文化传统，但这一地区并非与外界完全隔绝。在新石器时代晚期，位于江汉之间的屈家岭文化就曾给洞庭湖周围地区的文化和居民带来明显的影响。在公元前两千至一千年之间，即商代到西周初年，来自北方的青铜时代文化逐步取代了原来的新石器时代文化。这两种文化并存了相当长的时期。在楚人占领南楚地区以后，这里仍然保留着新时期时代晚期文化和金石并用时代的土著文化传统。公元前五百年前，这种楚、越的混合文化，一直是南楚地区的文化特点③。到了战国时代，南楚尤其是长沙一带的文化有了很大的提高，形成了楚文化的另一个重要的中心。因此，可以断定早期的南楚方言与楚方言相当接近，只是在不同程度上吸收了越语（在其西部还有巴语）的某些成分。这时的南楚方言只能够被看作是楚方言下面的一种次方言，而不是一种独立的方言。到了战国后期，楚国的政治中心向东转移到陈、寿春，南楚地区与楚国政治中心的距离加大，相互接触和来往减少。到了汉代，楚方言与北方各种方言间的接触更加频繁，楚方言本身也有了进一步的发展，而南楚地区由于比较偏僻，保留了较多的早期楚方言的词语，这样就拉大了南楚方言和楚方言之间的距离。因此，我们必须把它们视为两种不同的大的方言，不过也得承认它们之间有着相当密切的关系。

（二）南楚方言与其他方言的关系

南楚方言的源头既然是早期的楚方言，南楚方言就必然与楚方言有相当深的关系。楚方言的地域相当广阔，因此我们在下面分别叙述南楚方言与楚

---

① 谭其骧主编：《中国历史地图集》第二册，中华地图学社 1975 年版，第 22-23 页。

② 鲍厚星、颜森：《湖南方言的分区》，《方言》1986 年第 4 期。

③ ［前苏联］伊茨著，冯思刚译：《东亚南部民族史》，四川民族出版社 1981 年版，第 128-135 页。

方言的三个次方言之间的关系。

楚郢方言是楚方言的基础。在《方言》中，这一方言与代表南楚的地名并举如下："南楚"三次，"荆"十九次，"江湘"两次，"沅"一次，"衡"两次。除去并举时重复者不计，楚郢与南楚方言的并举为二十五次，占楚郢方言一百五十三次的16%。

北楚方言与代表南楚的地名的并举如下："荆"五次①，"江湘"一次（10/10），由于后者与荆部分重复，应当减去一次，它们的并举实际上只有四次。以北楚方言八十四次计，仅占5%。

南楚和江淮方言的并举较多，共十五次，其中直接提到"南楚"为十次，提到"荆"为四次②，"衡"与"江淮"的并举为一次。从江淮的四十次来看，占38%。事实上，南楚方言与江淮方言的并举还不只此数。因为《方言》中的"扬"或"扬州"共出现二十八次，除去其中的"东扬"两次（10/28、10/33）外③，余下的二十六次都可能包括江淮地区。"扬"与"荆"并举八次，如果把这八次计算进去，则为二十三次，占江淮的58%。可见，南楚方言与江淮方言的关系相当密切，远远超过南楚方言与北楚方言的关系。值得注意的是，《方言》中多次单独提到"江淮南楚"，除3/15同时也提到"自关而东"外，还有八次。这也透露出楚方言中的江淮方言与南楚方言的密切关系。

但是，我们不能因此而断定南楚与江淮的关系超过了南楚与楚郢的关系。这是因为，首先，从《方言》中地名并举的绝对次数来看，"南楚"与"江淮"为十五次，如果把"扬"加上去才二十三次，比南楚和楚郢并举的二十五次少。其次，《方言》中的"扬"可以把江淮地区包括进去，但不等于说凡是提到"扬"时都必定包括江淮在内。《尔雅·释地》"江南曰扬州"，不包括江淮之间。《吕氏春秋·有始》"东南为扬州，越也"，一般也不包括以寿春、合肥为中心的江淮地区。可见，上述58%的比例是不准确的。最后，以上的百分比都是把楚郢、北楚、江淮在《方言》中出现的次数作为基数计算出来的，如果以南楚实际出现的一百零八次作为基数，则南楚方言与

① "陈楚江淮之间"（6/2）与"荆扬之间"都说的是同一个"筲"字，故合为一条。

② "陈楚江淮之间"（6/2）与"荆扬之间"都说的是同一个"筲"字，故合为一条。

③ 在10/28中，"扬"本作"阳"，据周祖谟《方言校笺》改作"扬"。

楚郢、江淮、北楚三个方言的并举分别为23%、14%、5%。这样，南楚与江淮的接触便少于它与楚郢的接触。事实上，南楚和北楚在方言上并没有接触。因为我们所说的北楚和南楚的并举，实际上是北楚与“荆”的并举。这是以楚郢为中心的楚方言同时向北楚和南楚两个方向扩散，从而使得南楚和北楚方言中的部分词语相同。因此，可以得出这样的结论：南楚方言与楚方言中的楚郢方言、江淮方言都有密切的接触和联系，但与北楚方言没有什么接触。

南楚方言与楚郢方言、江淮方言有较多的共同点，一方面与它们之间的交往和接触有关，另一方面则是以楚郢为中心的楚方言对南楚和江淮的扩张、渗透、同化所致。

江汉平原与江湘洞庭、江淮平原之间距离近，无论是水路交通，还是陆路交通都十分方便。因此，这几个地区的人民之间来往较多。这种交通上的便利，既方便了他们的接触，又有利于方言词语的传播与趋同。

从历史上看，淮水下游原来就是楚民族居住的地方。楚的先祖熊、盈族在西周初年曾经追随武庚叛周，武庚失败后，楚族南下，为江水所阻，乃沿江西上，开拓了江汉之间的土地①。平王东迁后，楚国开始强大，征服了群舒和淮夷诸部，并向黄河流域扩展土地②。在齐桓公称霸的时候，楚国转而向东发展，灭掉了淮河流域的弦、黄两国，打败了徐国③。以后，楚国继续向东、向南发展，兼并了江淮一带的群舒以及淮夷的大部分。到春秋后期，楚国已经统一了长江、汉水、淮河流域④。楚占有南楚地区要晚一些。姜亮夫认为，春秋时楚国的领土还未越过洞庭湖，战国以后渐渐南进，拥有长沙以南之地⑤。《后汉书·南蛮西南夷列传》说：“吴起相悼王，南并蛮越，遂有洞庭、苍梧。”不过，从湖南所发现的古墓来看，洞庭湖西侧最早的楚墓属于春秋中期，洞庭湖东侧最早的楚墓属于春秋战国之际。楚人到达洞庭湖南侧，大概也在春秋战国之际。因此，南楚地区属于楚，不完全是因为吴起。由此可见，楚的向外征服和扩张，使得南楚方言与楚郢方言、江淮方言的接近。

---

① 郭沫若主编：《中国史稿》第一册，人民出版社1976年版，第231页。
② 郭沫若主编：《中国史稿》第一册，人民出版社1976年版，第296－297页。
③ 郭沫若主编：《中国史稿》第一册，人民出版社1976年版，第398页。
④ 郭沫若主编：《中国史稿》第一册，人民出版社1976年版，第302－303页。
⑤ 姜亮夫：《荆楚名义及楚史地》，《楚辞学论文集》，上海古籍出版社1984年版，第203页。

《方言》中“南楚”这个地名与表示吴方言的地名“吴”“扬”“五湖”的并举只有一次：“吴扬江淮南楚五湖”（9/3）。“楚郢以南”与属于吴方言的“东扬”的并举也是一次：“楚郢以南东扬之郊”（10/33）。因此，从表面上看，南楚方言与吴方言的接触相当少。但是，如果我们把属于南楚方言的地名（例如“衡”）以及把南楚地区包括在内的地名（如“荆”）都看成是代表南楚方言的话，那么，南楚方言与代表吴方言的地名（吴、扬、东扬、五湖、江湖）的并举就有十七次之多。以代表南楚方言的地名一百零八次计，占16%。可见，除楚（主要是楚郢）方言外，南楚方言与吴方言的关系也相当密切。南楚地区和吴越地区的早期居民同出一源，他们都是古代的越人，这两个地区都受到了楚的文化和语言的强烈影响。甚至在今天，吴方言中仍然有不少与湘方言（汉代南楚方言的后裔）相似的语言面貌①。

南楚和南越地区（即“南楚之外”）在地域上相邻，但是在《方言》中却见不到代表这两个地区的地名的并举，甚至与南越山水相连的九嶷湘潭地区与南越也没有任何关系。可见，这两种方言之间没有什么接触。

南楚和“宋”在《方言》中有两次并举（2/13、4/5），与“卫”“魏”的并举都是一次（2/13、4/5）。在这两条中，都不与表示楚方言的地名并举。在《方言》中，“荆”与“宋”有三次并举（1/19、2/16、7/7），与“卫”有四次并举，除1/30条外，都同时与“宋”并举。可以认为，南楚方言与宋、卫、魏等方言都没有什么接触，它们共有的几个方言词语实际上是较早的楚方言中的词向南楚、宋、卫、魏渗透的结果。

《方言》中的“东海”属于海岱地区，“南楚东海之间”②（3/4）实际上是指南楚方言和海岱方言的关系。这两种方言在西汉时没有什么接触。

南楚方言与上述地名以外的其他地名没有并举的情况。如果把“荆”看成是代表南楚方言的地名，那么也存在着少量的并举。它们的次数如下：“齐”四次（2/16、3/5、6/18、7/7）、“鲁”两次（1/30、2/16）、“晋”一次（2/16）、“海岱”一次（3/5），这些都应看成是楚方言同时对南楚和上述地区的渗透。因此，就其实质来讲，南楚方言与上述的各种方言基本上没有

① 袁家骅等：《汉语方言概要》，文字改革出版社1983年版，第102页。

② 此条中的“南楚”原为“楚”，周祖谟《方言校笺》据慧琳《一切经音义》和《太平御览》补“南”字。

接触。

总之，由于独特的地理分布，南楚方言在西汉时是一种比较孤立的方言。除了与楚方言（主要是楚方言之下的楚郢、江淮两个次方言）和吴方言较为接近外，基本上不与其他方言接触和交融。

扬雄《方言》中仅见于楚地的方言词语研究*

一、引言

我们所著的《扬雄方言研究》① 一书，利用《方言》中词语并举的材料，从方言地理学的角度，对汉代楚方言的历史来源、楚方言内部次方言的划分、楚方言对其他方言的渗透和影响等方面，进行了比较详细的研究和探讨。但是对《方言》中的楚方言词语，却没有进行具体的研究。在本文中，我们将对《方言》中仅见于楚的方言词语进行研究，探索汉代这一部分楚方言词汇的具体面貌，追溯其来源。本节之所以研究只出现在楚方言中的楚语词，是因为这一部分词最具有当时楚语的特点，同时也是因为论文的篇幅所限。

以郢都为中心的地区是楚国历史最悠久、也是最重要的地区，这一地区的方言是楚方言的核心。在《方言》中，凡是用“楚”表示者，都必然包括这一地区。这个地区在汉代大体相当于南郡和江夏郡。除了“楚”以外，《方言》中的“楚部”“郢”“江沔”“江滨”“自江而北”“湧”所表示的地区，都属于以郢都为核心的楚方言地区。

在《方言》中，“楚”出现了一百三十三次，其中单独出现四十五次，加上“江沔”二次，“江滨”一次，“自江而北”一次，有四十九

---

* 原载《历史语言论丛》(四川师范大学汉语研究所编) 第二辑，巴蜀书社 2008 年版。

① 刘君惠、李恕豪、杨钢、华学诚：《扬雄方言研究》，巴蜀书社 1992 年版。

次，共六十七个词。这六十七个词应当是只流行于楚地的词①，最具有楚方言的特色。这类词中可以分为三个小类。

第一类是来自全民语言或非楚语的词，后来被楚方言所吸收，《方言》中只用于楚方言地区，而不与楚方言区以外的其他地名并举。这类词可以在楚以外的文献中找到出处，而在扬雄《方言》中则标明为楚语。如 1/13："假……摧、詹、戾、艐，至也……摧、詹、戾，楚语也。"② 其"摧""詹""戾"皆出现于前代非楚地的文献之中，扬雄经过亲自调查肯定其为楚语，反映的是汉代方言分布的实际情况。这类词的地域分布有所缩小或转移到比较遥远的地区。这类词一般都比较古老，而且趋向于消亡。

另外，这一类词也包括楚方言中读音有一定变化、文字形体也有所不同的词。如 2/2："朦、厖，丰也……燕记曰：'丰人杼首。'杼首，长首也。楚谓之伃。""伃"，郭璞注："音序。"楚方言的"伃"与燕方言的"杼"都从"予"得声，音义相同，出自一源，应为一词，只是方音有异而已。

第二类是曾出现于前代或非楚地的文献中，但在《方言》中词义有明显的引申变化的词。如 1/1："党、晓、哲，知也。楚谓之党，或曰晓。""晓"的本义是"天亮"，引申为"明"，再引申为"知晓、了解"。

此类词也可以包括与全民语言中的词语有同源关系的楚方言词。如 6/13："廝、嗌，噎也。楚曰廝。""廝"有"噎"义，于文献无征，郭璞注为"咽痛也"。"廝"与"嘶"皆从"斯"得声，音义相通。声嘶必然咽痛，"噎"亦咽喉不畅而痛。可见，"廝"的"噎"义与"嘶"的声嘶而咽痛义有关。这类词出自全民语言或其他方言，一般也比较古老。

第三类是楚方言中固有的词。其中一部分可以在属于楚地的文献如《楚辞》《老子》《淮南子》《战国策·楚策》中找到出处。如 1/30："挻，取也……楚部或谓之挻。"《老子》："挻埴以为器。"

另一部分则在前代文献中找不到出处，仅见于《方言》，应当是汉代活跃于楚方言中的口语词。如 6/47："緪、筳，竟也。秦晋或曰緪，或曰竟，楚曰筳。""筳"之"竟""究竟"义，未见书证，当系汉代楚方言中的

① 这里仅仅依据《方言》中的材料而言，扬雄以个人的精力调查方言，肯定会有不周全之处。

② 本文所依据的文本为周祖谟的《方言校笺》（科学出版社 1956 年版），括号内斜线前的数字为《方言》的卷数，斜线后为条目编号。

口语词，大概是扬雄亲自调查所得。

二、楚方言词语考释

现依照《方言》卷数和条目顺序，对《方言》中仅见于楚地的词语作如下分析。

（1）党、晓、哲，知也。楚谓之党，或曰晓。(1/1)

“党”，郭璞注：“党，朗也，解寤貌。”“党”与“爣”有同源关系。《广雅·释诂三》：“党、闻、晓、哲，智也。”王念孙疏证：“《广韵》：‘爣，朗，火光宽明也。’爣与党义相近。”“党”在楚方言中有“知晓”“领悟”的意思，见于前人文献。《荀子·非相》：“法先王，顺礼义，党学者。”郝懿行《补注》：“法先王，顺礼义，出言可以晓悟学者。”俞樾《平议》：“党学者，犹言晓学者。”荀子虽然是赵国人，但晚年为楚兰陵令，家于兰陵，死后亦葬于兰陵，故其著作中有楚方言词语①。“党”后来写成“懂”。钱绎《方言笺疏》：“今人谓知为懂，其党声之转欤？”章炳麟《新方言·释言》：“《方言》：‘党，知也。’今谓了解为党。音如懂。”“党”古音属于阳部，“懂”古音属于东部。东、阳相近，这是楚方言的特点②。“党”属于上述的第三类词，即楚方言中固有的词。

“晓”，《广雅·释诂一》：“晓、捷、鬼，慧也。”又《释诂三》：“晓、哲，智也。”“智”即《方言》“党、晓、哲，知也”中的“知”。戴震《疏证》：“知读为智。”“晓”的本义是“天亮”。《说文》七上日部：“晓，明也。从日尧声。”段玉裁注：“此亦谓旦也，俗云天晓是也。引申为凡明之称。”明即有智慧，有智慧者必然知晓，故有“知晓”“了解”之义。《列子·仲尼》：“智者之言，固非愚者之所晓。”“晓”属于上述的第二类词，来源于全民语言，但在楚方言中意义有引申。

楚方言中的“党（懂）”“晓”二词后来扩大了使用地域，进入到通语

① 《史记·孟子荀卿列传》。

② 董同龢：《与高本汉先生商榷“自由押韵”说兼论上古楚方音特色》，《历史语言研究所集刊》第七本第四分。

中去了。

（2）虔、儇，慧也……楚或谓之谲。（1/2）

《汉语大字典》将“谲”解释为“聪明”，并不准确。“谲”带有明显的贬义，有“狡猾”“欺骗”之义。《诗·大雅·民劳》：“无纵诡随，以谨无良。”“随”即“谲”的通假字①。“谲”亦可写为“詑”。《战国策·燕策》：“燕王谓苏代曰：‘寡人甚不喜詑者言也。’”《诗经》中的大、小雅都是西周王畿一带的诗②。可见“谲”在先秦时曾广泛分布于今陕西、北京、河北北部及辽宁省的部分地区，属于第一类，即来自非楚语的古老词语。《说文》三上言部：“詑，沇州谓欺曰詑，从言它声。”“沇”即“兖”，在扬雄《方言》中属于卫方言的地区③。可见，“谲”字在东汉时亦分布在今河南北部、山东西部一带。郭璞在《方言》此条“谲”字下注：“他和反，亦今通语。”到晋代时，“谲”字的使用范围扩大，成为当时的通语。

（3）咺、唏、㤙、怛，痛也。凡哀泣而不止曰咺，哀而不泣曰唏……于方，则楚言哀曰唏……自关而西秦晋之间，凡大人少儿泣而不止……楚谓之噭咷。（1/8）

唏，《说文》二上口部：“唏……一曰哀痛不泣曰唏。”司马迁《史记·十二诸侯年表》：“纣为象箸而箕子唏。”张衡《思玄赋》：“慨舍唏而增愁。”“唏”又写为“悕”。《公羊传·成公十六年》：“在招丘悕矣。”何休注：“悕，悲也。”司马迁、张衡、许慎、何休皆汉代人。司马迁系左冯翊夏阳（今陕西韩城县）人，张衡系南阳西鄂（今河南省南阳市）人，何休系任城樊（今山东省兖州市）人，都不是楚方言区的人。可见，“唏”在汉代并非纯粹的楚方言词，同时也流行于其他的地区，应当属于第一类，即来自非楚语的词。

噭咷，《说文》二上口部：“咷，楚谓儿泣不止曰噭咷。”“噭咷”又写作“号咷”。《易·同人》：“同人，先号咷而后笑，大师克相遇。”陆德明《经典释文》：“号咷，啼呼也。”噭，本是大声叫喊的意思。《说文》二上口部：“噭，口也。从口敫声。一曰噭，呼也。”《礼记·曲礼》：“毋侧听，毋

---

① 高亨：《诗经今注》，上海古籍出版社 1980 年版，第 423 页。

② 高亨：《诗经今注》，上海古籍出版社 1980 年版，第 10 页。

③ 刘君惠、李恕豪、杨钢、华学诚：《扬雄方言研究》，巴蜀书社 1992 年版，第 127 页、第 176-177 页。

嗷应。”郑玄注：“嗷，号呼之声也。”“嗷”亦有痛哭貌的意思。《公羊传·昭公二十五年》：“昭公于是嗷然而哭，诸大夫皆哭。”何休注：“嗷然，哭声貌。”可见，“嗷”与“嗷咷”的意义基本相同，具有同源关系。“嗷咷”是由单音词“嗷”双音化而来的，“咷”没有实在意义，在“嗷咷”一词中只起陪衬的作用。“嗷咷”（号咷）见于《易经》等先秦典籍，具有古老的来源，也不完全属于楚语，但《方言》中的“大人少儿泣而不止”这一特定的意义，则属于楚语，同为汉代的著作《说文》也说是“楚谓儿泣不止”可证。因此，楚语的“嗷咷”属于第二类，即来自来源于全民语言或其他方言，但在楚方言中意义有引申。

（4）假……摧、詹、戾、艐，至也……摧、詹、戾，楚语也。（1/13）

郭璞注：“诗曰‘先祖于摧’‘六月不詹’‘鲁侯戾止’之谓也。”此亦方国之语，不专在楚也。“摧”“詹”“戾”作“至”讲，皆见于先秦文献。《尔雅·释诂》：“迄……戾、怀、摧、詹，至也。”《诗·大雅·云汉》：“胡不相畏？先祖于摧。”《小雅·采绿》：“五日为期，六日不詹。”《小雅·小宛》：“宛彼鸣鸠，翰飞戾天。”《采菽》：“悠哉游哉，亦是戾矣。”《鲁颂·泮水》：“鲁侯戾止，言观其旂。”《国语·周语》：“古者天灾降戾。”《鲁语》：“天灾流行，戾于敝邑。”《诗经》中的大、小雅都是西周王畿的诗①。可见，在西周“詹”“摧”“戾”至少流行于今陕西一带，“戾”还流行于今山东一带，不一定流行于楚地。扬雄断定这三个词属于楚语，是他依据当时方言的实际分布情况而确定的。可见，“摧”“詹”“戾”都属于第一类词，即来自非楚语的古老词语。

（5）虔、刘、惨、綝，杀也。……楚谓之贪。（1/16）

《说文》六篇下贝部：“贪，欲物也。从贝今声。”即“贪婪”之义。《楚辞·离骚》：“众皆竞进以贪婪兮，凭不厌乎求索。”王逸注：“爱财曰贪，爱食曰婪。”这是析言，浑言则无别。钱绎《方言》此条下笺疏：“贪婪为爱财爱食之通名，不宜分训也。”② “贪婪”亦写作“贪惏”，见于前代典籍，如《左传·僖公二十四年》：“狄固贪惏。”“贪”来自前代全民语

① 高亨：《诗经今注》，上海古籍出版社 1980 年版，第 10 页。

② 钱绎此语出自王念孙，《广雅·释诂二》：“婪……贪也。”王念孙疏证：“贪婪亦爱财爱食之通称，不宜分训也。”

言，见于多种文献，一直使用至今，扬雄《方言》指明为楚语，可能只因为当时在楚方言中使用得特别多而已。

（6）嫚、蝉……未，续也。楚曰嫚。蝉，出也。楚曰蝉，或曰未及也。(1/26)①

钱绎在《方言笺疏》中认为，楚方言中的“嫚”与“缱绻”同源，是急言和缓言的区别。他说：“缱绻，叠韵兼双声字，急言之则为嫚。”但楚方言中“嫚”有“续”义，于文献中未见书证。同样，楚方言中“蝉”有“出”的意义，也于文献无征。“嫚”“蝉”二词应为第三类楚方言中特定的词，其来源不明，大概是当时的口语词。

（7）踏……跳也。楚曰跅，陈郑之间曰踣，楚曰蹠。(1/27)

表示“跳”义的“跅”不见于文献，当是楚方言特有的词。后来，此词的使用范围扩大到中原一带，故郭璞注曰：“亦中州语。”

“蹠”，《说文》二下足部：“楚人谓跳跃曰蹠。”“蹠”为楚语词无疑，除“跳跃”之外，“蹠”还有多种意义：脚（足）、脚掌、践踏、到。《淮南子·修务》：“蹷沙石，蹠达膝。”高诱注：“蹠，足。”《战国策·楚策》：“于是赢粮潜行，上峥山，逾深溪，蹠穿膝暴。”鲍彪注：“蹠，足下。”“足下”就是“脚掌”的意思。《楚辞·九章·哀郢》：“心婵媛而伤怀兮，眇不知其所蹠。”王逸注：“蹠，践也。”《淮南子·原道》：“自无蹠有，自有蹠无。”高诱注：“蹠，适也。”“适”就是“到”的意思。值得注意的是，以上所引书证皆与楚地的文献有关，我们虽然不能完全断定“蹠”的各个义项皆仅见于楚方言地区，但以楚地为中心却是可以肯定的。因此，可以肯定“蹠”为楚方言中固有的词。

（8）挦、攓、摭、挻，取也。南楚曰攓……自关而西秦晋之间，凡取物而逆谓之篡，楚部或谓之挻。(1/30)

“攓”实际上也是楚语词，不仅限于南楚方言，详见“10/17”条下的解释。“挻”，《老子》：“挻埴以为器，当其无，有器之用。”陆德明《释文》于“挻”字下引《方言》云“取也”。老子是楚人②，自然使用楚方言。《汉书·贾谊传》引贾谊文：“主上有败，则因而挻之矣。”“挻”的意思是“逆

① 周祖谟《方言校笺》据王念孙《广雅疏证》，认为此条的两个“未”字都应当为“末”。

② 《史记·老子韩非列传》：“老子者，楚苦县厉乡曲仁里人也。”

取”“篡取”，正是此义。贾谊虽是洛阳人，但深受楚文化的影响，能作“楚辞”，曾为长沙王太傅，长沙国属于南楚方言地区。“挻”是楚方言中固有的词。

（9）餥、飵，食也。陈楚之内[①]，相谒而食麦饘谓之餥，楚曰飵。凡陈楚之郊南楚之外相谒而飧[②]，或曰飵。（1/31）

“飵”，《说文》五篇下：“楚人相谒食麦曰飵，从食，乍声。”与《方言》所释同。徐锴《说文解字系传·食部》：“飵，人相谒相见后，设麦饭以为常礼，如今人之相见饮茶也。”《广雅·释诂二》“飵，食也”，取自《方言》。钱绎在其《方言笺疏》中认为，“飵”与“酢”有同源关系，说：“飵者，楚人食麦曰飵，飵之言酢也。”《方言》卷五“甑，或谓之酢馏”条笺疏亦说“飵与酢通”，但钱绎没有列举书证（按：“酢”见于先秦典籍）。《诗·大雅·行苇》：“所献或酢，洗爵奠斝。”郑笺：“进酒于客曰献，客答之曰酢。”《周礼·秋官·大行人》：“庙中将币，三享王礼，一祼而酢。”“飵”“酢”的具体意义虽然不同，但都有主客相见时进食（或酒）为礼的意思，应为同源词。另外，“飵”在陈楚之郊南楚之外的意思是“相谒而飧（餐）”，意思略有变化，但其字形相同。可见，“飵”应当属于第二类，即见于前代非楚地文献但词义有变化的词。

（10）朦、厖，丰也……燕记曰：“丰人杼首。”杼首，长首也。楚谓之伃[③]。（2/2）

“伃”，《淮南子·本经》：“菱杼紾抱。”高诱注：“杼读楚言伃。”《淮南》多楚语，系楚方言作品。楚方言的“伃”与燕方言的“杼”都从“予”得声。两词同义同源，实为一词，只是在不同方言中语音有一定差异而已。楚语“伃”应当属于第一类词，这类词一般都比较古老。

（11）逞、苦、了，快也。自山而东或曰逞，楚曰苦，秦曰了。（2/17）

“苦”，郭璞注曰：“苦而为快者，犹以臭为香，乱为治，徂为存；此训义之反复用之是也。”郭璞认为，“苦”之所以有“快”（快意、高兴）的意义，是由于其反义引申的原故。“苦”并非纯粹的楚方言词，也出现在其他

① 周祖谟《方言校笺》据其他文献认为“内”应当为“间”。

② 周祖谟《方言校笺》认为“飧”字应为“餐”字之讹。

③ 周祖谟《方言校笺》引《广雅·释诂二》：“抒，长也。”伃字作“抒”。

方言之中。《方言》3/13："逞、晓、恔、苦，快也……宋郑周洛韩魏之间曰苦。""苦"有"快"义，于书面文献未见，为当时流行于楚及其他地区的方言词，属于第二类词。

（12）凭、齘、苛，怒也。楚曰凭，小怒曰齘。（2/20）

"凭"，郭璞注："恚盛貌，楚词曰：'康回凭怒。'"《楚辞·天问》："康回冯怒，地何故以东南倾？""冯"即"凭"的古字。《楚辞·离骚》："依前圣以节中兮，喟凭心而历兹。"王逸注："喟然舒愤懑之心。""凭"出于《楚辞》，当为楚方言中的词。"凭"（冯）亦见于较早的文献。《左传·昭公五年》："今君奋焉，震电冯怒。"这是吴王之弟蹶由对楚王所说的话。吴方言深受楚方言的影响，吴、楚方言相近①，此又为吴王弟对楚王所说，亦应为楚语。"凭"与"朋"古音相近，可以通假。《国语·吴语》："请王励士，以奋其朋势。""朋"亦为吴方言。扬雄断定"凭"为楚方言中的词，是依据当时的实际情况来断定的。

"齘"为楚语词，其"小怒"的义项缺乏相应的书证，当为扬雄亲自调查所得。郭璞在"齘"下注："言噤齘也。"《说文》二篇下齿部："齘，齿相切也。从齿介声。"其本义是牙齿相摩切的意思。钱绎《方言笺疏》："凡人怨恨之甚，则以齿紧相摩切，故齘为怒也。"楚方言"齘"的"小怒"义是由其"齿相切"引申而来。钱绎认为，"齘"有"小怒"义项的理据，在于其偏旁"介"的"小"义。他引用了一些古代文献以后，说："小怒谓之齘，小声谓之扴，小鲠谓之芥也。"可见，楚方言的"齘"，是出自全民语言意义有引申变化的古老词语，应当属于第二类词。

（13）揄铺（音敷）、帗𢃳……毳也。荆扬江湖之间曰揄铺，楚曰帗𢃳。（2/29）

郭璞在"毳也"下注："音脆，皆谓物之行蔽也。""脆"不仅释音，同时也表示文字的通假，"脆"有"不牢实""粗劣"之义，也就是"行蔽"。"行蔽"二字同义，是由同义语素组成的复合词②。"帗"，《说文》七篇下巾部："帗，楚谓无缘衣也。"即没有边饰的短衣。《方言》4/38："楚谓无缘之衣曰襤。"可见，"帗""襤"音义皆同，实为一词，只是写法不同而已。

① 刘君惠、李恕豪等：《扬雄方言研究》第二编第十三章，巴蜀书社 1992 年版。

② 周祖谟《方言校笺》此条下注②引刘台拱《方言补校》。

“艦”“襤”亦写作“蓝”，《左传·宣公十二年》：“筚路蓝缕，以启山林。”杜预注：“蓝缕，敝衣。”没有边饰的短衣自然是粗劣的“敝衣”。“㡽”，《玉篇》巾部第四百三十二释为“欲空之貌”，《广韵》上平声十虞所释与《玉篇》同。“欲空”即简陋，粗劣。可见，楚方言的“艦㡽”是由同义语素组成的复合词，为楚方言所特有。

（14）翿、幢，翳也。楚曰翿。关东关西皆曰幢。（2/31）

翿，是一种用羽毛制成的舞具。郭璞注曰：“舞者所以自蔽翳也。”“翿”见于《诗经》中。《诗·王风·君子阳阳》：“君子陶陶，左执翿。”毛传：“翿，纛也，翳也。”郑笺：“翳，舞者所持，谓羽舞也。”东周时“翿”还在洛阳一带使用，到汉代，仅流行于楚方言中。

（15）速、逞、摇扇，疾也……楚曰逞。（2/34）

《说文》二篇下辵部：“逞，通也。从辵呈声。楚谓疾行为逞。”《说文》亦指明“逞”在楚方言中有“疾行”之义。“通”“通达”是“逞”的本义，通达无阻则行速，故在楚方言中引申为“疾”义。

（16）剿、蹶，狯也……楚谓之剿，或曰蹶。（2/37）

《说文》四篇下刀部：“剿，绝也。……《周书》曰：‘天用剿绝其命。’”《周书》为《夏书》之误。“剿”即“勦”，今本《尚书》作“勦”。“剿”的“绝”义，与“狯”的“狡诈”义似乎没有直接的联系。但仔细考察，可以梳理出它们之间的意义联系。“剿”与“訬”古音同在萧部。“剿”精母，“訬”初母，声母相近，应为同一个词，只是写法不同而已。《说文》三篇上言部：“訬，扰也。一曰訬狯。从言少声。”段玉裁注：“犬部‘狯’，狡狯也。《汉书》曰：‘江都轻訬。’《吴都赋》曰：‘轻訬之客。’高注《淮南子》曰：‘訬，轻利急疾也。’”《汉书·叙传下》：“鲁恭馆室，江都訬轻。”颜师古注：“訬谓轻狡也。”我们还可以补充一些例证。《后汉书·马融列传》：“或轻訬趬悍。”李贤注：“訬，轻捷也。”可见，“剿”（訬）除了有“狯”的“狡诈”之义外，还有“疾速”“轻捷”之义，而“勦”正有此义。《广韵》下平声肴韵：“勦，轻捷也。”据《说文》，“剿”的本义为“绝”，即“断绝”，断绝必然疾速，故有“疾速”“轻捷”之义，并由此而引申为“狡狯”之义。“剿”是一个非常古老的词，见于《尚书》，汉代楚方言中的“狡狯”是其引申义。“剿”应属于第二类词，即出现于前代非楚语的文献中，在汉代楚方言中有明显的引申变化。

戴震在《方言疏证》中说："蹶、狯，一声之传。""蹶"，《广韵》入声月韵字，居月切；"狯"，《广韵》去声泰韵字，古外切。声母相同，都是见母，韵母有异。"蹶"为入声三等字，"狯"为去声一等字。上古汉语中去入为一类①，等虽有差异，但都属于月部字。"狯"是当时通语中的词语，在楚方言中读成"蹶"，只是方音差异而已。

（17）撲、翕、葉，聚也。楚谓之撲，或谓之翕。葉，楚通语也。（3/50）

"撲"与"樸"音同。"樸"，丛生的树木。《尔雅·释木》："樸，枹者。"郭璞注："樸属丛生者为枹。"《小尔雅·广诂》："樸，丛也。"《广韵》入声屋韵："樸，棫樸，丛木。"《诗·大雅·棫樸》："芃芃棫樸，薪之槱之。"毛传："樸，枹木也。"朱熹集传："樸，丛生也，言根枝迫迮相附著也。""丛生"则有"聚集"之义。

《说文》四篇上羽部："翕，起也。从羽合声。"段玉裁注："《释诂》《毛传》皆云'翕，合也'。许云起也者，但言合则不见起，言起而合在其中矣。翕从合者，鸟将起必敛翼也。"《尔雅·释诂》："翕……合也。"《诗·小雅·常棣》："兄弟既翕，和乐且湛。"毛传："翕，合也。"从"合"的意义即可引申为"聚集"。

可见，楚方言中"撲""翕"的"聚"义，都源于全民语言，均见于前代文献，在汉代的楚方言中义有引申。

"葉"有"聚"义，于文献无征，当是扬雄亲自调查所得。从声音来讲，"葉"与"集"相近。"葉"，古音葉部喻（四）母；"集"，古音缉部从母。"喻（四）"与"从"声母相近，"葉"与"缉"韵部相近。"集"即聚集。与"集"声音相近的"雥""雜（襍）"等词都有聚集义②。它们之间有同源关系。可见，楚通语作"聚"讲的"葉"，其实也是出自全民语言。

（18）楚谓无缘之衣曰褴，紩衣谓之褛。（4/38）

《左传·宣公十二年》："筚路蓝褛，以启山林。"这是楚君教训国人的话。"蓝"通"褴"。"褴""褛"二词为流行已久的楚方言的词。《说文》八

---

① 段玉裁《六书音均表·古四声说》："古平上为一类，去入为一类。上与平一也，去与入一也。上声备于三百篇，去声备于魏晋。"

② 张希峰：《汉语词族丛考》，巴蜀书社1999年版，第25–32页。

篇上衣部："襤，无缘衣也。从衣监声。"即2/29中的艦字。

"紩"是"缝"的意思。《说文》十三篇上糸部："紩，缝也。从糸失声。""紩衣"就是破旧后重新缝补的衣服，即楚方言的"褸"。"褸"的本义为"线"。《说文》十三篇上糸部："縷，线也。从糸娄声"，引申为"缝"，再引申为补缀之衣。可见，楚方言的"褸"来自全民语言，在楚方言中意义有引申。

（19）大袴谓之倒顿，小袴谓之校衫。楚通语也。（4/40）

"倒顿"，不见于早期的文献，郭璞注："今雹袴也。"校衫，亦不见于早期的文献，郭璞注："今襟袴也。""倒顿"为双声联绵词，"校衫"为叠韵联绵词，都是当时楚方言中的口语词，其来源不明，应系扬雄亲自调查所得。后代字书及传注中均有记载，应出于《方言》此条。《玉篇》衣部："校衫，小袴也。"《急就篇》："襜褕袷複褶袴褌。"颜师古注："袴，胫衣也。大者谓之倒顿，小者谓之校衫 。"可见这两个词在唐代仍在使用。"校衫"流传于后世时，意义有一定的引申变化，可以专指渔服。唐皮日休《忆洞庭观步十韵》："校衫渔人服，筕篖野店窗。"

（20）廝、嗌，噎也。楚曰廝，秦晋或曰嗌，又曰噎。（6/13）

"廝"有"噎"义，于文献无征，郭璞注为"咽痛也"。《方言》6/34："廝，披散也。东齐声散曰廝……秦晋声变曰廝，器破而不殊其音亦谓之廝。"意思是"声嘶""声破"或"沙哑"。凡从"斯"得声的字皆有"披散""分散""分解"之义①。声嘶必然咽喉有问题，"噎"亦咽喉不畅而痛。可见，"廝"（噎也）的意义系从"廝"的"声散"义来，就其语源来看应为汉语中固有的成分，在楚方言中义有引申发展。

（21）伆、邈，离也。楚谓之越，或谓之远。（6/16）

"越"与"远"同义，《小尔雅·广言》："越，远也。"《书·泰誓上》："予曷敢有越厥志。"孔传"越，远也"，用《小尔雅》文。孔颖达疏："越者逾越，超远之义，故为远也。""越"与"远"声音亦通，钱绎笺疏："越与远，语之转耳。" "离"，郭璞注曰："谓乖离也。"乖离则"越"，则"远"，故楚方言中的"远""越"二词皆有"离"义。"越""远"都是全民语言中古老的词，在当时的楚语中引申为"乖离"之义。

① 张希峰：《汉语词族丛考》，巴蜀书社1999年版，第175-176页。

（22）絓、挈、儝、介，特也。楚曰儝 。（6/24）

“儝”，郭璞注“古茕字”，又作“赹”。《说文》二篇上走部：“赹，独行也。”又写作“嬛”“睘”等。《书·洪范》：“无虐茕独。”《诗·周颂·闵予小子》：“嬛嬛在疚。”《诗·唐风·杕杜》：“独行睘睘。”以上书证皆非楚地的文献，可见楚方言中的“儝 ”是从全民语言或其他方言中继承而来的古老的词语。

（23）参、蠡，分也。齐曰参，楚曰蠡，秦晋曰离。（6/33）

郭璞在“参、蠡，分也”下注：“谓分割也。”“蠡”亦写作“欚”“劙”。《荀子·赋》：“欚兮其相逐而反也。”杨倞注：“欚与劙同。欚兮，分判貌。”《荀子·彊国》：“劙盘盂，刎牛马。”杨倞注：“劙，割也，音戾。”《广雅·释诂一》：“劙……解也。”王念孙疏证“离、蠡、劙亦声近义同”，认为楚方言词“蠡”（“欚”“劙”）与秦晋方言的“离”（“离”亦属于通语中的词）具有同源关系。如前所述，荀子虽然是赵国人，但曾任楚兰陵令，家于兰陵，死后亦葬于兰陵，故其著作中有楚方言词语。

（24）揞、揜、错，摩，藏也。荆楚曰揞，吴扬曰揜。（6/43）

“揞”与“揜”音近，具有同源关系。《广雅·释诂四》：“揞、揜……藏也。”王念孙疏证：“揞，犹揜也。方俗语有侈敛耳。《广韵》：‘揞，手覆也。’覆亦藏也，今俗语犹谓手覆物为揞矣。”王念孙认为“揞”与“揜”实为一词，只是在不同方言中读音有一定差异而已。其实，吴越方言中的“揜”亦见于古代文献。《礼记·大学》：“揜其不善，而著其善。”“揞”应属于第一类来自全民语言或非楚语的词，只不过在楚方言中读音有变化而已。

（25）絚、筳，竟也。秦晋或曰絚，或曰竟，楚曰筳。（6/47）

“筳”，《广雅·释诂三》作“挺”。“筳”之“竟”“究竟”义，未见书证，当系汉代楚方言中的口语词。

（26）擘，楚谓之纫。（6/49）

“纫”，郭璞注“今亦以线贯针为纫，音刃”，意思是穿针引线。此义见于非楚方言的古代文献。《礼记·内则》：“衣裳绽裂，纫箴请补缀。”按“纫”字有多个义项，据《汉语大字典》载，有“搓线、捻线”“绳索”“缝纫、缝补”“连缀、联结”等，其义皆与“线”“绳索”之义有关。可见，“纫”为汉语固有的词，可引申为多种意义，“穿针引线”只是其中一个义项，到汉代仅流行于楚地。

（27）阎笘，开也。东齐开户谓之阎笘，楚谓之闿。（6/50）

“闿”，郭璞注：“亦开字也。”钱绎笺疏：“闓与开声侈弇耳。”“闿”“开”二字古音相近，皆溪母微韵字，只是声调有所不同，“闿”上声，“开”平声①。《易·系辞上传》：“夫易开物成务，冒天下之道，如斯而已者也。”陆德明《经典释文》“开”引王肃作“闿”。“闿”“开”在汉语中实际上系同一个词，只是在不同的方言中读音有一定差异，故写成两个不同的字。《方言》此处称“楚谓之闿”，实际上是对当时楚方言读音的实际描写。《汉书·匈奴传》：“今欲与汉闿大关，取汉女为妻。”颜师古注：“闿，读与开同。”班固的祖先是楚人，大概是有意识地去使用楚方言中的词。

（28）戏、惮，怒也。齐曰戏，楚曰惮。（6/53）

戴震疏证：“‘僤’即‘惮’，释为‘怒’。‘僤怒’‘超远’‘虔刘’，连文皆二字义同。”“惮（僤）”见于前代文献。《诗经·大雅·桑柔》：“我生不辰，逢天僤怒。”《庄子·外物》：“白波如山，海水震荡，声侔鬼神，惮赫千里。”《诗·大雅》产生在西周王畿一带，庄子系战国时的宋人。可见此词相当古老，而且分布地域很广。《战国策·秦策四》：“天下五合六聚而不敢救也，王之威亦惮矣。”这句话出自楚人黄歇之口，应为楚语，与《方言》此条所载同。段玉裁认为，“惮”的“怒”“恐吓”义是由“惮”的本义“忌难”（畏难、畏惧）引申而来。《说文》十篇下心部：“惮，忌难也。从心单声。一曰难也。”段注：“凡畏难曰惮，以难相恐吓亦曰惮。”“惮”的“忌难”义见于多种典籍，如《诗·小雅·緜蛮》：“岂敢惮行，畏不能趣。”《论语·学而》：“过，则勿惮改。”可见，“惮”是汉语中固有的非常古老的词，意义多，分布地域广，其“怒”义到汉代时仅用于楚地。

（29）爰、嗳，恚也。楚曰爰，秦晋曰嗳，皆不欲应而强畣之意也。（6/54）

郭璞在“爰、嗳，恚也”下注：“谓悲恚也。”“不欲应而强畣”，心中自然会感到悲恚。《方言》12/1：“爰、嗳，哀也。”郭璞注：“嗳，哀而恚也。”戴震疏证：“前卷六内：爰、嗳，恚也。楚曰爰，秦晋曰嗳。注云：‘谓悲恚。’此注云：‘哀而恚。’盖义可互见。《广雅》：‘爰、嗳，愁也。’”

① 有的古音学家将从“岂”得声的字都归于脂部，因此“闿”字亦可属于脂部。这样，除声调外，“闿”“开”二字可能在韵母上还有一点差异，不过脂微两部古音也很相近。

可见，“爰”“嗳”都有“悲伤”“哀痛”的意思。楚方言中“爰”（恚、哀），见于《楚辞·九章·怀沙》。王引之说：“《楚辞·九章》：‘曾伤爰哀，永叹喟兮。’‘爰哀’，犹‘曾伤’，谓哀而不止也。”① “爰”“嗳”与“咺”音近。《方言》1/8：“咺……痛也。凡哀泣而不止曰咺……燕之外鄙、朝鲜洌水之间，少儿泣而不止曰咺。”“咺”也有“哀”“悲恚”的意思。可见，“爰”（哀、恚），从战国到汉代都是楚方言中的词，在当时的西北、东北方言中亦有分布，只不过音义有一定变化而已。

（30）戟，楚谓之釨。凡戟而无刃，秦晋之间谓之釨……东齐、秦晋之间谓其大者曰镘胡，其曲者谓之钩釨镘胡。（9/1）

按：从此条可见，釨并非纯粹的楚方言词，亦见于秦晋东齐等方言中，只是词义略有变化而已。

（31）煤，火也，楚转语也，犹齐言焜火也。（10/6）

“煤 ”字未见于上古文献，当为扬雄据当时楚方言的实际而造的新字。扬雄指出，楚方言的“煤 ”，与“火”及齐方言的“焜 ”有“转语”关系，即由同一词语孳乳分化而来，“火”和“煤 ”系同一个词的不同方音形式。郭璞将“煤 ”的字音注为“呼隗反”，但扬雄所造之“煤 ”字以“果”得声，应当属于歌部字，而不应当属于与“隗”字韵母相同的微部字。“火”在上古属于微部，而在《广韵》中归歌部，其读音极可能是楚方言词“煤 ”的扩张和借用所致（声母不一样）。

（32）嘳，无写，怜也。沅澧之原，凡言相怜哀谓之无写，江滨谓之思。（10/7）

“思”本是“思虑”“思考”的意思，属于全民语言中的词。《论语·为政》：“学而不思则罔，思而不学则殆。”也有“思念”之义。《诗·周南·关雎》：“求之不得，寤寐思服。”在汉代楚方言的江滨一带，“思”有“怜哀”“悲伤”之意，词义有引申缩小，此义亦见于以后的文献。《文选》张华《励志诗》：“吉士思秋，寔感物化。”李善注：“思，悲也。”

（33）拌，弃也，楚凡挥弃物谓之拌，或谓之敲。淮汝之间谓之投。（10/14）

郭璞于“拌，弃也”下注：“音伴，又普槃反。”楚方言中的“拌”，义

---

① 《广雅疏证·释诂二》“爰、嗳、愠、愁，恚也”条。

为“挥弃物”，与今四川方言的“拌”（音伴，用力抛弃物品）义相同，非一般的“抛弃”义。《广雅·释诂一》：“拌……弃也。”王念孙疏证：“拌之言播弃也。《吴语》云‘播弃黎老’是也。播与拌古声相近。《士虞礼》：‘尸饭播余于篚。’古文播为半，半即古拌字，谓弃余饭于篚也。”“拌”即古文的“半”字，与“播”声音相近，应为同源词。“拌”，并母元部字；“播”，帮母月部字。并帮皆唇音，元月阳入对转。可见，楚方言的“拌”，源于全民语言，但其音义皆有变化。

“敲”，《说文》三篇下支部：“横擿也，从支高声。”段玉裁注：“擿，今之掷字。横擿，横投之也。”“横投”即是“挥弃物”。楚方言中的“敲”来自全民语言的“敲”，义有变化。

（34）戏、泄，歇也。楚谓之戏泄。奄，息也，楚扬谓之泄。（10/16）

戴震疏证：“戏、歇，一声之转。‘泄’亦作‘渫’。曹植《七启》：‘于是为欢未渫。’李善注引《方言》：‘渫，歇也。’又作‘洩’，颜延之《赭白马赋》：‘畜怒未洩。’注引《方言》：‘洩，歇也。’”戴震认为，“戏”“歇”二字同源，与“泄”同义，楚方言中的“戏泄”是由同义语素组成的复合词，其“戏”来自全民语言。“泄”在扬楚一带亦可单用，并流传于后世。楚方言中的“戏泄”“泄”虽然可能与全民语言有关，但未见于前代书面文献，当为扬雄亲自调查的活的口语词。

（35）搴，取也。楚谓之搴。（10/17）

此条亦见于1/30条：“搴……取也，南楚曰搴。”“搴”亦写作“搴”，其用例多次出现于楚地的作品中，如《楚辞·离骚》：“朝搴阰之木兰兮，夕揽洲之宿莽。”王逸注：“搴，取也。”又《楚辞·九歌·湘君》：“采薜荔兮水中，搴芙蓉兮木末。”王逸注：“搴，手取也。”“搴”为楚方言中的词，但亦见于其他地区的作品之中，如《史记·刘敬叔孙通列传》：“故先言斩将搴旗之士。”此语出自叔孙通之口。叔孙通，薛人。薛，县名，属鲁国。叔孙通侍奉刘邦，用楚服楚言讨其欢心①。《庄子·至乐》：“列子行食于道从，见百岁髑髅，搴蓬而指之。”庄子是宋国蒙邑人。在《方言》中，宋方言与楚方言相近②。“搴”，《说文》作“攓”，《说文》十二篇上手部：

① 《史记·刘敬叔孙通列传》：“叔孙通儒服，汉王憎之，乃变其服，服短衣，楚制，汉王喜。”
② 刘君惠、李恕豪等：《扬雄方言研究》第二编第五章。

“攓，拔取也，南楚语。”总之，“攓”是一个楚方言词，但也流行于与楚语有关的其他方言之中。

(36) 翥，举也。楚谓之翥。(10/22)

郭璞在“翥，举也”下注：“谓轩翥也。”“翥”的意思是“高飞”。《说文》四篇上羽部：“翥，飞举也。从羽者声。”《楚辞·远游》：“雌蜺便娟以增挠兮，鸾鸟轩翥而翔飞。”“翥”正好出现在楚方言的作品中，确为楚方言中的词。“翥”亦出现在以后的作品中，如张衡《西京赋》：“凤骞翥于甍标，咸溯风而欲翔。”这大概是继承前代书面文献语言的原故。

(37) 谴、極，吃也。楚语也。或谓之轧，或谓之䜌。(10/27)

“谴”亦写作“謇”或“謇”，意思是口吃，言不通利。钱绎笺疏：“《说文》：‘蹇，跛也。’前卷六又云：‘蹇，扰也。人不静，秦晋曰蹇。’言不利谓之謇，犹行不便谓之蹇，人不静谓之蹇也。”

“極”，从“亟”得声。“亟”，有“急”的意思，指语急而口吃。

“轧”，郭璞注：“鞅轧，气不利也。”“鞅轧”系注音，意谓此处的“轧”应读成“鞅轧”中的“轧”音，与“鞅轧”的“无垠貌”之义无关。

“䜌”，郭璞注：“语䜌难也。”钱绎笺疏：“《说文》：‘䜌，不滑也。’《广雅》：‘䜌，难也。’《楚辞·七谏》云：‘言语讷䜌兮。’王逸注云：‘䜌者，难也。’难谓之䜌，亦谓之蹇；口吃谓之謇，亦谓之䜌，其义一也。”

可见，楚语中的“谴”“极”“䜌”，都来自全民语言，在楚方言中引申为口吃义。只有“轧”释为“口吃”不见于其他古文献，应系扬雄亲自调查所得。

(38) 悦、舒，苏也。楚通语也。(10/32)

“苏”，郭璞注：“谓苏息也。”“苏”本指死而复生。《小尔雅·广名》：“死而复生谓之大苏。”《左传·宣公八年》：“晋人获秦谍，杀诸绛市，六日而苏。”杜预注：“苏，死而更生也。”这里引申为困顿后得到休息的意思。

“悦”“舒”二词皆出自全民语言。《尔雅·释诂上》：“怡、怿、悦……乐也。”“悦”的古字为“说”，其“喜悦”之义见于多种典籍，这里不列举。

“舒”，《说文》四篇下予部：“舒，伸也。从舍，予声。一曰舒，缓也。”从“伸”（伸展）、“缓”（缓解）之义皆可引申为困顿后得到休息的意思。

可见，“悦”“舒”“苏”三词都是全民语言中的词，在当时的楚方言中意义有引申。

(39) 窥、貼、占、伺，视也。……凡相窃视，南楚谓之窥。窥，其通语也。自江而北谓之貼，或谓之覗。凡相候谓之占，占犹瞻也。(10/45)

《方言》中的“自江而北”即是指楚地。貼即“觇”。《说文》八篇下见部：“觇，窥视也。从见，占声。”“觇”见于前代典籍。《左传·成公十七年》：“公使觇之，信，遂怨郤至。”《礼记·檀弓下》：“晋人之觇宋者，反报于晋侯。”《淮南子·俶真篇》：“昔公牛哀转病也，七日化为虎。其兄掩户而入觇之，则虎搏而杀之。”

“覗”即“伺”。周祖谟校笺：“《慧琳音义》卷二十、卷二十三引并作伺。”“伺”亦见于非楚地的典籍，如《韩非子·内储说上》：“吾闻数夜有乘辒至李史门者，谨为我伺之。”

至于“占”“瞻”二字，《说文》三篇下卜部：“占，视兆问也。从卜口。”《说文》四篇上目部：“瞻，临视也。从目詹声。”两个字都有“视”义。

可见，这里的楚语词“貼”(觇)、“覗”(伺)都来自全民语言，而在当时的楚方言中仍经常使用，故扬雄确定为楚语。

(40) 佻、僄，轻也。楚凡相轻薄谓之相佻，或谓之僄也。(10/48)

“佻”，钱绎笺疏：“佻，郭音汎。汎与佻通，亦作泛。《说文》：‘汎，浮貌。’”按：“汎”字见于前代典籍，如《诗·邶风·柏舟》：“汎彼柏舟，亦汎其流。”毛传：“汎，流貌。”“浮貌”“流貌”皆有“轻”义，故在汉代的楚方言中引申为“轻薄”之义。

“僄”，在《说文》第八篇上人部中亦释为“轻也”，亦见于前代典籍。《荀子·修身》：“怠慢僄弃，则照之以祸灾。”杨倞注：“僄，轻也。”钱绎笺疏：“《司马相如传》：‘飘飘有凌云之气。’飘与僄声义并同。”按：“僄”“飘”皆从“票”得声，皆有“轻”义，故在汉代的楚方言中引申为“轻薄”义。

可见，楚方言中的“佻”“僄”二词皆源自全民语言，在楚方言中意义有引申变化。在后来的文献中，“佻”(汎)、“僄”(剽)有同义连用的情况。如左思《魏都赋》：“过以汎剽之单慧，历执古之醇德。”

（41）蛥蚗……楚谓之蟪蛄，或谓之蛉蛄。（11/1）

“蟪蛄”即寒蝉①。郭璞在此条“蟪蛄”下注：“庄子曰：‘蟪蛄不知春秋也。’”此句出自《庄子·逍遥游》。庄子系战国时的宋国蒙邑人。可见，在战国时，“蟪蛄”一词亦流行于宋地。西汉时，此词是否仍然流行于宋地，我们不得而知，但《方言》中宋方言与楚方言相近②。“蟪蛄”一词，亦见于属于楚地的文献中，如《楚辞·招隐士》：“岁暮兮不自聊，蟪蛄鸣兮啾啾。”此词亦见于后来的书面文献中，如北齐颜之推的《稽圣赋》：“蛴螬行以其背，蟪蛄鸣非其口。”③

“蛉蛄”，钱绎在其《笺疏》中认为即“小蝉”的意思。他说：“小蝉谓之蛉蛄，犹小马车谓之軨，小船谓之舲，小钟谓之铃也。”意思是，凡从“令”得声的字都有“小”义。“蟪蛄”与“蛉蛄”虽然都是楚方言中的词，但意义有差异。“蛉蛄”不见于古代文献，应系扬雄亲自调查所得。

（42）蝉，楚谓之蜩。（11/2）

“蜩”，见于前代非楚语的文献。《诗·大雅·荡》：“如蜩如螗，如沸如羹。”毛传：“蜩，蝉也。”《庄子·逍遥游》：“蜩与学鸠笑之。”可见，“蜩”是一个相当古老的词，原先分布的地域很广，到汉代时大概仅流行于楚地。

（43）蜻蛚，楚谓之蟋蟀，或谓之蛬。（11/4）

“蟋蟀”和“蛬”都见于前代典籍。《尔雅·释虫》：“蟋蟀，蛬。”郭璞注：“今促织也，亦名蜻蛚。”“蛬”亦写作“蛩”，系古今字。《诗·唐风·蟋蟀》：“蟋蟀在堂，岁聿其莫。”毛传：“蟋蟀，蛩也。”《诗·豳风·七月》：“十月蟋蟀入我床下。”可见在周代“蟋蟀”一词在今陕西、山西一带（即《方言》中的秦晋地区）使用，“蟋蟀”亦见于《吕氏春秋》《淮南子》等前代典籍中，不仅限于秦晋方言。扬雄断定其为楚方言词，只能说明在西汉末年，“蟋蟀”一词在楚方言中经常使用而已。后来，“蟋蟀”一词扩大了使用范围，并一直使用至今。《尔雅》和《毛传》都用“蛬”（蛩）来解释“蟋蟀”，可见，在西汉初年“蛬”（蛩）应当是通语中的词，而到扬雄的时代，则成为楚方言中的词了。

---

① 《经典释文》卷二十六《庄子音义·逍遥游》引司马彪注。

② 刘君惠、李恕豪等：《扬雄方言研究》第二编第五章，巴蜀书社 1992 年版。

③ 王利器：《颜氏家训集解》，上海古籍出版社 1980 年版，第 639 页。

(44) 箄、篓、籅、筥，篋也。江沔之间谓之籅。(13/141)

此条中的各词，意思都是喂牛用的圆筐，但“籅”字未有书证，当是当时楚方言中特有的词，应系扬雄亲自调查所得。

三、结语

综上所述，《方言》中仅出现在楚地的词语有六十七个，可分为三类。

第一类是来自全民语言的词，有二十个，占30%。它们是：謫、唏、摧、詹、戾、贪、伃、翿、蹶、儋、揞、纫、闿、惮、煤、眡、觋、蜩、蟋蟀、蜚。这类词中的“贪”“蟋蟀”二词，《方言》虽然确定其为楚语，但在前代及以后都广泛使用于各个地区，直到今天仍然在全民语言中使用，并非真正的楚语词。“闿”即是“开”，“煤”即是“火”，只是在楚语中读音有一定的变化而已，故在书写上有所不同，也应当是全民语言中的词。剩下的十八个词，都曾较为广泛地出现于非楚地的文献之中，《方言》确定其为楚语词，可见在汉代的使用范围有所缩小，这些词应当是比较古老的趋于消亡的词语。

第二类是曾经出现在前代或非楚地的文献中，但在《方言》中词义有明显的引申变化，或者与全民语言中的词有着同源关系的词。这类词在《方言》中有二十九个，占只出现在楚地的六十七个词语中的43%。它们是：哓、嗷咷、饵、苦、龄、逞、剿、撲、翕、葉、篓、廝、越、远、蠡、爰、紓、思、拌、敲、謇、极、蹓、悦、舒、苏、仉、僄、蟪蛄。考虑到词义的引申以及同源词的分化需要一定的时间，因此这一部分词一般也比较古老。

第三类是楚方言中固有的词，共有十八个，占只出现在楚地的六十七个词语中的27%。其中的“党、蹠、挺、凭、艦艦、襤、攓、翥”八词能够在古代与楚有关的文献中找到出处，是比较古老的词。其余的十一个词“嫚、蝉、跗、倒顿、裗衦、筳、戏泄、泄、轧、蛉蛄、籅”则在前代文献中找不到出处，仅见于《方言》，应当是汉代活跃于楚方言中的口语词，大概是扬雄亲自调查所得。

由此可见，《方言》中仅见于楚地的词语大多数都是从全民语言或楚方言以外的方言中继承或者演变（包括意义和声音两个方面的变化）而来的，这些词大多见于古代文献，一般都比较古老。至于从楚方言中继承下来以及汉代仍活跃于楚地的方言词语则相对要少一些。从总的词汇面貌来讲，汉代的楚方言词语与全民语言中的词基本上是一致的。

许慎的方言研究*

西汉后期扬雄撰写的《辅轩使者绝代语释别国方言》（简称《方言》）是我国最早的方言学著作，也是世界上第一部方言学著作，在中国语言学史上具有极高的地位。扬雄以后，在东汉两百余年的时间之中，没有出现过一部专门的方言著作。由于扬雄开启了对方言的描写和研究，后来的学者往往比较多地注意到了当时各地活的语言，在他们的著作中也就出现了一些对当时各种方言事实的描写和记载。这些著作大致可以分为两类：一类是专门的语言文字著作，如许慎的《说文解字》、刘熙的《释名》；另一类则是传注类的训诂学著作，如王逸的《楚辞章句》、郑玄的《毛诗笺》《周礼注》《仪礼注》《礼记注》、何休的《春秋公羊传解诂》、高诱的《淮南子注》《吕氏春秋注》等。

就语言学上的价值而言，这些著作都远远不能同扬雄《方言》相比。因为，第一，这些著作中所记载的方言事实都是零星的、不成系统的，数量大大少于《方言》。因此，我们不能根据这些著作中的方言材料，对当时的汉语方言有一个比较全面的了解，或者依据这些材料勾画出东汉时期汉语方言的大致轮廓。第二，在写作目的上，这些著作也不同于扬雄《方言》。它们有的是为了研究和解释文字的音义，有的是为了探索汉语的词源，有的则是为了注释古书。在这些著作中，虽然作者引用了一些方言材料，或者从不同的角度对当时的方言事实进行了一些描写或研究，但它们都不是专门的方言学著作。

尽管有这些缺点，但这些著作对我们研究汉语方言的历史仍然是有用的。扬雄《方言》成书于西汉末年，我们只能据此了解西汉时期方言的大致面

* 原载于《天府新论》1995 年 4 期，《新华文摘》1995 年 11 期收录了本文的论点摘要。

貌，要了解东汉时期的汉语方言，就只能依据上述材料了。另外，扬雄《方言》中所记载的方言词汇虽然很丰富，但其缺点是仅仅"考名物之同异，不显声读之是非"①。东汉学者则开始注意到各地方言词汇在语音上的某些差异，并试图从发音上去加以解释。在这方面，东汉后期的学者如郑玄、何休、高诱、刘熙等人都做得比较出色。这种学术领域的开拓和学术方向的转变，与当时的语言研究从以词汇研究为主转变为以语音研究为主的总的趋势是一致的。

本文不打算就东汉一代的方言研究进行全面的介绍，只就许慎《说文解字》对当时方言的描写和研究进行介绍和论述。

许慎，字叔重，汝南郡召陵县万岁里（今河南省郾城县）人，据清人考证，约生于公元58年，卒于147年，是当时著名的古文经学家②。《说文解字》（简称《说文》）是许慎最重要的著作，此外许慎还有《五经异义》《孝经古文说》《淮南子注》等著作。除《说文》外，这些著作都已亡佚。《说文》是我国第一部系统的文字学著作，也是我国第一部字典，全书十五卷，其中本文十四卷，叙目一卷，收字九千三百五十三个，又有重文一千一百六十三个。所收文字按照形体和偏旁构造分列五百四十部，字体以小篆为主，古文、籀文等异体则列为重文。解释文字大体上先讲字义，再讲形体构造和读音。《说文》在中国文字学史上具有崇高的地位，对后世产生了深远的影响。

在《说文解字》中，许慎一共引用了一百七十三条方言俗语来解释字义，其中与扬雄《方言》相同或相似的有六十五条。现举数例于下：

> 咣，秦晋谓儿泣不止曰咣。从口羌声。（二篇上口部）按《方言》卷一："自关而西秦晋之间凡大人少儿泣而不止谓之咣，哭极声绝亦谓之咣，平原谓啼极无声谓之咣哴。"
>
> 篝，笿也，可熏衣。从竹冓声。宋楚谓竹篝墙居也。（五篇上竹部）按《方言》卷五："篝，陈楚宋魏之间谓之墙居。"

① 《颜氏家训·音辞》。

② 关于许慎的资料，见《后汉书·许慎传》以及《说文解字·后叙》中许冲的《上说文表》。另外，近人丁福保《说文解字诂林》前编（下）《许君事迹》中收录有清人严可均等人的有关许慎生平的研究材料。

倩，人美也。从人青声。东齐婿谓之倩。（八篇上人部）按《方言》卷三：“东齐之间婿谓之倩。”

拓，拾也。陈宋语。从手石声。（十二篇上手部）摭，拓，或从庶。（同上）按《方言》卷一“摭，取也……陈宋之间曰摭。”

《说文》明确说引自扬雄的地方只有十三处，但都不见于《方言》一书，而《说文》实际引用《方言》的条目有六十五处，却皆不言出自《方言》。这说明许慎接触过《方言》中的部分材料，却不知道这些材料出自扬雄，当然也不知道《方言》一书的名称，大概《方言》一书在当时尚未定名。

《说文》中的方言材料虽然大大少于《方言》，但仍对《方言》起到了拾遗补缺的作用。《说文》中共有方言材料一百七十三条，同于《方言》者六十五条，剩下的一百零八条为《方言》所无，这就为我们留下了关于东汉时期汉语方言的宝贵材料。这些方言材料有的是作为正文出现在《说文》之中的。例如：

莒，齐谓芋为莒。从艸吕声。（一篇下艸部）

箬，楚谓竹皮曰箬。（五篇上竹部）

饟，周人谓饷曰饟。从食襄声。（五篇下食部）

圯，东楚谓桥。从土巳声。（十三篇下土部）

有的方言材料则仅仅出现在《说文》对各个文字的说解之中。例如：

蔆，芰也。从艸夌声。楚谓之芰，秦谓之薢茩。（一篇下艸部）

欘，斫也。齐謂之镃錤。从木屬声。（六篇上木部）

椎，所以击也①。齐谓之终葵。从木隹声。（六篇上木部）

衰，草雨衣。秦谓之萆，从衣象形。（八篇上衣部）

有的方言材料既出现在正文中，也出现在说解的文字之中。例如：

聿，所以书也，楚谓之聿，吴谓之不律，燕谓之弗。从聿一。凡聿之属皆从聿。（三篇下聿部）

楣，秦名屋櫋联也。齐谓之檐，楚谓之梠。从木眉声。（六篇上木

① “所以”二字，据段玉裁《说文解字注》补。

部）

杇，所以涂也。秦谓之杇，关东谓之槾。从木亏声。（六篇上木部）

以上所引的方言词语，有许多在其他古代文献中可以找到，其分布地域与这些文献中所记载的情况基本一致。

例如，《诗·周颂·良耜》："其鑮伊黍，其笠伊纠。""鑮"正是周方言中的词。

《史记·留侯世家》："良尝间从容步游下邳圯上。"裴骃《集解》引徐广曰："圯，桥也，东楚谓之圯，音怡。"司马贞《索隐》引李奇曰："下邳人谓桥为圯，音怡。"《史记·货殖列传》："彭城以东，东海、吴、广陵，此东楚也。"下邳在今江苏睢宁西北，《汉书·地理志》记载其属东海郡，正好在东楚的范围内。

《国语·楚语上》："屈到嗜芰。""芰"是楚方言中的词。

《孟子·公孙丑上》："齐人有言曰：'虽有智慧，不如乘势；虽有镃其，不如待势。'""镃其"即《说文》中的"镃錤"，是齐方言中的词。

"终葵"，《周礼·考工记·玉人》："大圭长三尺，杼上终葵，天子服之。"段玉裁在《说文》"椎"字下注："按《考工记》'终古''终葵''椑'皆用齐言，盖齐人作。"

"槾"，《尔雅·释宫》作"镘"："镘谓之杇。"《庄子·徐无鬼》作"慢"，用如动词："郢人垩慢其鼻端若蝇翼。"《孟子·滕文公下》作"墁"："有人于此，毁瓦画墁"，与《说文》"槾"的本义"杇也"（"杇，所以涂也"）相比，意义有引申。《孟子》《庄子》《尔雅》这些著作都产生于关东，与《说文》"杇……关东谓之槾"相合①。

不过，也有一些词语在地域分布上与其他著作的记载不尽相合。

例如，《说文》："聿，所以书也……吴谓之不律。"《尔雅·释器》："不律谓之笔。"郭璞注："蜀人呼笔为不律也，语之变转。"

《说文》："楣，秦名屋櫋联也……楚谓之梠。"《仪礼·特牲馈食礼》贾公彦疏引《尔雅》孙炎注："周人谓之梠。"

又如，《说文》："杇，所以涂也，秦谓之杇。"《论语·公冶长》："粪土

---

① 何九盈认为，《尔雅》是战国末年齐鲁一带的儒生所作。（何九盈：《中国古代语言学史》，河南人民出版社1985年版，第16-25页。）

之墙不可杇也。”这句话出自孔子，应为鲁方言。

以上数例显示，在历史发展的过程中，汉语方言词汇的地域分布大体上还是稳固的，不过部分方言词语的地域分布的确有所变化。

《说文》中的方言地名是比较丰富的。《说文》引用扬雄《方言》共六十五条，其中的地名大都与《方言》中的地名相同①。在余下的一百零八条中，其地名有的同于《方言》，有的则不同。与《方言》相似的是，《说文》中的方言地名也可以分为行政区划名和自然地理名两个大类，每类下面又可以分为若干个小类。

在行政区划名中，最重要的是国家名称，其中大多数是秦汉以前的诸侯国名。与扬雄《方言》类似，在多数情况下，这些古代国家的名称所表现的并不是秦汉以前的方言词语，而是东汉方言的实际情况。这些国名及其出现的次数如下：

楚十七次	东楚二次	齐十七次	秦十六次	周五次
晋三次	赵二次	宋二次	鲁二次	吴二次
陈一次	魏一次	燕一次	蜀一次	南越一次
匈奴一次	薉貉一次			

国名出现共计七十五次。同扬雄《方言》相比，这些国名覆盖的地区虽然略小一些，但大体上还是一致的，几乎概括了东汉时的全部版图，甚至还包括了部分少数民族所建立的国家的材料（如匈奴、薉貉）。在当时的各个方言中，许慎引用最多的是秦、齐、楚（包括东楚）三地的方言材料，这与扬雄《方言》中所反映的西汉方言的情况是一致的。可见，到了东汉时期，秦方言、齐方言和楚方言仍然是当时影响最大的、最有特色的三种方言。

其次是东汉时期的郡国名称。扬雄《方言》中的郡国名称只有八个，包括三辅（一次）、梁（八次）、平原（二次）、沛（一次）、东海（一次）、丹阳（一次）、会稽（二次）、桂林（四次），总共出现二十次。《说文》中的郡国则有十四个，其出现的次数如下：

汝南六次	河内五次	陈留二次	南阳二次	三辅一次

① 关于扬雄《方言》中的地名，参见刘君惠、李恕豪等：《扬雄方言研究》第二编第一章，巴蜀书社1992年版。

弘农一次　颍川一次　淮南一次　九江一次 沛国（人）一次
蜀郡一次　陇西一次　上谷一次　巴蜀一次

总共出现二十六次。无论是从郡国名称的数量上看，还是从出现的总次数看，《说文》都多于《方言》。如果考虑到《说文》中总的方言材料比《方言》少得多，那么郡国名称在方言地名中所占的比例就显得特别大。这说明《说文》中的方言材料的确是东汉方言的实际情况。许慎是汝南人，汝南的次数占郡国名称次数的第一位是十分自然的。

《说文》中的城邑名称出现得相当少，只有三处：洛阳一次、南昌一次、蜀都（即成都）一次。此外，还有两个刺史部：益州一次、凉州一次。

《说文》中的自然地理名，往往泛指一片较大的地区。这些地区或者以四方命名，或者以河流关隘命名。方位名有东方（二次）、西方（一次）、南方（一次））、北方（五次）。此外还有"北道"一次①。以河流范围其地的有江淮之间（一次）、汝颍之间（一次）、江南（二次）。此外还有"河朔"一次②。《说文》有两次提到"伊雒而南"，系出自《尔雅·释鸟》。《说文》中带有"关"字的地名有关东（二次）、关西（一次）。

上述各种地名的所指范围都比较确切。除此以外，称"俗语"者有三次，称"方语"者一次，其地域不详，大概指流行区域较广的口语。

由此可见，《说文》中的方言地名是多种多样的，这些地名概括了大大小小的不同地区。许慎使用这些地名，是为了更方便地说明东汉方言词语的实际分布情况。

《说文》中的方言材料，对扬雄《方言》来说，除了起到一定的补充作用外，也反映出了某些方言词语与当时通语相比，在意义上的差异或变化。这种差异或变化有的体现在词义的扩大上。例如："寱，瞑卧惊也……一曰河内相呼也。从寱省，从言。"（七篇下寱部）有的则体现在词义的缩小上。例如："叔，拾也。从又尗声。汝南名收芋为叔。"（三篇下又部）段玉裁在此条下注："言此者，箸商周故言犹存于汉之汝南也。"但更多的则体现在方言词语意义的转移上。例如：

---

① 《说文》七篇上禾部"私"字下，段玉裁注："'北道'盖许时语，立乎南以言北之辞。"
② 《说文》十一篇上二水部"湝"字下，段玉裁注："河朔，河北也。"

苫，折竹箠也。从竹占声。颍川人名小儿所书写为苫。（五篇上竹部）

猶，玃属。从犬酋声。一曰陇西谓犬子为猶。（十篇上犬部）

溇，雨溇溇也。一曰汝南人谓饮酒习不醉曰溇。（十一篇上二水部）

蚚，虽子也。一曰齐谓蛭曰蚚。从虫几声。（十三篇上虫部）①

甿，竟也。一曰百也。赵魏谓百为甿。从田亢声。（十三篇下田部）②

可见，《说文解字》中的方言材料，对我们了解东汉时期汉语方言词语的确切而细微的意义，以及部分词语词义的演变都有一定的价值。

作为一部文字学著作，《说文》一书的重点主要在于分析文字的形体构造和解释文字的本义，同时也兼及文字的音读。正如清代学者王念孙在《说文解字注序》中所说："《说文》之为书，以文字而兼声音训诂者也。"《说文》中的音读，使我们可以知道其中方言词语比较准确的读音。这与扬雄《方言》只"考名物之同异，不显声读之是非"相比，无疑是一个进步。

《说文》的标音方法有"某声"和"读若某"两种，使用最广泛的当然是前者，给方言词语的标音也是如此。例如：

膢，楚俗以二月祭饮食也。从肉娄声。（四篇下肉部）

䅘，齐谓麦䅘也。从禾来声。（七篇上禾部）

帔，弘农谓裙帔也。从巾皮声。（七篇下巾部）

黸，齐谓黑为黸。从黑盧声。（十篇上黑部）

泔，周谓潘曰泔。从水甘声。（十一篇上二水部）

至于"读若某"，一方面是用通语中的音读来标示方言的读音。例如：

脙，齐人谓臞也。从肉求声。读若休止。（四篇下肉部）

䲀，楚人谓治鱼也。从刀鱼。读若锲。（四篇下刀部）

① 《尔雅·释鱼》："蛭，蚚。"郭璞注："今江东呼水中蛭虫入人肉者为蚚，音祈。"可见，晋代的江东方言中，"蚚"亦有"蛭"义。

② "竟"是"境"的古字，有边境，边界义，亦可指田界。"百"是"陌"的古字，义为田间小路。《史记·秦本纪》："为田开阡陌。"司马贞《索隐》引《风俗通》曰："南北曰阡，东西曰陌。河东以东西为阡，南北为陌。"

> 盗，北方谓地空因以为土穴为盗户。从穴皿声。读若猛。（七篇下穴部）
>
> 嫢，媞也。从女规声。读若癸。秦晋谓细嫢。（十二篇下女部）
>
> 圣，汝颍之间谓致力于地曰圣。从右土。读若兔鹿窟。（十三篇下土部）
>
> 埂，秦谓阬为埂。从土更声。读若井汲绠。（十三篇下土部）

另一方面，“读若某”本身就是方言音读，在《说文》中用来标明通语的读音。例如：

> 饱，饥也。从食厄声。读若楚人言恚人。（五篇下食部）
>
> 卸，舍车解马也。从卩止，午声。读若汝南人书写之写。（九篇上卩部）
>
> 蠸，虫也。一曰大螫也。读若蜀都布名。从虫赦声。（十三篇上虫部）

无论采用哪一种形式，事实上都表示了当时部分方言词语的读音，可惜这类材料在《说文》中只有寥寥几条。而且，由于时代的局限，当时还未用反切标音，因此我们不能从中得到关于当时各地方言系统而准确的语音知识。要了解当时方音的比较系统的情况，还不如直接利用东汉时的韵文材料来进行归纳研究。

总之，《说文》作为一部文字学著作，能够如实地记载和反映当时的某些方言情况，就这一点来说，已经十分可贵了。况且它还反映了某些词义的差异和演变，以及透露了某些方言词语的音读。因此，为了全面了解东汉时期的汉语方言情况，《说文》是不可缺少的材料。但是《说文》在中国方言学上的价值，远远不能同扬雄《方言》相比，因为《方言》所反映的方言事实是大量的、系统的，我们可以据此对西汉时期的方言情况作一个全面的了解，而《说文》中的方言材料则是零星的，散见于部分字条之下，缺乏系统性。这种差异无疑是由两书不同的性质所决定的。

郑玄的方言研究*

继西汉扬雄《方言》以后，东汉的学者比较多地注意到了各个地方活的语言。在他们的著作中，已经有了对当时各种方言事实的描写和记载。这些著作大致可以分为两类。一类是专门的语言文字方面的著作，如许慎的《说文解字》，刘熙的《释名》；另一类则体现在学者们的传注之中，如王逸的《楚辞章句》，郑玄的《毛诗笺》《周礼注》《仪礼注》《礼记注》，何休的《春秋公羊传解诂》，高诱的《淮南子注》《吕氏春秋注》等。东汉学者注释古书，其中一条重要的原则是“释雅以俗，释古以今”①。东汉后期的学者虽然仍然以词汇为其主要研究对象，但是他们已经非常留意音韵方面的问题了。在郑玄、何休、高诱、刘熙等人的著作中就有不少关于方言词语语音方面的内容，有的甚至进一步做了比较精确的语音分析，正如周祖谟所说：“东汉之末，学者已精于审音。论发音之部位，则有横口在舌之法。论韵之洪细，则有内言、外言、急言、缓言之目。论韵之开合，则有踧口、笼口之名。论韵尾之开闭，则有开唇、合唇、闭口之说。论声调之长短，则有长言、短言之别。剖析毫厘，分别黍累，斯可谓通声音之理奥，而能精研极诣矣……尝试论之，中国审音之学，远自汉始。”②

许慎《说文解字》引《方言》时，虽然经常提到楚、齐、秦、汝南和河内，但从总体来看，《说文》的方言词语所概括的地域范围很大，并不专门侧重于某一特定的方言③。东汉的其他学者在记录和描写方言时，却往往倾向于某一种方言。例如郑玄、何休的著作主要描写的是齐方言，王逸、高诱

* 原载《天府新论》1997年第3期。

① 王国维：《尔雅草木虫鱼鸟兽名释例上》，《观堂集林》卷五，中华书局1959年版，第219页。

② 周祖谟：《颜氏家训音辞篇注朴》，《问学集》上册，中华书局1996年版，第409页。

③ 李恕豪：《许慎的方言研究》，《天府新论》1995年第4期。

以楚方言为主，刘熙《释名》则主要记述青徐一带的方言①。这方面与学者的籍贯有关，另一方面则在于他们所注释的古书的地方性质。

郑玄（127—200），字康成，北海高密（今山东高密）人。早年就学于太学，习《京氏易》《公羊春秋》《三统历》《九章算术》，后来又跟随张恭祖学习《礼记》《左传》《古文尚书》等。最后游学于马融之门十余年，学习古文经典。回乡后，聚徒讲学。郑玄通今古文，兼习众经，遍注五经，贡献很大。他的著作，今天只存有《毛诗笺》《周礼注》《仪礼注》和《礼记注》②。

今存郑注中有关方言的材料有五十余条，其地域分布如下：

齐二十次	齐鲁八次	东莱二次	莱阳一次
纪莒一次	滕薛一次	秦四次	周秦一次
三辅一次	楚二次	荆沔一次	江沔一次
汝颍一次	南阳一次	江淮之间一次	赵魏以东一次
陈宋之间一次	燕一次	河间一次	河间以北一次
郑国一次	河东一次	海东一次	
南方一次			

可见，郑注中所涉及的方言地区主要集中在齐鲁（尤其是齐）一带。郑玄是齐人，郑注中记录齐方言的地方最多不足为奇。齐鲁地域邻近，且属于一个方言地区③，因此齐鲁的并举也比较多。东莱、莱阳、纪莒在胶东半岛上（郑玄的家乡高密也在这一地区），在扬雄《方言》中属于东齐方言地区，从郑注中可以看出，东汉时这一地区的方言特点仍然比较鲜明。除齐鲁方言外，秦方言在郑注中也出现较多。郑玄提到秦的地方有四次，周秦、三辅皆属秦地，因此郑注中实际提到秦方言七次。郑注仅仅提到楚二次，但荆沔、江沔、汝颍、江淮之间，大概还有“南方”都可以归到楚方言之中，因此实际上提到楚方言七次。可以推测，在东汉后期，齐鲁方言、秦方言、楚方言仍然是当时最重要的方言，这与扬雄《方言》中所反映的情况大体一致。笔

① 李恕豪：《刘熙〈释名〉中的东汉方言》，《西南民族学院学报》1995年第6期。

② 关于郑玄的生平及著述，可参考《后汉书》卷三十五，以及清人郑珍的《郑学录》卷四，其中卷一为传注，卷二为年谱，卷三为书目，对于郑玄的生平及学术辑述甚详。

③ 李恕豪：《〈方言〉中的齐鲁方言》，《天府新论》1991年第3期。

者略举郑注中的方言记载如下：

《周礼·考工记·轮人》："轮已庳，则于马终古登阤也。"郑注："齐人之言终古，犹言常也。"

《周礼·考工记·㡛氏》："沤其丝七日。"郑注："沤，渐也。楚人曰沤，齐人曰涹。"

《仪礼·聘礼》："十籔曰秉。"郑注："秉，十六斛，今江淮之间量名有为籔者。"

《礼记·内则》："滫，瀡以滑之。"郑注："秦人溲曰滫，齐人滑曰瀡也。"

《礼记·坊记》："《诗》云：'采葑采菲，无以下体。'"郑注："葑，蔓青也，陈宋之间谓之葑。"

以上这些都是各地方言在语词上的差别。除此之外，郑玄还揭示了某些方言语音上的特点。从齐鲁（主要是齐）方言来看，主要有以下这些：

《周礼·司尊彝》："郁齐献酌。"郑注："郑司农云：'献读为仪仪酌有威仪多也'……献读为摩莎之莎。齐语声之误也。"又《礼记·郊特牲》："汁献涚于盏酒。"郑玄注："献读当为莎，齐语声之误也。"

"献"上古为元部字，"莎""仪"都是歌部字，这是歌元对转。

《周礼·考工记·梓人》："上两个与其身三，下两个半之。"郑注："玄谓个读若齐人搚干之干。"

"个"上古为歌部字，"干"为元部字。郑玄谓"个"与齐语中的"干"同音，也就是说齐语中的"干"应读为歌部字，这也是歌元对转。

《诗·小雅·瓠叶》："有兔斯首，炮之燔之。"郑笺："斯，白也。今俗语斯白之字作鲜，齐鲁之间声近斯。"

"斯"在上古属于支部，"鲜"属于元部，这是支元旁对转。在《诗经》中也有类似的现象。《邶风·新台》："新台有泚，河水弥弥。燕婉之求，籧篨不鲜。""泚""弥""鲜"三字押韵。"泚"，支部字；"弥"，脂部字；

"鲜"，元部字。邶属于卫国，与齐国相邻。

《礼记·中庸》："一戎衣而有天下。"郑注："衣读如殷，声之误也。齐人言殷声如衣。"

"衣"在上古属于微部，"殷"属于文部，这是微文对转。《吕氏春秋·慎大》："亲郼如夏。"高诱注："郼，读如衣，今兖州人谓殷氏皆曰衣。"兖州属齐地，"殷"读"衣"声与郑氏所载同。

《周礼·考工记·庐人》："是故句兵椑，刺兵抟。"郑注："齐人谓柯斧柄为椑。"

"柄"上古属阳部，"椑"属支部，这是支阳旁对转。

由此可见，东汉时期的齐鲁（主要是齐）方言的重要特征之一，是鼻音韵尾-n 的脱落①。根据前人的研究，这一语言现象不局限于东汉时期的齐鲁方言，其存在有相当悠远的历史，其地域也相当宽广，与《诗经·国风》反映出来的语音现象也有一定的相似之处②。

《史记·宋微子世家》："今女无故告予，颠跻，如之何其?"裴骃《集解》引郑玄曰："其，语助也。齐鲁之间声如姬。《记》曰：'何居。'"

《礼记·擅弓》："何居？我未之前闻也?"郑注："居读为姬姓之姬，齐鲁之间语助也。"

"其""居"是同一疑问语气词的不同书写形式。《诗经》写作"其"或"期"，如《魏风·园有桃》："彼人是哉，子曰何其?"《小雅·庭燎》："夜如何其？夜未央!"《小雅·頍頍弁》："有頍者弁，实维何期?"《礼记》《左传》《庄子》作"居"。《礼记·檀弓》："吾许其大而不许其细，何居?"《礼记·郊特牲》："二日伐鼓，何居?"《左传·成公二年》："国将若之何？谁居？后之人必有任是夫!"《左传·襄公二十三年》："国有人焉，谁居？其孟

---

① 以上诸例中，"柄"读为"椑"不在此例。

② 参林语堂：《陈宋淮楚歌寒对转考》，《庆祝蔡元培先生六十五岁论文集》上册，1933 年；《燕齐鲁卫阳声转变考》，《语言学论丛》，开明书店 1933 年版；罗常培、周祖谟：《汉魏晋南北朝韵部演变研究》，科学出版社 1958 年版，第 73-75 页。

椒乎?"《庄子·齐物论》:"何居乎?① 形固可使如槁木,而心固可使如死灰乎?""其""期"上古属之部群母;"居",鱼部见母;"姬",之部见母。东汉时齐鲁方言将疑问语气词"其""居"读为"姬"。从声母上讲,齐鲁方言读为同部位的清音,不同于"其""期"的浊音性质;从韵部上讲,齐鲁方言读"居"为"姬",应当是鱼之旁转。

《礼记·缁衣》:"夏日暑雨,小民惟曰怨。资冬祈寒,小民亦惟曰怨。"郑注:"资当为至,齐鲁之语声之误也。祈之言是也,齐西偏之语也。"

"资",上古为精母脂部平声字,"至"为章母(照三)质部入声字。齐鲁方言读"至"为"资",在韵母方面是脂质阴入对转;在声母方面,是把舌音的章母(照三)读成属于齿音的精母。

《周礼·司尊彝》:"凡酒脩酌。"郑注:"脩,读如涤濯之涤;涤酌,以水和而泲之,今齐人命浩酒曰涤。"

"脩,上古为心母幽部平声字","涤"为定母觉部入声字。齐方言读"脩"为"涤",在韵母方面是幽觉阴入对转,在声母方面是把齿音的心母读成舌音的定母。

郑玄也注意到了齐鲁方言以外其他方言的某些语音特征。例如:

《礼记·檀弓》:"人喜则斯陶,陶斯咏,咏斯犹,犹斯舞。"郑玄注:"犹当为摇,声之误也。摇谓身动摇也。秦人犹摇声相近。"

"秦人犹摇声相近"就是说当时秦方言的韵母中,幽部与宵部没有什么差别。《诗·豳风·七月》:"四月秀葽,五月鸣蜩。""葽""蜩"押韵。"葽"为宵部字,"蜩"为幽部字。"豳"即"邠",在今陕西旬邑、彬县一带。"葽""蜩"押韵,说明《诗经》时代的秦邠一带,幽、宵两部如果不是读音相同,也应该是相近的。从西周到东汉,可见,幽、宵两部相同或相近一直是秦方言的重要特征。

① 王引之认为此处的"乎"为衍文,见《经传释词》卷五"其、期、居"下。

《礼记·杂记》："吾子之外私寡大夫某不禄，使某实。"郑注："实当为至，此读周秦之人声之误也。"

"至"，上古为章母（照三），"实"为船母（床三）。周秦一带的方言读"至"为"实"，即是将同部位的清音读成浊音。

《诗·大雅·韩奕》："实墉实壑，实亩实籍。"郑笺："实当作寔。赵魏之东实寔同声。寔，是也。"

"实"，古音为船母（床三）质部，"寔"是禅母锡部。从声母上讲，船（床三），禅本出一源①；从韵母上看，质部和锡部的主要元音相同，其差别仅仅在韵尾塞音的发音部位上面。

《周礼·醢人》："豚拍、鱼醢。"郑注："今河间名豚胁，声如锻镈。"

郑大夫、杜子春皆以"拍"为"膊"，郑玄以"拍"为"镈"。在陆德明《经典释文》中，这三字皆音"博"。可见，郑玄这里所注，仅指河间人音"豚"为"锻"。"豚"，古音为定母文部平声字，"锻"为端母元部去声字。汉末河间方言读"豚"为"锻"，在韵母方面是文元旁转，在声母方面是把浊音读成清音。河间方言读"豚"为"锻"，其声调的类别不一定有异，可能只是调值上的差别，即河间方言的去声在听感上很像通语的平声。

《礼记·檀弓》："杀其人，坏其室，洿其宫而猪焉。"郑注："猪，都也。南方谓都为猪。"

"都""猪"古声母相同，韵部都属于鱼部，韵母的差别仅仅在于等的不同（"都"为一等，"猪"为三等）。

总之，作为经学家兼小学家的郑玄，在其笺注中为我们留下了不少宝贵的方言材料，其中尤其珍贵的是关于方音的材料。颜之推说："扬雄著《方言》，其言大备。然皆考名物之同异，不显声读之是非也。"（《颜氏家训·音辞》）到了郑玄，不仅"考名物之同异"，而且也"显声读之是非"了。就

① 李方桂：《上古音研究》，商务印书馆1980年版，第16页。

这点来说，在我国方言研究史上，郑玄的功劳是巨大的。

另外，从郑注中，我们还可以知道当时“通语”的一些情况。郑玄在指出各地方音的特征时，多次强调其“声之误”，其家乡话齐鲁方言也不例外。这说明郑玄并不以自己的方音为正音，而是以当时流行于全国的“通语”为正音。在郑玄的五十余条使用方言材料的笺注中，没有一条提到当时的首都洛阳或洛阳所在的伊洛流域一带。这说明东汉时的“通语”是以洛阳方言为基础的，而扬雄《方言》中的“通语”则以秦晋方言为基础。郑注实际上七次提到秦方言，郑玄都是把它们当作与齐、楚等并列的方言来描述的。可见，随着政治中心的转移，作为“通语”的基础方言，在东汉时期也由长安方言变成了洛阳方言。这对我们了解和研究汉语语音史有一定的启发和帮助。

刘熙《释名》中的东汉方言*

东汉末年刘熙的《释名》一书，是我国第一部汉语词源学著作，其中有不少关于当时方言的记载和描写。刘熙撰写《释名》的目的，在他的《释名序》中说得非常清楚。他说：

> 夫名之于实，各有义类。百姓日称而不知其所以之意。故撰天地、阴阳、四时、邦国、都鄙、车服、丧记，下及民庶应用之器，论叙指归，谓之《释名》。

可见，《释名》以当时活的语言为主要对象，研究“百姓日称”的常用词的“所以之意”，即考察词语所以得名的理由。这与其他字书、辞书大不一样，而进入到词源学的范围中去了。

《释名》所收录的词有一千五百多条，基本上是当时通语中的常用词，也包括部分当时的方言词，正如刘熙在《释名序》中所说“名号雅俗，各方多殊”。因此，从《释名》一书中，我们不仅可以了解到当时通语中常用的词语，亦可以窥见部分方言词语。例如：

> 日，实也，光明盛实也。(《释天》)
> 下而有水曰泽，言润泽也。(《释地》)
> 山脊曰冈。冈，亢也，在上之言也。(《释山》)
> 山夹水曰涧。涧，间也，言在两山之间也。(《释水》)
> 贱，践也，卑下见践履也。(《释言语》)

以上都是当时通语中的常用词，下面举数例当时各地的方言词：

---

* 原载《西南民族学院学报》1995 年第 6 期。

水泆出所为泽曰掌，水停处如手掌中也。今兖州人谓泽曰掌也。（《释水》）

青徐人谓长妇曰植；禾苗先生者曰稙，取名于此也。荆豫人谓长妇曰孰；孰，祝也；祝，始也。（《释亲属》）

女……青徐人曰娪。娪，忤也，始生时人意不喜忤忤然也。（《释长幼》）

九达曰逵，齐鲁谓道多为逵师，此形然也。（《释道》）

大屋曰庑。庑，幠也；幠，覆也。并冀人谓之庌。庌，正也，屋之正大者也。（《释宫室》）

繐，惠也，齐人谓凉为惠，言服之轻细凉惠也。（《释采帛》）

绡头：绡，钞也，钞发使上从也。或谓之陌头，言其从后横陌而前也。齐人谓之帷，言敛发使上从也。（《释首饰》）

饵，而也，相粘而也。兖豫曰溏浃，就形名之也。（《释饮食》）

刘熙《释名》中所记载的方言词语，有部分可以在其他人的著作中见到。例如：

咽，咽物也。或谓之婴，在颐下缨理之中也。青徐谓之脰，物投其中受而下之也。又谓之嗌，气所流通阨要之处也。（《释形体》）

《公羊传·庄公十二年》：“（宋）万怒，搏闵公，绝其脰。”何休注：“脰，颈也，齐人语。”咽与颈在人体的同一个部位上，只是内外有别，因此在齐（青徐）方言中都可以称之为“脰”。

《释名》全书八卷，有关的方言词语以及一些方音的音读或发音描写的条目有三十七个。其关于方言词语的地域分布及次数如下：

青徐十次	齐十二次	齐鲁三次	宋鲁一次	兖州一次
兖冀一次	兖豫一次	豫司兖冀二次	扬豫以东一次	荆豫一次
并冀一次	幽州一次	汝颍二次	关西二次	荆州二次
江南一次	南方一次			

刘熙是北海人，北海系前汉景帝中元二年（前148）分齐郡所置，属青

州刺史部。因此，《释名》中多次提到“青徐”“齐”“齐鲁”是非常自然的。此外，《释名》所载关东各地的方言也比较多，关西及南方（南方、荆州、江南）的方言最少。

在探索词源时，刘熙主要采用“声训”法，即使用音同、音近或双声、叠韵的词去解释另一个词的意义，从而找出词得名的理据。从词源学和语义学的观点看，刘熙的声训法中包含有不少主观臆断的成分，但是，如果我们利用这些声训材料来研究东汉后期的汉语语音，尤其是他的家乡话青徐一带的方音，却有很高的价值。罗常培、周祖谟两位先生在这方面下了很大的功夫，他们根据《释名》中的声训材料，归纳出了东汉末年青徐方言中的十条重要特征①。罗、周两位先生研究的前提是，他们认为整个《释名》的声训系统代表了当时青徐方言的语音系统。但这种看法并不可靠。诚然，刘熙是齐人，他所说的方言当然是青徐方言，但刘熙所生活和游历过的地方很广，甚至远至最南边的交州，因此，他撰写《释名》的时候，尽量参照了当时的通语来编写。刘熙作为齐人，其《释名》中自然杂有当时青徐方音的成分，但这并不等于说《释名》中的声训完全以青徐方音为据。事实上，《释名》中多次提到青徐、齐鲁、齐等地的方音特征。这说明刘熙同等看待他的家乡话青徐方言与其他方言，他撰写《释名》并非完全以青徐方音为准。因此，最可靠的办法是，只就刘熙所提到的方音来看他是怎样描写当时的各地方音的。这样做，一方面可以较准确地反映出各地方音的面貌，另一方面也可以看出刘熙本人对方音的研究情况。因为，一个学者的著作中所反映出来的方音情况，与一个学者自身对方音的描写研究，并不是一回事。前者是不自觉的，后者是自觉的。

刘熙《释名》中所描写的青徐（齐鲁）方音的特点有这样一些：

> 癣，徙也，浸淫移徙处日广也，故青徐谓癣为徙也。（《释疾病》）

从古音学上讲，“癣”上古属元部，阳声韵；“徙”属支部，阴声韵。这是元支旁对转。青徐方言中的这一语音现象，在东汉后期其他经师的传注中也可以见到。《诗·小雅·瓠叶》：“有兔斯首，炮之燔之。”郑玄笺：“斯，白也。

① 罗常培、周祖谟：《汉魏晋南北朝韵部演变研究》第一分册，科学出版社1958年版，第112页。

今俗语斯白之字作鲜，齐鲁之间声近斯。”郑玄与刘熙的时代、籍贯都相近。他们所指出的这一方音现象，不仅相当古老，而且其分布的地域也相当宽广①。

兄，荒也；荒，大也，故青徐人谓兄为荒也。(《释亲属》)

“兄”“荒”两字在《诗经》中都属于阳部，但在东汉人的作品中，“兄”字一般都属于耕部。在汉末青徐方言中，“兄”属于阳部，仍然继承其上古读音。

楹，亭也。亭亭然孤立，旁无所依也。齐鲁谓楹曰轻。轻，胜也，孤立独处，能胜任上重也。(《释宫室》)

“楹”“轻”古代同属耕部，但声母不同。“楹”为喻母三等，上古属匣母，“轻”为溪母。“楹”“轻”两字的声母不仅清浊有别，而且其发音方法还有擦音和塞音的区别。

库，舍也，物所在之舍也。故齐鲁谓库曰舍也。(《释宫室》)

“库”“舍”古音皆在鱼部，但声母和声调有异。“库”，溪母去声；“舍”，书母上声。汉末齐鲁方言中谓“库”曰“舍”，与“车”音近“舍”相似。《释名·释车》：“车，古者曰车，声如居，言行所以居人也。今曰车，声近舍；车，舍也，行者所处若居舍也。”东汉时“车”有两种读音，这两种读音在后来的《广韵》中有区别。《广韵》“车”一音“九鱼切”，在鱼韵；一音“尺遮切”，在麻韵。它们既是古今音的不同，也是读书音和口头音的不同，当然也有通语和方言的区别②。

豉，嗜也。五味调和，须之而成，乃可甘嗜也，故齐人谓豉声如嗜也。(《释饮食》)

① 参林语堂：《陈宋淮楚歌寒对转二》，《庆祝蔡元培先生六十五岁论文集》上册，1933年；《燕齐鲁卫阳声转变考》，《语言学论丛》，开明书店1933年版。罗常培、周祖谟：《汉魏晋南北朝韵部演变研究》第一分册，科学出版社1958年版，第73-75页。

② 罗常培、周祖谟：《汉魏晋南北朝韵部演变研究》第一分册，科学出版社1958年版，第23-24页。

“豉”“嗜”都是禅母字，但属于不同的韵部。“豉”是支部字，“嗜”是脂部字。“豉”“嗜”同音，即“支”“脂”两部在齐方言中相混，这是东汉末年青徐方音的一个重要特征①。

厚，后也，有终后也，故青徐人言厚如后也。(《释言语》)

“厚”，上声字；“后”，去声字。“青徐人言厚如后”大概说青徐人的上声字“厚”，在听感上与通语中的去声字“后”相似，也就是青徐方言上声的调值与通语去声的调值接近。

敏，闵也，进退无否滞之言也，故汝颍言敏如闵也。(《释言语》)

“敏”字无论从上古韵文的押韵还是从谐声偏旁来看，古音都应在之部，后来在《广韵》中归入轸韵，与“闵”同音。《释名》中所记载的汉末汝颍方言读“敏”为“闵”，是“敏”字由上古之部字变为中古轸韵字的最早记载。清代学者江永认为，《广韵》“敏”音“眉殒切”（即音“闵”），系“后世方音之转”，即方音的借用和扩散所致②。

贵，归也，物所归仰也。汝颍言贵声如归往之归也。(《释言语》)

“贵”“归”的声、韵皆同，其区别只在于声调的差异。“贵”去声，“归”平声。“汝颍言贵声如归往之归”，意思是汝颍方言的“贵”在听感上与通语的“归”声相近，即汝颍方言去声的调值接近于通语平声的调值。

醓，沈也，宋鲁人皆谓汁为沈。(《释饮食》)

《礼记·檀弓下》“为榆沈，故设拨”，郑玄注：“以水浇榆白皮之汁。”《礼记》系齐鲁人所作。可见，称“汁”为“沈”的方言现象有相当久远的历史。“沈”古为侵部，书母，上声字；“汁”，古为缉部，禅母，入声字。《释名》载汉末宋鲁一带的方言读“汁”为“沈”，从韵部来讲是阳入对转，声母有清浊之别，声调也不相同。

---

① 罗常培、周祖谟：《汉魏晋南北朝韵部演变研究》第一分册，科学出版社1958年版，第112页。

② 《古韵标准·上声第二部》“牝”字下。

额，鄂也，有垠鄂也，故幽州人谓之鄂也。（《释形体》）

“额”“鄂”二字古音的声母和声调都相同，韵都为铎部。但在《广韵》中所属的韵有区别。“额”属陌韵，系二等字，“鄂”属铎部，一等字。幽州人读“额”为“鄂”，即是把二等字读成一等字。

人声曰歌。歌，柯也，所歌之言是其质也，以声吟咏有上下，如草木之有柯叶也，故兖冀言歌声如柯也。（《释乐器》）

《广韵》“歌”“柯”两字同音，同在一个小韵，音“古俄切”，与此处所载兖冀方音同。今“歌”“柯”两字并不同音，“歌”为见母，“柯”为溪母。从《释名》中此条材料可见，汉末“歌”“柯”同音仅为个别的方言现象，在当时的大多数方言中，“歌”“柯”应当有别。《广韵》“柯”音“古俄切”大概承继的是汉末兖冀方言之音，而今“柯”音有别于“歌”，则本之当时大多数方言之音。

刘熙除了在一些方言字条下面注明其音读，还在个别的条目下对发音进行比较详细的描写。这是非常可贵的。例如：

天，豫司兖冀以舌腹言之；天，显也，在上高显也。青徐以舌头言之，天，坦也，坦然高而远也。（《释天》）

这是描写声母的发音部位。“舌腹”即舌根，“舌头”即舌尖。意思是豫、司、兖、冀一带，“天”与“显”相近，声母为舌根音的晓母；而青徐一带，“天”与“坦”相近，其声母为舌尖音的透母。

风，豫司兖冀横口合唇言之；风，泛也，其音博泛而动物也。青徐言风，踧口开唇推气言之；风，放也，气放散也。（《释天》）

“横口”即开口，“踧口”即合口。这是指在不同地方“风”的发音韵腹有开合之别。“合唇”指闭口音，“开唇”指非闭口音。意思是不同的地区“风”的发音韵尾鼻音有闭口和非闭口之异。总而言之，“风”字在豫、司、兖、冀等地的方言中，读在侵部，而在青徐方言中读在东部。

从上例可见，刘熙非常精于审音，在他关于个别方音的发音描写中，既涉及到了声母，也涉及到了韵母。在韵母中，既描写了韵腹，也注意到了韵尾。这为日后的音韵学的发展，起到了良好的作用。正如周祖谟所说："东汉之末，学者已精于审音。论发音之部位，则有横口在舌之法。论韵之洪细，则有内言外言急言缓言之目。论韵之开合，则有踧口笼口之名。论韵尾之开闭，则有开唇合唇闭口之说。论声调之长短，则有长言短言之别。剖析毫厘，分别黍累，斯可谓通声音之理奥，而能精研极诣者矣……尝试论之，中国审音之学，远自汉始。"①

总之，刘熙的《释名》一书，不仅告诉我们不少当时的方言词语，而且提供了许多地方的方音信息。他对某些词语发音的细致描写，对后世的审音之学起到了良好的影响和作用。对此，我们在研究中国方言学史和音韵学史的时候，不能不充分注意到这些。

① 周祖谟：《颜氏家训音辞篇注补》，《问学集》上册，中华书局1966年版，第409页。

论郭璞的方言研究*

魏晋南北朝时期，对当时方言词汇的描写研究成绩最大的要算郭璞。郭璞（276—324）字景纯，河东闻喜（今山西省闻喜县）人，晋代著名的诗人、学者、辞赋家和语言学家。平生著作很多，注释过多种重要的典籍，其中包括《尔雅》《方言》《山海经》《穆天子传》《三苍》《楚辞》，以及司马相如的《子虚赋》《上林赋》等。另外还著有《尔雅音》《尔雅图》《尔雅图赞》等。其对方言词语的研究，主要体现在他的《方言注》和《尔雅注》中。

郭注的最大特点是用当时活的语言作注释。这种方法实际上是从《尔雅》以及汉代学者那里继承的。王国维在评论《尔雅》及《尔雅》郭注时说："物名有雅俗，有古今。《尔雅》一书，为通雅俗古今之名而作也。其通之也谓之释。释雅以俗，释古以今。"① 又说："汉人注经，不独以汉制说古制，亦以今语释古语……郭景纯注《尔雅》从之。"② 这里所说的"今语"，既包括当时的"通语"，也包括当时的各种方言。至于《方言》及其郭注，王国维说："读子云书可知汉时方言，读景纯注并可知晋时方言。张伯松谓《方言》为县之日月不刊之书，景纯之注亦略近之矣。"③ 因此，对郭注进行仔细的研究，可以窥见包括通语和方言在内的晋代实际语言的大致情况。

---

* 原载四川师范大学文理学院编：《学院论坛》，四川大学出版社 2006 年版。其中部分内容发表于《天府新论》2000 年第 1 期，题目是《从郭璞注看晋代的方言区划》。

① 王国维：《观堂集林》卷第五《尔雅草木虫鱼鸟兽名释例上》，中华书局 1959 年版。

② 王国维：《观堂集林》卷第五《书尔雅郭注后》，中华书局 1959 年版。

③ 王国维：《观堂集林》卷第五《书郭注方言后一》，中华书局 1959 年版。

一、郭注中的晋代通语和方言

(一) 晋代的通语

在郭璞的《尔雅注》和《方言注》中，用来解释的词语，凡是没有注明是某地方言的，即是汉代的通语，如下列中的“高大”“逃亡”“幽静”“和协”：

《尔雅·释诂》：“乔、嵩、崇，高也。” 郭注：“皆高大貌。”①

《尔雅·释言》：“逊，遯也。” 郭注：“谓逃亡。”

《方言》卷二：“美心曰窈。” 郭注：“言幽静也。”②

《方言》卷三：“斟、协，汁也。” 郭注：“谓和协也。”

当然，郭璞在不少地方也注明了“通语”“四方通语”“今通语”“通呼”，以及“今”“今云”“今呼”“今人言”等。例如：

《方言》卷三：“凡草木刺人……江湘之间谓之棘。” 郭注：“《楚词》曰：‘曾枝剡棘。’亦通语耳。”

《方言》卷一：“娥、嬴，好也……赵魏燕代之间曰姝。” 郭注：“昌朱反，又音株，亦四方通语。”

《方言》卷一：“虔、儇，慧也……楚或谓之谫。” 郭注：“他和反，亦今通语。”

《方言》卷六：“擘，楚谓之纫。” 郭注：“今亦以线贯针为纫，音刃。”

把郭注中的晋代通语，与《尔雅》《方言》中的通语进行仔细的比较，便可以看到从汉到晋，汉语共同语词汇的大致变化情况。

从音节结构上看，晋代通语中的双音词大大超过汉代，反映出这一时期汉语词汇双音节化的速度是相当迅速的。沈榕秋先生曾经对郭璞《方言注》

---

① 《尔雅》用阮元校刻的《十三经注疏》(中华书局1980年版影印)。

② 《方言》用周祖谟《方言校笺》(科学出版社1956年版)。

中的单音词和双音词进行了统计，在四百三十一条以词注词的条目中，郭璞以单音词注扬雄《方言》单音词的有八十条，占18.5%；以双音词注单音词的有二百七十一条，占63%；以单音词注双音词的有七条，占1.6%；以双音词注双音词的有七十三条，占16.9%①。他的统计虽然仅仅以《方言》及郭璞《方言注》为据，没有涉及《尔雅》及《尔雅注》，而所统计的词汇项目并不限于通语，也包括方言，但其结论大体也适用于对汉、晋通语的统计比较。

另外一点则是，汉代的某些方言词语到晋代时变成了通语，而部分通语中的词则变成了方言。当然也有许多汉代的通语到了晋代仍然是通语。这是通语和方言在一个较长的历史过程中，在通行地域范围上的变化。

值得注意的是，郭璞的《尔雅注》和《方言注》还多次提到“俗语”“俗呼”。据统计，有四十九次之多。“俗”的对立面是“雅”，指下层百姓经常使用的、一般只见于口语而不见于书面记载的词语。俗语最初可能是流行范围较小的方言词语，后来使用的地域扩大，地域特征便不那么显著了。《尔雅·释言》：“律、遹，述也。”郭注：“皆叙述也，方俗语耳。”郭璞在这里把“方”和“俗”并提，便是证明。因此，在多数情况下，俗语即便不属于通语，也应属于流行区域极广的方言。从社会语言学的角度看，最好把俗语看成是一种社会方言。现举数例如下：

《尔雅·释言》：“庇、庥，廕也。” 郭注：“今俗语呼树廕为庥。”

《尔雅·释草》：“柱夫，摇草。” 郭注：“蔓生，细叶紫花，可食。今俗呼曰翘摇车。”

《尔雅·释兽》：“魋，如小熊，窃毛而黄。” 郭注：“今建平山中有此兽，状如熊而小，毛麆浅赤黄色，俗呼为赤熊，即魋也。”

《方言》卷七：“茹，食也。吴越之间凡贪饮食者谓之茹。” 郭注：“今俗呼能粗食者为茹。”

“俗语”（俗呼）在扬雄《方言》中叫“鄙语”。《方言》卷一：“钊、薄，勉也。秦晋曰钊，或曰薄。故其鄙语曰薄努，犹勉努也。”区分方言和俗语

① 沈榕秋：《郭璞评传》，濮之珍主编：《中国历代语言学家评传》，复旦大学出版社1992年版，第99页。

（鄙语）应当是从扬雄开始的，许慎的《说文解字》也有三次提到过“俗语”，但是做大量的明确区分，则是从郭璞开始的。从此以后，学者们才注意到方言和俗语的区别，并分别作专门的描写和研究。

（二）晋代的方言

根据我们的粗略统计，郭璞《方言注》中明白指出晋代某处的方言有一百零八条，《尔雅注》中有一百三十二条①。此外，《山海经注》中有七条，《穆天子传》中有四条，司马相如《子虚赋》《上林赋》的注中有四条②，一共二百五十六条。

这些方言词条中的词语，从分布的地域来看，范围是相当宽广的。这些地方中的绝大多数是郭璞亲自到过的，其中又以江东所占的比重最大。这与郭璞自三十三岁以后到达建康，长期定居江东的经历相一致。与前人不同的是，郭璞在说明各地的方言分布时，较少使用古代的国名，而比较喜欢使用四方名或自然地理的地名来概括流行区域较广的方言，其次则比较多地使用当时的州郡（国）名称。

郭注中有关方位的名称有中国、中州、北方、南方（包括“南人”）、南鄙、西方等。与江河或山、关（即函谷关）有关的地名有江东、江南、江西、河北、淮南、淮楚、汝南、汝颍、陇右、关西等。

晋代的地方行政区划仍为州、郡、县三级，另有王国，相当于郡。郭注中的州名或与州名有关的地名有青州、徐州、扬州、凉州、荆州、荆楚、荆巴。郡国名称则有长沙、南阳、东郡、平原、梁国、零陵、历阳、南康、沛国、建平等。

郭璞也使用了与古代国名或民族名称有关的地名，包括齐、东齐、秦、楚（人）、吴楚、吴、蜀、巴濮等。

以上分类当然不够完善。例如“淮南”“汝南”“齐”“蜀”等地名，也是晋代的郡名，但在此处则把它们分别罗列在与江河有关的地名和古代的国名下面。

现将郭注中的地名及其出现的次数罗列于下：

---

① 其中一条见于《后汉书·马融传》注引郭璞《尔雅注》。

② 见《史记·司马相如列传》司马贞《索隐》所引。

江东一百六十九次	关西十六次	江南八次	齐八次	建平七次
中国六次	河北五次	青州五次	淮南四次	北方三次
荆州三次	吴三次	东齐二次	西方二次	汝颍二次
长沙二次	南阳二次	零陵二次	中州一次	南方一次
南人一次	荆楚一次	荆巴一次	楚人一次	吴楚一次
淮楚一次	巴濮一次	秦一次	汝南一次	陇右一次
凉州一次	东郡一次	南鄙一次	平原一次	梁国一次
扬州一次	江西一次	蜀一次	沛国一次	徐州一次
历阳一次	零陵南康一次			

以上地名有的包括的范围很大，有的则很小。有的是指代或大体指代同一地区，有的大地名则包含或大体包含一些较小的地名。例如“中国”和“中州”都指以今河南省为中心的中原地区，其范围大致相当。“齐”与“青州”、“河北”与“北方”也大致相当。“江东”和“吴”、“关西”与“秦”、“荆”和“楚”也大致相当，不过前者与后者相比，一般要大一些。至于“关西”与“陇右”“凉州”，“荆楚”与“长沙”，或“江南”与“长沙”，则是包容关系。郭璞使用这些地名，是为了更好地说明晋代方言的实际情况。因此我们可以依据这些方言地名来推测晋代方言的实际情况。

但是，这个工作是困难的。郭璞所处的时代战乱频繁，人民流离失所，郭璞本人也是经历千辛万苦才来到江东定居，在他四十九岁时，被叛乱者王敦杀害。他所记载的方言大多是他亲自到过的地方，零零星星收集到的。而相对说来，汉代的扬雄则是处在一个比较安定的社会环境之中，从四十三岁到七十岁的二十七年间，有计划、有步骤地在京师向来自全国各地的人收集方言并编排方言材料。因此，同扬雄《方言》相比，郭璞注中的方言材料相对说来要少得多，虽然王国维曾说“读子云书可知汉时方言，读景纯注并可知晋时方言”，但实际上我们通过郭注所知道的晋代方言并不算太多。这个“不算太多”不仅反映在方言的词语数量上，而且也反映在郭注方言所覆盖的地域上。另外，扬雄《方言》中地名并举的情况相当普遍，这就是他在《答刘歆书》中所说的“语言或交错相反”。这些地名并举为我们划分方言区，研究各个方言的形成以及方言与方言之间的关系和相互影响，提供了非常丰富的材料。但在郭注中，除了“荆巴”“巴濮”“吴楚”“淮楚”“零陵南康”等少数几条外，地名并举的词条很少。

尽管有这些困难，我们仍然可以通过郭注中的方言材料，对晋代的方言区作一个粗略的划分，并在大方言区下面尽可能地划出次方言或地点方言。我们所用的材料当然主要是郭注本身，这是“本证”。考虑到语言的变化有很强的规律性，且有历史继承性，因此我们使用晋代前后的某些方言材料以及前人的研究成果作为“旁证”。例如，根据扬雄《方言》材料所划分出来的十二个大区，可以作为晋代方言区域划分的出发点，而如颜之推的《颜氏家训·音辞》、陆德明的《经典释文·序录》、陆法言的《切韵序》所谈到的关于当时方言的区分及其语言特征，都可以作为我们划分方言区的佐证。

根据郭注的方言材料，我们可以把晋代的方言大致划分为七个大区：(1) 江东；(2) 关西；(3) 中州；(4) 河北；(5) 齐；(6) 荆楚；(7) 淮南。如前所述，还可以增加“梁益”和“南越”两个方言地区。现在，对这七个方言区作一些说明。

江东方言包括郭注中的“江东”“吴”“扬州”等地区，是晋代最重要的方言之一。“江东”一词一般有两个意思。一是指今芜湖、南京这一段由西南向东北流的长江南岸地区，包括今安徽、江苏两省的南部，即今天所说的“江南”地区。二是指三国时孙吴政权以及后来从东晋到陈朝的比较稳固的统治地区，这个范围相当广大。郭注中的“江东”大致大于前者而小于后者，包括今安徽、江苏两省的南部，浙江全省，以及江西的大部分地区。根据扬雄《方言》的材料，这一地区在汉代属于吴越方言区。汉代的吴越方言下面可以划出吴、越、瓯三个次方言，但在郭注中却看不到这种区分。可见，晋代的江东方言内部比汉代的吴越方言更加趋于一致，其分歧正在逐渐减小。另外，在扬雄《方言》中，吴越方言在当时的各个方言中的地位并不重要，但在郭注中，江东方言出现的次数最多。这一方面固然与郭璞自河东南迁以后长期生活在江东有关，另一方面也说明自三国孙吴以后江东得到了进一步的开发，人口增加，经济发达，其方言地位正在逐步提高。

关西方言包括郭注中的“关西”“西方”“秦”“陇右”“凉州”等地区。这一地区在汉代属于秦晋方言区。郭注中的“关西”“西方”所概括的范围大体一致，都是指函谷关以西的整个西部地区；“秦”大概仅仅指渭水流域一带，其范围相对要狭窄一些。扬雄《方言》中提到“西秦”“秦之西鄙”“陇”“自冀陇而西”等，这些都可以统称为“西秦”，即今甘肃东南部。从扬雄《方言》中所反映的情况来看，汉代的西秦方言很有特色，是秦方言下面的一个重要的土语①。在郭注中，“陇右”“凉州”正与扬雄《方言》中的西秦相当。可见在晋代，西秦一带仍然具有与秦方言不同的某些特点。值得注意的是，“秦”“晋”两个地名在《方言》中多次并提，在汉代应当属于同一方言区域，而郭注则未提到“晋”或“河东”，这一地区又正好是郭璞的家乡。大概到了晋代，河东（晋）方言已不再属于秦晋方言区了，可能属于中州方言。

郭注中的“中州”“中国”都指以洛阳为中心的中原一带。在晋代，这是一个比较重要的方言地区。这一方言区包括西汉时期周韩郑方言区的全部，以及赵魏方言区、卫宋方言区的南部，甚至还可以把楚方言区的北部包括在内，可能还包括河东地区。从郭注中看，这一地区的方言分歧比西汉时有所减少，一致化的趋势明显增强。这与从东汉开始，历经曹魏直到西晋，在将近三百年的时间之内，洛阳长期作为首都，因而以洛阳话为中心的中州话向四周扩散有关。

郭注中的“河北”，即黄河以北的地区，在晋代是一个比较重要的方言区。郭注中的“北方”范围虽然比“河北”更广，但“河北”却是其中的主要部分。《颜氏家训·音辞》：“南方水土和柔，其音清举而切诣，失在浮浅，其辞多鄙俗；北方山川深厚，其音沈浊而鈋钝，得其质直，其辞多古语。”《经典释文·序录》：“方言差别，固自不同，河北江南，最为巨异，或失在浮清，或滞于重浊。”颜之推所说的“北方”，与陆德明的“河北”大体一致。这一地区，也就是陆法言《切韵序》“吴楚则时伤清浅，燕赵则多涉重浊”中的“燕赵”。这一地区相当于西汉时的赵魏方言区（除去黄河以南的部分）和燕代方言区。在扬雄《方言》中，赵方言对南边的魏方言以及北边的燕代方言都有很大的影响，其中并举的情况很多②。晋代的河北方言是西晋时赵魏方言和燕代方言一致化的结果。这说明，随着国家的统一、交通的改善，从西汉到晋代，方言差异有缩小的趋势。

同汉代一样，齐方言仍然是当时的重要方言之一。郭注中有八次提到“齐”，另有两次提到“东齐”，可见，“齐”与“东齐”仍然有较大的差

① 刘君惠等：《扬雄方言研究》，巴蜀书社1992年版，第145页。
② 刘君惠等：《扬雄方言研究》，巴蜀书社1992年版，第167-168页。

异，大概仍然与西汉时一样，分别属于两个不同的方言地区。不过，郭注中有五次提到“青州”。“青州”既包括齐，又包括东齐，这反映出齐方言与东齐方言之间有共同性的一面。

郭注中提到的“荆楚”“荆州”“楚人”“江南”“南方”“南人”“长沙”“零陵”等地方的方言大致都可以归到当时的荆楚方言之下。不过“南方”“南人”也可以包括“江东”在内。《颜氏家训·音辞》把荆楚方言和江东方言通称为“南方”，《经典释文·序录》通称为“江南”，《切韵序》中也是“吴”“楚”并举。这都说明荆楚方言与江东方言之间有不少的共性，这与西汉时的楚方言、南楚方言与吴越方言相当密切的关系是一致的①。在西汉，楚方言和南楚方言应划为两个不同的方言地区，但郭注中却看不到它们的界限，郭注中的“荆楚”应当包括西汉时代的“楚”和“南楚”。这说明这两种方言有进一步混同的趋势，不过郭注仍然单独提到了“长沙”“零陵”等西汉时属于南楚方言的地区。可见晋代南楚地区的方言仍有一些与楚方言不同的特点。郭注中提到了“荆巴”一次，这显示晋代荆楚方言的西部与巴语有一些共同点。郭注提到“建平”七次，建平郡在晋代属于荆州，与巴地（梁州）接壤，建平大概是荆楚方言和梁益方言之间的过渡地区。郭璞的父亲郭瑗做过建平太守，卒于任上②，郭注中多次提到建平，正是这一事实的反映。

在晋代，大概还可以划出一个淮南方言来，其地区在淮河和长江之间。在郭注中，“淮南”“江西”以及“扬州”的一部分表示这一地区。这一方言区与荆楚方言有一些联系，郭注提到“淮楚”就是证明。这种联系应当是从古代继承下来的。在西汉时，淮南方言是楚方言下面的一个次方言③。

这七个方言区是我们仅就郭注的方言材料粗略划分出来的，严格说来还应当在方言区下面做进一步的划分。由于我们所掌握的材料有限，就只能做这样粗略的划分了。

---

① 刘君惠等：《扬雄方言研究》，巴蜀书社 1992 年版，第 255 页、第 269-270 页。

② 《晋书·郭璞传》。

③ 刘君惠等：《扬雄方言研究》，巴蜀书社 1992 年版，第 231 页。

二、从郭注看汉晋方言的演变规律

比较扬雄《方言》与郭注中的方言材料，可知汉晋方言变化的总趋势是方言的一致性增加，分歧减少。尤其是以洛阳话为代表的中州方言扩大了影响，使中原一带的方言更加趋向一致。这一切都与从东汉到西晋政治上和经济上的长时间统一有关。从郭注中的个别具体条目上，我们也可以看出这种一致化的趋势。有许多在西汉时期属于方言的词语，到了晋代，已经发展成为了通语（包括俗语）。这说明晋代的通语吸收了不少前代的方言词语，正如王国维所说“有子云时一方之言，至晋时为通语者”①。例如：

《方言》卷八：“守宫……南楚谓之蛇医，或谓之蝾螈，东齐海岱谓之螔蜓。” 郭注：“似蜥易大而②有鳞，今所在通言蛇医也。”

《方言》卷九：“车枸篓……南楚之外谓之篷。” 郭注：“今亦通呼篷。”

《方言》卷十：“诼，愬也。楚以南谓之诼。” 郭注：“诼谮亦通语耳。”

《方言》卷十：“颔、颐，颌也。南楚谓之颔。” 郭注：“亦今通语尔。”

除上述情况外，还有一些比较复杂的情况。一是词义发生了一些变化。例如：

《方言》卷三：“揠……拔也……东齐海岱之间曰揠。” 郭注：“今呼拔草心曰揠，乌拔反。”

《方言》卷十：“呰、矲，短也。江湘之会谓之呰③，凡物生而不长大亦谓之鲨，又曰癠。” 郭注：“今俗呼小为癠，音荠菜。”

二是扬雄《方言》中的某些单纯词到晋代发展成为通语中的复合词。例如：

① 王国维：《观堂集林》卷五《书郭注方言后二》，中华书局1959年版。
② 原作“而大”二字，周祖谟认为应当是“大而”，见《方言校笺》第54页，今从周氏。
③ 戴震《方言疏证》认为以上两“呰”字皆应为“鲨”字。戴说正确。

《方言》卷二："釥、嫽，好也。青徐海岱之间曰釥，或谓之嫽。" 郭注："今通呼小姣洁喜好者为嫽釥。"

《方言》卷三："凡草木刺人……自关而东或谓之梗。" 郭注："今云梗榆。"

《方言》卷三："凡饮药傅药而毒……东齐海岱之间谓之眠，或谓之眩。" 郭注："眠眩，亦今通语耳。"

《方言》卷七："发、税，舍车也。(郭注：'舍宜音写。')东齐海岱之间谓之发。" 郭注："今通言发写也。"

三是《方言》中的个别单音词，到晋代发展成为双音联绵词。例如：

《方言》卷三："东齐之间婿谓之倩。" 郭注："言可借倩也。今俗呼女婿为卒便是也。"

除了西汉时期的方言到晋代发展成为通语外，也有极少数西汉时的通语到了晋代转变成为方言的情况。例如：

《方言》卷九："方舟谓之潢。" 郭注："扬州人呼渡津舫为杭，荆州人呼潢，音横。"①

比较扬雄《方言》与郭璞《方言注》，我们发现最为普遍的变化是不同方言地区之间的词语转移。这正是王国维所说的"汉时此方之语，晋时或见于彼方"②。例如：

《方言》卷一："娥、嬿，好也。……自关而东河济之间谓之媌。" 郭注："今关西人亦呼好为媌，莫交反。"

《方言》卷一："踏、蹓、跳，跳也。楚曰蹠。" 郭注："亦中州语。"

《方言》卷二："茫、矜、奄，遽也。吴扬曰茫。" 郭注："今北方通然也，莫光反。"

《方言》卷三："蔆、芡，鸡头也。北燕谓之蔆。" 郭注："今江东

---

① 郭注中的"舫""潢"，原为"航""树"，据卢文弨本改，见周祖谟《方言校笺》第59页。

② 王国维：《观堂集林》卷五《书郭注方言后二》，中华书局1959年版。

亦呼莅耳。"

《方言》卷三："凡草木刺人，北燕朝鲜之间谓之莿，或谓之壮。"郭注："今淮南人亦呼壮；壮，伤也。"

《方言》卷四："帬……自关而东或谓之襬。" 郭注："音碑，今关西语然也。"

《方言》卷五："扇，自关而东谓之箑。" 郭注："今江东亦通名扇为箑。"

以上诸例都显示出方言词语在地域上有比较大的转移。但是，有些词语在地域上的转移并不太大，只转移到了相邻的地区，或者在使用的地区上有一些扩大或缩小而已。例如：

《方言》卷二："剿、蹶，狯也……楚郑曰蔿，或曰婠。" 郭注："言黠婠也，今建平郡人呼狡为婠，胡刮反。"

《方言》卷九："南楚江湘，凡船大者谓之舸，小舸谓之艖。" 郭注："今江东呼艖小底者也，音叉。"

《方言》卷十："拌，弃也。楚凡挥弃物谓之拌，或谓之敲。" 郭注："今汝颍间语亦然，或云撅也。"

《方言》卷十："顏、颔、颜，颡也。江湘之间谓之顏。" 郭注："今建平人呼额为顏，音旃裘。"

《方言》卷十三："笼，南楚江沔之间谓之篣。" 郭注："今零陵人呼笼为篣，音彭。"

当然，也有一些方言词语从西汉到晋代没有或基本没有发生地域上的移动。例如：

《方言》卷一："娥、媙，好也……自关而西秦晋之故都曰妍。" 郭注："秦旧都，今扶风雍丘①也；晋旧都，今太原晋阳县也。其俗通呼好为妍，五千反。"

《方言》卷一："餥、飵，食也……秦晋之际，河阴之间曰馣馦。此

① "雍丘"应为"雍县"，见周祖谟《方言校笺》，第2页。

秦语也。”郭注：“今关西人呼食欲饱为𩜂䭞。”

《方言》卷三：“苏亦荏也……沅湘之南或谓之𦼮。”郭注：“今长沙人呼野苏为𦼮，音车辖。”

从西汉到晋，方言词语在地域上发生变动的同时，也发生了某些语音、词义以及构词上的变化。例如：

《方言》卷五：“床……其杠……自关而西秦晋之间谓之杠，南楚之间谓之赵。”郭注：“赵当作兆，声之转也。中国亦呼杠为桃床，皆通也。”①

《方言》卷八：“守宫，秦晋西夏谓之守宫……南楚谓之蛇医……桂林之中，守宫大者而能鸣谓之蛤解。”郭注：“似蛇医而短，身有鳞采，江东人呼为蛤蚧，音领颔。汝颍人直名为蛤。解音懈，误声也。”②

以上是方言词语在不同地域，语音方面发生的变化。

《方言》卷一：“虔、刘、惨、㷣，杀也。”郭注：“今关西人呼打为㷣，音廪或洛感反。”

《方言》卷五：“佥（郭注：‘今连枷，所以打谷者。’），宋魏之间谓之欆殳（郭注：‘音殊，亦杖名也。’），或谓之度。”郭注：“今江东呼打为度，音量度也。”③

以上是方言词语在不同的时代和地域词义上的变化。

《方言》卷五：“甂……罂也……周魏之间谓之甂。”郭注：“今江东亦呼罂为甂子。”

《方言》卷五：“㼜，陈魏宋楚之间谓之题。”郭注：“今河北人呼小盆为题子，杜启反。”

这是汉代方言中的单纯词，在晋代的某些方言中加上后缀“子”而构成新的

① “兆”应为“桃”“通”字下脱一“语”字，见戴震《方言疏证》。

② 此条文字据戴震《方言疏证》。

③ 此条文字据戴震《方言疏证》。

附加式合成词的例子①。

《方言》卷六："晙、略，视也……吴扬曰略。" 郭注："今中国亦云目略也。"

《方言》卷九："南楚江湘，凡船大者谓之舸，小舸谓之艖……短而深者谓之䑩。" 郭注："今江东呼艖䑩者，音步。"

以上数例都是西汉方言中的单纯词在晋代的某些方言中发展成为复合词的例子，类似的例子还有许多。另外也有西汉方言中的个别复合词，在晋代的某些方言中则是单纯词。例如：

《方言》卷八："雁，自关而东谓之鴚鹅，南楚之外谓之鹅，或谓之鶬鴚。" 郭注："今江东通呼为鴚②。"

总之，郭璞的《方言注》显示出来的方言之间以及方言与通语间所发生的变化情况是非常丰富的。从总体上看，从西汉到晋代，方言分歧虽然有一定的减少，但分歧仍然是主要的。郭璞生活在东晋、西晋相交的时代，这正是以后近三百年南北大分裂时代的开始。在郭璞之后，直到隋代，汉语方言的分化应是其主流，其中南方方言（尤其是江东方言）得到了进一步的发展，从而使南北方言之间的分歧更为明显。

三、郭璞的研究方法

《尔雅注》和《方言注》充分体现出了郭璞采用训释词语来研究语言的基本方法。这种方法，大致可以归纳为五个方面。

第一，使用晋代的口语词来解释古代的词语，其中即包括通语，也包括方言。例如：

---

① 关于名词后缀"子"的产生时间有多种说法，《方言》郭注中的这两例可以说明至迟至晋代已经产生，另外《尔雅》郭注中还有八例。见萧黎明《从郭璞注看名词"子"尾的产生》，《中国语文》1997年4期。

② 此处"鴚"字下脱一"鹅"字。见周祖谟《方言校笺》，第53页。

《尔雅·释诂》："朕、余、躬，身也。" 郭注："今人亦自呼为身。"

《尔雅·释亲》："长妇谓稚妇为娣妇，娣妇谓长妇为姒妇。" 郭注："今相呼先后，或云妯娌。"

《尔雅·释言》："惨、怙，恃也。" 郭注："今江东呼母为惨，音是。"

《方言》卷一："自关而西秦晋之间，凡大人少儿泣而不止谓之咣，哭极音绝亦谓之咣。平原谓啼极无声谓之咣哴。" 郭注："哴音亮，今关西语亦然。"

《方言》卷五："箄，宋魏之间谓之笙。" 郭注："今江东通言笙。"

第二，以实物为依据，重调查研究，注意刻画和描绘事物的特征。例如：

《尔雅·释兽》："貘，白豹。" 郭注："似熊，小头庳脚，黑白驳。能舐食铜铁及竹骨。骨节强直，中实少髓，皮辟湿。或曰豹白色者，别名貘。"（按：即大熊猫。）

《方言》卷十一："蝉，楚谓之蜩，宋卫之间谓之螗蜩。" 郭注："今胡蝉也，似蝉而小，鸣声清亮，江南呼螗蛦。"

第三，对原书进行补充说明，尤其注重辨析同义词或探索语源。例如：

《尔雅·释言》："泳，游也。" 郭注："潜行游水底。"

《尔雅·释诂》："载、谟、食、诈，伪也。" 郭注："载者，言而不信。谟者，谋而不忠。《书》曰：'朕不食言。'"

《尔雅·释草》："莔，贝母。" 郭注："根如小贝；圆而白华，叶似韭。"

《方言》卷三："楚①东海之间亭父谓之亭公。卒谓之弩父（郭注：'主担幔弩导幨因名云。'），或谓之褚。" 郭注："言衣赤也。褚音赭。"

《方言》卷三："蘴、荛，芜菁也……赵魏之郊……其紫华者谓之芦菔。" 郭注："今江东名为温菘，实如小豆。"

① "楚"字上应补一"南"字，见周祖谟《方言校笺》，第18页。

《方言》卷九：“舟……首谓之阁闾，或谓之艗首。”郭注：“鹢，鸟名也。今江东贵人船前作青雀，是其像也。”

第四，使用晋代语音，尤其是用晋代的方音为注中的今语注音。

王国维认为，郑玄等汉代学者用“今语释古语”“但使古今两语音义相会足矣，故与其求其字也，宁存其音”。郭璞继承了这一方法，“故注中往往有音”。王国维说：“夫景纯于《尔雅》，既别有音义矣，此注中复有音，何也？曰：非为古语作，实为释古语之今语作也。为今语作音，何也？曰：今语有音无字，吾但取今语之音，以与古某字之音相比附，而古字之义见矣。”① 王国维共举了四十六例。下面摘取数例：

《释天》：“蝃蝀谓之雩。蝃蝀，虹也。”注：“俗名美人虹，江东呼雩音芌。”又：“暴雨谓之涷。”注：“今江东人呼夏日暴雨为涷雨，音东西之东。”又：“济谓之霁。”注：“今南阳呼雨止为霁，音荠。”又：“宵田为獠。”注：“今江东亦呼猎为獠，音辽。”《释地》：“其名谓之蟨。”注：“今雁门广武县夏屋山中有兽，形如兔而大，相负共行，土俗名之蟨鼠，音厥。”《释水》：“潬沙出。”注：“今江东呼水中沙堆为潬，音但。”《释草》：“莕，接余。”注：“江东食之，亦呼为莕，音杏。”

王国维说：“此上四十六条所音之字，虽经、注中并见，然皆音于所举今语之下，则其音自为注作而不为经作，为今语作而不为古语作明甚。郭意若云：今有某音，与古某字之音相近，有某物之名之音，与古某物之名相近。吾姑以古某字及古某物称之，而所以用此字当此物者，由其音如某故。犹杜、郑诸儒注《礼》之旨也。”另外，“于经所不见之字，亦为作音，如《释草》：‘茭，蘮’注：‘似苇而小，实江东呼为乌蓲，音丘’”。

以上是郭璞为《尔雅》注音的条例，至于《方言注》，王国维认为与《尔雅注》有一定区别。他说：“郭景纯于《尔雅》，有注有音，而注中之音则专为今语而作。前篇既详之矣。其于《方言》，则音即在注中，体例与音义为近。其音有为本文作者，有为己注作者，可一一分别之。盖所音之字惟见注中而不见于本文者，此音为注作而不为本文作，固不待言。即其字并见

① 王国维：《观堂集林》卷五《书尔雅郭注后》，中华书局1959年版。

本文及注中而其音在注所引今语下，则其音实兼为注作而不徒为本文作。盖注中所出之今语，本有音无字者也。景纯以音及义拟之，而以当古之某字，故必存其音，而古语之音亦可由此音推之。固与注《尔雅》之旨同也。如卷一：'好，自关而东河济之间谓之媌。'注：'今关西人呼好为媌，莫交反。'此莫交反之音，实音晋时关西之语，而汉时关东之语，亦从可知矣。"①

可见，无论是《尔雅注》还是《方言注》，郭璞都使用了晋代的方音来注音。这对我们了解晋代方言，尤其是晋代方言词语的音读，都是十分宝贵的。

第五，阐明"转语"。

"转语"是扬雄在《方言》中最先提出来的。《方言》卷三："庸谓之倯，转语也。"卷十："煤，火也，楚转语也，犹齐言焜火也。"扬雄认为，某些方言词语只不过是同一词语在不同地区的语音变体，它们在语音上存在着一定的关系，只是使用不同地区的文字形体罢了。郭璞继承了扬雄"转语"的观点，在《尔雅注》和《方言注》中多次阐明不同方言中的"转语"关系。郭璞对"转语"的称呼有"语转""语声转""语之转""语之变转""声转""声之转""语楚②声转"，另外还有"语有轻重"③。现举数例如下：

《尔雅·释诂》："卬、吾、台……我也。" 郭注："卬犹姎也，语之转耳。"

《尔雅·释器》："不律谓之笔。" 郭注："蜀人呼笔为不律也，语之变转。"

《方言》卷一："秦晋之间，凡物壮大谓之嘏，或曰夏。秦晋之间，凡人之大谓之奘，或谓之壮。燕之北鄙、齐楚之郊或曰京，或曰将。皆古今语也。" 郭注："语声转耳。"

《方言》卷二："剿、蹶，狯也。秦晋之间曰狯，楚谓之剿，或曰蹶。楚郑曰蔿。" 郭注："音指捴，亦或④声之转也。"

---

① 王国维：《观堂集林》卷五《书郭注方言后一》，中华书局1959年版。

② "楚"在这里不是地名，而是与"夏""雅"相对，有方言、非标准语之义。

③ 《山海经·北山经》："北望少泽，其上多草薯薁。"郭注："根似羊蹄，可食，曙豫二音；今江南单呼为薯，音储。语有轻重耳。"

④ "或"，戴震《方言疏证》改作"狯"。

《方言》卷三："苏、芥，草也。" 郭注："《汉书》曰：'樵苏而爨。'苏犹芦，语转也。"

《方言》卷五："杷，宋魏之间谓之渠挐，或谓之渠疏。" 郭注："语转也。"

《方言》卷五："薄，宋魏陈楚江淮之间谓之苗，或谓之麴。" 郭注："此直语楚声转耳。"

《方言》卷八："尸鸠……自关而东谓之戴鵀，东齐海岱之间谓之戴南，南犹鵀也。" 郭注："此亦语楚声转也。"

《方言》卷十："㴾，或也。沅澧之间，凡言或如此者，曰㴾如是。" 郭注："亦此憨声之转耳。"

所谓"转语"，就其实质来讲，其中一部分是不同方言地区的同源词，这从它们之间的音义关系上可以得到确认。另一部分则只是同一个词在不同的方言地区的不同形式而已。例如《方言》卷十："崽者，子也。（郭注：'崽音枲，声之转也。'）湘沅之会，凡言是子者，谓之崽，若东齐言子矣。（郭注：'声如宰。'）"扬雄认为，湘水和沅水交汇处一带的方言读"崽"音的字，即是通语中的"子"，这一读音与东齐方言中"子"的读音一样。郭璞注中则明白指出，"崽"和"子"的关系是一种"声之转"，它们并非两个词，只是同一个词在不同地区的不同语音形式而已。扬雄《方言》中许多具有"转语"关系的词，扬雄并未明白指出，遗漏不少，赖郭璞阐明后，我们才得以知道。郭璞认为，像这一类的词，最好不要另写成一个汉字，以免引起误解。《方言》卷十一："蝇，东齐谓之羊。陈楚之间谓之蝇，自关而西秦晋之间谓之蝇。"郭注："此亦语转耳，今江东人呼羊，声如蝇，凡此之类皆不宜别立名也。"郭璞的意见是正确的，但在西汉，由于还没有一种准确方便的标音方法，扬雄写成不同的文字，其目的只是在于试图用它来表示不同的方言音读。

总之，郭璞虽然不像扬雄那样，写出了专门的方言著作。但是在他所注释的各种著作中，却继承了扬雄以活的语言作为考察对象的方法，忠实地记载了晋代的各种方言，使我们在某种程度上可以了解晋代活语言的实际情况。郭璞对中国古代的方言研究作出了巨大的贡献。

论颜之推的语言文字研究*

南北朝后期，著名学者颜之推对当时的语言现象进行了深入的观察和研究，提出了一系列独到的见解。在研究方向上，颜之推更多地把注意力转向对方言尤其是方音的研究，注意到方言与共同语、语言间相互影响的问题。另外，他在文字和训诂研究方面，也作出了重要的贡献。

颜之推，字介，祖籍琅邪临沂（今山东省临沂市北），西晋时其祖南迁，在金陵境内所侨置的琅邪临沂定居。梁武帝大通三年（531），出生于江陵（今湖北江陵），隋开皇年间卒。颜之推是我国南北朝后期至隋代的著名学者、文学家。他的一生颠沛流离，饱经丧乱，经历了梁、西魏、北齐、北周、隋五朝，熟悉南北朝的政治和文化，对当时多个领域的知识，都进行过深入的研究，并能提出自己的见解。正如他在《颜氏家训·慕贤》中所说："吾生于乱世，长于戎马，流离播越，闻见已多。"其毕生所著，有《文集》三十卷、《颜氏家训》二十篇、《训俗文字略》一卷、《证俗音》五卷、《字始》三卷、《急就章注》一卷、《集灵记》二十卷、《笔墨法》一卷、《稽圣赋》三卷、《还冤志》三卷、《七悟》一卷等。此外，在北齐武平三年还主持编定过类书《修文殿御览》三百六十卷。除《颜氏家训》《还冤志》以及极少的诗、赋外，其余著作全部佚失。

《颜氏家训》一书，主要是为了训戒子孙而作，内容十分广泛，详细叙述修身齐家之要。在不少地方表现出颜之推在文字、音韵、训诂、校勘等方面的见解和造诣，其中也包括他的语言观，以及他对当时南北方言的描写和看法。这对后世产生了较大的影响，推动了我国语言研究的发展。

---

* 本文的部分内容发表于《天府新论》1998年第3期，题目是《论颜之推的方言研究》。

一、颜之推的方言研究

在扬雄《方言》之后，东汉的许慎、郑玄、刘熙等人都或多或少地注意到了方言的问题。在他们的著作中，有不少对当时方言词汇和语音方面的描写和研究。晋代的郭璞足迹遍布南北，他通过详细的实地考察，在《方言注》和《尔雅注》中留下了大量关于晋代方言的记录和研究，其成果与扬雄《方言》前后辉映。在方言研究上，颜之推可以说是继扬雄、郭璞之后的重要学者。

颜之推认为，由于其地域的不同，语言所表现出方言的差异自古以来便存在着。他说："夫九州之人，言语不同，生民以来，固常然矣。自《春秋》标齐言之传，《离骚》目楚辞之经，此盖其较明之初也。后有扬雄著《方言》，其言大备。"① 又说："古今言语，时俗不同；著述之人，楚夏各异。""时"指不同时代，"俗"指不同风俗的地区，"楚"指方言，"夏"指中原一带的雅言。这实际上是把语言（包括语音）在空间上的分布，与时间上的变化结合起来加以阐述。扬雄在《方言》卷一叙述了几个词的地域分布后说："皆古今语也。初，别国不相往来之言也，今或同，而旧书雅记故俗语，不失其方，而后人不知，故为之作释也。"郭璞《方言注序》也说："考九服之逸言，标六代之绝语。"可见，颜之推在这里继承了扬雄、郭璞对这一问题的正确认识。他虽然不像明代学者陈第那样指出"时有古今，地有南北，字有更革，音有转移"②，明确提出语音因时地的不同而变化的理论，但对这个问题有比较清醒的认识，这对后世产生了良好的影响。

颜之推对当时南北方言的特点和差异，做了认真深入的研究。他善于从大处着眼进行观察和比较，着重在整体上和宏观上去把握。他说：

> 南方水土和柔，其音清举而切诣，失在浮浅，其辞多鄙俗；北方山川深厚，其音沈浊而鈋钝，得其质直，其辞多古语。然冠冕君子，南方为优；闾里小人，北方为愈。易服而与之谈，南方士庶，数言可辩；隔

① 《颜氏家训·音辞》，以下引文出自本篇者，不另标篇名；篇名不同者，只标篇名。

② 《毛诗古音考自序》。

> 垣而听其语，北方朝野，终日难分。而南染吴越，北杂夷虏，皆有深弊，不可具论。

颜之推的这段话虽然很短，但所包含内容却相当丰富，主要谈论了以下几个问题。

第一，当时的各地方言虽然都有所不同，但主要表现在南北两大方言系统的对立上。这种看法无疑是正确的。与颜之推大体同时的陆德明也说：“方言差异，固自不同。河北江南，最为巨异。或失在浮清，或滞于重浊。”①这种方言上的南北两系，可以说从先秦一直持续到今天。

第二，南北方言的差异首先体现在语音上。南方方言的特点是，“其音清举而切诣，失在浮浅”；北方方言的特点是，“其音沈浊而鈋钝，得其质直”。所谓“清举”“浮浅”，大概是指发音时，元音偏高偏前，开口呼的字较多；而“沈浊”“鈋钝”，则指元音偏后偏低，合口呼的字较多。这种对南北方言的总的描写是合乎实际情况的。陆德明用“浮清”“重浊”来概括当时南北方音的特点，陆法言则说：“吴楚则时伤清浅，燕赵则多涉重浊。”②“吴楚”即南方方言，“燕赵”指北方方言。

第三，颜之推探索了南北方音差异的原因。他认为这是由于地理条件的不同所致：“南方水土和柔，其音清举而切诣，失在浮浅……北方山川深厚，其音沈浊而鈋钝，得其质直。”这种看法虽然不正确，但却代表了我国古人的普遍看法。《淮南子·地形篇》：“轻土多利，重土多迟；清水音小，浊水音大。”《汉书·地理志》：“凡民函五常之性，而其刚柔缓急，音声不同，系水土之风气。”“音声不同”，既可以指各地民间歌谣的不同，也可以指各地方音的差异。直到近代，不少西方学者仍然持这种看法。张世禄先生说：“语言上分歧的现象，往往根据于人民所在地的风土和气候的不同。语言学家推论各种语言发音习惯的歧异，也常常归结于地土和气候的关系，如斯韦特氏（H. Sweet）以为北欧语言里，常把原来的［ɑ］音圆唇化而变为［o］音——如古英语‘stān’变为现今的‘stōne’——显然因为身处寒冷地带，不愿把口张开使寒气侵入的缘故。”③ 高名凯也说：“以梅尔—彭

① 《经典释文·序录》。

② 《切韵序》。

③ 张世禄：《语言学概论》，上海书店《民国丛书》第一编（据中华书局1941年版影印），第191-192页。

飞（H. Meyer-Benfey）、柯立兹（H. Collitz）的学说为代表的所谓‘地理学观点’认为，语言发展起因于地理或气候的条件对语音特点的影响。”①

第四，除了语音方面的不同外，颜之推指出，南北方言的差异也表现在词汇方面。“北方……其辞多古语”，指北方方言中的许多词语，可以在古代的书面文献中找到；“南方……其辞多鄙俗”，则指南方方言中的许多词，只是民间口语中的鄙语或俗语，从未进入到书面语中。这说明我国古代的共同语（“雅言”“通语”）及其书面形式，一直都是以北方方言为基础的。值得注意的是，颜之推在叙述当时的南北方言时，首先提到的是语音差异，其次才指出词汇的不同。这与方言的差异首先体现在语音上，其次才体现在词汇上是一致的。

第五，指出了当时南北不同阶层在语言使用上的差异。西晋末年，晋室南渡，北方人大量南迁，便把以洛阳话为中心的北方话带到了南方。唐张籍《永嘉行》：“北人避胡皆在南，南人至今能晋语。”“晋语”就是北方话。这种北方话在地域上的扩展，有利于汉民族共同语的推广。除了南渡的北方人仍然使用北方话外，原有的南方士人也纷纷模仿北方士族，改说北方话，正如东晋葛洪所说“乃有转易其声音，以效北语”②。而南方的庶族则仍然使用原来的吴方言。这样，在江南便形成了士庶在语言使用上的差异，这完全不同于当时北方士庶在语言使用上一致的情况。正如颜之推所说：“易服而与之谈，南方士庶，数言可辨；隔垣而听其语，北方朝野，终日难分。”当时南方士庶语言上的不同，应该是社会方言的区别。颜之推的这几句话，是非常珍贵的最早的社会语言学观察的结果。但是，如果从历史来源去追溯，则原本是地域方言的差别。

第六，颜之推注意到了语言或方言之间的相互接触、相互影响的问题。“南染吴越”是指当时南方士族所说的北方话中渗入了吴越方言的成分。正如葛洪讥讽南方人学北方话：“乃有转易其声音，以效北语，既不能便良似，可耻可笑。所谓不得邯郸之步，而有匍匐之嗤者。”③ 同时，无论是土著还是其祖先来自北方的南方士族，在幼年的时候，其语音都受到了庶族出身的保傅的吴越方言的影响。颜之推说：“吾见王侯外戚，语多不正，亦由内

① 高名凯：《语言论》，科学出版社 1963 年版，第 340 页。
② 《抱朴子·讥惑》。
③ 《抱朴子·讥惑》。

染保傅，外无良师友故耳。”“北染夷虏”是指当时的北方方言在一定程度上受到了鲜卑语的影响。北朝时，鲜卑语非常流行，汉族士大夫中甚至还有人专门学习。《教子》：“齐朝有一士大夫，尝谓吾曰：‘我有一儿，年已十七，颇晓书疏，教其鲜卑语及弹琵琶。’”另外，颜之推还谈到由于人口的迁移所造成的方言在地域上的转移：“岐山当音为奇，江南皆呼为神祇之祇。江陵陷没，此音被于关中。”据载，公元554年西魏派于谨带兵攻陷江陵，杀梁元帝萧绎，掳掠王公百官及百姓数万人到长安。这批移民到了关中，自然便把自己的方言带到那里。这种把方言的变化同社会历史的变迁、同不同民族或不同地区的人民的接触联系起来进行考察，无疑是正确的。

除了在宏观上和理论上进行阐述外，颜之推在《音辞》篇中还给我们具体描述了南北方音的某些差异：“其谬失轻微者，则南人以钱为涎，以石为射，以贱为羡，以是为舐。”周祖谟解释说：“此论南人语音，声多不切。案：钱，《切韵》昨先反，涎，叙连反，同在仙韵；而钱属从母，涎属邪母，发声不同。贱，《唐韵》（唐写本，下同）才线反，羡，似面反，同在线韵；而贱属从母，羡属邪母，发声亦不相同。南人读钱为涎，读贱为羡，是不分从邪也。石，《切韵》常尺反，射，食亦反，同在昔韵；而石属禅母，射属床母三等。是，《切韵》承纸反，舐，食氏反，同在纸韵；而是属禅母，食属床母三等。南人读石为射，读是为舐，是床母三等与禅母无分也。”①《音辞》：“北人以庶为戍，以如为儒，以紫为姊，以洽为狎。”周祖谟说：“此论北人语音，分韵之宽，不若南人之密。案：庶、戍同为审母字，《广韵》庶在御韵，戍在遇韵，音有不同。庶开口，戍合口。如、儒同属日母，如在鱼韵，儒在虞韵，韵亦有开合之分，北人读庶为戍，读如为儒，是鱼虞不分也。又紫、姊同属精母，而紫在纸韵，姊在旨韵，北人读紫为姊，是支脂无别矣。又洽、狎同为匣母字，《切韵》分为两韵，北人读洽为狎，是洽狎不分也。由此足见北人分韵之宽。”② 可见，当时的南方方音在声母上相混甚多，而北方方音则在分韵上不如南方方音严密。

这些例子都说明了颜之推不仅对于当时的南北方音有深刻的了解，而且具有高度的语音分析能力。《音辞》篇还列举了不少此类例子，可参考周祖谟的《颜氏家训音辞篇注补》一文。

---

① 周祖谟：《颜氏家训音辞篇注补》，《问学集》上册，中华书局1966年版，第413页。

② 周祖谟：《颜氏家训音辞篇注补》，《问学集》上册，中华书局1966年版，第413页。

颜之推在解释古书中的词义时，除了大量引用古代文献中的书面材料，以事实为依据，注重目验实物外，还广泛注意到了当时民间活的语言，其中自然包括方言在内。他说：

> 吾在益州，与数人同坐。初晴日晃，见地上小光，问左右："此是何物?"有一蜀竖就视，答云："是豆逼耳。"相顾愕然，不知所谓。命取将来，乃小豆也。穷访蜀士，呼粒为逼，时莫之解。吾云："《三苍》《说文》，此字白下为匕，皆训粒，《通俗文》音方立反。"众皆欢悟。①

各地方言俗语中往往保存有古音古义。通过对当时活语言的考察，我们一方面可以验证古书中某些古词的音义，另一方面则可以在古书中找到当时某些方言俗语的源头。这种研究方法虽然偏重于方言词语的考古，与扬雄、郭璞等人以活的语言为研究对象的方法有所不同，但仍不失为方言研究的一条路子。颜之推重视各地方言，对当时的方言俗语是作过一番认真的收集和整理工作的。他的《证俗音》大概就是一部专门记载方俗词语的著作，可惜我们今天看不到了。在《书证》中，也有不少当时的方言俗语，其中也透露了一些关于方音的情况。现举数例如下：

> 藏，黄蒢也，今河北谓之龙葵。
>
> 蒜果……"果"当作"魏颗"之"颗"。北土通呼物一凷，改为一颗。蒜颗是俗间常语耳。
>
> 北间风俗，妇呼舅为大人公。
>
> 吴人呼祠祀为鴟祀……呼绀为禁……呼盏为竹简反……呼镬字为霍字。

二、颜之推的文字训诂研究

颜之推对文字的重要作用是有正确认识的。他说："夫文字者，坟籍根本。"② 在前代字书中，他非常推崇《说文》的条理性和系统性，说："大抵

① 《颜氏家训·勉学》。
② 《颜氏家训·勉学》。

服其书，隐括有条例，剖析穷根源，郑玄注书，往往引以为证。若不信其说，则冥冥不知一点一画，有何意焉。”① 但他也并不盲从《说文》，说：“且余亦不专以《说文》为是也，其有援引经传与之乖者，未又敢从。”② 颜之推认为，文字是随着时代而不断发展的，因此在使用文字的时候，不能完全依据《说文》中的小篆。他说：

> 世间小学者，不通古今，必依小篆，是正书记。凡《尔雅》《三苍》《说文》，岂能悉得苍颉本指哉？亦是随代损益，互有同异。西晋以往字书，何可全非？但令体例成就，不为专辄耳。③

因此，在使用文字的时候，既要注意文字的来源和结构，也要根据当时社会上大多数人的用字习惯来决定取舍。同时，还要视文字的使用场合，以决定其适当的标准。他说：

> 吾昔初看《说文》，蚩薄世字。从正则惧人不识，随俗则意嫌其非，略是不得下笔也。所见渐广，更知通变，救前之执，将欲半焉。若文章著述，犹择微相影响者，行之官曹文书。世间尺牍，幸不违俗也。④

他提出，在文字的使用上，基本上应当依据当时通用的字体来书写，只是在写作正式的公文（官曹文书）时，要依照《说文》来纠正一些俗字，而对于一般的书信（世间尺牍），则可以使用通行的俗字。这种既注意到传统的正字法，又遵循文字使用时的大众化的原则，是完全正确的。

在训诂研究上，颜之推继承了郭璞《尔雅注》和《方言注》的研究方法，既重视前代经师的训诂传统，也注意到了对研究对象的实地考察。现举《颜氏家训·书证》中的两例如下：

> 《诗》云：“参差荇菜。”《尔雅》云：“荇，接余也。”字或为莕。先儒解释，皆云水草，圆叶细茎，随水深浅。今是水悉有之，黄花似蓴，江南俗亦呼为猪蓴，或呼为荇菜。
>
> 《诗》云：“谁谓荼苦？”《尔雅》《毛诗传》并以“荼，苦菜也”。

---

① 《颜氏家训·书证》。
② 《颜氏家训·书证》。
③ 《颜氏家训·书证》。
④ 《颜氏家训·书证》。

又《礼》云："苦菜秀。"案：《易统通卦验玄图》曰："苦菜，生于寒秋，更冬历春，得夏乃成。"今中原苦菜，则如此也。一名游冬，叶似苦苣而细，摘断，有白汁，花黄似菊。

对于古籍中的文字，他一方面依据文理来进行校正。例如：

古乐府歌《百里奚》词曰："百里奚，五羊皮。忆别时，烹伏雌，吹扊扅。今日富贵忘我为？""吹"当作炊煮之"炊"。案：蔡邕《月令章句》曰："键，关牡也，所以止扉，或谓之剡移。"然则当时贫困，并以门牡木作薪炊耳。①

有时也根据出土文物来校正古籍中的文字。例如：

《史记·始皇本记》："二十八年，丞相隗林、丞相王绾等，议于海上。"诸本皆作山林之"林"。开皇二年五月，长安民掘得秦时铁称权，旁有铜涂镌铭二所。其一所曰："廿六年，皇帝尽并兼天下诸侯，黔首大安，立号为皇帝，乃诏丞相状、绾……"……其书兼为古隶……其"丞相状"字，乃状貌之"状"，爿旁作犬。则知俗作"隗林"非也，当为"隗状"耳。②

但是，颜之推在某些具体的问题上也难免有一些错误，例如对于"犹豫"一词的解释就不正确：

《礼》云："定犹豫，决嫌疑。"《离骚》曰："心犹豫而狐疑。"先儒未有释者。案：《尸子》曰："五尺犬曰犹。"《说文》云："陇西谓犬子为犹。"吾以为人将犬行，犬好豫在人前，待人不得，又来迎候。如此返往，至于终日。斯乃豫之所以为未定也，故称犹豫。或以为《尔雅》曰："犹如麂，善登木。"犹，兽名也。既闻人声，乃豫缘木，如此上下，故称犹豫。③

"犹豫"是一个双音节的单纯词（即所谓"联绵词"），不可分训，颜

① 《颜氏家训·书证》。
② 《颜氏家训·书证》。
③ 《颜氏家训·书证》。

之推望文生义，析之为二，强为分别曲解，是错误的。①

三、颜之推关于共同语及语言规范的思想

颜之推在确定当时的共同语，以及语言的规范方面，也做出了不少贡献。汉语虽然有不少方言分歧，但自古以来在各个方言之上就有一个共同语存在，周代的“雅言”、汉晋时的“通语”便是。共同语一般都是以一个较大的方言作为基础方言，在语音上则以当时的政治、经济、文化中心的首都的语音作为标准。在西周，以镐京音为标准；东周时，以洛阳音为标准；西汉以长安音为标准，从东汉到西晋，则一直以洛阳语音作为标准音。这种标准音的使用范围相当广泛，反映在文学语言的语音系统上，也就是一般所说的“读书音”②。

颜之推认为，无论是古今音还是当时的南北方音，都有不够纯正的地方。“古今言语，时俗不同；著述之人，楚夏各异。”“前世反语，又多不切。”“虽依古读，不可行于今也。”“今之学士，语亦不正。”前代韵书的分韵归字也不尽如人意：“李季节著《音韵决疑》，时有错失；阳休之造《切韵》，殊为疏野。”“《韵集》以成、仍、宏、登，合成两韵；为、奇、益、石，分作四章。李登《声类》，以系音羿。”因此，应当在这些纷繁的古今音和方音之上制定一个标准语音，作为规范的准则。从当时南北分裂的实际情况来讲，当然应当以北方的洛阳音、南方的金陵音作为正音的标准。事实上，魏晋南北朝时代韵书的作者都是这样做的，当然，他们的著作中也难免杂有方音和古音的成分。正如颜之推所说：“自兹厥后，音韵锋出，各有土风，递相非笑，指马之喻，未知孰是。共以帝王都邑，参校方俗，考核古今，为之折衷，榷而量之，独金陵与洛下耳。”

---

① 黄生：《义府》卷下“犹豫”条，《字诂义府合按》，中华书局1984年版，第193页。王念孙：《读书杂志·汉书第一》“犹豫”下，江苏古籍出版社1985年版，第183页。另外，在王引之的《经义述闻》卷31中，也引用了王念孙的论述。

② 以洛阳音作为标准的“读书音”即是所谓的“洛生咏”或“洛下书生咏”。《世说新语·雅量》：“谢之宽容，愈表于貌，望阶趋席，方作洛生咏。”同书《轻诋》：“人问顾长康：‘何以不作洛生咏？’”参陈寅恪：《东晋南朝之吴语》，《金明馆丛稿二编》，上海古籍出版社1980年版，第267-272页。

在当时的北方，士庶的语音基本一致。而在南方，士族说北方话，庶族说吴语。所谓“金陵音”，就是南方士族的标准音，它来源于晋室南渡前的洛阳旧音。可见，当时南北朝首都的语音都属于北音系统，其来源是相同的。不过，由于时间的久远，无论是洛阳还是金陵，其语音都发生了变化，与两百多年前的洛阳旧音并不一样。

颜之推在比较了当时南北士族、庶族的语音后，得出的结论是“冠冕君子，南方为优；闾里小人，北方为愈”，认为南方士人所说的北方话要优于北方士人的北方话。不过，由于“南染吴越，北杂夷虏”，因此应当去掉其中“杂”“染”的那部分来制定文学语言的标准音。这个标准音就是经过加工规范的南朝金陵士人的语音，即读书音，也就是流行于六世纪的文学语言的语音。

颜之推不但在理论上，而且在实际行动中实践他的语言规范化思想。这种实际工作，首先体现在他的家庭教育之中。他说：“吾家儿女，虽在幼稚，便渐督正之。一言讹替，以为己罪矣。云为物品，未考书记者，不敢辄名。”颜氏家教甚严，《家训·序致》：“吾家风教，素为整密，昔在龆龀，便蒙诲诱。”颜氏的后代子孙，人才辈出。其子颜愍楚著有《证俗音略》；其孙颜师古，精于训诂，著有《匡谬正俗》一书，也为《汉书》《急就章》作注。颜元孙、颜真卿都是颜之推的后代。颜元孙著有《干禄字书》，其侄子颜真卿是著名的书法家，著有《韵海镜源》。其次则体现在他和他的朋友对陆法言编制《切韵》一书的影响上。陆法言在《切韵序》中谈到隋文帝开皇初年，刘臻、颜之推等八人来到他的家中，共同讨论韵书的制定标准，说：“因论南北是非，古今通塞。欲更捃选精切，除削疏缓。颜外史、萧国子多所决定。”“颜外史”指颜之推，“萧国子”指萧该。由于颜之推等人的正音标准合乎当时语音的实际，为人们所接受，所以《切韵》一出便取代了魏晋南北朝时的诸家韵书，这对推行当时文学标准语的语音，促使语言更加规范、统一，起到了良好的作用。

成都方言中名词和动词的重叠

成都方言中的名词往往可以重叠，在某种情况下动词也可以重叠。现分别叙述如下。

一、名词的重叠

成都方言中许多中音节名词或名词性的语素可以重叠。

1.1　儿童语的重叠形式。这类重叠形式一般仅限于幼儿或与幼儿交谈的成年人。例如：马马/牛牛/狗狗/糖糖/果果/饭饭/尿尿/水水/鼻鼻/帽帽/鞋鞋，等等。

1.2　亲属称谓的重叠形式。例如：爸爸/妈妈/姐姐/妹妹/哥哥/弟弟/叔叔/伯伯/舅舅/孃孃/爷爷/奶奶/祖祖。除少数人在个别称谓上（如“爸、妈、哥、姐”）使用单称，这些词一般不使用单称形式。

1.3　某些重叠形式与非重叠形式在意义上没有什么差异，但一般只使用重叠形式。例如：娃娃/洼洼/爪爪/坎坎/棍棍/棒棒/馍馍/粑粑/带带/格格等。

1.4　重叠形式一般表示小称，非重叠形式（包括单音节名词和带后缀“子”的派生词）则表示原有的意义。例如：虫～虫虫（儿）/毛～毛毛（儿）/草～草草（儿）/树，树子～树树（儿）/豆子～豆豆（儿）/葱，葱子～葱葱（儿）/棍子～棍棍（儿）/椅子～椅椅（儿）/桌子～桌桌（儿）/洞～洞洞（儿）/杯子～杯杯（儿）/盘子～盘盘（儿）/巷子～巷巷儿/蚊子～蚊蚊儿/旗子～旗旗儿/碗～碗豌儿等。

1.5　有部分重叠形式并不表示小称，它们与非重叠形式的意义虽然不同，但两者之间在意义上则有一定的联系。这类重叠形式仍然是由非重叠形式派生出来的。例如：角~角角（角落）/头~头头（顶端；首领）/口~口口（伤口；缺口）/牛~牛牛儿（陀螺，一种儿童玩具，因须鞭打才能旋转，如鞭牛，故名）/末~末末儿（曾孙）/灰~灰灰儿（重孙）/嘴~嘴嘴儿（器皿的口子）/米~米米（籽、粒）/皮~皮皮（果屑；表皮）/面（面粉）~面面（儿）（细粉末）/眼~眼眼（小洞）/气~气气（难闻的气味）/路~路路（印子）。

1.6　有极少数重叠形式没有与之相应的非重叠形式，它们没有指小的意义，因此不能把这类双音节词看成是由单音节词通过重叠而产生的。应当把这类词看成是单纯词，即虽然有两个音节，却只有一个词根语素。例如：兜兜（篮子）/圿圿（人体上的污垢）/脚脚（沉渣）/塌塌（地方）。

1.7　某些表示方位的名词可以重叠，表示程序的加深。例如：高高上（最上面）/底底下（最下面）/里里头（最里面）/后后（音上声）头（最里面）。

1.8　某些重叠形式可以与名词性的语素组成偏正式的复合词，即不再有指小的意味了。例如：担担（儿）面/罐罐鸡/瓶瓶（儿）酒（瓶装酒）/丁丁猫儿（蜻蜓）。

1.9　名词重叠形式的第二个音节一般要儿化，有些词可儿化也可不儿化，部分词则不能儿化。

①在许多情况下，儿化形式和非儿化形式可以并存，二者在意义上没有什么区别。例如：豆豆~豆豆儿/葱葱~葱葱儿/箱箱~箱箱儿/罐罐~罐罐儿/坛坛~坛坛儿/珠珠~珠珠儿/盆盆~盆盆儿/洞洞~洞洞儿/盅盅~盅盅儿。

②部分重叠形式只有非儿化形式，而没有相应的儿化形式。例如：角角（角落）/沙沙（小沙砾）/疤疤（伤疤；补丁）/坑坑/渣渣/气气（难闻的气味）/口口（伤口；缺口）/皮皮（果屑；表皮）。

重叠形式最初大概不儿化，在使用过程中逐渐儿化，因此有儿化形式和非儿化形式并存的现象，同时也有只存在非儿化形式的情况。

③没有相应的非重叠形式的重叠名词，一般都不儿化。例如：圿圿（人体的污垢）/脚脚（沉渣）/塌塌（地方）。

④极少数的儿化形式和非儿化形式在意义上不一样，这种儿化和非儿化的对立可以区别意义。例如：架架（架子）~架架儿（背心）/灰灰（灰尘）~灰灰儿（重孙）。

成都方言与普通话一样有四个声调：阴平、阳平、上声、去声，但其调值与部分字的所归的调类不同。阴平、阳平、上声、去声的调值分别为44、31、53、13。

成都方言重叠形式的第二个音节一般要变调，其规律是第一个音节如果是阴平、阳平、去声，则后一个音节必须读阴平。例如：灰灰、猫猫、锅锅儿、瓶瓶儿、壳壳、盆盆儿、罐罐儿、帕帕儿、凳凳儿，等等。如果第一个音节是上声，第二个音节则变为阳平。例如：坎坎、碗碗、本本儿，等等。

二、动词的重叠

2.1　成都方言的动词在作谓语时不能简单重叠。北京话动词重叠时所表现的意义，在成都话中可以在动词后面加上“下”［xa］（去声）或“下子”，有尝试性或短暂的意思。例如：想下（子）/看下（子）/尝下（子）/扫下（子）地/洗下（子）衣服/掸下（子）灰尘/抹下（子）桌子。

有时可以在“下”字前加上“一”。例如：扫一下地/掸一下灰尘/抹一下桌子。

2.2　在成都方言中，有些动词后可以加上一个“到”（上声），重叠后再加上“的”［ni］（阴平）。这种重叠形式作谓语，具有“经常”“总是”的意义。例如：

这件事不好搞，绊到绊到的。
(这件事不好办，总是受牵制。)
这个人一天到晚藏到藏到的。
(这个人一天到晚总是躲躲藏藏的。)

这种重叠形式后面不能接宾语，如果需要宾语，则必须用“把”字句把宾语提前。例如：

你要把他管到管到的。
(你要经常管教他。)
他把我说到说到的。
(他总是责备我。)

2.3　成都方言的部分动词后面可以加上“起”，重叠后再加上“地”[ni]（阴平），这种结构可以作另一个动词的状语。例如：望起望起地看/抢起抢起地吃/吼起吼起地哭/肚子绞起绞起地痛/跳起跳起地骂人/想起想起地说/两个肩膀换起换起地挑东西。

有时可以不用“起”，而使用“到”（上声）。例如，客人接到接到地来/两个肩膀换到换到地挑东西/猪儿抢到抢到地吃饲料。

2.4　在成都方言中，作谓语的动词虽然不能简单地重叠，但单音节动词以语素的身份重叠后可以构成一个新的名词。这种构词方式具有很强的能产性，所构成的名词可以儿化，其变调规则与名词重叠形式相同。例如：刷~刷刷（儿）（刷子）/吊~吊吊（儿）（指粮食中带有丝网的虫）/钩~钩钩儿（钩子）/封~封封儿（红包）/戳~戳戳（图章）/滚~滚滚儿（轮子）/舀~舀舀（儿）（舀水的器物、瓢）/提~提提儿（打酒或酱油等的量器）/飞~飞飞（儿）（小纸片）/抽~抽抽儿（抽屉）/沉~沉沉（沉淀）/皱~皱皱（皱纹）/盖~盖盖（儿）（盖子）/网~网网（网兜）/吹~吹吹儿（哨子）/筛~筛筛（筛子）/簸~簸簸（簸箕）/罩~罩罩（罩子）/拐~拐拐（拐弯处；拐状物）/堆~堆堆（堆状物）/数（计数）~数数（儿）（钞票）/穿（穿来穿去，奔走之意）~穿穿儿（到处奔走的生意人，尤指个体商贩）。

2.5　成都方言中部分形容词也具有类似的构词方式。例如：尖~尖尖（儿）（尖状物之顶端）/弯~弯弯（弯状物）/敞~敞敞（儿）（漏斗）。

2.6　成都方言动词的某些重叠形式可与名词性语素组成偏正式的复合词。例如：梭（滑）~梭梭板（滑梯）/跷~跷跷板/跳~跳跳棋（跳棋）/堆~堆堆菜（指一堆一堆地放在地上出售的贱价蔬菜）/墩（堆）~墩墩儿房子（指如火柴盒式的公寓住房）/绞~绞绞肉/拉~拉拉面。

总而言之，成都方言的名词和动词具有多种多样的重叠方式。这些重叠方式表现出很强的构词能力，表达丰富的、细微的词汇意义，并在重叠的时候，往往伴随有儿化和变调等现象。

语言与文化研究

从语言学等证据论治水神话的起源*

在我国古代的神话中，鲧、禹治水的故事是非常重要的。由于历史久远，文献散失，今天我们虽然不能完全清楚这个神话的每个细节，但从古代文献的零星记载中仍然可以了解其大致的轮廓：

> 洪水滔天，鲧窃帝之息壤以堙洪水，不待帝命。帝乃令祝融杀鲧于羽郊。鲧复生禹，帝乃命禹卒布土，以定九州。（《山海经·海内经》）
>
> 鲧死三年不腐。（《山海经·海内经》郭璞注引《开筮》）
>
> 永遏在羽山，夫何三年不施？伯禹复鲧，夫何以变化？（《楚辞·天问》）
>
> 伯禹念前之非度，厘改制量……高高下下，疏川导滞。（《国语·周语下》）
>
> 禹尽力沟洫，导川夷岳，黄龙曳尾于前，玄龟负青泥于后。（《拾遗记》卷二）

类似的记载还见于多种古籍，这里不再列举。不过还应当补充一点，由于禹治水有功，舜将帝位禅让给了他①。而在古代的蜀地，却流传着另外一个关于治水的神话，这就是鳖灵治水的故事。《太平御览》卷八八八引《蜀王本记》说：

> 后有一男子名曰杜宇，从天堕，止朱提，有一女子名利，从江源地

---

* 原题目为《大禹和鳖灵——兼论治水神话的起源》，《天府新论》1985年第2期，经补充修改后更名为《从语言学等证据论治水神话的起源》，《巴蜀文化研究》第一辑，巴蜀书社2003年版。

① 《尚书·大禹谟》。

井中出，为杜宇妻。宇自立为蜀王，号曰望帝，治汶山下邑郫……望帝积百余岁，荆有一人名鳖灵，其尸亡去，荆人求之不得，鳖灵尸至蜀复生，蜀王以为相。时玉山出水，若尧之洪水。望帝不能治水，使鳖灵决玉山，民得陆处。鳖灵治水去后，望帝与其妻通，帝自以薄德，不如鳖灵，委国援鳖灵而去，如尧之禅让。鳖灵即位，号曰开明。

晋代的常璩在《华阳国志·蜀志》中也说：

后有王曰杜宇，教民务农，一号杜主。时朱提有梁氏女利游江源，宇悦之，纳以为妃。移治郫邑，或治瞿上。七国称王，杜宇称帝，号曰望帝，更名蒲卑。自以功高诸王，乃以褒斜为前门，熊耳、灵关为后户，玉垒、峨眉为城郭，江、潜、绵、洛为池泽，以汶山为畜牧，南中为园苑。会有水灾，其相开明决玉垒山以除水害。帝遂委以政事，法尧、舜禅让之义，遂禅位于开明，帝升西山隐焉。时适二月，子鹃鸟鸣，故蜀人悲子鹃鸟鸣也。

胡小实在《屈原与古神话》一文中推测这两个治水神话出自一个共同的来源。他说："关于西南民族治洪水的故事，《华阳国志》载古蜀杜宇，在七国时称帝，号曰望帝，以褒斜为前门，熊耳、灵关为后户。会有水灾，其相开明决玉垒山以除其害。望帝即将帝位让给他，自升西山隐居。后化为杜鹃鸟云云。因此，后来蜀人听子规鸟鸣，即认为是杜宇的声音。此事虽然屈原赋中不见，但传说的基本精神是治水除害，这和大禹治洪水的神话，恐怕是一个来源。"①

笔者认为胡先生的看法是正确的。这两个神话都包含有死而生子（或死而复生）、治水、禅让这样一些极为相似的情节，这决不是偶合，应当是同一神话在不同地域演变的结果。如果进一步探讨，则可以证明鳖灵与鲧、禹、启实乃一人。我们的理由如下：

首先，鲧、禹、启是一脉相传的三代人，鳖灵从死而复活、治水到称帝虽然是同一个人，却可以分为三个阶段。第一阶段是未死的鳖灵，第二阶段是死而至蜀复活后受命治水的鳖灵，第三阶段是登上帝位更名为开明的鳖灵。这三个阶段正好与鲧、禹、启三代的事迹类似。

① 胡小实：《胡小实文录》第一辑，南京大学1979年版，第19页。

其次，是治水地点的重合。关于鳖灵的治水地点，《蜀王本记》说："（望帝）使鳖灵决玉山，民得陆处。"《华阳国志·蜀志》说："会有水灾，其相开明决玉垒山以除水害。""玉山"就是"玉垒山"。《水经注·江水》说："江水又东别为沱，开明之所凿也。"《读史方舆纪要》卷六七说："（金堂峡在金堂）县东二十里，两山拱峙，河流其中，相传望帝相鳖灵所凿。"这是指穿过龙泉山的沱江金堂峡。巫峡的开凿相传也与鳖灵有关。《水经注·江水》引来敏《本蜀论》说："望帝立（鳖令）以为相。时巫山峡（狭）而蜀水不流，帝使令①凿巫峡通水，蜀得陆处。"《尚书·禹贡》说："岷山导江，东别为沱。"把分江水（指岷江）入沱江的功绩归于大禹。《山海经·大荒南经》说："有云雨之山，有木名曰栾，禹攻云雨。"袁珂先生说："云雨山……以地望衡之，当即此经前文所记之巫山，亦即《大荒西经》所记之灵山也。"② 又说："禹攻云雨神话，当即禹巫山治水之神话也。"③ 郭璞《江赋》也说："巴东之峡，夏后疏凿。""巴东之峡"就是巫峡，"夏后"即是大禹。《山海经》和郭璞都将疏通巫峡的功劳归于大禹。总之，在巴蜀的两个重要的治水地点上，禹和鳖灵都是重合的。

最后，《蜀王本纪》言鳖灵外出治水，望帝在家与鳖灵妻私通。但另一种说法是，"自从杜宇把帝位让给鳖灵，自己隐居在西山，而鳖灵却乘机霸占了他的妻子"④。总之，或是杜宇，或是鳖灵，在两性问题上都是不太光采的。而禹与涂山氏的结合，似乎也遭到非议。《楚辞·天问》说："禹之力献功，降省下土四方，焉得彼涂山女而通之于台桑？闵妃匹合，厥身是继，胡维嗜不同而快朝饱？"在古代，"朝（调）饥""饥"，以及这里的"朝饱"都是男女关系的隐语⑤。

两个治水神话虽然有以上三个方面的相似，但仍嫌证据不足。笔者认为，最重要的是语言学上的证据，因此我们打算对鲧、禹、启和鳖灵的名字进行仔细的研究，以期找到他们之间的内在联系。

我们先考察"鲧"和"鳖灵"的关系。"鲧"字的本义是指一种鱼。《说文解字》十一篇下鱼部："鲧，鱼也。"鳖虽然是一种爬行动物，但古人

① "令"即"鳖令"的简称。"令"是"灵"的通假字，"鳖令"即是"鳖灵"。
② 袁珂：《山海经校注》，上海古籍出版社 1980 年版，第 376 页。
③ 袁珂：《山海经校注》，上海古籍出版社 1980 年版，第 377 页。
④ 袁珂：《中国古代神话》，中华书局 1960 年版，第 234 页。
⑤ 闻一多：《诗经通义·周南·汝坟》，《古典新义》上册，古籍出版社 1956 年版。

把鳖归于鱼类，所以《尔雅·释鱼》说：“鳖三足，能。”今亦称鳖为甲鱼或团鱼，也归为鱼类。其字从黽，写作“鼈”；也可从鱼，写作“鱉”。《左传·昭公七年》：“昔尧殛鲧于羽山，其神化为黄熊，以入于羽渊。”《经典释文》卷第十九《春秋左氏音义之五》“黄能”下曰：“如字，一音奴来反。亦作熊，音雄，兽名。能，三足鳖也。解者云：‘兽非入水之物，故是鳖也。’一曰：‘既为神，何妨是兽。’”① 《经典释文》写作“黄能”，可见其所据之本不作“熊”而作“能”，但又说：“亦作熊，音雄，兽名。”可见，也有写作“熊”者，今本《左传》正写作“黄熊”。但“能”（或写作“熊”）到底是鳖还是兽，陆德明自己也无法判断。从“入于羽渊”以及“兽非入水之物，故是鳖也”来看，应当采纳《尔雅》“鳖三足，能”的解释，音亦应当读成“奴来反”（音 nái）。其实，将“能”写成“熊”字，是一个书写错误，因而导致了错误的解释。《史记·夏本纪》：“乃殛鲧于羽山以死。”张守节《正义》：“鲧之羽山，化为黄熊，入于羽渊。熊音乃来反，下三点为三足也。束晳《发蒙记》云：‘鳖三足曰熊。’”鲧死后入于羽渊，化为三足鳖，显然是一种神物，非一般的的水族，因此可以称为鳖神，而鳖灵正是“鳖神”的意思。“灵”即“神”，《楚辞·离骚》：“名余曰正则兮，字余曰灵均。”王逸注：“灵，神也。”《楚辞·九歌·湘夫人》“九嶷缤兮并迎，灵之来兮如云”中的“灵”也是“神”的意思。这类例子，不胜枚举。可见，从鲧的名字含有“鱼”义，以及鲧死后其神化为三足鳖的“黄能”来看，“鲧”与“鳖灵”的联系并非偶然。

至于“禹”的意思，《说文》十四篇下：“禹，虫也。”段玉裁注：“夏王以为名，学者昧其本义。”我们虽然也不知道禹之所以如此命名的原因，但“禹，虫也”的解释却可以帮助我们找到“禹”和“鳖灵”之间的意义联系。《说文》十四篇下虫部：“虫，有足谓之虫。”鳖有足，因此可以称为虫，故《说文》十三篇下黽部说：“鳖，甲虫也。”“禹”到底是个什么样的“虫”，不得而知，但至少可视“禹”“鳖”为一类之物。

大禹的儿子名叫“启”，是因为他是从裂开的石头中生出来的。《汉书·武帝纪》：“见夏后启母石。”颜师古注引《淮南子》说：“涂山氏……至嵩高山下化为石，方生启。禹曰：‘归我子！’石破北方而启生。”鳖灵治水成功后，杜宇禅位于他，“鳖灵即位，号曰开明”。“启”“开”两字在意义上

① 《经典释文》，中华书局 1983 年版，第 278 页。

是相近的。《说文》二篇上口部："启，开也。"《左传·隐公元年》说："夫人将启之。"杜预注："启，开也。""启""开"两字的古音也相近。"启"古音为支部溪母，"开"古音为微部溪母，声母相同，韵母相近。在古代，"开""启"两字甚至可以互相借代。《管子·大匡》中的"卫公子开方"，《吕氏春秋·知接》作"卫公子启方"。章炳麟说："语言之始，义相同者，多从一声而变；义相近者，多从一声而变；义相对相反者，亦多从一声而变。"① 王力说："凡音义皆近，音近义同，或义近音同的字，叫做同源字……同源字，常常是以某一概念为中心，而以语音的细微差别（或同音），表示相近或相关的几个概念。"② 王力在《同源字典》中，将"开""启"两字确定为同源字③。可见，"启"与"开明"的"开"在音义上的联系也非偶然。

由此可见，鲧、禹治水和鳖灵治水确实有同一个来源。这样，两个治水神话就可以相互印证和补充了。鲧之死，是因为盗窃息壤而被天帝所杀，《山海经》有明确记载，而鳖灵为何而死，其尸为何亡去，却无法得到合理的解释。但我们既然认为鲧和鳖灵实系一人，那就非常容易回答这个问题了。鳖灵（即鲧）之死，是因为盗窃了天帝的息壤。所以对《楚辞·天问》中"阻穷西征，岩何越焉？化为黄熊，巫何活焉？"的回答应是，鲧化为三足鳖（即鳖灵），溯长江，穿三峡，越过巫山的重峦叠嶂，到蜀地去求群巫用药把他救活。《山海经·海内西经》载有群巫用药救活窫窳的故事："开明东有巫彭、巫抵、巫阳、巫履、巫凡、巫相，夹窫窳之尸，皆操不死之药以距之。"郭璞注："皆神医也。为距却死气，求更生。"群巫与众神上天下地必经天梯，《山海经》中的天梯有灵山（《大荒西经》）、登葆山（或登备之山）、肇山（《海外西经》《大荒南经》《海内经》）和昆仑山或昆仑之虚（《海内西经》）。高大的树木也可以作天梯，《山海经》中有三桑（《北山经》《海外北经》）、寻木（《海外北经》）和建木。这里着重谈建木。《海内经》说："有木，青叶紫茎，玄华黄实，名曰建木。百仞无枝，有九欘，下有九枸，其实如麻，其叶如芒，大皞所过，黄帝所为。"《淮南子·地形篇》说："建木在都广，众帝所自上下，日中无景，呼而无响，盖天地之中也。"《海

① 章炳麟：《国故论衡》上卷《转注假借说》。

② 王力：《同源字论》，《同源字典》，商务印书馆1982年版，第3页。

③ 王力：《同源字典》，商务印书馆1982年版，第413页。

内经》说：“西南黑水之间，有都广之野，后稷葬焉。”《海内西经》说：“后稷之葬，山水环之。”郭璞注：“在广都之野。”“广都”就是“都广”，为开明氏立国之初时的都城。《蜀王本纪》说：“蜀王据有巴蜀之地，本治广都，后徙治成都。”广都在今成都与双流间，与杜宇所都的郫邑邻近。“阻穷西征”的鲧（或鳖灵之尸）正是到都广的建木去求群巫用药把他救活。这样便可以解释“鳖灵尸至蜀复生”的原因了。《淮南子·地形篇》说：“后稷垄在建木西，其人死复苏，其半鱼在其间。”这就是说，化为三足鳖的鲧（或鳖灵之尸）溯江水而上，到了都广建木时就复活了。鲧的复活是通过其腹中生出他的儿子禹来实现的，因此他原来三足鳖的身体就只剩下一个干瘪的躯壳了，这就是所谓“其半鱼在其间”的道理。

既然大禹和鳖灵两个治水神话出自同一个来源，那么它最初起源于什么地方呢？

许多典籍记载这场洪水是由一个叫共工的神发动的。例如，《淮南子·本经篇》说：“舜之时，共工振滔洪水，以薄空桑。”《国语·周语下》：“共工……欲壅防百川，堕高堙卑，以害天下。”禹的治水，是从与共工的斗争开始的。《荀子·成相》：“禹有功，抑下鸿（洪），辟除民害逐共工。”《山海经·大荒西经》说：“有禹攻共工国山。”《海外北经》和《大荒北经》记载了禹杀共工之臣相柳（繇）的事情。因此，从语言学的角度对“共工”这一专名进行研究，是解开治水神话起源秘密的关键。

《左传·昭公十七年》说：“共工氏以水纪，故为水师而水名。”《淮南子·本经篇》说：“舜之时，共工振滔洪水，以薄空桑。”高诱注：“共工，水官名也。”《汉书·刑法志》：“颛顼有共工之陈以定水害。”颜师古注引文颖曰：“共工，主水官也。”“共工”是水官，到底是何水之官呢？这就应当分析“共工”这一名称了。在古代汉语中，“工”有“官”义。《书·尧典》：“允厘百工，庶绩咸熙。”孔安国传：“工，官。”“百工”就是“百官”。《诗·周颂·臣工》：“嗟嗟臣工。”毛传：“工，官也。”“官”又有“君”“长”的意思，《广雅·释诂》：“乾、官、元首、主上、伯、子、男、卿、大夫、令、长、龙、嫡、郎、将、日、正，君也。”“共工”就是共水之官，亦即共水之君、共水之长，也就是共水之神。这与湘水之神叫“湘君”，黄河之神叫“河伯”类似①。那么，共水②又是指哪一条河呢？笔者认为应当是长江，“共工”就是“江神”，即长江水神。《山海经·海内经》说：“祝融降处于江水，生共工，共工生术器，术器首方颠，是复土穰，以处江水。”共工生于江水，其后代也处于江水，必为江神无疑。从古音上来看，“共”“江”两字音近，可以把“共”看成是“江”的通假字。两字在上古同属东部见母，只是“江”为二等字，“共”为三等字。前苏联的语言学家雅洪托夫认为，上古汉语中的二等字都是带有［l］的复辅音，这个复辅音也存在于三、四等字中③。因此，“江”和“共”大致都可以构拟为＊klong，与泰语khlong（运河、水渠）一词相合。从文字上看，“洪”从“共”得声，两字古音相近，因此，与“江”相通的“共”也可以与“洪”相通。“共水”就是“江水”，也就是“洪水”。“洪水”最初的意义是“江水”，由于江水宽广浩荡，经常泛滥，于是就引申出了“大水”的意思了。《山海经·大荒西经》中的“禹攻共工国山”即是江源岷山④。《说文》十一篇上水部：“江，江水，出蜀湔氐徼外嶓（岷）山。”岷山在蜀，因此治水神话应当起源于蜀。另外，《左传·昭公二十九年》：“共工氏有子曰句龙，为后土。”“句龙”是由“共”（江）衍变而来的，即＊klong（共）——→＊kolong（句龙）。“句龙”后来成为一个姓氏。臧励龢主编《中国人名大辞典》说：“炎帝十一世孙句龙，能平九州，辨土地之宜，为颛顼土正，其后为氏……宋有句龙廷实、句龙如渊。蜀州多此姓，皆其后。”⑤“蜀州多此姓”恐怕与其祖先共工处蜀地江源岷山有关。

如前所述，“共工”乃“江官”的意思，只是一种称号，那共工叫什么名字呢？《楚辞·天问》：“康回冯怒，地何故以东南倾？”王逸注：“康回，共工名也。”

---

① 《楚辞·九歌》。

② 《山海经》中“共水”出现了三次。《北山经》：“又东三百七十里，曰泰头之山，共水出焉，南注于虖池。”《中山经》：“中山经薄山之首，曰甘枣之山，共水出焉，而西流注于河。”《中山经》：“共谷，多竹。共水出焉，西南流注于洛。”《山海经》中，山水之名多同名者，故“共工”之“共”并不一定即指上述河流。

③ ［前苏联］雅洪托夫：《上古汉语中的复辅音》，《国外语言学》1983年第4期。

④ 在明代徐霞客写《溯江纪源》（一名《江源考》）以前，人们都相信《尚书·禹贡》“岷山导江”的说法，认为长江的源头是岷江，因而把岷山定为长江的发源地。

⑤ 臧励龢：《中国人名大辞典》“附录”《姓氏考略》，上海书店1980年据商务印书馆1921年版复印，第11页。

在古代汉语中，往往有慢声为二、急声为一的语言现象。所谓“慢声为二”即双音节词，“急声为一”即单音节的合音词，它们可以互相转化。例如：蒺藜→茨，胡芦→壶，丁宁→钲，僻倪→陴，奈何→那，和同→降，句渎→彀，邾娄→邹，明旌→铭，终葵→椎，大祭→禘，不律→笔……①

在中国古代的神话中，往往是由一个单音节的普通名词转化为双音节的名词作为神话中人物的专名。例如，古代齐人称“椎”为“终葵”，这本来是一个普通名词的急声和慢声在不同方言中的不同表现形式，但由于椎可以逐鬼避邪，到了唐代遂演化成了钟馗逐鬼的故事。“终葵”也就写成了“钟馗”，成了一个人（神）名，姓钟名馗②。可以表示为“椎→终葵（钟馗）”。

《楚辞·离骚》：“前望舒使先驱兮，后飞廉使奔属。”王逸注：“飞廉，风伯也。”“风伯”即“风师”，也就是掌管风的神。洪兴祖补注：“《吕氏春秋》曰：‘风师曰飞廉。’应劭曰：‘飞廉，神禽，能致风气。’”张永言先生从“词的内部形式”出发，证明“飞廉”得名于“风”。他说：“如果我们有古音学的知识，就知道‘风’的上古音本是复辅音声母，plum（比较四川彝语 brum‘风’），正好是‘飞’‘廉’二字的合音……由此可见，‘飞廉’这个词的内部形式是（疾）风③。可以表示为“风→飞廉”。

《离骚》：“吾令蹇修以为理”，“雄鸠之鸣逝兮”。姜亮夫先生认为“蹇修”就是“鸠”。他说：“‘蹇修’，王逸说是伏羲氏之臣也。有人又说是‘美’的通称。章太炎先生认为‘蹇’等于‘謇’。这也没有解决问题。我则认为这两字是‘鸠’字，两字快读便为‘鸠’。从语言学的角度看，‘鸠’就是蹇修。”④ 姜先生的看法是正确的。从古音上看，“蹇”是元部见母字，“修”是幽部心母字，“鸠”是幽部见母字。“鸠”字的声母与“蹇”字相同，而韵母则与“修”字相同。可以表示为“鸠→蹇修”。

笔者认为，“康回”得名于“夔”，“夔”正是“康回”的快读，即“夔→康回”。“康”字的古音为溪母，“回”字属于微部。“夔”字古音为群母脂部。溪、群一类，在音韵学中都属于牙音，即舌根音；微、脂两部相近，这两部的字在《诗经》及其他上古韵文中经常合韵。《山海经·大荒东

① 顾炎武：《音论》卷下《反切之始》。
② 顾炎武：《日知录》卷三十二“终葵”条。
③ 张永言：《关于词的“内部形式”》，《语言研究》1981 年第 1 期（创刊号）。
④ 姜亮夫：《楚辞今绎讲录》，北京出版社 1981 年版，第 46 页。

经》："东海中有流波山，入海七千里，其上有兽，状如牛，苍身而无角，一足，出入水则必风雨，其光如日月，其声如雷，其名曰夔。"可见，夔是一种似牛的独角怪兽。而在《中山经》中，则把夔看作是一种牛："又东北三百里，曰岷山，江水出焉……多夔牛。"郭璞注："今蜀中有大牛，重数千斤，名曰夔牛，即《尔雅》所谓魏。"《中山经》又说："又东一百五十里，曰崌山，江水出焉，东流注于大江……其兽多夔牛。"蒙文通认为"崌"字当是"岷"字之讹①。夔牛产生于蜀地江源岷江，与共工生于江水暗合。《淮南子·天文篇》说："昔者共工与颛顼争为帝，怒而触不周之山。"《说文》四篇下角部："觸，牴也，从角蜀声。"二篇上牛部："牴，触也，从牛氐声。""触"（觸）字从"角"，"牴"字从"牛"，"触""牴"两字互训，都是牛的最形象的动作，这也透露出共工牛形象的信息。《史记·河渠书》："穿二江成都之中。"张守节《正义》引《风俗通》载李冰斗江神的故事，江神正是牛的形象。

"夔"字原来是来自汉藏语系侗台语族的借词，并非汉语中固有的词语。"夔"，《广韵》在脂部，其反切为"渠追切"，古音应读为［*giwei］。而在侗台语族诸语言中，"水牛"的读音分别是：

侗语 kwe　毛难语 kwi　水语 kui　仫佬语 wi　布依语 va:i
傣语（西双版纳）xwa:i　傣语（德宏）xa:i　壮语 va:i
黎语 tui②

很明显，"夔"与上述民族语言中表示"水牛"的词，有着共同的来源。考虑到前面所说"江"字与同属侗台语族的泰语 khlong（运河、水渠）有同源关系，那么，古代的蜀地（至少是岷江流域一带）的部分先民应当是属于讲侗台语族的人民。有学者认为，三星堆文化分布区域内的主体民族是濮人，亦即后来的僚人③。濮僚系民族正是属于侗台语族的民族。

至于广为流传的李冰治水的故事，笔者认为与鳖灵治水亦出一源，李冰即是鳖灵。关于李冰，最早的记载是《史记·河渠书》，但仅称其名

---

① 蒙文通：《略论〈山海经〉的写作时代及其产生地域》，《中华文史论丛》第一辑，第52页。

② 以上少数民族语言材料，源于国家民委编辑的《中国少数民族语言简志丛书》中的相关简志"词汇附录"中的词语材料。

③ 罗二虎：《论三星堆文化居民的族属》，李绍明等主编：《巴蜀历史·民族·考古·文化》，巴蜀书社1991年版。

"冰"，而未言其姓。《河渠书》曰："蜀守冰凿离碓，辟沫水之害，穿二江成都之中。"《河渠书》中，除禹以外，凡是与治水有关的人物，都是既称其姓，亦称其名，如西门豹、郑国、汲黯、郑当时、徐伯表等人。司马迁到过蜀地，亲自观看过离碓，他说："余……西瞻蜀之岷山及离碓。"这说明司马迁本人不知道"蜀守冰"的姓，因此没有记录，这并非他的疏忽。《汉书·沟洫志》使用《河渠书》文，但在"冰"前加了一个"李"字，称"蜀守李冰"。秦灭巴蜀前后，与蜀地有密切关系的人物如司马错、张仪、张若在《史记》都有记载，而治水及开发蜀地有功的"蜀守冰"在《史记》中居然没有留下完整的姓名，这是不可思议的。如前所述，"鳖灵"即"鳖神"，这是使用别名在前、共名在后的语法组合顺序，而在上古，却广泛存在着共名在前、别名在后的组合，这就是所谓"大名冠小名"。俞樾在《古书疑义举例》卷三《以大名冠小名例》中说：

> 《荀子·正名》篇曰："物者也，大共名也；鸟兽也者，大别名也。"是正名百物，有共名别名之殊。乃古人之文，则有举大名而合之于小名，使二字成文者。如《礼记》言"鱼鲔"，鱼其大名，鲔其小名也。《左传》言"鸟乌"，鸟其大名，乌其小名也。《孟子》言"草芥"，草其大名，芥其小名也。《荀子》言"禽犊"，禽其大名，犊其小名也……

他接着还举了"虫蝗""虫螟""舟虚"等例子。"大名冠小名"是汉语中相当古老的一种构词方式，在越古老的文献中，这种构词方式就越多。如从地名来看，甲骨卜辞中有"丘商""丘雷"等，《左传》中有"丘舆""丘获""城颍""城濮"等；人名则《庄子》中有"庖丁""轮扁"等。因此，"鳖灵"最初极有可能被称作"灵鳖"，共名在前、别名在后。后来由于语法类推的作用，变成了"鳖灵"，别名在前、共名在后，但民间仍然有人称"灵鳖"。人们不了解古人共名在前、别名在后的组合规则，而"灵"的古义"神"也渐渐为人们遗忘。但人们在心理上总想给词语作出一定的语义上的解释，于是就发生了语音的变化，把"灵鳖"读成了"李冰"，与当时人们普遍的姓氏习惯保持一致。这在语言学上就叫做"流俗词源"（folk etymology）。《汉书·沟洫志》采纳了当时人的看法，将"蜀守冰"改成了"蜀守李冰"，从此，李冰的名字便广为人知。

关于治水神话起源与蜀地的关系，还可以从记载禹生于岷江上游的一些历史文献来证明。《史记·六国年表》说："禹兴于西羌。"裴骃《集解》引皇甫谧曰："《孟子》称禹生石纽，西夷人也。"张守节《正义》："禹生于茂州汶川县，本冉駹国，皆西羌。"《史记·夏本纪》说："夏禹，名曰文命。"张守节《正义》："《帝王纪》云：'父鲧妻脩已……胸坼而生禹……本西夷人也。'扬雄《蜀王本纪》云：'禹本汶山郡广柔县人也，生于石纽。'"《吴越春秋·越王无余外传》《三国志·蜀志·秦宓传》《水经注》等都有类似的说法。《太平御览》卷五十一引《随巢子》《淮南子·修务篇》甚至说禹生于石。禹子启传说生于石头，《汉书·武帝本纪》颜师古注引《淮南子》说："涂山氏……至嵩高山下化为石，方生启。禹曰：归我子！石破北方而启生。"启得名于石头裂开而生。古代的蜀王，无论是蚕丛氏还是开明氏都崇拜石头。《古文苑·蜀都赋》章樵注引《先蜀记》说："蚕丛始居岷山石室中。"《华阳国志·蜀志》说："有蜀侯蚕丛，其目纵，始称王，死作石棺、石椁，国人从之，故俗以石棺椁为纵目人冢也。"又说："（开明氏）每王薨，辄立大石，长三丈，重千钧，为墓志，今石笋是也。"考古证明，在岷江上游、安宁河及邻近的云南地区，普遍存在着一种大石修的墓葬，在成都一带也存在着或存在过不少独石遗迹。这些事实与禹生石纽及启由裂石而生的传说互相印证，进一步表明禹生于蜀，治水自蜀始的可信性。禹妻为涂山氏，关于涂山有三种说法：一是在今安徽怀远县东南，载于《左传·哀公七年》；二是在今浙江绍兴市西北，载于《越绝书·记地传》；三是在今重庆市，载于《华阳国志·巴志》。蒙文通认为涂山应是重庆的涂山，禹兴于西羌娶于涂山是很近情理的①。

干宝《搜神记》卷十三说："秦惠王二十七年，使张仪筑成都城，屡颓。忽有大龟浮于江，至东子城东南隅而毙。仪以问巫。巫曰：'依龟筑之便就。'故名龟化城。"杜宇都郫邑，开明氏徙治成都，先于张仪筑成都城。龟鳖同类，张仪依龟迹筑成都城，实际上是指他依鳖灵之法（或在鳖灵旧城的基础上）筑城。《礼记·祭法》孔颖达《正义》引《世本》说鲧"作城郭"。《吕氏春秋·君守》有"夏鲧作城"。《淮南子·原道篇》有"昔者夏鲧作三仞之城"。可见，这个传说是古老的，它再次暗示了鳖灵和鲧的关系。城、堤都是垒土而成，平原上的城亦有防水的作用。"堤"字的古音属端母支部，"城"字为禅母耕部，端禅皆舌音，支耕有阴阳对转的关系，因而"城"

① 蒙文通：《巴蜀史问题》，《巴蜀古史论述》，四川人民出版社 1981 年版，第 33 页。

“堤”为一对同源词。依龟迹筑成都城的传说可作为治水神话起源于蜀的一个旁证。

有史以来蜀就是一个农业发达的地区，《华阳国志·蜀志》说：“后有王曰杜宇，教民务农，一号杜主。”又说：“巴亦化其教而力农务，迄今巴蜀民农时，先祀杜主君。”岷江在崇山峻岭中蜿蜒数百里，一出玉垒山便进入平原，往往泛滥成灾。古代蜀民必须与洪水作斗争才能把这块平原开发为良田沃土，因而治水神话产生于蜀就其地理环境来讲也是自然的。

既然治水神话产生于蜀，就有一个向外传播的问题。笔者认为这个神话有两个传播方向。一个是向东传到楚。蒙文通说：“楚文化是受到巴蜀文化影响。巴蜀和楚，从文化上说是同一类型，应该是可以肯定的。”① 徐中舒、唐嘉弘依据文献及出土文物，也断定“蜀文化受有楚文化影响，楚文化中亦有蜀文化影响”②。这种传播反映在《山海经》《楚辞》《淮南子》中，保留了较原始的神话面貌。今安徽怀远、浙江绍兴的关于涂山及禹的传说和遗迹，大概是这一神话随着楚的向外扩张而传播的结果。另一路先向北传到今陕西一带。《诗经》中《小雅·信南山》和《大雅》的《文王有声》《韩奕》都提到了禹（二雅是今陕西一带西周王畿的诗歌，时代比较古老）。再向东传到中原，见于《鲁颂·閟宫》和《商颂·长发》《殷武》。《鲁颂》和《商颐》都是春秋前期的诗歌，后者是宋国的作品。其后便演化为历史，载于《尚书》《孟子》及其他多种先秦典籍中。鲧、禹治水的故事作为历史得到了人们的普遍承认，而在蜀地却流行着由同一神话演化来的鳖灵治水的故事，之后，历史化了的鲧、禹治水的故事回过头来传到蜀地，凭借中原文化的正统地位取得压倒的优势，同一神话便演化成为两个故事，禹和鳖灵也就判若两人了，因而《蜀王本纪》言蜀之洪水及望帝禅位于鳖灵时竟会说“若尧之洪水”和“如尧之禅舜”。

总而言之，鲧、禹治水和鳖灵治水的神话是同一神话分化的结果，原始的治水神话产生于蜀。

① 蒙文通：《巴蜀史问题》，《巴蜀古史论述》，四川人民出版社 1981 年版，第 100 页。

② 徐中舒、唐嘉弘：《古代楚蜀的关系》，《文物》1981 年第 6 期。

《楚辞·招魂》中“枫”字的文化含义

《招魂》是《楚辞》中的一篇奇文。关于《招魂》的作者，从来就有屈原和宋玉两种说法。在近代，有人甚至认为整个《楚辞》都非屈原所作，而是汉人的作品。王显先生研究了《楚辞》的用韵和韵例，以语言事实作为内证，证明了包括《招魂》在内的从《离骚》到《大招》的二十五篇作品都出自屈原之手①。对于《招魂》所招的对象，除有宋玉招屈原外，还有屈原招怀王，以及屈原自招的看法。在《招魂》中，作者采用了楚国民间招魂的形式，极力揩写东南西北和天上幽都各方的险恶与恐怖。与此对照，则是楚国富丽堂皇的居室、丰富可口的饮食，以及美妙的音乐歌舞等，表达了作者对于祖国的热爱和眷恋。在全篇的最后，作者以深挚的感情，请求游魂回到江畔的故乡：

湛湛江水兮上有枫，
目极千里兮伤春心，
魂兮归来哀江南！

前人注《楚辞》对这里的“枫”字，大都未加注意，往往只作一般字面上的解释。例如，王逸《楚辞章句》说：“枫，木名也。言湛湛江水，浸润江木，使之茂盛。伤己不蒙君惠，而身放弃，曾不若树木得其所也。或曰：水旁树林中，鸟兽所聚，不可居之也。”洪兴祖《补注》则说：“枫，音风。《尔雅》：枫欇欇。注云：‘似白杨，叶圆而歧，有脂而香。’《本草》云：‘树高大，商、洛间多有。’《说文》云：‘枫木，厚叶弱枝，善摇。’汉宫殿中多植之。至霜后，叶丹可爱，故人多称之。”朱熹《集注》与洪氏《补注》大体相同。其实，这里的“枫”字，有着特殊的历史文化意义，不能简单理

① 王显：《论〈离骚〉等篇的用韵和韵例兼论其作者》，《中国语文》1984年第1期。

解成普通树木的名称。

在遥远的古代，各个民族大致都有敬奉树神的风俗。因此，古人立社，都要选择他们所敬奉的树木种植在社坛的周围，时间一久，就会长得非常茂盛而成丛林。《墨子·明鬼》："必择木之修茂者，立以为丛社。"这种种植在神社或神祠周围的树木，就叫做"社树"。《庄子·人间世》："匠石之齐，至于曲辕，见栎社树。"神社位于茂密的树丛之中，因此合称为"丛社"或"丛祠"。《史记·陈涉世家》："又间令吴广之次所旁丛祠中。"裴骃《集解》引张晏曰："丛，鬼所凭焉。"司马贞《索隐》："高诱注《战国策》云：'丛祠，神祠也。丛，树也。'"

另外，古人也选用所崇拜的树木来制作社神的牌位，这个牌位就叫做社主。据文献记载，夏后氏崇拜松树，殷商崇拜柏树，周朝崇拜栗树。《论语·八佾》："哀公问社于宰我。宰我对曰：'夏后氏以松，殷人以柏，周人以栗。'"

古代匈奴人也有社树。《史记·匈奴列传》："秋，马肥，大会蹛林。"裴骃《集解》引《汉书音义》："匈奴秋社八月中皆会祭处。"司马贞《索隐》："服虔云：'匈奴秋社八月中皆会祭处。'"张守节《正义》引颜师古云："蹛者，绕林木而祭也。鲜卑之俗，自古相传，秋祭无林木者，尚竖柳枝，众骑驰绕三周乃止，此其遗法也。"

对树木的崇拜普遍存在于我国的各个民族之中，如佤族、景颇族、彝族、傣族、壮族、哈尼族的村寨中都有神树林①。此外，阿昌、布朗、布依、德昂、侗、仡佬、傈僳、普米、珞巴等民族中，也存在着崇拜树木的习俗。

我国西南的纳西族崇拜松树、柏树和栗树。不知是否巧合，这正好包括了夏、商、周三族所崇拜的树木。云南丽江一带的纳西族，在每年初三到十五，都要举行十分隆重的祭天典礼。在祭祀前，族长要派人从山上砍回黄栗树大小各两根，柏香树一根，栽在祭天坛内。柏香树代表皇帝，居正中；黄栗树代表天神和地神，居两侧；另外两小根黄栗树，代表纳西族的始祖。有些地方的纳西族，则用松、栗、柏三种树木来代表天、地、君三神②。在丽江纳西族的心目中，栗树的地位比松树和柏树更为重要，它不仅代表着天神、地神，而且代表着纳西族的祖先。

① 乌丙安：《民俗学丛话》，上海文艺出版社 1983 年版，第 191 页。
② 王承权：《略论纳西族的年节》，《西南民族研究》，四川民族出版社 1983 年版，第 356 页。

彝族主要崇拜松树，把松树当成自己的祖先。“他们祭庙或祭祖时，在神龛上插着青松枝，龛前地面铺青松叶，人们便跪在松叶上叩头和进餐……在哀牢山‘罗罗’彝中，还有用青松木刻制成二寸许的人形，当作祖先灵位崇拜。”①

我们认为，楚民族也有自己的神树，这个神树代表楚国的民族和国家。这就是枫树。为什么楚民族要选择枫树作为本民族的神树呢？这就必须追溯楚民族的来源和历史了。

楚民族的祖先是颛顼高阳氏。《史记·楚世家》说：“楚之先祖出自帝颛顼高阳。”屈原《离骚》也说：“帝高阳之苗裔兮，朕皇考曰伯庸。”颛顼是古代广泛分布在我国东部的一支重要的夷人部落。颛顼后裔中最重要的是祝融，楚族的芈姓正是祝融的后代②。颛顼的祖先是少昊（少皞），《山海经·大荒东经》：“少昊孺帝颛顼。”《国语·楚语下》说：“及少皞之衰也，九黎乱德。”“九黎”就是“九夷”。“九”在古代一般作虚数，有“众多”的意思。因此，“九黎”（九夷）指众多的夷人部落。蚩尤是九黎的首领。根据文献记载，蚩尤与黄帝之间进行过激烈的战争。在战争中，蚩尤战败，被俘以后被黄帝杀死。《史记·五帝本纪》：“蚩尤作乱，不用帝命，于是黄帝乃征师诸侯，与蚩尤战于涿鹿之野，遂禽杀蚩尤。”据说锁铐蚩尤的桎梏化成了一片枫林。《山海经·大荒南经》：“有宋山者，有赤蛇，名为育蛇。有木生山上，名曰枫木。枫木，蚩尤所弃其桎梏，是为枫木。”郭璞注：“蚩尤为黄帝所得，械而杀之，已摘，弃其械，化而为树也。”《云笈七签》卷一百《轩辕本纪》说：“（黄帝）杀蚩尤于黎山之丘，掷械于大荒之中，宋山之上。其械后化为枫木之林。”这次战争是夷人的大失败。战争之后，包括楚人祖先的夷人部落被迫由黄河北岸向南迁移。在商朝灭亡以后，芈姓的楚国更进一步逃到长江流域③。

失败了的夷人世世代代保持着对蚩尤的怀念、敬仰与崇拜，留下了大量关于蚩尤的传说、地名、遗迹、神祠和信仰。如蚩尤冢、蚩尤血、蚩尤神、蚩尤祠、蚩尤旗、蚩尤城、蚩尤川、蚩尤泉、蚩尤戏、蚩尤之兵，等等。例如：

---

① 刘尧汉：《羌戎、夏、彝同源小议》，《彝族社会历史调查研究文集》，民族出版社 1980 年版，第 215 页。

② 郭沫若主编：《中国史稿》第一册，人民出版社 1976 年版，第 114–115 页。

③ 郭沫若主编：《中国史稿》第一册，第 115–116 页。

《吕氏春秋·名理》：“有其壮若众植华以长，黄上白下，其名蚩尤之旗。”

《水经注》卷八《济水》：“《皇览》曰：‘蚩尤冢在东郡寿张县阚乡城中，冢高七丈，常十月祠之，有赤气出如绛，民名为蚩尤旗。’《十三州志》曰：‘寿张有蚩尤祠。’……《皇览》曰：‘山阳钜野县有（蚩尤）肩髀冢重聚，大小与阚冢等。传言蚩尤与黄帝战，克之于涿鹿之野，身体异处，故别葬焉。’”

《水经注》卷十三《漯水》：“《晋太康地记》曰：‘阪泉亦地名也。泉水东北流，与蚩尤泉会，水出蚩尤城，城无东面。’《魏土地记》称涿鹿城东南六里有蚩尤城。”

《述异记》卷上：“今冀州有乐名蚩尤戏，其民两两三三头戴牛角而相觝，汉造角觝戏，盖其遗制也。”“太原村落间祭蚩尤神，不用牛头。今冀州有蚩尤川，即涿鹿之野。”

《梦溪笔谈》卷三：“解州盐泽，方百二十里。久雨，四山之水，悉注其中，未尝溢；大旱，未尝涸。卤色正赤，在版泉之下，俚俗谓之蚩尤血。”

由于蚩尤作战勇猛，因而天上的蚩尤旗象征着战争。《史记·天官书》：“蚩尤之旗，类彗，而后曲象旗，见则王者征伐四方。”蚩尤本人也被认为是战神。《史记·高祖本纪》记载刘邦起兵时，“祭蚩尤于沛庭，而衅鼓旗”，即取得胜利的刘邦的军队，被称为“蚩尤之兵”①。

传说中由蚩尤的桎梏所化成的枫树，自然就被人们当成神木而加以崇拜。秋天时红色的枫叶象征着蚩尤牺牲时的鲜血，作为夷人后代的楚人当然不会忘记这样一个古老的历史传说。

由此可见，在《招魂》一诗中，作者面对亡灵不但反复呼唤其“魂兮归来”，而且在全诗的最后明确召唤和呼喊游魂一定要回到长江边上的枫树那里去，那才是游魂的故居，是游魂祖先世世代代居住之地。这充分体现了古代楚人对英雄祖先的深切思念，以及我们中华民族“叶落归根”的传统观念。因此，对“湛湛江水兮上有枫”中的“枫”字，我们在阅读时不能轻易放过、等闲视之。它有着深厚的民族感情，具有十分丰富的历史文化内涵。

① 《史记·郦生陆贾列传》。

试论“巴”的得名之由*

四川简称“川”，又称“蜀”，重庆、川东一代又可称为“巴”，所以一般都用“巴蜀”来代表四川省和重庆市①。“巴”和“蜀”是古代生活在四川、重庆及其附近地区的两个民族，春秋战国时，他们分别以今重庆和成都为中心建立了国家，创造了独特的巴蜀文化，对四川和重庆以及我国西南地区的开发作出了重大的贡献。公元前316年秦灭巴、蜀，在其故地置巴郡和蜀郡，从此，“巴”“蜀”由民族和国家名称变成了四川和重庆地区的地名了。

由于巴族长期在重庆、川东及临近地区活动，所以从古到今，这一带都有不少带有“巴”字的地名。历史上有巴郡以及后来由巴郡析出的巴东、巴西二郡。《水经注》卷二十七“沔水”条下有“巴岭山”“巴岭”“巴溪”“巴山”，都在大巴山脉北麓今陕西省境内。重庆在北周时称为巴县，今重庆市还有巴南区。今川东北有巴中市，鄂西有巴东县，陕南有镇巴县。今重庆市忠县有巴云、巴岭，城口县有巴山，巫山县有巴务河（双龙），云阳县有巴阳，秀山土家族苗族自治县有巴盘、巴家，巴南区有巴莲，潼南区有巴豆塝，铜梁区有巴岳，四川省的平昌有泻巴，达州有简巴场，渠县有临巴，西充有巴岩寺，南部有巴岩店，旺苍有寨巴河。川渝陕鄂间有大巴山，重庆市的铜梁、大足、永川有巴岳山（西山）。湖北巴东宜昌间的西陵峡又叫巴峡。《水经注》中的巴水，指今发源于米仓山的通江（包括它的东西两源大通江和小通江）及其下游的巴河、渠江和嘉陵江。《元丰九域志》始称《水经注》的北江为巴江，即今南江、巴中境内的南江。而今巴河指南江在巴中三江与恩阳河汇合后，流至渠县三汇镇与州河汇合的这一段水道。

---

* 原载《天府新论》1986年第1期，此处有一些修改补充。

① 本文发表于1986年，当时重庆还没有直辖，属于四川省，现将属于重庆市的地名单列出来。

关于“巴”的得名，一向有多种说法。童恩正在《古代的巴蜀》中即列举了前人的四种说法：第一种，得名于河流形状（谯周）；第二种，得名于植物（司马贞）；第三种，得名于动物（许慎）；第四种，得名于地形（徐中舒）。他不完全同意这些说法，并提出了自己的第五种看法，即得名于“石”。他说：“巴族的祖先廪君有生于石穴的传说，而在川东方言中，又长期地呼石为巴，那么巴最初的含义，可能就是指‘石’或‘石穴’而言，巴氏族可能即因其居住环境而得名。”①其实，不仅巴族，我国古代许多民族都有生于石头或石穴的传说。

夏民族的祖先禹，其出生就与石头有关。《竹书纪年》：“颛顼之子鲧，生禹于石纽。”《史记·六国年表》裴骃《集解》引皇甫谧曰：“孟子称：‘禹生石纽，西夷人也。’”②《后汉书·戴良传》注引《帝王纪》也说：“夏禹生于石纽，长于西羌，西夷人也。”其他如《蜀王本纪》《三国志》《华阳国志》《吴越春秋》《水经注》等，都有类似的记载。“石纽”作为地名自然同石有关，而《太平御览》卷五十一引《随巢子》《淮南子·修务篇》甚至说禹生于石。禹子启，传说是从石头中生的，因而其名为“启”③，正如周民族的始祖后稷，因出生时即遭抛弃而名“弃”一样。然而夏民族并不以石为名。

《说文》示部说：“祏，宗庙主也，《周礼》有郊宗石室，一曰大夫以石为主。”可见周民族也有崇尚石头的传统。与巴族相邻的蜀族，无论是蚕从氏还是后来的开明氏都崇尚石头。《古文苑·蜀都赋》章樵注引《先蜀记》说：“蚕丛始居岷山石室中。”《华阳国志·蜀志》说：“有蜀侯蚕丛，其目纵，始称王，死作石棺石椁，国人从之，故俗以石棺椁为纵目人冢也。”又说：“（开明氏）每王薨，辄立大石，长三丈，重千钧，为墓志，今石笋是也。”考古证明，在岷江上游、安宁河流域及相邻的云南地区，普遍存在一种大石修成的墓葬。在成都及附近也存在过和存在着不少独石遗迹，如“石笋”“石镜”“天涯石”“地角石”“支机石”“五块石”“列石”（四川俗称“八阵图”）等。这些遗迹同文献相印证，说明蜀族最早也居住在石穴中，后来也崇尚石头，但蜀并不因石得名。至于廪君生于石穴，古代许多民

① 童恩正：《古代的巴蜀》，四川人民出版社1979年版，第7页。

② 今本《孟子》无此文。

③ 《汉书·武帝本纪》颜师古注引《淮南子》。

族都有类似的传说，这与人类早期利用天然洞穴栖身有关，如苗瑶祖先武陵“蛮”和突厥等古代民族，都有其祖先生于石穴的传说①。而武陵“蛮”和突厥却分别崇拜狗和狼，以之为图腾，并不崇尚石头。可见，只依据廪君生于石穴来断定巴族崇拜石头是不可靠的。

至于称石为“巴”，一是依据顾炎武《天下郡国利病书》中所说的酉阳石耶人呼石板为“巴贯”，二是根据徐松石《泰族僮族粤族考》中，将巴族看成是讲汉藏语系壮侗语族语言的民族，而壮侗语至今还称石山为“巴”②。可见，认为“巴”为“石”义，是在确定巴族以石命名和巴族属于壮侗系民族的前提下得到的结论。如前所述，第一个前提并不可靠，而第二个前提即巴的族属问题同样是值得商榷的。

笔者认为首先应该根据各种材料断定巴族的族属，然后根据文献、考古、语言学等材料得出“巴”字的确切含义。《后汉书·南蛮西南夷列传》记载了巴族早期的传说，是研究巴人早期历史和族属的重要资料。

> 巴郡南蛮夷，本有五姓：巴氏、樊氏、瞫氏、相氏、郑氏。皆出武落钟离山。其山有赤黑二穴，巴氏之子生于赤穴，四姓之子皆生黑穴。未有君长，俱事鬼神，乃共掷剑于石穴，约能中者，奉以为君。巴氏子务相乃独中之，众皆叹。又令各乘土船，约能浮者，当以为君。余姓悉沉，惟务相独浮。因共立之，是为廪君。乃乘土船，从夷水至盐阳。盐水有女神，谓廪君曰：“此地广大，鱼盐所出，愿留共居。”廪君不许。盐神暮辄来取宿，旦即化为虫，与诸虫群飞，掩蔽日光，天地晦冥。积十余日，廪君伺其便，因射杀之，天乃开明。廪君于是君乎夷城，四姓皆臣之。廪君死，魂魄世为白虎。巴氏以虎饮人血，遂以人祠焉。

巴族最早居住的武落钟离山，在今湖北省长阳县境，廪君乘土船而渡的夷水，即今清江。可见巴族起源于鄂西南的清江流域，后来移居川东一带。从“廪君死，魂魄世为白虎，巴氏以虎饮人血，遂以人祠焉”可知，巴族崇拜虎，以虎为图腾。干宝《搜神记》卷十二也说：“江汉之域有貙人。其先，廪君之苗裔也，能化为虎。”《华阳国志·巴志》载“秦昭襄王时白虎为害”，实际上是指巴人对秦统治者的武装反抗。到了汉代，巴族的后裔仍然

① 《后汉书·南蛮西南夷传》和《周书·突厥传》。

② 童恩正：《古代的巴蜀》，四川人民出版社1979年版，第18页注释第3条。

崇拜白虎，所以巴族首领称“白虎夷王”，如“白虎夷王资伟”“白虎夷王谢节”等①，巴族平民称“虎民”②。在出土的巴族文物中，带有虎形的铜器屡见不鲜。现在分别保存在四川大学博物馆和中国历史博物馆的1949前在四川出土的两件錞于都有虎钮。湖北省博物馆和荆州博物馆也分别藏有一个虎钮錞于③。重庆涪陵小田溪也出土有虎钮錞于④，小田溪一号墓中出土了十四枚编钟以及四个虎形的编钟架上的饰件⑤。1973年在临近四川的陕西汉中出土了带巴蜀虎形符号的铜矛和虎形錞于⑥。1972年和1973年四川省博物馆和重庆市博物馆分别在郫县和万县发现一柄铜戈，上面有一行巴蜀文字和虎头装饰⑦。另外在湖南省湘西土家族苗族自治州出土的錞于，龙山三件，泸溪三件，保靖二件，花垣一件，除一件无虎钮，一件系马钮外，其他七件全部饰有虎钮，并饰有船形、鱼纹，有明显的巴式錞于特点。可见，“虎”广泛出现在巴族铜器上。历史上记载发现錞于的地方绝大多数在今四川、重庆市及附近，其中不少有虎钮。徐中舒认为虎钮錞于是古代巴人的典型器物⑧。錞于这种青铜器多用于战争中，《国语·晋语五》：“战以錞于、丁宁，儆其民也。”巴族是一个尚武的民族，《华阳国志·巴志》谈到巴族参加武王伐殷的战争时说：“巴师勇锐，歌舞以凌殷人。”这种歌舞实际上是原始的图腾歌舞，錞于作为乐器，具有求神灵护佑和威慑敌人的作用。他们认为錞于上的虎钮作为他们的图腾，在战争中应该帮助他们。出土的巴族带虎形的铜器，与文献互相印证，进一步证明巴族大体上是一个崇拜虎、以虎为图腾的

---

① 洪适：《隶续·东汉繁长张禅等题名碑》。

② 《舆地纪胜》卷一七九：“《通川志》记梁山军忠州两界旧有汉刻石，著白虎夷王姓名，今其上刻汉时官属及白虎夷王及虎民等姓氏，尚有可考，但字多磨灭。”

③ 徐中舒：《四川涪陵出土的虎钮錞于》，《文物》1974年第5期。

④ 四川省博物馆、重庆市博物馆、涪陵县文化馆：《四川涪陵地区小田溪战国土坑墓清理简报》，《文物》1974年第5期。

⑤ 四川省博物馆、重庆市博物馆、涪陵县文化馆：《四川涪陵地区小田溪战国土坑墓清理简报》，《文物》1974年第5期。

⑥ 童恩正：《古代的巴蜀》，四川人民出版社1979年版，第15页。

⑦ 李复华：《四川郫县红光公社出土战国铜器》，《文物》1976年第10期；童恩正、龚廷万：《从四川两件铜戈上的铭文看秦灭巴蜀后统一文字的进步措施》，《文物》1976年第7期。

⑧ 李复华：《四川涪陵出土的虎钮錞于》，《文物》1974年第5期。

民族①。

确定了巴族大体上以虎为图腾，便可以进一步探索巴族的族属和来源了。在我国氏族社会的末期，东方一带的部落多以鸟为图腾，中原一带多以两栖、爬行动物和鱼类为图腾。相传黄帝最早居住在西北，伐炎帝时所率的“六兽之师”——熊、罴、貔、貅、貙、虎，就是六种以猛兽为图腾的氏族。起源于西北的周民族，就以熊为图腾②。巴族既然以虎为图腾，在起源上自然就可能与西北民族有关系。西北地区自古以来就是氐羌系民族生息的地方，现在的藏、门巴、珞巴、彝、哈尼、傈僳、纳西、拉祜、基诺、白、景颇、土家、羌、普米、怒、独龙、阿昌等讲汉藏语系藏缅语族的民族，从广义上说都可以看作是原始氐羌人的后裔。刘尧汉认为古羌人以虎为图腾。他的依据是羌族先祖无弋爰剑为避秦人追捕，躲入岩穴，秦人焚岩穴时，“有景象如虎，为其蔽火，得以不死”。东汉初，称甘肃羌人为“罗虏”（即虎族，见《汉书·地理志·张掖郡·番和》）。南齐时，甘南羌人“俗重虎皮，以之送死”。唐代，在云南建立南诏国的蒙氏被认为是“羌虏”，其习俗也是披大虫（虎）皮。近代，哀牢山自称“罗罗”或“罗”（即彝语“虎”）的彝族，是南诏蒙氏的后代，其自称完全与“虎”一样。他们供奉的祖先画象叫“涅罗摩”，即“母虎祖先”的意思。彝巫认为彝族是虎变的，死后火葬，灵魂可以再变成虎③。今天生活在怒江峡谷碧江区的怒族，其命名特点是男子名前普遍冠以“腊”字或“拉”字，女子名前则冠以“丫”字或“亚”字。在怒语中，“腊”是虎，“丫”是鸡，这是古代怒族、彝族两个互通婚姻的氏族的图腾，也是白族先民最早的图腾④。可见，自古以来氐羌系民族以虎为图腾非常普遍。哀牢“罗罗”彝族自称“虎”，认为死后化虎，与巴族首领称“白虎夷王”，平民叫“虎民”，以及“廪君死，魂魄世为白虎”，如出同一辄。因此，巴族不属于壮侗族，而应该是讲藏缅语的古代氐羌人的一支。

---

① 在巴蜀铜器上，已发现了百余个不同的符号，这可能与巴蜀两族的图腾崇拜有关，很可能是巴蜀的图形族徽。一般来说，动物图腾是最原始的，这与人类最初从事渔猎活动有关。从文献和考古来看，至少可以说巴族中以虎为图腾的氏族最重要、最古老，当然巴族的其他氏族也可能有其他图腾。

② 孙作云：《周先祖以熊为图腾考》，《诗经与周代社会研究》，中华书局 1966 年版。

③ 刘尧汉：《羌戎、夏、彝同源小议》，《彝族社会历史调查研究文集》，民族出版社 1981 年版。同时参看该文集的其他论文。

④ 何叔涛：《碧江怒族命名的历史演变》，《民族文化》1981 年第 4 期。

巴族属于氐羌系民族，还可以从现在分布在湘西、鄂西、川东南的土家族那里得到印证。土家族是古代巴人的后裔，他们至今还保存了古代巴人的某些习俗和文化传统，其生活地点正是古代巴人的发源地及附近。土家族人民自称“比兹卡”，熊传新说：“比兹是名称本身，卡为族或家。而古代和中古时的巴人当时也自称为比兹，而比兹就是巴人对白虎的称呼。这就是说比兹的自称先后贯穿着古代巴人与今日土家，比兹不是从土家开始，而是从古代巴人就有比兹的自称。”① 这个“比兹”的“比”和“巴”是双声关系，二者是相关的。“比兹”是土家语的现代汉语译音，而“巴”是古代巴语的古汉语记音。熊先生还说现在“土家族的基本信仰是白帝天王，白帝天王就是巴人远祖廪君死后所化的白虎神，土家族敬仰白虎神正反映了他们与古代巴人的关系”②。林奇也说：“土家族即是巴人的后裔，尚虎是巴人的传统特点，土家族也尚虎……解放前，土家人也说某族属虎是真土家，某家不属虎是假土家。”③

土家语属于汉藏语系藏缅语族，接近彝语支，由此可上推古代巴语也是一种藏缅语。当然，一个民族在周围其他民族的强烈影响下，也可能放弃原有的语言而采用另一民族的语言，如云南的蒙古族使用彝语等，但土家族周围只有汉族和苗族，而没有其他说藏缅语的民族。可见土家族说的是本民族的语言，这种语言是由古代的巴语发展而来的。另外，一个民族长期在一个地方活动，总会在地名上留下踪迹。我国东北现在有许多满语地名，正是最好的说明。因此，地名研究可以作为断定古代民族活动范围的旁证。徐松石在《粤江流域人民史》中指出，壮侗先民居住过的地方，常有一种“齐头式”的地名。如两广有许多以“古”字起首的地名，实际上是用汉字记载的古壮侗语的音，意为“这个”或“那个”。这说明这一带原是壮侗先民居住的地方。他还说这种地名东方也有很多，如於陵、於越、於潜、於余丘、句曲山、句吴、句容县、句章县、句无山、句阳县、句卢山、句余山、句渎、句绎、句婴、句亶等。他认为这些“句”字，即壮族地名的“古”字。由此说明今江浙甚至山东省的部分地区，都可能是壮侗先民即“百越”活动的地

① 熊传新：《湘西土家族出土遗物与巴人的关系》，《西南师范学院学报》1980 年第 4 期，第 65-66 页。

② 熊传新：《湘西土家族出土遗物与巴人的关系》，《西南师范学院学报》1980 年第 4 期，第 66 页。

③ 林奇：《巴楚关系初探》，《江汉论坛》1981 年第 4 期。

方。西汉刘向在《说苑·善说》中记载了一首《越人歌》，是用当时汉语记音的越语歌曲。据研究，《越人歌》的语言属于一种古壮侗语①。假若巴族属于“百越”（壮侗族），那么，在他们长期生息的川东和湖北清江流域，总会留下一些“齐头式”的地名，但实事并非如此。

信仰上和语言上的近似，暗示了古代巴族、现代土家族与讲各种藏缅语的民族之间有发生学上的关系。《山海经·海内经》说：“西南有巴国，大皞生咸鸟，咸鸟生乘厘，乘厘生后照，后照是始为巴人。”袁珂认为《海内经》的作者极可能以大皞为伏羲②，而传说伏羲生于成纪，即甘肃南部的天水、秦安一带。这个地区正是讲藏缅语的氐羌民族长期居住的地方。果真如此，则巴人似乎是沿着汉水和大巴山北麓向东南迁移，直到鄂西清江流域，以后再移居川东。氐羌系民族除留在西北的以外，另一部分则沿岷江、大渡河、雅砻江、金沙江、怒江，顺横断山脉南下，逐渐形成今天的彝、哈尼、傈僳、纳西、拉祜、白、景颇、羌、普米、怒、独龙、基诺、阿昌等民族。这样就可以解释土家族与各个讲藏缅语的民族相隔虽然遥远，却属于同一语族的原因。

丹麦语言学家拉斯克（Rasmus Christian Rask，1781—1832）在《古代北方语或冰岛语起源的研究》一书中指出，在没有书面文献以前，我们要找出任何民族的历史，语言就是一种主要的工具，因为这个民族的宗教、风俗、法律和制度尽管起了变化，而它的语言却常被保存下来。语言虽然不是没有改变，只是在几千年后还可以辨认出来③。这样，我们就可以依据现代藏缅语族诸语言的材料和古代汉语的材料，用比较的方法找出“巴”字的正确含义。

自古以来，我国许多民族都有崇尚某种颜色的传统。《礼记·檀弓上》说：“夏后氏尚黑，大事敛用昏，戎事乘骊，牲用玄；殷人尚白，大事敛用日中，戎事乘翰，牲用白，周人尚亦，大事敛用日出，戎事乘骠，牲用骍。”春秋时，生活在今山西省及附近的“狄人”有“赤狄”和“白狄”，这是因衣服的颜色而得名，恐怕也和他们所崇尚的颜色有关。今白族仍尚白，而生

① 韦庆稳：《越人歌与壮语的关系试探》，《民族语文论集》，中国社会科学出版社 1981 年版。
② 《山海经校注》，上海古籍出版社 1980 年版，第 453 页。
③ 转引自岑麒祥：《语言学史概要》，科学出版社 1958 年版，第 103 页。

活在川滇间有自称“普米”的普米族和部分藏族，“普米”就是“白人”的意思①。四川凉山的甘洛、越西及雅安地区的汉源有自称“尔苏”的居民，“尔苏”也是“白人”之义②。彝族普遍尚黑，他们中有自称“诺苏”“糯苏”“纳苏”“尼苏”的，都是“黑人”的意思。“诺”“糯”“纳”“尼”是同一词“黑”在彝语各方言中的不同记音。他们所居的山脉叫“纳拉”（黑虎）山脉，他们长期活动的雅砻江和金沙江叫“纳彝”或“诺矣”，即“黑水”之意。《山海经》《吕氏春秋》《大戴礼记》《世本》和《史记》都提到的“若水”，就是雅砻江及其下游的一段金沙江。“若”古音为日母铎部字，上古读为＊njak③，与现代藏缅语诸语言的“黑”字有明显的对应关系：

藏文 nag　缅文 nak　嘉戎 nak　普米 nja　哈尼 na̱
拉祜 na̱　纳西 na　基诺 na　傈僳 nE̱　载瓦 noʔ
彝（撒尼）ne　彝（凉山）no　彝（阿细）ne̱　独龙 nàʔ
羌（麻窝）njiq

为印刷方便，用 nj 表示上面民族言中的舌面鼻音。这说明，“若”是当时一种藏缅语（很可能是古彝语）的汉字记音，其义为“黑”。同样，我们可以从“廪君死，魂魄世为白虎”及巴族首领“白虎夷王”中得知，巴族除以虎为图腾外，还崇尚白色。“巴”是古代巴语的汉字记音。《广韵》“巴”音“伯加切”，上古为鱼部帮母字，应读＊prag，在巴语中应为“白”义。这一点有以下现代藏缅语表示“白”义的词为证：

纳西 phar　白（碧江）pɛ　羌（桃坪）phzji　羌（麻窝）phi
彝 pha　傈僳 phu　哈尼 phju　缅文 phju
景颇 phɹo　基诺 pɹu　载瓦 phju　阿卡 pyu

为印刷方便，用 zj 表示与 z 发音方法相同的舌尖后音。以上各民族语中，声母后的 r 表示卷舌化，也可以看成是复辅音声母。这些词的声母和“巴”（＊prag）一样，都是双唇清辅音。“巴”字在中古属于二等字，上古虽然没有“等”之名，却有“等”之实，“巴”在上古也应属于二等。一般

① 陆绍尊：《普米语概况》，《民族语文》1980 年第 4 期。

② 孙宏开：《尔苏（多续）话简介》，《语言研究》1982 年第 2 期。

③ 据李方桂《上古音研究》（商务印书馆 1980 年版）拟音。下同。

认为二等字都有介音，王力把这个介音拟成 e①，李方桂认为应是卷舌化的 r②，并指出“介音跟前面的声母连起来也可以算是复辅音声母”③。在缅文、景颇、基诺语中，这个 r 仍然保留了下来，羌语（桃坪）中保存的是 zj，而载瓦等语言中保存的则是介音。从历史比较语言学的观点来看，“巴”（* prag）与以上各种语言中表示“白”义的词同源。由此可见，所谓“巴人”即是“白人”的意思。

在汉藏语系的各种语言中，汉语有历史悠久的文字，因而有大量的语言材料可资比较，而且汉语与藏缅语的关系近而与苗瑶、壮侗语的关系稍远。基于这个事实，美国语言学家本尼迪克特甚至把壮侗、苗瑶两个语族划出汉藏语系④。所以，可以用汉语材料作重要旁证。张永言先生认为下面这些词都因为有白义而得名：“葩”（芭）$p^{h}a$/pa（指白花）、“皅”$p^{h}a$（白色草花）、“皤”（顮）、pwa/bhwa（老人白头）、羣 pie（须发半白）、“貔”pi/bhi（白狐或白豹）等⑤。这使我们更加相信“巴”的意思是“白”。

总之，巴族是古代氐羌系民族的一支，以虎为图腾，崇尚白色。“巴”最初为族名，就是“白”的意思，立国后为国名，而以地名保持至今。

---

① 王力：《汉语史稿》上册，中华书局 1980 年版。

② 李方桂：《上古音研究》，商务印书馆 1980 年版，第 15 页、第 22-23 页。

③ 李方桂：《上古音研究》，商务印书馆 1980 年版，第 24 页。

④ [美] 本尼迪克特：《台语、加岱语和印度尼西亚语——东南亚的一个新的联盟》，李恕豪译，中国社会科学院民族研究所语言研究室编：《汉藏语系语言学论文选译》。

⑤ 张永言：《关于词的“内部形式”》，《语言研究》，1981 年第 1 期。

释《诗·卫风·木瓜》中“木”字的含义*

一、问题的提出

《诗·卫风·木瓜》是一首优美的古代民间情歌，全文如下：

投我以木瓜，报之以琼琚。匪报也，永以为好也。
投我以木桃，报之以琼瑶。匪报也，永以为好也。
投我以木李，报之以琼玖。匪报也，永以为好也。

对于“木瓜”一词，《毛传》解释道：“木瓜，楙木也，可食之木。”《尔雅·释木》说：“楙，木瓜。”郭璞注：“实如小瓜，酢可食。”陆玑也说：“楙，叶似柰叶，实如小瓜。”① 以上都只解释了“木瓜”一词，而未训释“木桃”“木李”。

宋陆佃认为“木桃”“木李”都是木瓜的别种。他说：“圆而小于木瓜，食之酢涩而木者，谓之木桃；木李大于木桃，似木瓜而无鼻，其品又下木桃，亦或谓之木梨，梨盖声之误也。鼻即瓜之脱华处。”② 明李时珍接受了陆佃的观点，并进一步把“木桃”解释为“樝子”，把“木李”解释为“榠樝”③。《辞源》（1980年修订本）完全依照李氏的意见，说：“木桃，果名。即樝子。”“木李，果名。即榠樝，又名木梨。”台湾《中文大词典》与此解释同。其实，陆佃、李时珍的解释都是错误的，清胡承珙反驳说：“樝子、

* 原载《社会科学研究》1988年第2期。
① 《毛诗草木鸟兽虫鱼疏》卷上“投我以木瓜”下。
② 《埤雅》卷十三。
③ 《本草纲目》果部第三十卷果之二。

榠樝在《木草别录》，《图经》并无木桃、木李之名，后人因《诗》而被以此名耳。《传》以木瓜为楙，用《尔雅》文，而木桃、木李无训。《尔雅》以瓜不木生，故独释楙为木瓜……毛公无训，盖即以为桃、李。”① 胡氏的看法是正确的。《毛传》《尔雅》《陆疏》不解释木桃、木李，是因为在他们看来这两个词理所当然指桃子和李子，不用解释。事实上，今天大多数的《诗经》注译本都把木桃、木李解释成桃子和李子。那么，“木桃”“木李”中的“木”字又是什么意思呢？

梁任昉的《述异记》说：“桃之大者为木桃。”但是，遍查各种字书、辞书及前人传注，“木”都没有训释为“大”者。王夫之认为，“木”即木头的意思。他说：“木瓜、木桃、木李者，非瓜果也，盖刻木为之以供戏弄。”②其实，古代的青年男女互赠水果是表达爱情的一种方式，这种风俗到晋代犹然。例如潘岳出游，就有许多妇女为表示爱慕而“投之以果”③。《四库全书·诗经稗疏提要》批评道：“木瓜、木桃、木李为刻木之物……未免近凿。”今人周法高认为，“木”是共名，“瓜”“桃”“李”是别名，这是一种把共名放在别名前的习惯④。的确，在古代汉语中存在着共名置于别名前的构词方式，例如《礼记》称“鲔鱼”为“鱼鲔”，《左传》称“乌鸟”为“鸟乌”，《孟子》称“芥草”为“草芥”⑤，等等。但周氏这里只解释了这三个词的构词方式，而没有涉及“木”本身的意义。我们暂且放过“木瓜”一词，按照周氏的解释，“木桃”“木李”就应当是“桃木”“李木”。桃木、李木即桃树、李树怎么能够在青年男女表达爱慕之情时用来相投（赠）呢？这显然不合乎情理。

由此可见，关于“木”字的意义，始终缺乏一个比较满意的解释。

---

① 《毛诗后笺》卷五《卫·木瓜》。

② 《诗经稗疏》卷一《卫风·木瓜》下。

③ 《晋书·潘岳传》。

④ 周法高：《中国古代语法·构词篇》，台湾“中央研究院”历史语言研究所1959年版，第334页。

⑤ 俞樾：《古书疑义举例》卷三《以大名冠小名例》。

二、卫国居民的来源

《诗经》中的国风是周代的各地民歌，有浓厚的地方色彩，所用的语言自然有各地方言。因此我们把这个“木”字看作是卫方言中有着特殊意义的方言词语。而要了解语言及其发展的规律，就必须把语言同社会发展的历史，同创造这种语言、使用这种语言的人民的历史密切联系起来。这点，是探索“木”字意义的关键。

卫国是周成王时卫康叔所建，其地为原商王所在之地。卫国的统治者是少数的姬姓贵族，广大人民则是原住此地的殷遗民。卫国最初都朝歌（今河南淇县东北朝歌城），春秋时卫文公迁楚丘（今河南滑县东），卫成公时又迁帝丘（今河南濮阳县西南颛顼城）。卫国大体在今河南北部、河北南部以及山东西部一带①。而在我国古史的传说时代，这一地区是我国东部夷人的重要一支——颛顼部落的主要活动地区。颛顼后裔中最重要的一支是祝融②。《国语·郑语》说：“祝融……其后八姓于周未有侯伯。佐制物于前代者：昆吾为夏伯矣，大彭、豕韦为商伯矣。当周未有。己姓：昆吾、苏、顾、温、董……彭姓彭祖、豕韦、诸稽，则商灭之矣。”祝融部落的主要活动区域是与卫相邻的郑（今河南新郑县）。《左传·昭公十七年》说：“郑，祝融之虚也。”

在夏代，卫地为祝融后裔昆吾所据，《汉书·地理志》说：“（帝丘）今之濮阳是也。本颛顼之虚，故谓之帝丘。夏后之世，昆吾氏居之。”昆吾是夏朝时强大的诸侯国，有很高的文化，其人民善于制造陶器和铸造铜器，夏后启曾命人在昆吾铸鼎。昆吾后来为商所灭。《诗·商颂·长发》：“韦、顾即伐。”郑笺：“韦，豕韦，彭姓也。”《广雅·释天》：“营室谓之豕韦。”王念孙疏证：“今卫辉府滑县，古豕韦氏国，春秋时卫地也。”豕韦国在今河南滑县东南的韦城镇。

可见，从古史的传说时代直到夏商，卫地一直是夷人部落颛顼及其后裔昆吾、豕韦等的重要活动场所。这一地区有着悠久的历史和先进的文化。

---

① 《史记·卫康叔世家》。

② 《史记·楚世家》。

商人征服这一地区后，把这里的人民降为奴隶。周灭商以后他们又成了卫国贵族的奴隶。《左传·定公四年》说："分康叔以……殷民七族……皆启以商政，疆以周索。"郭沫若解释说，这些殷民七族"都是商之遗民或原属殷人的种族奴隶。大抵工作是照旧，即所谓'启以商政'"①。

关于己姓昆吾后裔的悲惨处境，《左传·哀公十七年》记载了一条宝贵的资料：

> 卫侯梦于北宫，见人登昆吾之观……初，公登城以望，见戎州。问之，以告。公曰："我姬姓也，何戎之有焉？"翦之……辛巳，石圃因匠氏攻公。公阖门而请，弗许。逾于北方而队，折股。戎州人攻之，大子疾、公子青逾从公，戎州人杀之。公入于戎州己氏。初，公自城上见己氏之妻发美，使髡之，以为吕姜髢。既入焉，而示之璧，曰："活我，吾与女璧。"己氏曰："杀女，璧其焉往？"遂杀之，而取其璧。

昆吾后裔的戎州人，可以被卫国的姬姓国君毫无理由地"翦之"（即残害），可见其深受压迫。在古代，只有奴隶和罪人的头发才会被剃下来作假发。《仪礼·少牢馈食礼》："主妇被锡衣移袂。"郑玄注："被锡读为髲鬄。古者或剔贱者刑者之发以被妇人之紒为饰。"可见，己姓戎州人的确是卫国统治者的种族奴隶。直到春秋末年的公元前478年，作为昆吾后裔的戎州己氏仍然存在，并保留了他们的种族组织②。因此，在周代，卫国的人民主要是由夷人颛顼部落的后裔所组成。

三、古代夷语是一种壮侗语

古代东夷集团的语言与华夏语（汉语的前身）不一样。在周代，那些尚未融合于华夏族的东夷人民仍然使用自己的语言。《礼记·王制》说："中国、夷、蛮、戎、狄五方之民，言语不通，嗜欲不同。"不过当时的卫国人民已经使用汉语，因为《诗·卫风》是用汉语写的。但是在卫方言中必然保

---

① 郭沫若：《奴隶制时代》，人民出版社1973年版，第27页。

② 杨伯峻：《春秋左传注》第四册，中华书局1981年版，第1710页"戎州"下引沈钦韩《地名补注》说："州者，是其州党之名。"

存了一些来自夷语的词，“木”字便是其中之一，正如在今天的汉语粤方言中仍然保存了一些来自古代壮语的词一样①。

徐松石指出，古代的东夷民族与今天的壮族、傣族有着共同的来源②。梁钊韬认为东夷民族与古代东南沿海的越族有共同的来源。他指出，东夷是百越集团中北上争夺中原的那些部落形成的。他提出河姆渡、青莲岗、大汶口、山东龙山这一系列从南到北的文化，在时间上有继承关系，这是百越部落北上而形成东夷集团的结果，而古代东夷集团与现代壮侗语族各民族有共同的祖先，同属人类学上的“海岱蒙古利亚种族”③。邢公畹则断定：“历史上的东夷集团的语言就是后来逐渐演变为侗台语族的一种语言。”④ 田曙岚着重考察了“濮”这个地名，认为这是古代濮人留下来的，而古代濮人正是现在我国西南仡佬族的祖先⑤。因而他断定仡佬族先民就是曾一度发展到山东、河南一带的“濮人”⑥。这样便把卫地及其附近的先民与今天的仡佬族直接联系上了。仡佬语是汉藏语系壮侗语族中与壮傣语支最接近的一种语言⑦。因此，古代卫国的土著居民原先的语言，是接近于壮侗语族的语言。由于卫国及其周围地区是一个开发很早的文化中心，卫方言是一种极能抵御外来影响的非常保守的方言⑧，因而能够长期保存来自古代东夷语的方言词语。

四、“木”思是水果

既然《卫风·木瓜》中的“木”字是来自古代东夷语的词，而古东夷语又是一种壮侗语，我们自然可以依据现代壮侗语族诸语言的材料，通过比

① 岑麒祥：《从广东方言中体察语言的交流和发展》，《中国语文》1953年4月。

② 徐松石：《粤江流域人民史》，中华书局1941年版，第216页；《泰族僮族粤族考》，中华书局1946年版，第164页。

③ 梁钊韬：《百越对缔造中华民族的贡献——濮莱的关系及其流传》，《百越民族史论集》，中国社会科学出版社1982年版。

④ 邢公畹：《汉藏系语言及其民族史前情况试析》，《语言研究》1984年第3期。

⑤ 田曙岚：《论濮、僚与仡佬的相互关系》，《思想战线》1980年第4期。

⑥ 田曙岚：《论濮、僚与仡佬的相互关系》，《思想战线》1980年第4期。

⑦ 贺嘉善：《仡佬语简志》，民族出版社1987年版，第8页。

⑧ Paul L—M Serruys：*The Chinese Dialects of Han Time According to Fang Yen*, pp185—186, 218—219, 234—235, University of California Press Berkeley and Los Angeles, 1959。

较，找出“木”字的确切含义来。

“木”字在上古汉语中读 * mok①，意思应该是水果，因为在壮语和傣语中水果都叫 ma:k，古暹罗语为 mak，它们的语音相近，有共同的来源，与仡佬语的 mei（水果）也同源。有趣的是，壮语的桃子读 ma:k ta:u，与《卫风·木瓜》中“木桃”的读音一致。

壮侗语族的各种语言的构词方式都是共名在前，别名在后。例如在德宏傣语中，鸟的总称是 lok，八哥是 lok keu，斑鸠是 lok tu。仡佬语中水果的总称是 mei，桃子是 mei plang，柿子是 mei si hua。在武鸣壮语中，水果的总称是 ma:k，李子是 ma:k mən，葡萄是 ma:k it，柚子是 ma:k puk。《诗·卫风·木瓜》中的“木瓜”“木桃”“木李”正是采用壮侗语中共名在前、别名在后的顺序。因此，“木瓜”“木桃”“木李”按照共名在前、别名在后的顺序就是“果瓜”“果桃”“果李”，折合成汉语共名在后、别名在前的顺序则为“瓜果”“桃果”“李果”。从这里我们也就明白“木瓜”一词的语源了。《尔雅》郭注和陆疏都说它“实如小瓜”，因此这种水果以“瓜”为名，但木瓜不是一种瓜，因而冠以表示水果的词“木”以示区别。

“木瓜”“木桃”“木李”是由华夏语中固有的词“瓜”“桃”“李”与来自夷语的词“木”组合而成的，其构词方式仍然遵守夷语的语法规则。这种混合现象不是个别的，例如《山海经·海内经》说：“西南黑水之间有都广之野，后稷葬焉，爰有膏菽、膏稻、膏黍、膏稷，百谷自生，冬夏播琴。”这里的“膏”就是一个古壮侗语的词，意思是谷物，与现在壮侗语族各语言中表示谷物的词同源②。“菽”“稻”“黍”“稷”是汉语中固有的词，其构词方式也遵守壮侗语的共名在前、别名在后的组合顺序。

① 根据王力《汉语史稿》拟音。

② 游汝杰：《从语言地理学和历史语言学试论亚洲栽培稻的起源与分布》，《中央民族学院学报》1980 年第 3 期；罗美珍：《从语言上看傣、泰、壮的族源和迁徙问题》，《民族研究》1981 年第 6 期。

词汇研究及古书标点质疑

论语言信息和汉语词汇系统双音节化的关系*

在古代汉语的词汇系统中，单音词占绝对优势，而现代汉语，却以双音词为主，这说明双音节化是汉语词汇发展的一条重要规律。与此同时，汉语的音位系统经历了一个由繁到简的过程。对于这两条规律之间的关系，前人已经作了不少论述。我们认为，使用信息论的观点可以更加合理地说明这两条规律之间的内在联系，因为语言就其本质来说，就是一种信息。陈原说："信息是由物理载体（按一定方式排列的信号序列）与语义两者构成的统一体。在这个意义上，语言本身也可以称为信息。"①

一

语言是人类特有的社会现象，交际即传递信息是语言最重要的功能。随着社会的发展，新的事物和概念不断地产生，这就要求人们在交际中不断地创造和使用新的词语。在语言的发展过程中，既有新词的产生，也有旧词的消亡，但从总体上看，词语增加的趋势是主要的。词汇量的增加实际上就是词汇系统所提供的信息量的加大。

但是，假如汉语音位的总数不变，词语仍然采用原来的以单音节为主的形式，那么，词汇系统所提供的信息量就必然会受到很大的局限。我们知道，语言是一种两层的分层装置，它的底层是一套音位，就叫做音位层，音

* 原载《四川师范大学学报》1993年第3期。

① 陈原：《社会语言学》，学林出版社1983年版，第68页。

位一般只有几十个。语言的上层是音义结合的符号以及符号与符号相组合的序列，叫符号层，其中又可以分为若干级。第一级是由音位组合成的音节。由于在古代汉语中单音词占优势，因此这一级一般也就是词；现代汉语以双音词为主，这一级在多数情况下是语素。第二级是音节与音节组合成的符号。这一级在古代汉语中一般是词组，在现代汉语中一般是词。再往上的组合就是更复杂的词组或句子了。由音位层组合为符号层，以及在符号层内部由第一级组合为第二级，由第二级组合成第三级，这就是语言层级装置的运转情况，其中高一级的单位比低一级的单位在数量上要多得多。一般说来，语言中音位层上的单位只有几十个，而符号层中第一级的单位则上千，第二级可以上万，第三级以上就无限了。由此可见，古代汉语的词一般处在符号层的第一级上，可以用来区别语义的符号只有几千个，而现代汉语的词大多处在符号的第二级上，可以用来区别语义的符号在数万个以上。在汉语中，如果仍然使用单音词来表示新的意义，那么语言符号中的形式部分语音的选择余地就必然很小，不能满足语言符号中的内容部分意义日益增长的需要。在原有的构词模式下，为表达新的意义，汉语的词汇可以采用以下两种方式。

一是增加同音词。大量的同音词必然会增加歧义，影响语言交际的效果。当然，在多数情况下，歧义可以被语境（context）排除，但是当同音词多到一定程度时，语境有时就不太容易排除这些歧义了。从信息论的观点看，同音词的出现必然会使词所负载的信息量（information content）减少。这是因为词所提供的信息量与词在一定的语境中所出现的概率（probability of occurrence）成反比。如果在某个语境中，只可能出现 a，b 两个词，而且它们出现的可能一样大，那么出现 a 的概率 Pa 和出现 b 的概率 Pb 都等于$\frac{1}{2}$。如果在某个语境中有 n 个出现概率一样的词 a_1，a_2，a_3……a_n，那么，每个词的概率都是$\frac{1}{n}$。概率相同的词所负载的信息量完全一样。如果在某个语境中只有 a，b 两个词，当 a 平均出现两次时，b 平均出现一次，那么，$Pa=\frac{2}{3}$，$Pb=\frac{1}{3}$。由于词的出现概率与词的信息量成反比，因此，a 的信息量必然小于 b

的信息量。这就是信息论的基本原理。信息量一般以“比特”（bit①）为单位。出现概率为$\frac{1}{2}$的单位所负载的信息量为 1 比特，出现概率为$\frac{1}{4}$的单位所负载的信息量为 2 比特，出现概率为$\frac{1}{8}$的单位的信息量为 3 比特。也就是说，信息量等于以 2 为底数的出现概率分母数字的对数，即$\log_2{}^2=1$，$\log_2{}^4=2$，$\log_2{}^8=3$，……可见，同音词的增加，使同一种声音形式出现在同一语境中的可能性相应增加，增加了出现概率，造成词的信息量的减少，因而不利于语言交际中信息的传递。

二是使词由单义向多义发展。具体步骤是一个词在原有意义基础上，通过各种方式引申出新的意义。例如，“牧”本是一个单义词，根据《说文解字》的解释，意思是“养牛人”。这个我们所能考察到的最早的意义称之为“本义”。由这一本义可以引申出下列各个意义：

养牛人 ┌ 牧人
　　　 └ 牧牛——畜牧——牧场——远郊
　　　　　　　　 └—统治——地方官

例如，《诗·小雅·无羊》：“尔牧来思，何蓑何笠。”《孟子·公孙丑下》：“今有受人之牛羊而为之牧之者。”《诗·邶风·静女》：“自牧归荑，洵美且异。”《尔雅·释地》：“邑外谓之郊，郊外谓之牧。”《管子·牧民》：“凡有地牧民者，务在四时，守在仓廪。”《后汉书·刘焉传》：“太仆黄琬为豫州牧，宗正刘虞为幽州牧。”引申可以分为直接引申和间接引申。多次间接引申以后的意义和本义相去很远，往往看不出它们之间在意义上的联系。清代学者戴震说，本义“展转引申为他义，有远，有近，有似远义实相因”②。上面“牧”的意义中“养牛人”和“地方官”的关系就是这样。如果人们不知道它们在语义上的联系也可以把它们看作是同音词。由此可见，多义词与同音词一样，能够使出现于同一语境中相同的声音的概率增加，从而使词的信息量减少，因而不利于语言的交际。

① bit 是二进位数 binary digit 的英文缩写。
② 戴震：《戴东原集》卷三《答江慎修先生论小学书》。

总之，在原有单音节的构词模式下，汉语要表达新的意义，无论是采用创造新的同音词还是通过词的引申方式，结果都会导致词的信息量的减少。

于是，汉语不得不采取用双音节的构词方式来解决交际内容的扩大与词语的信息量日益减少的矛盾。双音节是音节与音节的再组合，最初是词与词的组合，应当看成是词组，后来凝固下来才逐渐变成了一个词，这时，原来的词就成为语素了。这个过程，就叫做“粘合”。索绪尔说：“粘合是指两个或者几个原来分开的但常在句子内部的句段里相遇的要素互相熔合成为一个绝对的或者难于分析的单位。”① 无论是上述的哪一种情况，双音词都处在符号层的第二级上面，其数量比第一级多得多，这有利于减少语言中同音词和多义词，从而增加词语的信息量。

例如，“白”是一个多义词，主要表示“黑”的反义。由这个意义引申出：（1）清楚，（2）没有效果，（3）无代价或报偿。“白”也是一个同音词，因为它还可以表示：（1）说明、陈述，（2）戏曲唱腔以外的语句。当我们使用“白”构成双音词“白色”“明白”“白费”“表白”“道白”的时候，“白”原来的各个意义就以新的双音形式出现，不再使用共同的语音形式，避免了同音和歧义，从而使词语所负载的信息量得到了增加。

双音词对语义的选择和确定是通过语言中有意义的单位的组合来实现的。如上所述，一个单独的“白”至少有五个意义。当“白”与“色”组合时，只能选择与“黑”相反的这一意义，而排斥其他的四个意义；而当“明”和“白”组合时，“白”只能选择“清楚”这一意义。同样，在“白费”“表白”“道白”中，“白”的意义的选择也要受它与“费”“表”“道”组合时的语义的限制。我们也可以把出现在“白”的前面或后面的“色”“明”“费”“表”“道”看作是“白”的各个意义所出现的语境或上下文。“白”出现在“色”的前面时，只允许“白”表示与“黑”相反的这一意义出现，而不允许其他四个意义出现；当“白”出现在“明”后面时，只允许“白”的“清楚”的意义出现，而排斥其他意义，余此类推。无论是提供组合成分或者提供语境和上下文的制约，都突破了原来词语的单音节模式。

由此可见，汉语的词汇系统从单音节向双音节转化的原因，主要在于社会的发展和交际的增加，从而要求词语具有更多的信息内容。正如荀子所说：

① ［瑞士］索绪尔著，高名凯译：《普通语言学教程》，商务印书馆1985年版，第248页。

“单足以喻则单，单不足以喻则兼”①。

二

从单音节到双音节，从组合的层次上讲，是进入到了更高的一级，而从音位与音位的组合上看，则是增加了组合长度（syntagmatic length）。组合长度的增加，必然导致音位系统的简化。

在任何语言中，组合关系和聚合关系都是最重要的两种关系，它们有密切的联系。由较低层次的聚合单位所组成的较高层次单位的组合长度，与聚合群中各个单位的数量成反比②。我们假定在一个系统中只存在着两个较低层次的聚合单位 0 和 1，在另一个系统中有八个较低层次的聚合单位，就是从 0 到 7 的数字。我们还要提出另一条假设，就是在这两个系统中，所有的聚合单位都可以不受限制地与其他聚合单位任意组合。如果使用第一个两位系统的单位，通过组合构成八个不同的较高层次的单位，那么每个单位必须得有三个数字，它们的组合长度为三，即 000、001、010、011、100、101、110、111。如果使用八位系统的单位组成八个单位，每个单位只需要一个数字，即 0、1、2、3、4、5、6、7，其组合长度为一。如果要组成六十四个较高的单位，两位系统的组合长度必须是六位数，即 $64=2^6$，八位系统的组合长度则仅仅是两位数，即 $64=8^2$。于是可以得到下面这个公式：$N=n^m$。其中，N 表示较高单位的数量，n 表示聚合群中单位的数量，m 表示组合的长度。这个公式也可以写成 $m=\log_n N$。

当组合长度增加一倍时，情况将是这样：

$$m=\log_n N \Rightarrow 2m=2\log_n N=\log_n N^2=\log_{\sqrt{n}} N$$

这时，如果聚合群中单位的数量不变，组合后的较高单位的数量就是原来数量的平方（$2m=\log_n N^2$）。如果较高单位的数量保持不变，聚合群中单位的数量则是原有数量的平方根（$2m=\log_{\sqrt{n}} N$）。可见，组合的长度与组合后较高单

① 《荀子·正名》。

② 确切地说，应该是成一种反函数。赵元任：《语言问题》，商务印书馆 1980 年版，第 226 页。

位的数量成正比，而与聚合群中的单位数量成反比。

汉语词语由单音节转化为双音节，音位的组合长度增加了一倍，即 $m \Rightarrow 2m$，这就使新词的产生在语音形式上拥有比过去多得多的选择余地（$N \Rightarrow N^2$）。假如词汇的总量（N）仍然保持不变，音位的数目（n）必然会大大减少（$n \Rightarrow \sqrt{n}$）。

实际上，语言中所发生的情况并不是这样简单。

首先，在一种语言中，不是任何一个音位都可以不受限制地与另外的音位组合，例如，舌根辅音在现代汉语中便不能与齐齿呼、嘬口呼的韵母相组合。有些音位不能出现在某些特定的位置上，例如舌根鼻音 ng 在现代汉语中便不能出现在一个音节的开头，而双唇鼻音 m 则不能出现在一个音节的末尾。因此，音位与音位组合而形成的单位在数量上必然比上述情况要少得多。这样就可以得到下面这样一个公式：

$$N = P_1 \times P_2 \times P_3 \cdots\cdots P_m$$

其中，N 仍然表示组合以后较高单位的数量，m 表示组合的长度，P_1 表示能出现在组合的第一个位置上聚合单位的数量。在现代汉语中，P_1 可以是 /n/、/s/、/t/等等。P_2、P_3、P_4 则分别表示能出现组合的第二个、第三个、第四个位置上聚合单位的数量。在现代汉语中，P_2 可以是/i/、/u/、/y/等，P_3 可以是/a/、/o/、/u/等等，P_4 可以是/i/、/u/、/n/等等，这样，便可以组成像/liau/这类的音节（语素或词）。但是，并非凡是能够出现在 P_l 位置上的音位，都可以与出现在 P_2 位置上的音位相组合，例如现代汉语中的/s/便不能与/y/组合。P_2 同 P_3，P_3 同 P_4 也有这种情况。我们假设不能组合的（或不能接受的）高一层次的单位有 x 个，因此，上述公式应当修正为：

$$N = P_1 \times P_2 \times P_3 \cdots\cdots P_m - x$$

虽然如此，语言中音位的数量与组合长度之间仍然存在着反比关系。

其次，语言中各个词的组合长度并不完全相等。现代汉语虽然以双音词为主，但也存在着大量的单音词，而且单音词的使用频率还相当高，各个单音词中所包含的音位的数量也不相同。但为了比较方便地说明问题，我们仍然以上述公式为出发点做进一步的阐述。

假如汉语的词汇系统在古代是绝对的单音节，在现代是绝对的双音节，而词汇总量又保持不变，根据上述公式，音位的数量将变成原有音位数量的平方根。这种减少是相当剧烈的。但是古代汉语并非绝对的单音节，现代汉语也不是绝对的双音节，因而在汉语词汇系统中，音位组合长度的增加不到一倍①。另外，随着社会的发展，词汇总量应当逐步增加，不可能保持不变。因此，汉语音位的数目不会以平方根倍数那样剧烈地减少，但无论如何，汉语词汇的双音节化给音位施加了很大的缩减压力。

由此可见，社会的进步和交际的发展要求语言必须扩大词汇量（N），但如果仍然采用单音节的构词方式，只能使词所担负的信息内容减少，这不利于交际。为了增加信息量，汉语的词汇系统不得不以单音节为主的形式向以双音节为主的形式转化（$m \Rightarrow 2m$），从而引起汉语音位数量（n）的减少。

三

汉语词汇系统的双音节化，还有利于增加剩余信息（redundancy），克服噪音（noise）。所谓剩余信息，是指超过传递最小需要量的信息；而噪音，则是指传递时的干扰。这种干扰会使信息失真和减少。由于剩余信息可以排除噪音的干扰，因此在一般情况下，为了保证理解，总要给出比实际需要更多的信息。可见，语言中有一定的剩余信息是完全必要的。

例如，在古代汉语中，“道”的本义是道路。《说文》：“道，所行道也。”“道”的引申义至少有：（1）途径；（2）方法；（3）方向；（4）技艺；（5）规律；（6）思想，学说；（7）道德。另外，“道”还有一些同音词。如前所述，词的多义和同音现象必然会减少词的信息量，因此，古代汉语中单音节的“道”在交际中就处于信息量日益减少的过程之中。我们选择一个与“道”的本义相同的“路”，来与“道”共同组成一个复合词“道路”。这时，双音节的“道路”一词不仅阻止了“道”所负载的信息量日益减少的趋

① 有人做过统计，在现代汉语中，词和字的比例大约是 1.7∶1。古代汉语中的一个字大致相当于一个词，但也存在着一些双音节的联绵词和复合词。因此，从古到今，汉语词汇系统中音位组合长度增加不会超过 0.7。

势，而且还使这个新词有了剩余信息。因为“道”与“路”的意义相同，这两个音节的相继出现，就意义而言，是同义重复。《诗·秦风·蒹葭》“道阻且长”，在《古诗·行行重行行》中则是“道路阻且长”。从对意义的理解来看，“道路”比“道”更为清楚明晰。

剩余信息虽然能够克服噪音的干扰，有利于信息的传递，但并不是剩余信息越多越好。在交际中，我们只需要适当的剩余信息就可以了，如果过量，就不合乎语言交际中经济简便的原则①。

现在我们回到我们前面的 $m = \log_n N$ 的公式中，如果组合的长度增加一倍，则是：

$$2m = 2\log nN = \log_n N^2 = \log_{\sqrt{n}} N$$

也就是说，这个时候聚合群中的单位是原来单位的平方根（ $\sqrt{n}$ ）。假如原来聚合群的单位是 64 个，到这时只需要 8 个（ $\sqrt{64} = 8$）单位便可以提供组合长度为 m 时 64 个聚合单位所提供的信息量。这是惊人的减少。从另外一个方面说，假如这个时候的聚合单位（n）仍然不变，那么，它可能提供的信息比原来的信息要多得多（应该多出 $N^2 - N$；如果 $N = 1000$，则 $N^2 - N = 999000$）。这大大地超出了必要的剩余信息。汉语词汇系统的双音节化，总的说来，组合长度并没有增加一倍，音节内部各个音位的组合也要受到种种限制，语素和语素（一般体现为音节与音节）的再组合更要受到语义的制约，而从词的数量上看，总的趋势是增加的，并没有维持原来的数目。总之，它远远不能达到上述公式那样极端的程度。但有一点是相似的，就是假如汉语音位的数量不变，双音节组合后所提供的剩余信息将大大超过排除噪音干扰的需要，为了符合经济的原则，这就必须缩减音位的数量，这就是汉语在发展的过程中音位数目减少的根本原因。

① 关于剩余信息在语言交际中的分寸问题，可参看钱冠连：《语言冗余信息的容忍度》，《现代外语》1986 年第 3 期。

四

汉语中个别的双音词虽然早在殷商时代就已经开始出现，但汉语词汇复音节化却应当在西周、春秋时代。在这之后，汉语中双音词的增加是相当迅速的①。双音词的大量出现，必然引起汉语音节结构内部的变化。黄志强、杨剑桥指出，在上古汉语中，音节结构比较复杂，不仅存在着大量的复辅音声母，而且不少的阴声韵字也有辅音韵尾。那时汉语音节的一般结构公式是：

起首辅音+基本辅音+元音+辅音韵尾

西周、春秋到东汉、魏晋是汉语语音大大减化的时期。其具体表现是复辅音声母逐渐丧失殆尽，具有辅音韵尾的阴声韵字也脱落韵尾②。我们认为，复辅音声母的失落大致完成于东汉末年。因为反切起源于汉魏之际，假如当时在汉语的音节结构中存在着大量的复辅音声母，那么，反切上字必然非常复杂，因而不利于反切的拼音方法。部分阴声韵带的辅音韵尾的失落时间可能要晚一些。黄志强、杨剑桥认为它们的完全丢失大致在齐梁之际③。复辅音声母的丢失以及阴声韵的部分辅音韵尾的失落并没有造成音位数量的减少，但使得音位在组合长度方面缩减。汉语音节结构的简化和音位组合长度的压缩，促使了同音词的增加，从而有利于减少语言交际中过多的剩余信息。由此可见，双音节化带来的过多的剩余信息，是造成汉语音节内部结构简化、同音词增加的重要原因。

魏晋以后，汉语复音化的速度加快，尤其到了唐代，"汉语双音节非常丰富了"，"它们是出乎意外的多，而且多数一直传到现代，丰富了现代汉语的词汇"④。大量的双音词给汉语带来了大大超过需要的剩余信息。这时，由于过去的复辅音声母和阴声韵的部分辅音韵尾已经丢失，因此，汉语一般只能使用缩减音位数目的办法来解决这一问题。王力说："现在我们还不十分

---

① 黄志强、杨剑桥：《论汉语词汇双音节化的原因)，《复旦学报》1990 年第 1 期。

② 黄志强、杨剑桥：《论汉语词汇双音节化的原因》，《复旦学报》1990 年第 1 期。

③ 黄志强、杨剑桥：《论汉语词汇双音节化的原因》，《复旦学报》1990 年第 1 期。

④ 王力：《汉语史稿》中册，中华书局 1980 年版，第 345 页。

了解唐末和宋代的实际语音情况，但是有种种迹象使我们相信从八世纪起，实际语音要比《切韵》系统简化了一倍（13）。”① 从宋到元，双音词进一步增加。这时，汉语不仅继续沿着减少音位的方向发展，同时还进一步压缩音位组合的长度，这就是入声韵尾辅音的脱落。这种脱落使入声与阴声韵合流，这又增加了一大批同音词，从而使汉语的语音系统进一步简化。王力在论述这一时期的情况时说：“到了《中原音韵》时代（十四世纪）又比第八世纪的实际语音简化一倍以上。”② 可以认为，直到今天，汉语音位系统的简化过程仍然在继续，因为汉语词汇的双音节化到今天仍然没有停止。

总而言之，汉语词汇系统由单音节向双音节转化的最主要的原因，在于社会发展所引起的交际需要的扩大。双音词增加了音位的组合长度，从而提供了大大超出实际需要的信息。为了达到新的平衡，汉语起初是缩减一个音节内部音位组合的长度，后来则采用减少音位的方法。可见，无论是汉语的复音节化，还是汉语语音系统的简化，其根本的推动力量都是社会发展所引起的交际需要的增加。那种把汉语词汇双音化的原因简单地归结于对汉语语音系统的不自觉的简化的一种补偿，其所持的理由是不够充分的。

---

① 王力：《汉语史稿》中册，中华书局1980年版，第342页。

② 王力：《汉语史稿》中册，中华书局1980年版，第342页。

“蚱蜢”探源*

《现代汉语词典》：“蚱蜢，zhàměng，昆虫，像蝗虫，常生活在一个地区，不向外地迁移。危害禾木科、豆科植物，是害虫。”① “蚱蜢”两字，上古文献未见，在古代的字书、辞书中，“蜢”字大概最早见于《广韵》。《广韵》上声三十八梗：“蜢，蚱蜢，虫。”在现代汉语中，“蚱蜢”很像一个联绵词②，因为它是一个由双音节组成的、在意义上很难分析的词，但实际情况并不这么简单。吕叔湘在《汉语语法分析问题》中说：“辨认语素跟读没读过古书有关系。读过点古书的人在大小问题上倾向于小……大小问题如‘经济’，一般人觉得它跟‘逻辑’一样，不能分析，读过古书的人就说这是‘经世济民’的意思，‘经’和‘济’可以分开讲，是两个语素。”③ 吕先生的这段话，对我们考察“蚱蜢“一词的来源以及它的内部结构很有启发。如果纯粹从共时语言学的角度来解释，现代汉语的“蚱蜢”一词恐怕与“蜈蚣”“螳螂”差不多，应当是双音节的单纯词，即联绵词。但是，如果对这个词进行详细的历时研究，考究其语源，那么这个词就应当是具有并列关系的复合词了。

就文献来看，“蚱蜢”一词可以追溯到扬雄《方言》那里。《方言》卷十一：“蟒，宋魏之间谓之蚮。南楚之外谓之蟅蟒，或谓之蟒，或谓之螣。”④ 郭璞在“蟅蟒”下注：“蟅，音近诈，亦呼虴蛨。”《玉篇》：“虴，竹百切。

* 原载《西南民族学院学报增刊》1997 年。

① 中国社会科学院语言研究所词典编辑室编：《现代汉语词典》，商务印书馆 1983 年版，第 1449 页。

② 这里的联绵词是指双音节的单纯词，而不是指中国传统语言学所说的联绵字。前者是后者名称上的“挪用”。见陈瑞衡《当今“联绵字”：传统名称的“挪用”》，《中国语文》1989 年第 4 期。

③ 吕叔湘：《汉语语法论文集》（增订本），商务印书馆 1984 年版，第 490 页。

④ 据周祖谟《方言校笺》本，下同。

蚝蛨，蟅蟒，虫也。”《方言》卷十一：“春黍谓之蠀蝑。”郭璞注：“又名蚣蠀，江东呼蚝蜢。”①《说文》原无“蚝”“蜢”两字，徐铉在其虫部后新附有这两个字：“蚝，蚝蜢，草上虫也。从虫，乇声。陟格切。”“蜢，蚝蜢也。从虫孟声。莫杏切。”“蚝蜢”后来写作“蚱蜢”，即《方言》《玉篇》中的“蟅蟒”。“蟅”“蚝”“蚱”声音相近。“蟒”“蜢”在上古都是阳部字，“蛨”是铎部字，它们的关系是阳入对转。“蚱蜢”“蚝蜢”“蚝蛨”“蟅蟒”应当是同一个词的不同变体，语音略异，写法不同。这种差异，有时代的原因，但更多的则是方言的差别。

《说文》对联绵词的处理，是把联绵词的两个字都分别罗列出来，但只在第一个字下面才作语义解释。例如：“蝙，蝙蝠，服翼也，从虫扁声。”“蝠，蝙蝠也，从虫畐声。” “魍，魍魉，山川之精物也……从虫罔声。”“魉，魍魉也，从虫两声。”徐铉深谙《说文》义例，他对“蚝蜢’一词的安排和训释，很明显是把它看作联绵词。

“蚱蜢”到底是联绵词还是复合词，主要应当看这个词是由一个词根语素还是由两个词根语素组成。在现代汉语中，“蚱蜢”的确不可分解，但这个词的早期形式“蟅蟒”则完全可以分解。

《方言》是一部以词（而不是字）为单位对西汉时代活的方言词语进行记录的著作。《方言》中用来解释的词都属于通语，如卷一“党、晓、哲，知也”中的“知”。另外，放在开头用来解释的词也是通语，例如卷四“襦，西南蜀汉谓之曲领，或谓之襦”中的“襦”。这是《方言》的一条重要体例②。因此，在“蟒，宋魏之间谓之蚮。南楚之外谓之蟅蟒，或谓之蟒，或谓之䗈”中，“蟒”不但是一个单独的词，而且还是通语中的词。“蟒”这个词作“蚱蜢”讲，虽然未见于汉代的书面文献，但《方言》是扬雄亲自调查，反复核实而撰写成的③，因而是可信的。“蟒”这个词当时大概只在口语中流行，还未进入书面语。有趣的是，在今天广西横县的平话中，仍然称“蚱蜢”“蝗虫”为“蜢”（即《方言》中的“蟒”）④。

---

① “蜢”，各本作“蛨”，戴震《方言疏证》据《经典释文》卷第五《毛诗音义上·周南·螽斯》改作“蜢”。

② 王力：《中国语言学史》，山西人民出版社 1981 年版，第 25 页。

③ 《方言》卷十三《刘歆与扬雄书》和《扬雄答刘歆书》。

④ 闭克朝：《广西横山平话词汇（二）》，《方言》1994 年第 2 期。

从表面上看，“蟒”有“蚱蜢”义似乎很难理解，但我们从词的“内部形式”来探索①，则非常自然合理。

郭璞在《方言》‘蟒’字下注：“即蝗也。”“蝗”就是“螽”。《说文》：“蝗，螽也”；“螽，蝗也”。“蟒”“蝗”“螽”三词不仅意义相近，而且得名的理据也差不多。

“蟒”从“莽”得声，“莽”和从“莽”得声的字多有“大”义。《小尔雅·广诂》：“封、巨、莫、莽、艾、祁，大也。”《汉书·王莽传》：“王莽，字巨君。”“莽”“巨”皆有“大”义。《吕氏春秋·先识览·知接》：“何以为之莽莽也？”高诱注：“莽莽，长大貌也。”《尔雅·释鱼》：“蟒，王蛇。”郭璞注：“蟒，蛇最大者，故曰王蛇。”例证甚多，不再引用。“莽”的“大”义可以引申为“众多”。《说文》：“茻，众草也。”段玉裁注：“按经传草莽字当用此。”“莽”是“茻”的假借字。用“蟒”来表示“蚱蜢”，是取其“众多”之义。

《说文》：“皇，大也。”朱骏声《说文通训定声》在“蝗”字下也说：“皇、王皆大意。”引申为“众多”。《说文》：“篁，竹田也。”《汉书·严助传》：“处溪谷之间，篁竹之中。”颜师古注引服虔曰：“竹丛也，音皇。”“篁”是竹之众多者，“蝗”则是虫之众多者。

“螽”也有“众多”义。《公羊传·文公三年》：“雨螽于宋……此何以书？为王者之后记异也。”何休注：“螽，犹众也。”“螽”也可以写成“蠓”，从“眾”（众）得声。《说文》有此字，这是会意兼形声。《诗·小雅·无羊》四章：“众维鱼矣。”马瑞辰《毛诗传笺通释》：“《说文》蠓为螽之或体……《春秋》有螽，《公羊》皆作蠓。”《广雅》卷十下：“蟅蟒，蚮也。”王念孙疏证：“螽之言众多也，醜类众多，斯谓之螽矣。”“螽”之得名，取其有“众多”之义。《诗·周南》有《螽斯》一篇，《序》说此诗是用来比喻“后妃子孙众多”。

可见，汉代口语称蝗为“蟒”，完全符合汉民族给词语命名的语言心理。“蟒”是汉语中固有的词，它不仅流行于通语之中，在方言中也在使用。

---

① 关于词的内部形式，参看张永言先生《关于词的“内部形式”》一文，载《语言研究》（武汉）创刊号，又载张永言《语文学论集》，语文出版社1992年版；也可参看张永言《词汇学简论》，华中工学院出版社，第27–33页。

"蟅"字未见于上古文献，但《说文》中有此字。《说文》说："蟅，螽也，从虫庶声。"① 从许书的训释体例来看，许慎是把"蟅"作为一个单个的词来对待的，而不是把它当成联绵词中的一个字。

从上面的叙述可以看出，"蟅蟒"是由意义相同的词根语素组成的具有并列关系的复合词。既然"虴蛨""虴蜢"（蚱蜢）"是同一个词的不同形式，因此，它们也是具有并列关系的复合词。

在句法关系中，并列结构的两个成分往往可以前后倒置。俞樾说："平列之字，本无顺倒。"② 因此，也可以把"蛨"放在"虴"字的前面。在语言的使用过程中，"蛨虴"逐渐由词组凝固成为一个词，这时，前后的两个成分就成为语素并固定了下来。钱绎在《方言笺疏》卷十一"蟒"字下说："倒言之则曰蛨虴。《玉篇》：'蛨，亡百切，蛨虴也。'今北人谓之蛨蚱，亦倒言之也。"郝懿行《尔雅义疏》在《释虫》"土螽，蠰谿"下说："土螽者，今土蛨虴也……今按登莱人呼蛨虴音如祃诈，扬州人呼抹扎，班黑者为土抹札也。"《现代汉语词典》中收有方言词"蚂蚱"，意思是蝗虫。"蚂蚱"就是"蛨虴"。

"虴"又可以写成"蠂"。《尔雅·释虫》："土螽，蠰谿。"郭璞注："似蝗而小，今谓之土蠂。"《经典释文》卷三十《尔雅音义下·释虫》："蠂，字又作虴，竹宅反。诰幼云：'虴，虴蜢也，善跳。'蜢音猛。""土螽"和"土蠂"都是具有偏正关系的复合词。

"蟅蟒"一词中的"蟒"来自汉语，而"蟅"却是一个来自古代壮侗语族中的借词。"蟅"的古音是＊tjyak/＊tjiaɤ/＊tjag③。在现代壮侗诸语言中，"蚱蜢"一词是：壮语 tak，侗语 tjak，布依语 taʔ，毛难语 djak，水语 djakma④。《广韵》"蟅"与"柘"同在一个小韵，《集韵》"蟅"或作"蚚"。"柘""蚚"都以"石"得声。"石"的古音是＊zjyak/＊djiak/＊djiak，声母为浊音，与毛难语、水语相近。可见，"蟅蟒"是一个由古壮

① "螽"，大徐（徐铉）本作"蟲"，段玉裁改作"螽"。

② 《古书疑义举例》卷七《两字平列而误倒例》。

③ 这三个拟音分别根据王力的《同源字典》、周法高的《新编上古音韵表》、李芳桂的《上古音研究》。下同。

④ 以上民族语言的材料系根据民族出版社出版的《中国少数民族语言简志丛书》中的有关著作整理归纳的。

侗语的语素与汉语语素组成的具有并列关系的“合璧词”①，其内部结构与古代楚方言词“沐猴”相似②。“土蝶”也是一个“合璧词”，其内部结构为偏正关系。“合璧词”不仅在汉语中有，在中国的少数民族语言中也存在。在水语中，“有些词义相同或相近的固有词与汉语借语以并列方式组成新的合成词。如：fan^{2}说+sot^{7}告诉=fan^{2}sot^{7}告诉；un^{1}凳子总称+taŋ^{5}凳子=un^{1}taŋ^{5}长凳子”③。水语中的djakma（蚱蜢）大概也是一个“合璧词”。《广韵》“蟒”又音“莫古切”，上古读＊ma（王力音），水语 djakma 中的 ma 应来自汉语，而 djak 则是水语中源于古壮侗语的固有词。

“蚱蜢”一词的历史溯源给我们的启示是：第一，对一个词的结构进行分析时，应当区分共时的描写和历时的分析④。因为某些复合词在长期的历史发展过程中，可以发展成为一个单纯词。这个过程可以看作是“粘合”⑤，或者叫“语素融合”⑥。“蚱蜢”（蚝蟒）一词内部结构的变化，可以作为“粘合”或“语素融合”理论的一个例证。第二，在研究汉语词汇史时，应当充分考虑民族的融合以及各民族间语言和文化的交流情况，尤其应当注意上古的借词和“合璧词”。

按：本文系四川省语言学会第八届彭州年会论文。1996 年 5 月 14 日，会长张永言教授来信，说：“日来浏览此次彭州会议论文，得读大作《“蚱蜢”探源》，论证精审，无任钦佩，复蒙齿及拙作，深用感荷。大作末段谓‘合璧词’不仅在汉语中有，在中国的少数民族语言中也存在’，极是。回忆当年曾承友人阿坝师专林向荣教授见告，嘉绒语中也有类似的合璧词，如 ts^{h}uŋ sko（葱）/jatsə pka（鸭子）：前一成分为汉语（小名），后一成

① 关于“合璧词”的情况，可参看游汝杰、周振鹤：《方言与中国文化》，《复旦学报》1985年第3期；张永言：《“沐猴”解》，《中国语言学报》第三辑（1988），又载其《语文学论集》；李恕豪：《释〈诗·卫风·木瓜〉中“木”字的含义》，《社会科学研究》1988 年第 2 期。

② 张永言：《“沐猴”解》，《中国语言学报》第三辑（1988），又载其《语文学论集》。

③ 张均如：《水语简志》，民族出版社 1980 年版，第 28 页。

④ 刘叔新：《汉语复合词内部形式的特点与类别》，《中国语文》1985 年第 3 期，第 186-187 页。

⑤ 瑞士语言学家索绪尔说：“粘合是指两个或者几个原来分开的但常在句子内部的句段里相遇的要素互相熔合成为一个绝对的或者难于分析的单位。”（［瑞］索绪尔著，高名凯译：《普通语言学教程》，商务印书馆 1980 年版，第 248 页。）

⑥ 关于“语素融合”，见张永言：《关于词的“内部形式”》，《语文学论集》，第 139 页。

分为嘉绒语（大名）。惜其时拙著已排就，不及补入；今谨以奉闻，不知大文将来正式发表时可以采用否。由此一例，拙文中‘也可能是“大名十小名”式的复合词（《论集》214 页）一语应补充为‘也可能是“大名十小名”或“小名十大名”式的复合词。’”

“摩顶放踵”解*

《孟子·尽心上》：“杨子取为我，拔一毛而利天下，不为也。墨子兼爱，摩顶放踵利天下，为之。”“摩顶放踵”应当是古代的成语，大概到东汉时，人们已经不能知道它的确切含义了。东汉学者赵岐将“摩顶放踵”解释为：“摩突其顶，下至于踵。”宋代朱熹在《孟子集注》中的解释与赵岐之意相同，说：“摩顶，摩突其顶也。放，至也。”在今人杨伯峻的《孟子译注》中，“突”作“秃”，并说：“此盖当日成语，已难求其确诂。”因此只得按照赵岐的解释，将“摩顶”译为“摩秃头顶”，即磨掉头顶上的头发成为秃顶。赵岐将“摩”释为“摩突（秃）”，是非常明显的“增字解经”，不能使人信服①。

至于“放踵”之“放”，赵岐解释为“至”，后人一般也是这样理解的，因而将“摩顶放踵”说成“摩顶至踵”或“摩顶至足”。南朝梁刘孝标《广绝交论》：“鸡人始唱，鹤盖成阴，高门旦开，流水接轸。皆愿摩顶至踵，隳胆抽肠。”南朝梁吴均《行路难（之二）》：“摩顶至足买片言，开胸沥胆取一顾。”《旧唐书·薛登传》：“上启陈诗，唯希欬唾之泽；摩顶至足，冀荷提携之恩。”朱熹《孟子集注》也解释为“至”。杨伯峻不同意赵岐和朱熹的说法，但自己也拿不定主意，只好取其大意，勉强译为“走破脚跟”②。

对于“摩顶放踵”，后来的辞典字书基本上都采用了赵岐的说法。《辞源》（1980年修定本）解释为：“从头顶到脚跟都摩伤……言墨子为推行兼爱，损伤身体，亦所不顾。”《辞海·语词分册》（修订本）说“从头顶到脚

* 原载《历史语言论丛》（四川师范大学汉语研究所）第三辑，巴蜀书社2009年版。

① 关于“增字解经”，见王引之：《经义述闻·通说下》中的“增字解经”条。

② 杨伯峻：《孟子译注》下册，中华书局1960年版，第313页。

跟都摩伤了。形容不畏劳苦，不顾身体。”《汉语大词典》解释为：“从头顶到脚跟都磨伤。形容不辞辛苦，舍己为人。”台湾《中文大辞典》对“摩顶”解释说：“谓摩损头顶也……摩、磨通。”

我们认为，“摩顶放踵”虽然是当时的成语，但其意义并不难理解。《说文》九上页部：“顶，颠也。”“颠，顶也。”《易·大过》：“过涉灭顶，凶，无咎。”《庄子·人间世》：“支离疏者……肩高于顶。”《诗·秦风·车邻》：“有车邻邻，有马白颠。”“顶”“颠”都是“头部”的意思。“摩顶放踵”中的“踵”，《说文》作“歱”。《说文》二上止部：“歱，跟也。”即“脚后跟”。“顶”是人体的最上部，“踵”是最下部。

至于“摩”的意义，《广雅·释诂一》：“揗……揗、摩，顺也。”王念孙疏证：“‘揗、摩’者，《说文》‘揗、摩’也。揗、摩、揗皆同义。《说文》：‘循，行顺也。’‘驯，马顺也。’《释名》：‘顺，循也，循其理也。’义并与揗同。循、顺古亦同声，故《大射礼》注云：‘今文顺为循。’”“遵”与“循”也具有同义关系。《诗·周南·汝坟》：“遵彼汝坟。”毛传：“遵，循也。”可见，“摩”“顺”“揗（循）”“遵”都具有“沿着、顺着”的意思。

《孟子·离娄下》：“源泉混混，不舍昼夜，盈科而后进，放乎四海。”赵岐注：“放，至也。”《礼记·祭义》：“推而放诸东海而准。”郑玄注：“放，犹至也。”“放”的意思是“至”“到”。

《孟子·梁惠王下》：“遵海而南，放于琅邪。”意思是，顺着海岸南行，一直到琅邪。如前所述，“遵”“循”同义，“摩”也与“揗（循）”同义。因此，这里的“遵……放……”也就相当于“摩顶放踵”中的“摩……放……”这样一来，“摩顶放踵”的意思就应当是“顺着头部（往下），直至脚跟”，即从头到脚的整个身子。

结合《孟子》中的这一整段话来解释，也就文从字顺了。其大意是，杨子主张为我，即使舍弃身上的一根毫毛，也不愿意用它来做有利于天下人民的事情。墨子提倡兼爱，即使牺牲自己的整个身体，也愿意用它来造福于天下。杨子和墨子，一正一反，对比相当鲜明。一个“为我”，一个“兼爱”；一个不愿意“拔一毛”，一个却愿意为天下人民牺牲自己。

《戴震集》标点质疑*

《戴震集》(上海古籍出版社 1980 年版) 中几处标点，我们认为有可商榷处。

(1) 郑康成始合《彖》《象》于经，如今王弼本之，《乾卦》后加“《彖》曰”“《象》曰”者是也。(第 5 页)

按：“郑康成始合《彖》《象》于经，如今王弼本之《乾卦》后加‘《彖》曰’‘《象》曰’者是也。”这是一句话，意为：郑康成开始把《彖》《象》合于经，像今天的王弼本《乾卦》后加“《彖》曰”“《象》曰”那样。“如今王弼本之”后不应加逗号。

(2) 其解释《诗》《书》，缘词生训，非字义之本然者，不一而足。然今所有传注，莫先《毛诗》，其为书又出《尔雅》后。《尔雅》：“杜甘，棠；梨山，樆；榆白，枌。”立文少变。“杜，涩甘，棠”，而名类可互见。“杜，赤棠；白者，棠”，以“棠”见“杜”；“杜甘，棠”，以“杜”见“棠”。《毛诗》：“甘棠，杜也。”误。“枌，白榆也。”不误。杜甘曰“棠”，梨山生曰“樆”，榆白曰“枌”。朱子《诗集传》于《陈·东门之枌》云：“枌，白榆也。”本《毛诗》，于《唐·山有蓲》云“榆，白枌也”，殆稽《尔雅》而失其读。其他《毛诗》误用《尔雅》者甚多，先儒言《尔雅》往往取诸《毛诗》，非也。(第 72 页)

按：“杜，涩甘，棠”中，“涩”字后应用分号断开。“涩甘”不成句，于全句亦不可解。细看戴氏这段话的意思，应为：杜、棠，浑言则

* 本文与钟敬华合作，原载《西南师范学院学报》1985 年第 2 期，后收于《古籍点校疑误汇录(三)》(中华书局 1989 年版)。

通，可以互见（“杜，赤棠；白者，棠”，以“棠”见“杜”。“杜甘，棠”，以“杜”见“棠”），析言则区别为二种。一种以颜色区别：赤色称杜，白色称棠。一种以滋味区别：涩者称杜，甘者称棠。戴氏认为《尔雅》中“杜甘，棠；梨山，樆；榆白，枌”这段话的原义是：杜，甘曰棠；梨，山生曰樆；榆，白曰枌。紧接下去，戴氏又说：“立文少变：‘杜，涩；甘，棠。’而名类可互见。”其意思是说，“杜，甘曰棠”这个意思稍稍改变一下说法，就可以说成“杜，涩；甘，棠”（杜是涩口的；甜的呢，称作棠）。“涩甘”二字用分号隔开，整段话的文意就顺当了。

(3) 大著内第一部之咍，第十五部脂、微、齐、皆、灰，第十六部支、佳分用，说至精确。(第 79 页)

按：“之”“咍”都是《广韵》的韵部，所以“之咍”之间应加顿号，这样才同下面“第十五部脂、微、齐、皆、灰，第十六部支、佳”相一致。

(4) 书内举“得来”为“登来”“螟蟘”为“螟螣”，证陆韵以职、德配蒸、登，非无见，因谓蒸、登与之、咍同入，此说是也。(第 79—80 页)

按：“非无见”前面的逗号应去掉。段玉裁在来信中认为，陆法言《切韵》以职、德同蒸、登相配是正确的。“非无见”指的是陆法言，而非段玉裁。

(5) 至支、脂之有别，此足下卓识，可以千古矣。(第 90 页)

按：“之”是《广韵》韵目，因此“脂之”间应有顿号。意思是支、脂、之三韵在周秦古韵中有区别，否则就可能理解成只是支、脂两韵的区别。

(6) 常璩《华阳国志》于林、闾、翁、孺、杨、庄并云见扬子《方言》。李善注《文选》，引张伯松曰：“是悬诸日月不刊之书也。”亦直称扬雄《方言》曰：“可证歆、雄遗《答书》附入《方言》卷末已久。”(第 202 页)

按：扬雄《答刘歆书》："尝闻先代輶轩之使奏籍之书，皆藏于周、秦之室，及其破也，遗弃无见之者。独蜀人有严君平，临邛林闾翁孺者，深好训诂，犹见輶轩之使所奏言。翁孺与雄外家牵连之亲……。"戴震《方言疏证》于此处"临邛林闾翁孺者"下说："按《广韵》林闾氏出自嬴姓。《文字志》云：'后汉有蜀郡林闾翁孺，博学善书。'而《华阳国志》乃云：'林闾字公孺，临邛人，扬雄师之，见《方言》。'又云：'林翁儒，训诂玄远。'似以为林姓闾名，且公孺、翁儒讹舛互异。据此书，林闾定是复姓。其曰见'《方言》者'，与李善注《文选》引此书称'扬雄《方言》曰'同，然则此书附《方言》内其来久矣。"由此可见：(一) 林闾翁孺姓林闾名翁孺，"林、闾、翁、孺"中的顿号应取消。（二）刘歆《与扬雄书》和扬雄《答刘歆书》不是《方言》正文，但由于附在《方言》之末由来已久，后人都把它们作为《方言》的一部分。林闾翁孺、扬（雄)、庄（遵）（即严君平）三人之名本来见于这两封信中，但常璩《华阳国志》称林闾翁孺，杨、庄见于《方言》。张伯松称赞《方言》为"悬诸日月不刊之书也"这句话，本来见于扬雄《答刘歆书》中，但李善《文选注》称扬雄《方言》所说。因此，"引张伯松曰"后面的冒号和"是悬诸日月不刊之书也"后的句号都应取消，"亦直称杨雄《方言》曰"后面的冒号应改为句号。(三)"可证歆、雄遗《答书》附入《方言》卷末已久"这句话不是《方言》引文，引号应取消，"《答书》"的书名号应取消，"遗答"两字间最好加一顿号，"遗、答书"指刘歆《与扬雄书》及扬雄《答刘歆书》。整个这段应标点为：

常璩《华阳国志》于林闾翁孺、杨、庄并云见扬子《方言》。李善注《文选》，引张伯松曰"是悬诸日月不刊之书也"亦直称扬雄《方言》曰。可证歆、雄遗、答书附入《方言》卷末已久。

(7) 怀王入秦不反，而顷襄继世，作《东君》，末言"狼弧"，秦之占星也，其词有报秦之心焉。(第 203 页)

按："狼弧"应断开为"狼""弧"。《九歌·东君》："青云衣兮白霓裳，举长矢兮射天狼，操余弧兮反沦降，援北斗兮酌桂浆。"

《近代汉语语法资料汇编·唐五代卷》的一处断句失误*

笔者近来阅读商务印书馆出版的《近代汉语语法资料汇编·唐五代卷》，发现其中有一处标点及所补文字的错误。若不及时纠正，必将影响对语料的阅读和理解，进而影响到语言研究的准确性。原文如下：

> 于是善庆为相公说十二因缘："无明缘，行行缘，识识缘，名色缘，六入缘，触触缘，受受缘，爱爱缘，取取缘，有有缘，生生缘，老病死忧悲苦恼缘。"①

十二因缘是佛教的基本教义和重要名相，又称十二有支，或十二缘起，是用来说明众生生命流转过程的。《近代汉语语法资料汇编·唐五代卷》中的这段文字，很明显是引自大乘佛教的重要典籍《妙法莲华经》（简称《法华经》）。《妙法莲华经·化城喻品》："无明缘行，行缘识，识缘名色，名色缘六入，六入缘触，触缘受，受缘爱，爱缘取，取缘有，有缘生，生缘老死忧悲苦恼。"

较早的小乘经典《佛说长阿含经》卷十《大缘方便经》中也有类似的文字："缘痴有行，缘行有识，缘识有名色，缘名色有六入，缘六入有触，缘触有受，缘受有爱，缘爱有取，缘取有有，缘有有生，缘生有老、死、忧、悲、苦恼，大患所集，是为此大苦阴缘。"

"缘"即因缘，指产生某种事物的原因，是佛教中非常重要的名相。上述《大缘方便经》这段文字中的"缘"可以解释为"以……为原因"或

---

* 原载于《历史语言论丛》（四川师范大学汉语研究所）第一辑，巴蜀书社2007年版。

① 刘坚、蒋绍愚主编：《近代汉语语法资料汇编·唐五代卷》，商务印书馆1995年版，第270页。

“以……为条件”。依据一定的上下文，“缘”也可以解释为“引起”“引生”等，如《妙法莲华经·化城喻品》中的“无明缘行，行缘识……”就是这个意思。

对于《近代汉语语法资料汇编·唐五代卷》中的这段文字，依据佛教教义，应当作如下的解释：

“无明”，即《大缘方便经》中所说的“痴”，意思是愚痴，指众生不明白人生宇宙的实相和业报因果的道理，执有实我实法。

“行”即是“业”，“行为”或“造作”的意思。众生由于无明，引起认识上的迷惑，在行为上就会倒行妄作，所以叫做“无明缘行”。

“识”，这里指异熟识。众生所造的业，熏习本识，形成业种，变异成熟，成为异熟识，故名“行缘识”。

“名色”即所谓“五蕴”（又称“五阴”），这是组成众生身心的五种要素。其中的“色”是物质；“名”则包括“受”“想”“行”“识”这四种精神要素。“名色”是异熟识中种子随业力所显现出来，因此 叫做“识缘名色”。

“六入”又叫“六根”，即眼、耳、鼻、舌、身、意，这是人们认识外界事物的门户。“六入”是异熟识通过名色而变现出来的，所以叫“名色缘六入”。

眼识、耳识、鼻识、舌识、身识、意识这六识在内，是能认识；色、声、香、味、触、法这六尘在外，是所认识。六识要认识外境，就会通过六根，与六尘接触，所以叫“六入缘触”。

六识接触六尘，自然就会有苦、乐以及不苦不乐的感受，所以叫“触缘受”。

对于所喜爱的境界，众生自然会生起贪爱，所以叫做“受缘爱”。

“取”即“执取”的意思。对于自己的身心以及外面的各种境界，众生往往会依名取相，执为实我实法，所以叫“爱缘取”。

“取缘有”中的“有”，指产生来世果报的业因。众生既然执着于实我实法，就会对于所喜悦的人或事物起贪爱之心，而对于所厌恶的人或事物起嗔恨心，对于不喜爱不厌恶的人或事，则漠不关心，不求甚解，从而产生愚痴。有了贪、嗔、痴三毒的烦恼，就会造身、口、意三个方面的恶业。恶业熏习本识，就成为招感来生异熟果的业因，所以叫“取缘有”。

既然有产生来世果报的业因，就必然会有来生的生命出现，因此叫“有缘生”。

有生自然就有老、死、忧、悲、苦恼等，所以叫“生缘老、病、死、忧、悲、苦恼”。

可见，上文的正确标点应当断为：

> 无明缘行，行缘识，识缘名色，（名色）缘六入，（六入）缘触，触缘受，受缘爱，爱缘取，取缘有，有缘生，生缘老、病、死、忧、悲、苦恼。

该书第 274 页《校记》[79] 说：“老病死忧悲苦恼缘，‘缘’字原无，今补。”据以上理由，原文无误，不当补。如果说要补，最好在“缘六入”前面补上“名色”，在“缘触”前面补上“六入”。